U0531701

# 经营方略

（全新修订版）

宋志平 著

中信出版集团｜北京

图书在版编目（CIP）数据

经营方略：全新修订版 / 宋志平著 . -- 2 版 . --
北京：中信出版社，2025.5. -- ISBN 978-7-5217
-7579-2

Ⅰ . F426.9

中国国家版本馆 CIP 数据核字第 2025H31J30 号

经营方略（全新修订版）

著者： 宋志平
出版发行：中信出版集团股份有限公司
　　　　　（北京市朝阳区东三环北路 27 号嘉铭中心　邮编　100020）
承印者： 北京盛通印刷股份有限公司

开本：787mm×1092mm 1/16　　印张：31　　字数：402 千字
版次：2025 年 5 月第 2 版　　　　印次：2025 年 5 月第 1 次印刷
书号：ISBN 978-7-5217-7579-2
定价：98.00 元

版权所有·侵权必究
如有印刷、装订问题，本公司负责调换。
服务热线：400-600-8099
投稿邮箱：author@citicpub.com

# 目录

序　言　　　　　　　　　　　　　　　　　　　　XIII

# 第一章
# 战略与目标

**战略赢是大赢，战略输是大输**

战略是头等大事　　　　　　　　　　　　　　　　003
战略的目的是取得竞争优势　　　　　　　　　　　005
再优秀的管理也代替不了战略　　　　　　　　　　006
思想先行：今天要为明天想清楚　　　　　　　　　007
制定战略是领导者的首要责任　　　　　　　　　　009
管理者不同于领导者　　　　　　　　　　　　　　011
要有战略性思维，更要实践　　　　　　　　　　　012

**战略定位是企业发展根儿上的事**

战略定位要实事求是　　　　　　　　　　　　　　015
战略是目标导向还是资源导向　　　　　　　　　　016

| | |
|---|---|
| 没有枪，没有炮，别人帮我们造 | 018 |
| 确认了目标，更容易找到资源和机会 | 019 |
| 战略由目标倒推而来 | 021 |

## 战略是选择和取舍

| | |
|---|---|
| 战略就是占领一个地方 | 023 |
| 退出不占根本优势的领域 | 024 |
| 生根大行业的意义 | 026 |
| 战略要打特色牌 | 027 |

## 把鸡蛋放在几个篮子里？

| | |
|---|---|
| 业务选择要归核化 | 029 |
| 相关多元化战略 | 031 |
| 投资要注重业务组合力 | 033 |
| 选择新业务的"四问"、"四不做"和"四要" | 036 |

## 机遇来了——跳起来，抓住它

| | |
|---|---|
| 失去机会是最大的失误 | 039 |
| 兵贵神速 | 040 |
| 机遇只留给有准备者 | 042 |
| "机"从"危"中来 | 044 |
| 在危机中育新机，于变局中开新局 | 046 |

## 高质量发展阶段的企业战略

| | |
|---|---|
| 高质量发展的内涵 | 049 |
| 做企业需要格局和能力 | 051 |
| 开启从大到伟大新征程 | 053 |
| "一带一路"为中国企业带来新机遇 | 055 |

## 新形势下的战略选择

| | |
|---|---|
| 要不停地寻求优势，不停地创造优势 | 057 |

| | |
|---|---|
| 跨越周期，构建新的竞争优势 | 059 |
| 积极促进"双循环"布局 | 064 |
| 大力发展新质生产力赢得战略优势 | 066 |
| 低碳时代的企业战略调整 | 067 |
| 面向未来推动企业数字化转型 | 070 |

# 第二章
# 创新与转型

## 创新的逻辑

| | |
|---|---|
| 什么是创新？ | 077 |
| 企业家是创新的灵魂 | 079 |
| 善用资本市场赋能企业创新 | 081 |
| 新质之魂，在于创新 | 083 |

## 开展有效的创新

| | |
|---|---|
| 创新要能为企业创造效益或价值 | 086 |
| 有效的创新才是好创新 | 088 |
| 从模仿式创新到自主创新 | 090 |
| 自主创新是必由之路 | 091 |
| 集成创新：把做面包的技术用在蒸馒头上 | 093 |
| 用重组方式进行技术创新 | 094 |
| 持续性创新必须坚持 | 096 |
| 既造"矛"又造"盾" | 097 |

## 技术创新是核心动力

| | |
|---|---|
| 科技是企业创新的核心要素 | 100 |
| 科技创新的底层逻辑 | 102 |
| 我们应向麻省理工学院学些什么 | 104 |
| 把产学研拧成一股绳 | 106 |
| 技术创新的新思路 | 108 |
| 中小企业的科技创新策略 | 110 |

## 重视商业模式创新

| | |
|---|---|
| 创新是全方位的 | 112 |
| 发现新的价值创造方式 | 114 |
| 企业需要互联网思维 | 115 |
| 当好互联网下半场的主角 | 117 |

## 重视实体经济发展，加快转型升级

| | |
|---|---|
| 实体经济是互联网的根 | 120 |
| 努力建设制造强国 | 122 |
| 用新的增长极带动经济预期 | 124 |
| 发展实体经济要向"四化"转型 | 127 |
| 发展制造服务业 | 129 |
| 统筹运用微笑曲线和彩虹曲线 | 131 |
| 从"两个大力"到"三条曲线" | 133 |
| 切入时间点很重要 | 136 |
| 怎样提质增效、转型升级 | 138 |

## 一起走出"丛林"共生共赢

| | |
|---|---|
| 用好去产能和创新转型两把利剑 | 140 |
| 标本兼治：把去产能和去产量结合起来 | 142 |
| 关工厂也是发展生产力 | 145 |
| 加大淘汰落后产能力度 | 147 |
| 错峰生产应当常态化 | 149 |

| | |
|---|---|
| 覆巢之下，焉有完卵？ | 151 |
| 广义的企业管理＝外部市场管理＋内部运行管理 | 152 |
| 破解行业内卷，改善行业生态 | 154 |
| 做好市场竞合的"四化" | 158 |

# 第三章
# 资本运营与联合重组

## 因势利导，巧用资本市场

| | |
|---|---|
| 资本的力量 | 163 |
| 资本市场发挥了重大作用 | 168 |
| 资本市场的新规律 | 170 |
| 产品市场与资本市场共生 | 171 |
| 把我的真心放在你的手心 | 173 |
| 上市妙不可言又苦不堪言 | 175 |

## 提高上市公司质量

| | |
|---|---|
| 全面提高上市公司质量 | 177 |
| 加强上市公司治理 | 179 |
| 提升上市公司投资价值 | 182 |
| 打造千亿级市值上市公司 | 183 |
| 市值是上市公司效益的重要指标 | 187 |
| 做好上市公司市值管理 | 188 |
| 并购重组是实现价值发现的重要渠道 | 191 |

### 并购助力企业做强做优做大

加大并购重组力度　　　　　　　　　　　　　194
有中国特色的并购　　　　　　　　　　　　　196
联合重组是市场经济的高级方式　　　　　　　197
联合重组不应被视为垄断　　　　　　　　　　199
从无机成长到有机重组　　　　　　　　　　　201

### 联合重组是一门高超的经营艺术

联合重组的五原则与"三部曲"　　　　　　　203
不能"包打天下"，而是"三分天下"　　　　　205
从利润出发是前提　　　　　　　　　　　　　207
只收会下蛋的"老母鸡"　　　　　　　　　　209

### 有效的模式可以复制

联合重组的模式能适应更多行业　　　　　　　211
中国建材凭啥入选哈佛案例？　　　　　　　　213
两材重组无缝对接　　　　　　　　　　　　　214
深度整合烧出一锅"好菜"　　　　　　　　　217
"四合一"打造新国药　　　　　　　　　　　220

# 第四章
# 改革与机制

---

### 聚焦高质量发展提升核心竞争力

国有企业改革迈向新征程　　　　　　　　　　225

| | |
|---|---|
| 推动三个集中,增强核心功能 | 230 |
| 提升企业核心竞争力 | 232 |
| 加快建设世界一流企业 | 235 |
| 打造更多隐形冠军 | 241 |
| 培育更多专精特新企业 | 244 |
| 迎接中国品牌新时代 | 247 |

## 完善中国特色现代企业制度

| | |
|---|---|
| 坚持"两个一以贯之" | 252 |
| 确保公司的独立性 | 254 |
| 规范治理是公司长治久安的基础 | 256 |
| 董事会的本质是什么 | 260 |
| 董事会:仪式型—开放型—积极进步型 | 262 |
| 充分发挥外部董事作用 | 264 |
| 新时期董事会的建设 | 266 |
| 如何开好董事会 | 267 |
| 董事长和总经理:一个看路一个拉车 | 269 |
| 做"双料董事长"的那五年 | 271 |

## 从激励到共享让企业成为共享平台

| | |
|---|---|
| 何谓企业机制 | 274 |
| 人力资本与金融资本同等重要 | 276 |
| 建立中长期激励机制 | 277 |
| 从"激励"到"共享"的升华 | 278 |
| 让企业成为共享平台 | 281 |
| 共同富裕下的共享企业建设 | 282 |

## 弘扬企业家精神

| | |
|---|---|
| 谁是企业家? | 286 |
| 充分发挥企业家作用 | 288 |
| 企业家精神的内涵 | 290 |

| 激发和保护企业家精神 | 292 |
| 新时代的企业家精神 | 293 |

# 第五章
# 经营与管理

## 从管理到经营

| 经营是做正确的事 | 299 |
| 企业一把手必须是经营高手 | 302 |
| 做有效的经营者 | 304 |
| 变局下的经营之道 | 306 |

## 塑造价值型企业

| 赢利是企业的基本责任 | 309 |
| "掌门人"应该是"经济人" | 311 |
| 企业靠什么赢利 | 312 |
| 八字定价原则与五优路线 | 314 |
| 构造五优飞轮效应 | 316 |
| 从量本利到价本利 | 318 |

## 开展三精管理

| 何谓三精管理 | 320 |
| 大而坚、小而美，规模适度才最好 | 324 |
| 时时提防大企业病 | 326 |

"早细精实"抓管理 328
质量和信誉是永远的追求 329
质量管理永远在路上 331
树立正确的质量观 333

## 搞管理靠工法

八大工法，管理制胜 336
"五集中"必不可少 338
从原理出发，用数字说话 339
囤积库存要不得 341
点石成金的辅导员制 342
对标优化：变"相马"为"赛马" 344
好企业应是"六星企业" 346
"增节降"工作法：生于危机的撒手锏 348

## 风险可控可承受

企业衰落有迹可寻 350
正确规避和应对风险 352
防范"四种风险" 354
决策要见人见物 356
稳中求进，以进促稳 357

## 管控之道

提高企业免疫力靠管控 362
集权好还是分权好 364
母、子公司各司其职 365
"格子化"管控：巧克力盒子里的管控哲学 367
破除谷仓效应：分工不分家 369

# 第六章
# 组织与文化

## 以人为中心

| | |
|---|---|
| 人是最宝贵的财富 | 375 |
| 企业是人，企业靠人，企业为人，企业爱人 | 377 |
| 做企业的三个信心 | 378 |
| 管理的目的不是控制而是发挥 | 379 |
| 企业应是乐生的平台 | 381 |
| 点燃员工心中之火 | 382 |

## 优秀的团队必定是一流的乐队

| | |
|---|---|
| 打造高质量的团队 | 385 |
| 培养"四支队伍" | 387 |
| 多谈"我们"而不总是"我" | 388 |
| 企业需要"五有干部" | 390 |
| 做企业要精心 | 392 |

## 领导力是一种特质

| | |
|---|---|
| 领导力可以复制吗？ | 394 |
| 企业领导力建设 | 396 |
| 企业领导的四个角色 | 399 |
| 当领导需要哪些特质 | 400 |
| 看问题的三个方法 | 402 |
| 关键时刻做好"四个选择" | 403 |

## 做企业要先人后事

知人善用是企业成功的关键 405
寻找企业痴迷者 406
优秀的人才从哪里来 408
人才创造企业，企业造就人才 410

## 像办学校一样办企业

管理是教育 412
构建学习型组织 414
企业需要"西点军校"式的商学院 416
培养深度工作技能 418
把时间用在学习上，把心思用在工作上 421

## 文化定江山

让文化成为一种信念 423
不接纳企业文化的人，再有才也不能用 425
建立共同愿景 426
建设独具特色的企业文化 428
提防坏文化的侵蚀 429
以先进的文化指引心灵 431

## 做企业需要包容

包容是必需的经营哲学 433
企业领导要能吃亏 435
做企业的三重境界：利己——互利——利他 436
学会接受拒绝，学会坦诚待人 438

## 做有品格的企业

企业的四种品格 440
站在道德高地做企业 442

打造阳光企业 444
企业应遵循的价值排序 446
节能环保要抓"3+1" 448

## 做一流的企业需要一流的思想

东西方管理思想应兼容并蓄 450
半部《论语》做企业 452
中国式管理的内核与现实意义 454
企业需要什么样的管理研究 458
企业家首先应是思想家 460

## 保持定力永远面向正前方

按照常理做企业 462
企业家心力的五项修炼 465
克服焦虑，务实达观 470
拥有好心态、好状态 472
一生做好一件事 474
忙碌的蜜蜂没有悲哀的时间 476

# 序　言

全新的《经营方略》终于和读者见面了，这是本书的第四版，第一版是2013年由企业管理出版社出版的，而第二版、第三版以及全新修订版均由中信出版社出版。

《经营方略》是我即时的想法和讲法，其实我后来出版的书的内容和观点大多出自本书。所以这本书也相当于我40多年的管理手稿，也是我20多本书的"根"，看这本书，不仅会了解我做企业的观点，也能了解我这些观点的来处。

和一般的经管书不同，《经营方略》根据经营主题分类选取我这么多年就企业经营管理做的一些演讲、讲课、文章，收集时尽量保持原汁原味，让大家有临场感和时代感。我常说本书不是写出来的，而是做出来的，是把过去的经验、体会、教训，把我对企业的观察、学习、研究，原原本本地记录下来，本书的特点是真实。

和前三版有所不同，这一版是我在退休五年后编写的，过去的三个版本是我在企业做领导时的内容；而这一版，则加入了我做中国上市公司协会会长后的不少内容。在这五年多时间，我先后去了400多家上市公司和100多家非上市公司进行深入调研。这五年也是我国经济和企业发展不平凡的阶段，在和众多企业家深入交流的过程中，我也有不少心得体会，也进行了一些总结和归纳，因而这个全新修订版以更大视角和更深入的观察为大家提供更多的第一手素材。

这些年，我在一些商学院做实践教师，也把讲的课程给大家整理成书，目的是把我的经验、体会抑或教训传递给年轻一代，为他们插上前行的路标和指示牌，告诉他们我们曾走的路，无论是顺利的还是踩过的坑，这些都弥足珍贵，因为我们的企业家要薪火相传，总不能都从零开始。我也深深地知道，企业的经营管理教育是实践教育和继续教育，企业的管理知识来自对实践的总结，而实践又总是鲜活的，这就要求我在做管理研究时，一刻也不能离开与企业的实践结合，因为只有深入一线才能洞察到企业的变化，才能捕捉到管理的亮点。可以说，我从1979年大学毕业到今天45年的时间里从未离开过企业，我为企业总结和归纳的一些道理和观点，完全源于我在企业中汲取的营养。

全新修订版《经营方略》，既有前三版的继承，也有不少新的发展。大家既可通读，也可以选读。在六个章节中，几乎每个章节都有新的内容和观点，尤其是在改革创新中，加入了提升核心竞争力和发展新质生产力的内容。在创造价值中，加入了关于定价理论和市值管理等内容。在机制中，把激励机制上升为共享机制。尤其重要的是，在经营管理中，细化了三精管理的内容，而后又提出了从管理到经营，如何做有效的经营者。同时，书中还囊括了如何在危机中育新机、在变局中开新局，如何稳中求进、以进促稳，如何进行稳健经营，以及企业在艰难的转型中应该保持怎样的心态、状态、生态等内容。总之，本书不光是对昨天的回顾，更重要的是面向前方。

中信出版社是家非常优秀的出版社，尤其是在经管书方面，为读者推出了许多前卫的畅销书。我和中信出版社合作已有多年，近年来他们也先后出版了我的《经营30条》和我与刘科、沈清华合著的《创新高地》，这些书也受到了读者的喜爱。这本全新修订版《经营方略》编辑过程中，出版社的黄维益和李嘉琪两位编辑付出了艰辛的努力，中国企业改革与发展研究会的李秀兰、李倩也为内容的收集和编辑做了不少工作。在整个出版过程中，中信出版社的各级领导都给予了热情的帮助和支持，在此一并致谢。

宋志平<br>于 2025 年春

# 第一章
# 战略与目标

战略是企业的头等大事。战术上的失误往往不至于致命，战略上的失误则是一生一世的错误。做企业最重要的就是想清楚了再去做，而不应边想边做。凡事想在前面一步，以战略驱动成长，以目标引领航向，这正是企业实现跨越式发展的关键所在。

# 战略赢是大赢，
# 战略输是大输

## 战略是头等大事[1]

　　从古至今，不论是东方还是西方，大到一个国家，小到一个企业，都面临战略选择的问题。《孙子兵法》中讲，"兵者，国之大事，死生之地，存亡之道，不可不察也"，还有"上兵伐谋"，说的都是战略的重要性。"不审势即宽严皆误"，在企业里，攸关生死的头等大事就是战略。

　　什么是战略？战略是方向和目标，解决的是做什么、如何获取资源的问题，研究如何对现有资源进行配置和发现新资源，从而实现企业的可持续发展，属于宏观管理范畴。管理大师彼得·德鲁克在《管理的实践》一书中讲：管理是稀缺资源，应该用于长远的全局利益；企业的高层领导者也可以说是稀缺资源，着力点应在于对全局、长远利益和目标的判断，这些都是战略问题。相比之下，战术属于

---

[1] 节选自2010年5月20日在国资委第十九期国有重要骨干企业领导人员培训班的交流内容。

操作层面，解决怎么做的问题，研究如何让已获得的资源充分发挥效益。

对一个企业来说，战略是头等大事，决定了企业的发展方向。一个企业能不能有大的发展，往往不是取决于怎么做，而是取决于做什么。战略就是研究做什么的学问，包括做什么不做什么，先做什么后做什么，多做什么少做什么。在任何层面都存在做什么的问题，但这些战略不可能千人一面，而是根据不同环境、不同企业、不同价值观进行不同的选择。

一个企业在战术上常会有失误，战术上出现失误不至于致命；而战略上的失误则是致命伤，是一生一世的错误，往往没有补救的机会。所以说，战略赢是大赢，战略输是大输。现在不少企业出了问题，包括有些大企业轰然倒下，原因并不在战术上，而是在战略选择方面出现重大失误。

做企业最重要的就是制定战略，先想清楚再做，而不是边想边做。华罗庚曾讲"不怕起点低，就怕不到底"。方向弄清楚了，思路弄清楚了，问题就容易解决了。无数的成功经验表明，企业的战略眼光、战略优劣对企业的竞争力和持续发展来说至关重要。科学清晰的战略、先人一步的思路可以确定企业的发展方向，可以最大限度地整合资源，以最低成本和最快速度达成目标。如果没有正确的战略，没有长远的目标、认真的规划，仅靠一次次偶然得手，是做不成企业的。

## 战略的目的是取得竞争优势[1]

战略，顾名思义是指关于战争的谋略，最早源于战争，后来人们把战略思想应用于企业的竞争，就是我们常讲的"商场如战场"，因为企业在市场上的竞争和军队在战争中打仗的目的是一样的，都是要获得胜利。

企业要取得竞争的胜利，首先得建立竞争优势。优势也有先天优势和后天优势之分，像我们常讲的天时、地利、人和中的天时和地利都属于先天优势，而人和则是我们后天要建立的优势。其实，无论是2500多年前战略鼻祖孙武的《孙子兵法》，还是现代企业战略大师迈克尔·波特的《竞争战略》，讲的都是如何赢得竞争优势的事情。

20世纪80年代，迈克尔·波特先生先后出版著作《竞争优势》《竞争战略》《国家战略》。企业竞争实际上是优势竞争。他提出了三大通用战略：低成本、差异化、集中化。

中国巨石是全球最大的玻璃纤维供应商，一根玻璃纤维做了五十年。过去公司通过"增节降工作法"等特色管理工法加强成本控制，实现了成本领先。随着技术、管理的普及，其低成本优势减弱。近年来，中国巨石以市场需求为导向，产品结构持续优化，过去做的是普通的玻璃纤维，现在做电子纱、电子布，还有发电机用的高强纤维等等，中高端产品比例稳步上升。

湘潭钢铁集团（简称"湘钢"）在钢铁行业里规模并不大，却有着良好的效益。这家公司本身既没有原料优势，也没有燃料优势，那它的竞争优势是什么呢？它不和别人比规模，而是定位于高端化、差

---

[1] 节选自2024年9月26日在中国科学技术大学科技商学院的讲课内容。

异化，提高产品附加值，进一步延伸产业链和价值链。湘钢主要生产高端汽车钢板和硅钢板，这些年效益一直很好，高端化、差异化成了它的经营哲学和成长基因，其辖下各个厂都按这个思路去做。它还收购了一个普通的电缆厂，这个电缆厂现在做各种各样的特种电缆，变成了200家"创建世界一流示范企业和专精特新示范企业"之一。

今天在新的形势下，三大竞争优势不可能截然分开，一个企业很难只选择某一个战略，而是趋向构筑综合竞争优势和动态竞争优势，根据自身的成长阶段、竞争对手的情况和市场的变化，育长板、补短板，强化组合能力，形成牢固的"护城河"和壁垒，使企业获得难以复制的竞争优势。

## 再优秀的管理也代替不了战略[1]

战略与管理是两码事，两者就好比人的头脑和腿脚：战略是头脑，要出点子，眼光要长远，思路要清晰；管理是腿脚，要听指挥，行动要灵活，执行要到位。也就是说，一个务虚，一个务实。

务虚很重要。世界本就是无中生有、由虚而来，是由基本粒子大爆炸形成的。《道德经》里讲"道生一"，从无到有是最难的。做企业首先要务虚，研究战略，判断方向，权衡机遇与风险，做出正确的选择。搞不清大方向就出发，最终可能南辕北辙。当然，务虚的背后还要务实，没有士兵冲锋陷阵，没有称手的武器装备，再好的战略思想

---

1　节选自2013年5月22日在国家行政学院国有重要骨干企业中高级管理人员培训班的交流内容。

也是空中楼阁。所以说，企业里有虚有实，最重要的是虚实结合。

战略研究的是方向性、全局性的问题，大量的管理工作和普遍的管理原则均不构成战略。迈克尔·波特认为，精细管理、全面质量管理（TQC）、成本控制等管理方法都是管理层面的东西。在战略与管理这一虚一实之间，首先要考虑战略问题，其后才是管理方法等战术问题。一个企业如果没有明确的战略思路，就会在工作中陷入盲目和被动，整日在细枝末节的问题上兜圈子，头痛医头、脚痛医脚，处理问题不从全局考虑，不究其根本性。总之，战略是旗帜，是目标，是方向；管理是手段，是途径，是过程。再优秀的管理也代替不了战略，再高明的管理方法也只能算作战术，切忌把战略与管理混为一谈。

## 思想先行：今天要为明天想清楚[1]

2002年3月，我被任命为中国新型建筑材料集团公司[2]总经理。那时，集团正面临一场生存危机：企业销售收入只有20多亿元，银行逾期负债却有30多亿元，除了我之前所在的北新建材[3]，集团旗下的壁纸厂、塑料地板厂、建筑陶瓷厂……几乎全部停产或倒闭，日

---

1　整理自2011年在国资委第二十一期国有重要骨干企业领导人员培训班的交流内容。
2　中国新型建筑材料集团公司（以下简称"中新集团"），是中国建材集团有限公司（以下简称"中国建材集团"）的前身。
3　本书作者于1993年1月担任北京新型建筑材料总厂厂长，1996年3月总厂改制后任公司董事长、党委书记兼总经理，1997年6月兼任北新集团建材股份有限公司（以下简称"北新建材"）董事长。

子过得极其艰难。前任总经理打电话给我，有点儿悲壮地说："志平，我从弹坑里爬了出来，却换你进去了。"就在宣布就任的当天，坐在主席台上，我收到一份特殊的"贺礼"———一张法院传票。因为负债累累，一家资产管理公司要冻结我们的财产。

企业怎么才能活下去呢？在积极处理历史遗留问题的同时，我认为更重要的是发展。企业只有通过快速发展才能解决所有问题，而首要的就是明确做什么和不做什么，战略选择因此成为重中之重。许多人对此不理解："宋总，咱们都快吃不上饭了，哪有时间讲战略？"我说："越是困难的时候，越要花时间研究战略。今天吃不上饭就是因为昨天没想好，所以今天必须为明天想清楚。"这个道理就是古人讲的"人无远虑，必有近忧"。远虑指的是战略和谋划，近忧指的是由于谋划不到、想不到而造成的眼前的困难。今天有忧愁是因为昨天没有远虑，今天没有远虑，明天一定发愁。

后来，集团召开战略研讨会，邀请建材行业里的老领导和知名专家讨论中新集团的未来。大家一致认为，公司应掉转船头，从普通装饰材料的制造业退出，进入水泥等基础原材料工业和先进制造业，同时带动有一定规模的新型建材等其他建材产业发展。建材行业里水泥的产值占整体产值的70%，如果不能做到主流，新型建材做得再好，在这个行业里也会被边缘化。这次战略大讨论对企业后来的成长壮大起到了持续性的驱动和支撑作用，当时形成的一些基本思路沿用至今，构筑了公司的战略基础。

战略要定名，名不正则言不顺，言不顺则事不成。2003年4月16日，中新集团正式更名为中国建筑材料集团公司[1]，我们在紫竹院的

---

[1] 2009年4月，中国建筑材料集团公司更名为中国建筑材料集团有限公司；2016年8月，中国建筑材料集团有限公司与中国中材集团公司宣布重组（以下简称两材重组或两材合并），成立中国建材集团有限公司。

小办公楼前举行了揭牌仪式，当时的情景至今仍历历在目。作为以新型建材起家的企业，把"新型"两个字去掉确实很艰难，我心里也有过纠结。但那一刻是中国建材集团历史性的一幕，不但奠定了企业快速发展的基础，而且改变了中国乃至全球的建材格局。种瓜得瓜，种豆得豆。一个正确的战略选择改变了我们的命运，把中国建材集团从破产的悬崖边缘拉了回来。这些年来，集团实现了由小到大、由弱变强的跨越式发展。不少经历了这场变革的老员工经常感慨，如果不是当年的战略转型，集团可能早就和一些老国企一样，无声无息地消失了。

## 制定战略是领导者的首要责任 [1]

西方发达国家最初大多是航海国家，早期航海的时候，常常把人绑在桅杆上，观测天气，观察前方的风暴、冰山、礁石、航道等，为船只指引航向。企业领导者就是一个被绑在桅杆上的远望者，因此要善于思考长远问题、全局问题，时刻为企业眺望远方。

制定战略是领导者的首要责任，他们最重要的工作是做好战略规划，为企业发展把好方向，而不是去做那些琐碎、繁杂的事情。在西方有这样一种说法，大企业的发展主要取决于领导者制定的战略，小企业的发展则主要靠领导者自身的影响力。当企业发展到一定规模时，领导者要从过去言传身教式的领导方式向制定战略、解决前瞻性问题

---

1　节选自 2011 年于武汉理工大学的演讲内容。

的领导方式转变。

在战略制定的问题上，领导者的作用无可替代。如果对目标和方向的判断正确，企业可能就会一路坦途；如果判断错了，企业就会偏离航道，做的事越多，离目标越远。所以说，企业家起早贪黑地苦干很重要，但更重要的是善于观察与思考。这就要求企业家多学习、多出去看、多做研究、多做比较，不停地进行矫正和完善。

在担任大型央企一把手的那些年，我琢磨最多的事情就是战略。尽管企业里也有战略规划部门，有董事会，但最后还是要领导者在方寸之间做出抉择，并为之负责。作为董事长，我想的不是如何生产水泥、玻璃或建造房屋，因为我不是专业技术人员，而是想宏观形势，想行业走向，想企业的资源和机会，想企业面临的风险。我经常问自己，是否还有没想到的事情，是否还有想得不对的地方，是否还有边界条件没搞清楚。事实上，这正是当时最大的压力所在，即能不能对公司的前景、方向做出正确的预测。记得有一年，哈佛商学院副院长问我："宋先生，每天半夜让你睡不着觉的问题是什么？"我脱口而出："是怕想错了。"

决策的过程并不容易，往往是战战兢兢、如履薄冰、如临深渊。有的时候本来做了决策，但是突然又有了不对称的信息，或者是环境发生了重大变化，导致决策出现了问题，这个时候还得学会当机立断，及时调整，所以做企业领导要有定力，还得有应变力。

2010年我被评为"全国劳动模范"，有人问我："董事长要从事什么劳动呢？"其实，董事长也是劳动者，决策是一项非常辛苦的劳动，需要反反复复地思考和斟酌，进行否定之否定，推敲事情的各种可能性，大脑时时刻刻都在高速运转。很多人可能只看到了做董事长的那些表面的光环和浮华，而没有看到他们决策背后的艰辛。

只有站在未来的人才能影响现在。企业领导者就是站在最高处为企业眺望远方的人，即便经历风吹浪打，也不能中断远望的视线。

## 管理者不同于领导者[1]

现实中，好的管理者常被当成好的领导者，但事实上，领导者与管理者确有不同。领导者是战略家、是帅才，就像一只领头雁，善于识别方向，带领企业向着目标前进，还要为企业把握机会和寻求资源。领导者应勇于负责，给团队以信心和力量，让大家有归属感和安全感。管理者是战术家、是将才，处在执行层的位置上，要十分清楚企业的战略、目标和规划，多思考企业的经营、管理、指标和数字，很好地进行组织和协调，用制度、激励和督查去确保阶段性任务的完成。

企业创立时，创业者往往既是领导者也是管理者，但随着企业规模的扩大，领导者应该从管理者的身份中抽离出来。不过，有些企业往往过不了这一关，创业者沦为事无巨细的管理者，以致企业迷失方向、缺少活力。很多人做了董事长以后还总喜欢管总经理的那摊事，把权看得很重要，总是纠结于"谁说了算"，却没有很好地研究"企业向何处去""企业做什么"这些重大的事情。当然，也有相反情况，一些创业者有一定的领导才能，却不屑于找一个好的管理者，以致企业管理松散，最后因没有效率而效益平平。其实，企业里应该有领导者抬头看路，也应有管理者低头拉车，两者进行很好的分工，不然就容易出问题。

---

1　节选自 2015 年 11 月 7 日在北大光华管理学院的讲课内容。

1993年初,我被任命为北京新型建筑材料总厂的厂长。那时候厂长给人的印象是一个管理者,但我认为,对于北新这样一家身处充分竞争领域、需要自己找饭吃的国企来说,寻找方向和资源非常重要。所以,北新既需要优秀的领导者,也需要称职的管理者。上任后,我把主要精力放在了抓发展战略上,主导了北新由工厂向公司化的改制,并使其在深交所上市,提出了工厂全国布局和发展新材料、新型房屋、物流互联网等发展战略,还做出了原材料从天然矿石向工业脱硫石膏转化的决定。而5S[1]实施、ISO9000质量管理体系认证、新项目建设等工作,则全权交由副手去抓。那段时间的北新,有领导者也有管理者,大家各有所长,互相服气,配合得不错,企业由此迎来了一段"中兴"。

一个好企业一定会兼备领导者与管理者。做领导者或管理者往往与个人性格有关,有人适合做领导者,有人适合做管理者,但不管担任哪个职务,都需要互相尊重,互相补台。

## 要有战略性思维,更要实践[2]

作为企业的领导者,一定要具有战略性思维。战略性思维具有全局性、系统性和辩证性三种特性。

企业家是登高望远、为企业眺望远方的人,要立足当前,谋划长

---

1 5S 是指日文的整理(Seiri)、整顿(Seiton)、清扫(Seiso)、清洁(Seiketsu)和素养(Shitsuke)五个词的缩写。
2 节选自 2023 年 9 月 21 日在中国科学技术大学的讲课内容。

远，把局部问题放在全局中思考分析，站在全局角度做出整体最优决策。局部最优，并不一定会带来全局的最优。还是要从全局看形，从长远看势，凡事以大局为重，遇到变化，必要时还应对企业战略做出适当的调整，防止因战略性失误带来全局性风险。

中国建材在行业里走的是以大局为重、互利共赢的道路。现在不少行业出现产能过剩，这个时候必须加快转变发展方式，探讨一种新的活法——不是哪个企业，而是整个群体怎么活得更好。也就是从大局出发，进行供给侧结构性改革，实现行业长治久安。这也是行业领袖企业以及企业家该有的全局性思维。

企业是一个系统，不是一堆事物的简单集合，而是由相互之间有联系的各项要素构成的。系统性思维就是立足企业整体，分析企业各要素之间的相互关系，从整体上把握企业发展规律，提出解决问题最优方案的思维。系统中各种要素是相互联系的，而且这种联系是动态变化的，所以要用发展的眼光看问题。

辩证性思维就是承认矛盾、分析矛盾、解决矛盾，善于抓住关键、找准重点、洞察事物发展规律的思维。任何事物都有两面性，我们要一分为二地看问题。当问题摆在面前时，有的人只看到了问题的一个方面，却忽视了另一方面，没看到事物之间的对立与统一性，这样做出的判断容易失之偏颇。

一个人如果只考虑自己，凡事都从自己的角度出发，不站在他人的立场考虑问题，无法理解他人，就很难获得大家的信任和支持，事业也很难取得成功。

战略性思维既有先天性的成分，也有后天习得的成分。在企业干部选择中，我们倾向于把那些善于进行全局性思考的干部当帅才培养，把那些拥有具体思维的干部当将才培养。但即使是具有全局性思维的干部，也要认真学习和实践才能成为有战略能力的干部。

企业战略制定好后，只有被坚定地执行才能使企业具有竞争优势，才会产生价值，所以保证战略的实施与落地非常重要。企业战略不是抽象的、教条的，而是具体的、可落地的。战略不能只有目标，也要有个清晰的实施方案和规划。战略不光是企业领导层的认知，也必须让全体干部员工充分理解企业的战略意图，战略一致步调才能一致。

企业战略应是个组合，可细分为公司层战略和业务层战略，公司层战略研究的是公司整体，业务层战略研究的是各个方面的业务。公司层战略主要是解决企业的目标、发展、创新、竞争、人才等方面的问题，而业务层战略主要是解决企业的产品、市场、价格、品牌、营销等方面的问题。企业里相应的各个层级要对公司层面和业务层面的战略进行再细化分解，落实到责任人。

企业战略的实施和落地是个持续过程，因此要有战略定力和战略自信。我们会发现，企业在落实战略过程中可能会遇到各种曲折、艰难，很多时候虽然有好的想法，但遇到问题时大家意见不一致，在不停的议论中好的想法就被放弃了。"行百里者半九十"，我们都有这个经验，爬山即将接近顶峰的时候最艰难，很多人常常在这个时候坚持不住，从而失去了登顶的机会。其实，越是这个时候，我们越是要按照既定目标前进，逢山开路，遇水架桥，不断解决前进路上的各种问题。只有坚定前行，战略目标才能最终被实现。

战略实施后，我们也要进行复盘，看看当初制定的战略是否合理，与实际是否相符，企业发展的计划是否还可以再调整，这样有利于提高战略的精确性与前瞻性。

# 战略定位是企业发展根儿上的事

## 战略定位要实事求是[1]

企业战略中最重要的是定好目标,也就是解决好如何定位的问题。在企业发展中是做小而美的企业还是做巨无霸企业,是做家族企业还是上市公司,是采用多元化还是专业化,都关乎战略定位,这都是企业发展根儿上的事。

对企业来讲,目标不一定都是要成为《财富》世界500强或上市公司,适合自己就可以。企业的定位要实事求是,尊重规律,各适其位,各得其所,千万不能见异思迁,更不能拔苗助长,要量力而行。大企业可以定位世界一流,致力于产品卓越、品牌卓著、创新领先和治理现代。中小企业可以围绕"专精特新",目标是先做小巨人,再做单项冠军、隐形冠军。不管是世界一流还是专精特新,都是突出企业的技术、质量、管理、效益,构筑核心竞争力,把企业打造成行业龙头或细分领域的头部企业。像北新建材用40多年把石膏板产品做

---

[1] 节选自2024年10月23日在中国能建的交流内容。

到全球第一，像中材国际把水泥装备做到全球市场占有率第一，这些企业都发展成为行业龙头。中材国际在埃及建造了 6 条日产 6000 吨的生产线，是全球最大的水泥厂，现场场景极其壮观。

我国上市公司数量约占公司总数的万分之一，大多数公司是家族公司或者股份公司、合伙公司，大家不一定都要把目标锁定为上市公司。德国、荷兰等欧洲国家大量的家族企业，祖祖辈辈秉承工匠精神，就传承一种工艺，把一种产品做到极致，并不寻求上市或股份多元化。其实我国浙江温州地区和福建晋江地区也都是靠家族企业发展起来的，这些年这两个地区也有一些家族企业改制上市，但总的来讲还是以发展家族企业为特征的经济模式，我觉得也挺好，经济形态也挺健康。

企业进行合理定位不是一件容易的事情，这要求它既要有先进性，又要实事求是、量力而行。决策层一旦确立好了战略定位，就要调配好企业内外的各种资源，上下齐心协力完成目标。

总的来说，目标和定位不同，企业发展的方式也有所不同，需要不同的资源配置，不同的想法和做法。做出选择的底层逻辑是什么？其实，战略决策往往和企业家的价值观联系在一起。企业家个人的价值观决定了企业未来发展成什么样。

## 战略是目标导向还是资源导向[1]

提到做企业，很多人首先想到的是现有的资源、技术和人员，有

---

1　节选自 2007 年 7 月 26 日在中国建材集团半年工作电话会议上的讲话内容。

什么条件做什么事、有多大能力做多大的事，也就是中国人常讲的"看菜下饭，量体裁衣"。这种传统的思维方式以资源为导向，有什么做什么虽然比较实际，但在变革的时代和企业转型时期却不能这么想。

企业在战略制定上可以突破以往的思维局限，从"有什么做什么"转换到"缺什么找什么"，即以目标为导向，先确定目标，然后缺资金找资金，缺技术找技术，缺人才找人才。比如，中国建材集团想上市，就要按照上市的要求整合优势资源组建新公司，想做"水泥大王"就得重组企业。"有什么做什么"与"缺什么找什么"是两种完全不同的战略思路，一个强调现状，一个强调目标。打个比方，按照前一种思路，有面有馅儿就可以包饺子，有面和油盐就可以做烙饼；按照后一种思路，想包饺子就要找面和馅儿，想做烙饼就要找面和油盐。这样，我们做事情就不会受既有条件的限制。

企业的发展目标和资源配置其实都是战略问题。由于资源的稀缺性和可选择性，企业往往要根据环境、机遇、自身条件和目标，将资源在不同的时间、空间和数量上进行合理分配，追求资源配置的有效性并降低成本。因此，资源配置要从企业的发展目标来考量。最重要的是，要树立一个振奋人心又有一定追求的目标，一个有吸引力的目标，一个符合逻辑的目标。围绕这个目标，想清楚企业自身的优势和劣势，以及达成目标的途径、缺少何种资源，然后想方设法找资源来实现目标。在实践中，如果没有一个清晰的目标，只顾盯着眼前的资源做文章，即便再努力也是事倍功半。很多大企业的崛起恰恰是因为最初没有资源，在确定目标后主动去寻找相关资源，从而实现了快速发展。

从战略的角度看，企业如何取得成功？简单来说就是先制定清晰正确的目标，然后努力去寻找所需资源。当我们把缺失的东西一样一样找全并充分发挥资源配置的功效时，事情就慢慢地做成了。

## 没有枪，没有炮，别人帮我们造[1]

制定战略，"有什么做什么"和"缺什么找什么"两种方式是不同的，选择哪种方式，源于企业对资源和目标的理解。我的看法是，做企业不怕没有资源，就怕没有目标。现在社会生产力高度解放和发展，资源不再是企业发展的首要矛盾。资源并不一定都是自己的，也不能凡事都从零开始，那样做既没有必要，也过于迂腐，还会错失良机。

事实上，在一个资源社会、协作社会里，相对于找资源，更难的是定目标。这就好像学生写论文，很多人喜欢由老师出题，轮到自己想题目就打怵。因为老师给定了题目，大方向就有了，找好资料，写起来并不太难。难的是不知道写什么，目标不明确，无数次推倒重来。所以，我常跟同事讲，我们先要明确目标，没有资源没关系，因为没有枪，没有炮，别人帮我们造，只要知道资源在哪里，我们就把它们找来，把它们有效地整合在一起。

做大企业不能仅靠自我的原始创造和积累，还要靠整合资源。这当中蕴含了一个非常重要的道理：环境变了，企业的成长方式也必须改变。按照经典的企业成长理论，企业的成长往往是内生式成长，关注的是如何让企业内部资源得到最大化利用，如何依靠现有的资产和业务，实现销售收入和利润的增长。而在经济全球化、经济转变发展方式的今天，企业除了关注内部，也要关注系统资源的集成能力与优化能力，关注存量整合形成的资源集聚效应和综合价值的提升。

学物理、化学的人都知道什么是临界体积，放射性元素累积到一

---

1 节选自2010年6月3日在"袁宝华企业管理最佳实践讲坛"上的演讲内容。

定体积的时候就会发生链式反应，释放出巨大的能量。做企业同样如此，当资本、技术、人才等各种资源聚集到一起的时候，就会产生集聚效应。你如果不去找资源，关起门来完全靠自己做，两耳不闻窗外事，那么费了很大劲儿，吃了很多苦，最后却可能徒劳无果。记得在2005年初召开的中国建材集团工作会议上，龙永图讲了一句话："今天的社会竞争，不在于你拥有多少资源，而在于你整合资源的能力。"这句话很精辟，也很到位。

综观全世界的大企业，大多是在资源集中和优化的过程中发展壮大起来的。从产业到产业与资本的结合，再到产业、资本与资源的结合，这一次又一次惊险的跳跃，是大企业必须面对的挑战。

## 确认了目标，更容易找到资源和机会[1]

今天的中国建材集团是全球最大的水泥制造商，可就在21世纪初，它还是中国水泥行业的无名小卒。我本人又是化工专业出身，此前一直在新型建材领域摸爬滚打，对水泥行业来说是一个"门外汉"。但这些都不重要，遵循缺什么找什么的思路，通过对现有资源的整合，中国建材集团的水泥业务迅速发展起来。

2004年，中国建材集团经过债务重组和战略转型，已然步入了发展正轨，可巧妇难为无米之炊，企业发展所需的大量资金无处筹集。正当我为之苦恼时，一天我随手翻看办公桌上的报纸，一则消息映入

---

1　节选自2012年4月《中国建材》杂志《我的心是一片海洋》采访实录。

眼帘：某公司将内地的上市公司资产打包后在香港上市。看到这个消息，我兴奋地抓着报纸在屋里踱步。2005年3月，中国建材集团把旗下的两家A股公司北新建材、中国玻纤和集团仅有的几个有利润的企业打包，组建成中国建材股份有限公司。

路演时，我惊奇地发现，投资者的关注点并不是我们的新型建材业务，而是水泥业务。于是，我对团队说："大家清楚投资者的想法了吗？就是水泥、水泥、水泥，规模、规模、规模。"可是大家没信心："我们是要发展水泥业务，可哪来那么多的水泥厂啊？"行业内部也质疑："宋志平懂水泥吗？不懂水泥还想做水泥大王？"但我的看法是，大家都在就已有的事情发问，但打算做什么并不代表已经有什么了。我们做事情的时候，先天条件的不足是可以弥补的，如果等所有的条件都成熟了，机会可能早就溜走了。确定了目标，再去找相应的资源和机会，这样就会容易很多。如果永远处在犹豫和争论之中，我们可能什么也干不成。办法总比困难多，一旦确定了方向，就要义无反顾地去做。

2006年3月23日，中国建材在香港H股上市，充分验证了"全世界不缺钱，只缺概念"这句话。当时中国建材实力弱、利润薄，很多人不相信我们能上市，合作券商甚至中途打起了退堂鼓。我们上市的卖点是什么呢？是概念。中国建材的概念之一就是水泥业务的联合重组。在IPO（首次公开募股）新闻发布会上，我脱稿讲了一段话。我说："中国建材的成长历程是一个稳健经营的故事，一个业绩优良的故事，一个行业整合的故事，一个快速成长的故事。"在此后短短的六七年间，通过开展大规模的联合重组，中国建材拥有了中国联合水泥、南方水泥、北方水泥、西南水泥四大水泥公司，一跃成为全球水泥领域的领跑者，我当年讲的四个故事一一兑现。回想这段历程，中国建材能迅速变成行业里的巨无霸，成为一个全球性公司，正是因为走了一条捷径。这条捷径就是缺什么找什么，进行资源整合，而不是靠自己单枪匹马地去做。

水泥业务的迅速发展，是中国建材集团战略驱动式成长的一个缩影。正是因为我们没有从现有条件出发，而是确立了更高的目标，激发出企业更大的潜能。这就是大家经常说的那个道理：你如果把目标定为100，经过努力，可能会做到80；你如果把目标定为120，经过更多的努力，就很可能做到100。

## 战略由目标倒推而来[1]

战略目标的制定不是由内向外，而是由外向内。参照系中别人的指标是多少，我们想做到第几名，再倒推回来，就能得出自己的目标值；再由目标值倒推，就能知道自己应该怎样发展。这个目标倒推法，是中国建材集团的一个重要发展思路。

2003年，国有资产监督管理委员会（以下简称"国资委"）成立后明确要求，央企如果做不到行业前三名就自动出局。当时的监事会主席也要求我们做行业的领头羊，理由是：一家央企如果在行业里算不上领军者，就不配做央企。这给了我们巨大的压力，因为当时的中国建材集团底子薄、基础差，虽然头顶央企的"帽子"，却像个孱弱的孩子经不得风雨。面对压力，一家本就弱小，又没有国家资本金扶持、处于充分竞争领域的央企，该怎么办？如何做到行业前三？我们为此进行了痛苦的战略思考。

---

[1] 节选自2016年3月《中国建材》杂志《中国建材：从资本市场走来的整合者》采访实录。

综合方方面面的要求和企业实际情况，在大方向上，中国建材集团确立了"五最"目标，即成为"中国规模最大、实力最雄厚、效益最好、技术最先进、国际竞争力最强的行业排头兵企业"，之后根据发展需要又调整为"建立又强又优、具有国际竞争力的世界一流企业"；在小方向上，确立了"大水泥"战略，以水泥及相关建材产品为主业并实现快速发展。为了实现目标，我们确定了四条道路：走一条突出主业的专业化道路，走一条资本运营、联合重组、管理整合、集成创新的发展道路，走一条市场化运作和国际化合作的道路，走一条争取地方资源支持和为地方做贡献的道路。四条道路能不能走通呢？能。因为我们有企业的国家信用、市场化经营模式、投资人参与的市场机制、独特的融合文化，这几大优势能为企业的长期稳健发展提供有力支撑。

记得几年前，我拜访当时全球最大的建材企业法国圣戈班时，跟时任圣戈班CEO（首席执行官）白峰谈到了有关战略的思考。我当时说，中国建材集团不能走自建式的产能扩张道路，而是要把现有的企业联合起来，走一条基于存量结构优化的全新成长路径，促进市场健康化发展。白峰先生当时很吃惊，他认为普通企业考虑的是怎么引进技术、建新线，我们却是从行业的角度、市场的角度、战略的角度来考虑企业发展。他对我说："中国建材集团是全球最具动力的建材企业，现在我们每个月度会上都会问一句中国建材集团在想什么。"那时，中国建材集团的规模还很小，我们只知一路向前，对自己的未来并不十分确定，所以听了他的话后我有些意外。

事实证明，白峰先生没有看错我们。20亿、50亿、100亿、1000亿、2000亿……短短几年间，中国建材集团的营业额实现跨越式增长，中国建材成为跻身《财富》世界500强企业的中国第一家建材集团。今天回想起来，白峰先生较早发现了中国建材集团这匹黑马，作为一位全球知名的企业家，他从中国建材的战略里洞见到它的未来。

# 战略是选择和取舍

**战略就是占领一个地方**[1]

美国西点军校自1802年建校以来,有一门课一直是课程计划中的主课:阅读地图。对做企业而言,战场环境的优化、新战场的开辟都离不开地图。我个人也喜欢看地图,很多决策都是在地图前做出的。我认为,战略就是为企业制图,既要系统全面地思考问题,知己知彼,勾画企业发展的全景,同时要为准备达到的目标设定界限,也就是要懂得取舍之道。

战略管理大师迈克尔·波特认为,战略的本质是抉择、权衡和各适其位。任何一个企业都不可能包打天下、面面俱到。有所为有所不为,集中优势兵力是企业制胜的关键。中国建材在整合南方水泥时,正是看好江浙沪一带庞大的市场并且发现当地缺少领袖企业,于是一举发起联合重组,整合了150多家水泥企业。但在西北地区,中国建

---

1 节选自2011年5月10日在中国联合水泥公司的讲话内容。

材采取了主动撤出的战略,把市场让给了兄弟企业。

战略也意味着舍弃。很多情况下,"不做什么"与"要做什么"同样重要,有时"不做什么"甚至比"要做什么"更重要,因为只有放弃了旧的事物才能进行新的选择。但坦率地讲,放弃往往比得到更难,因为个人也好,企业也罢,都有恋旧情结,对熟悉的东西难以割舍。有些东西你可能很感兴趣,但是战略却要求你不能凭兴趣和经验做选择。正因为这样,懂得放弃就显得尤为重要。所以,我时常提醒自己和下属:"大企业失败的原因往往在于总是用过去成功的经验。"环境变了,情况变了,过去成功的经验可能不管用了,我们必须不断适应新的变化,进行否定之否定。这些是企业在制定战略时应该考虑的。

我欣赏巴顿将军的一句名言:"战略就是占领一个地方。"我认为这句话有两层含义,一是占领必须占领的地方,而且要巩固对领地的控制权;二是不要占领所有地方,应有进有退、有得有失。舍得舍得,有舍才有得,小舍小得,大舍大得,不舍不得。战略关乎全局。做企业不能盲目开疆拓土,摊大饼,而是要做好取舍,勾画出自己的领地,并在这块领地里努力做到最好。

## 退出不占根本优势的领域[1]

企业怎么定位自己的发展方向和业务方向非常重要。今天的市场

---

[1] 节选自 2013 年 9 月 13 日在大连高级经理学院的分享内容。

竞争越来越激烈，任何一家企业的资源和能力又都是有限的，只有根据行业特性和自身优势，理智地进退，成功的把握才会更大些。

按照有进有退的思路，这些年，中国建材集团依托战略性资源整合和结构调整，以新技术改造传统产业，以增量投入发展先进生产力，构建起实力雄厚的水泥、玻璃、轻质建材、新型房屋、玻璃纤维、复合材料、新能源产品和耐火材料等产业平台。但在这个过程中，不少人只看到中国建材集团的快速扩张，殊不知，在重组上千家企业的同时，我们也相继退出了300多家企业。可以说，我们就是经过一路取舍，才发展到了今天。

退出的过程可能会有损失，但从整体和长远来看，不退出就会有更大的损失。中国建材集团有一个资产管理公司，专门处理企业退出的问题，力争把损失降至最低。资产管理公司经理人员的奖金收入不以经营指标而定，而视处理问题的难易程度而定。另外，不仅困难企业或经营无望的企业要退出，一些经营好的企业也可以卖掉。例如，法国圣戈班在美国曾有一家玻璃纤维厂，经营得很好，却卖给了欧文斯科宁公司，因为圣戈班预见这个产业未来的竞争会非常激烈。

那么，企业取舍的依据是什么？我的看法是，我们如果在竞争中可以占据根本优势，那就最大限度地利用它，尽一切努力，达到最高水平的劳动生产率和拥有最大的竞争能力；如果不占有根本优势就不要涉足，如果进入了就赶紧退出，而且应该警醒回避，除非局势发生根本的变化。如在瓷砖、壁纸、建筑五金、卫生洁具等普通建材领域，由于中国建材集团与民营企业相比没有突出的竞争优势，所以我们果断地彻底退出。兵贵精干，不在多少。企业总是要腾笼换鸟，有加有减，保持动态平衡，实现资源的最优配置。做企业的过程就是一个不断取舍的过程。

## 生根大行业的意义[1]

企业发展空间的大小、利润额的高低，往往取决于其所在产业领域的体量和前景。2009年，我刚到国药集团任职[2]时对大家说："我知道有病要吃药。"大家说："董事长，这话不全对，没病也得吃药，要保健康。"这么一说，我就理解了。对呀，人一生下来就要打疫苗。同事们还告诉我："我们要主攻大病种药，因为有市场，有销售额。"像高血压、糖尿病、胃病、心脑血管疾病等，就是大病种。

"保健康"和"大病种"的思想，对我启发非常大。它们提醒我：央企一定要扎根大行业、做足大产业，一定要有一个大业务、大平台作为利润支撑，一定要结合资源优势、政策优势、规模优势、资本优势和技术优势确定目标。央企有规模、有产业属性、有研发创新能力、有核心竞争力、在行业中举足轻重，才能真正做到有活力、有影响力、有带动力，企业的生存和发展也才有意义。

后来，我在国药集团的战略定位中加入"健康"两个字，并明确了打造医药健康产业平台的发展目标。按照这个思路，国药集团的业务空间一下子增大了。在美国，医药业的GDP（国内生产总值）只有3000亿美元，整个医疗健康业却有3万亿美元。而在中国，药品行业的GDP目前只有1万多亿元，当然每年还在以20%的速度增长，而健康产业却是个几万亿元的大产业，"健康中国"已上升为国家战略。

中国建材集团也是如此。比如，进军水泥领域之后，企业的发展空间和商业价值飞速提升，前些年水泥业务在整个集团收入、利润中的比重一直超过90%，被媒体称为"定海神针"。当然，随着企业的

---

1　节选自2015年11月7日在北大光华管理学院的讲课内容。
2　2009年5月至2014年4月，本书作者同时担任中国建材集团和中国医药集团两家央企的董事长。

战略转型，近年来我们的新兴产业和服务业快速崛起，逐渐与水泥业务并驾齐驱，成为支撑企业健康成长的新生力量。再比如，为什么我们要做新型房屋？因为石膏板做到 1 亿平方米也只有 6 亿元的销售收入，但是日本最小的工厂化住宅企业一年做 4 万栋，算下来也有上百亿元的销售额，这是由它的发展空间决定的。

现实中不乏这样的例子，有的企业选择了一个相对小众的行业，但找到了合适的盈利模式，也能取得好的发展。大企业不能这样想问题，没有稳定丰厚的利润根基，效益靠七拼八凑实现，肯定不会走得长远。纵观这些年央企的发展，凡是主业涉及大行业、大产业的企业都实现了快速成长。

## 战略要打特色牌[1]

在我的职业生涯里，有 5 年时间同时担任中国建材集团和国药集团两家央企的董事长。两家企业有共性，也有各自的特殊规律，通过分析其中的异同并不断实践，我对战略的特色有了更深的理解。

建材行业和医药行业都是既关系国计民生，市场又高度开放的领域，都存在企业分散、集中度低、恶性竞争等问题。在这样的领域中，央企的目标是发挥影响力和带动力，促使行业健康发展。两家企业都是由原来的国家工业局撤掉后转化而来，同样经历了资源重组、资本运营的发展历程，成为国家用一定量资本吸引大量社会资本进行发展的新型央企。相似的特点决定了相似的发展规律，两家企业因此选择

---

[1] 节选自 2012 年 5 月 21 日在国有重要骨干企业中青年管理人员培训班的交流内容。

了相似的成长方式：通过市场化改革，建立适应市场的管理体制和经营机制；通过开展大规模行业整合，不仅自身快速成长，而且带动了行业结构调整与转型升级。

共性之外，两家企业在战略的区域性、行业性与制高点方面又有所不同。在区域性方面，药是长腿产品，附加值很高，可以行销全球，价值一两百万元的药，只用一个小包，就能从美国带到中国，所以物流体系很重要；而建材大多是短腿产品，有150公里左右运输半径的限制，基本上是地销。在行业性方面，建材是重资产投资行业，产品附加值低，对资源和环境有高度的依赖性，对环境有一定负荷，因此要走结构调整和存量优化的减量化发展道路；而医药是轻资产投资行业，技术投入高、准入程序和门槛高，由于是被动消费，受宏观经济影响小，医药行业未来将呈增量化发展。在制高点方面，企业竞争要抓制高点，也就是《孙子兵法》里讲的"兵家必争"之地。建材行业的制高点是建立在研发基础上的装备制造，建材的任何一次革命都要靠成套装备的革新，大部分的技术都凝聚在装备行业中；医药行业则不然，制药大厂都是轻工装备，医药企业的制高点是研发和网络。

由于上面这些差异，两家企业的战略具有鲜明的独特性。例如，同样是联合重组，两家企业却采取了不同的做法：中国建材集团是区域化布局，像下围棋一样，把一块市场占住，组建水泥核心利润区；国药集团则像天女散花一样分散布点，建立覆盖全国的药品物流分销配送网络，用终端业务撬动上游产业，庞大的营销网络是国药集团最具实力的王牌之一。

企业战略要打特色牌，形成自身的独特模式，这是战略的精髓所在。企业的内外环境、战略的判断能力和执行能力、所在行业特点等因素的差异，都会带来不同的战略。千篇一律不是战略，其他企业的战略模式可供借鉴，但不能盲目照搬。

# 把鸡蛋放在几个篮子里?

**业务选择要归核化**[1]

专业化和多元化是企业面临的重大选择,焦点在于"把鸡蛋放在几个篮子里"。如果放在一个篮子里就必须放对,否则一旦这个篮子出了问题就会全军覆没;分放在多个篮子里,虽然安全系数大了,但篮子太多又会增加成本。在工业化早期,大多数企业的业务都较为单一,但随着经济的迅速发展和机会的不断增多,不少企业逐渐开始开展多元化业务。像韩国现代、日本三菱、中国香港长江实业和华润集团等,都是典型的多元化公司。一直专注专业化发展的日本新日铁、韩国浦项钢铁等,近些年也进入了全球不动产业务领域。但随着市场竞争日益激烈,更多的企业无法分散资源,只有集中精力回归到专业化道路来。

到底企业要多元化还是专业化呢?中小企业,建议走专业化路

---

[1] 节选自 2018 年 1 月 28 日在中材科技 2018 年度工作会上的讲话内容。

线；规模大一点，撞到了天花板，可以去做相关多元。所谓相关多元，是指在技术上、产品上、市场上有相关性，有协同性。我主张按照业务归核化原则，聚焦主业、做强主业，把主业做强做优做大，在此基础上，如有必要可适当开展多元化经营，但要严格控制数量，总数以三个为佳。

工欲善其事必先利其器，做企业首先要有专业化能力。著名的帕卡德定律认为，人才成长速度跟不上企业成长速度，企业很快会衰败；面临的机遇太多，选择太多，企业也可能会衰败；很多企业失败并不是不创新，而是战线拉得过长，导致顾此失彼，找不到重点和关键。业务不在于多而在于精，做企业最忌讳"狗熊掰玉米"，一定要突出核心专长和核心竞争力，对已有产品精雕细琢，不断完善和创新，不停地更换产品和盲目地新增业务都是不可取的。企业的资源和能力都是有限的，对大多数企业来说，还是要走专业化道路，抵挡住非专业化机遇的诱惑。

在培育和巩固专业化能力的基础上，企业可探索相关多元业务，适当扩大营业规模，提高赢利能力。关于业务数量，我主张一个为主、两个为辅，总数不超过三个，再多了不一定能做好，而且也没必要。当然，在选择多元业务时，投资型公司会从风险对冲的角度出发，进入相关度不大的业务，以规避单一行业波动引发的颠覆性风险，从而确保稳定持续的收益。但作为生产型企业，还是应立足于专业化大生产，步步为营稳扎稳打，不断扩大自身优势。

中国建材集团旗下都是专业化的产业平台，按照业务归核化思路，形成水泥、新材料、工程服务三足鼎立的业务格局。从水泥业务来看，这是我们效益的主要来源。水泥是个好东西，虽然只有180年历史，但市场空间巨大，日常生活和基本建设都离不了，如果没有水泥，很难想象我们的世界会变成什么样子。在水泥产业之外，近年来中国建材集团大力培育新兴产业发展，新材料业务异军突起，逐渐占到集团利润总额的半壁江山。进入高质量发展阶段，水泥等基础建材的销量会有所下降，但石膏板、玻璃纤维、风电叶片、锂电池隔膜等新材料产业潜力巨大。在工程服务领域，经过长期海外深耕，中国建材集团的水泥和玻璃装备全球市场占有率达65%，未来我们将从全球最大的建材制造商、单一的水泥玻璃总承包工程商向世界一流的综合性建材服务商迈进。

## 相关多元化战略[1]

我是一个专业主义者，或者说身上有专业化的基因，过去很多年管理工厂和产业集团一直坚持的是"相关多元"战略，核心是先做好现有的核心业务，再根据企业需要，顺着上下游产业链，有限度地向多元化方向发展。

这一战略最早提出于北新建材战略转型时。1997年下半年，由于石膏板事业蒸蒸日上，北新建材的"石膏板大王"规划呼之欲出。然而，当一个产品进入成熟期，企业就会面临激烈竞争。英国石膏集团（BPB）、德国可耐福集团、澳大利亚博罗集团、法国拉法基集团等外资企业进入中国，国内也出现了几十家小石膏板厂。面对白热化竞争，北新建材全力应战，巩固了市场占有率。正是这场前所未有的竞争，促使我们进行了深刻思考。过去，我们脑子里铭刻的基本上是专业化、规模化思想，竞争法则也是"大鱼吃小鱼"。用这种方法，只要产量足

---

1　节选自2015年4月15日在中国建材集团第二期中青年干部培训班的讲课内容。

够大、成本足够低，就一定能够打败别的企业，然后去兼并它们。企业增长效仿的都是过去100多年来全球制造业形成的这种"铁律"。但是，进入新经济时代，传统制造业面临两大问题：一是成本趋同化，二是普遍微利甚至无利可图。如果一味地走产品单一化道路，我们可能会重复很多企业好的年头挣两亿元、差的时候亏两亿元的老路。

于是，我们果断调整发展战略，提出以同心圆模式进行产业扩张的战略思路，即由过去的以某一产品作为主业调整为以综合产品组合为大主业，在相关产品、相关产业里迅速扩展，追求多品种、配套化和高附加值，实现业务升级。这一战略，既承袭历史又关注未来，既坚守传统主业又稳健开发新业务。按照这一思路，北新建材20世纪末正式出炉"迈向住宅产业化新时代"的新战略，其内容是：紧紧围绕新型建材业务，向着更宽领域的综合性住宅产业发展。得益于新战略的实施，在当时石膏板业务最困难的时期，北新建材逆势而上，不仅巩固了原有核心业务，矿棉吸声板、建筑塑料型材、高档建筑涂料等众多新产品也如雨后春笋般茁壮成长。

后来，我到中国建材集团和国药集团工作，"相关多元"战略都起到了巨大作用。比如，2010年中国建材集团开始实施"大建材"战略：按照国际通行的"三大材"概念，从原有的建材领域进入建筑钢材和木材领域，通过扩展建材行业的定义域，继而扩大企业在建材市场的值域，成为水泥制造商、建筑钢材物流商及木材进口商。国药集团则完成了从医药产业领域向医疗健康领域的延伸。比如，2013年成立国药中原医院管理有限公司，国药集团以现金出资，占股70%，对新乡市的5家医院进行集团化管理。这类企业化运营的医院将在公立医院改革中产生"鲶鱼效应"，同时为药品和医疗器械销售提供稳定的市场。

实践证明，"相关多元"战略既减少了业务过于单一带来的机会风险，也扩大了营业规模，确保了核心竞争力。这一战略严格来讲仍是专业化的，所谓多元化也是建立在产业相关性的基础之上。

现在的央企大多是专业化公司，主业被限定为三个，而且三个主业基本同属一个专业。这样做的初衷是促使企业做精、做强、做专，同时减少盲目投资的风险。但有利也有弊，最大的问题就是缺少了对冲机制。在周期性行业中，行业景气时，企业可能赚很多钱，但当行业不景气或遇到经济周期性下调时，企业就会发生巨额亏损。

因此，像华润这样的投资型集团可以走多元化发展路线，有6大业务领域，25个业务单元，做得也很好。这些多元化的公司从资本收益、公司战略等角度出发，进入市场潜力大、逆周期或周期性不明显、企业具有独特资源和经营能力的产业领域，注重业务之间的对冲机制，构筑业务组合力。这样既可以确保企业不会因行业波动而面临颠覆性风险，也可以获得稳定持续的收益。

看过杂技转盘子表演的人都知道，技艺再高超的杂技演员也只能让一定数量的盘子同时转动，盘子再多就很难控制了。同理，任何企业的发展也都存在管理幅度，业务过多和过少都有风险。因此，多元化一定要量力而行，以足够的控制力、抗风险能力和获取资源的能力为前提。

## 投资要注重业务组合力[1]

企业要做多少业务，关键取决于自身的文化沿革和管理能力。由

---

1 节选自2019年1月20日在中国建材集团年度工作会议上的讲话内容。

于多元化发展对企业的投资水平、管控能力、财务管理等都提出了更高要求，许多中小企业未必有足够的驾驭力，走专业化道路是更好的选择，大企业则可以尝试多元化投资。

瑞·达利欧在《原则》中提出了一个投资的原理，可投资有对冲性的三个不相关的业务。他把投资人的钱分成三份，找三个不同的高成长的行业，再分别选三个高盈利的企业投下去，比如找一个生物制药的，再找一个半导体新材料的，最后找一个新能源的，这样就会产生对冲，东方不亮西方亮，不至于说某一个投错就全军覆没了。

企业既要归核化，又要多元化，两者并不矛盾。归核化是就集团所属的专业化产业公司而言，而多元化是就整个集团的投资方向而言。

具体操作上，可由集团总部以管资本为杠杆，通过投资和股权管理，调控产业布局，组建业务多元的"联合舰队"。像日本三菱、三井、伊藤忠等财团，以银行或其他大型金融机构为核心，通过产融结合的方式促进实业发展，同时能促使不同的财团进行竞争。这些大财团下边有很多实力雄厚的企业，像日本三菱财团下就有三菱银行、三菱商社、三菱重工等几家《财富》世界500强企业。可以看出，日本财团在专业化和多元化之间进行了很好的搭配：母公司作为投资控股型企业，是整个舰队的旗舰，负责投资管理，注重业务之间的对冲机制；构成联合编队的各子企业是专业化的实体企业，任务是聚焦核心业务，持之以恒地把企业做好、把产品做精、把市场做大，同时各业务单元之间既独立运作、良性竞争，又相互协作、有机统一，从而确保整个舰队的有序稳定。在联合舰队中，舰船之间的协同效应非常重要。这就类似于求和法则，长度单位之间可以相加，但长度单位和重量单位不可相加。企业之间要能形成有协同力、有核心的产业集群，如果产业之间毫无关系，硬捏在一起也形不成多大的竞争力。

中国建材集团原本是一家产业集团，总部作为决策中心和投资中心，对集团所属企业实施平台化管理，在融资体系建设方面积累了丰富经验。2018年底成为国有资本投资公司试点企业后，中国建材集团调整总部职能，抓住融资和投资两大核心，组建投资产业基金，利用归核化的上市公司平台优化资源配置，聚焦基础建材、新材料、工程技术服务三大核心投资方向，以管资本的方式推动产业进退。集团总部致力于打造国家材料领域的综合产业投资集团，完善"政府—总部—投资企业"三层管理模式，同步完成管资产向管资本、建筑材料向综合材料、本土市场向全球布局的"三大转变"。所属企业则是主业突出、技术领先、管理先进、效益优秀、混合适度的专业化业务平台，力争在水泥、玻纤、轻质建材、玻璃、国际工程等领域形成一个具有国际竞争力的上市公司群，打造若干具有国际影响力的行业领军企业和一批专注于细分领域的"隐形冠军"。各专业平台形成互补共进的业务族群，实现经营协同、市场协同、技术协同、财务协同、资本支出协同效应，提高资金利用效率和资源利用率，降低周期性运营风险。需要注意的是，投资公司不是层层搞投资，只有集团总部具有投资职能，所属企业必须按照平台专业化要求，聚焦实业做强主业，提升核心业务竞争力。

在投资公司层面，以相关多元化对冲经济周期。在实体公司层面，以专业化夯实竞争基础。组建业务多元的联合舰队模式，最大的好处就是让多元化与专业化相互弥补、合理搭配，获取投资收益和提高核心竞争力两不误。

# 选择新业务的"四问"、"四不做"和"四要"[1]

选择新业务是企业里最难的事情,一旦选错了,就会犯颠覆性的错误,可能再也无法补救。所以企业要有选择地做业务,而不是有业务就做,在选择业务之前要进行"四问"。

一问自身是否有优势。拟进入的领域要符合企业战略需要,要对该领域有充分的了解和认识,要能结合技术、人才、管理、文化等优势,形成足够的业务驾驭力。作为产业公司来说,在选择新业务时,应选择那些与现有核心业务相关的产业和产品,以增加新业务成功的概率。像中国建材集团之所以进入铜铟镓硒薄膜太阳能电池领域,是因为我们在玻璃领域具备强大的技术优势,而太阳能电池是玻璃的衍生品。另外,新型房屋是轻钢龙骨和石膏板的组合,风机叶片是复合材料的下游产品,两个新业务都是我们之前主营产品的延伸,因此都取得了巨大成功。

二问市场是否有空间。拟进入的市场要有足够的容纳度,能为业务成长提供支撑,如果市场太小甚至几近饱和就不宜涉入。以央企为例,央企的业务体量像块"大石头",市场如果像湖泊或海洋一样大,就能有足够的空间容纳度,如果市场容量像"脸盆"一样大,"大石头"一旦进入就很容易把"脸盆"砸坏。

三问商业模式能否复制。商业模式有的容易复制,如肯德基、麦当劳、星巴克等企业的商业模式,有的不宜复制,例如全聚德烤鸭,A师傅和B师傅烤出的鸭肉味道就不完全一样。选择能迅速复制的业务,就能更快地形成规模。像中国建材集团在山东德州做的智慧农

---

[1] 节选自2018年4月14日在中国政法大学的讲课内容。

业大棚，把现代农业与光伏产业结合起来，大棚透光性好，还能全方位智能控制种植条件，生产出的蔬果十分喜人，这种模式正在全国迅速推广。

四问与资本市场能否对接。企业的效益不仅包括从产品中获得的利润，还包括资本市场的市值，要把产品利润在资本市场放大。

"四不做"是指，一是产能过剩的项目不做。水泥、玻璃等过剩行业正在减量发展，我们要在品种上、质量上、产业链上精耕细作，而不是在数量上、规模上、速度上做文章。二是不赚钱的项目不做。一个项目能不能赚钱、盈利点在哪里、盈利模式是什么，这些问题都必须事先明确。三是不熟悉的项目不做。如果一个项目，企业里没人熟悉情况、没人说得清楚、没人能做出清晰的判断，这种项目十有八九会亏损。四是有法律风险的项目不做。不注重法律风险的企业，很容易被拖入泥潭。

对照"四问""四不做"，对于一项业务能不能做就有了基本判断。那么，这项业务能不能长久地做下去呢？关键点是什么？在新业务培育发展的过程中，还应牢记"四要"。

一要风险评估。开展新业务必须慎之又慎，其核心就是对风险进行全面评估和考量，明确风险点在哪里、风险是否可控可承受，一旦出问题能否进行有效的切割和规避，把损失降到最低。

二要专业协同。业务选择必须谨慎小心，而业务一旦选定，就应交由专业的平台公司去做，按照平台专业化思路，一个平台只做一个专业，突出核心专长。同时，新业务发展不是孤立的、单一的，要与现有业务产生协同效应，推动企业内部的协作发展，提升产业链综合竞争力。

三要收购团队。发展新业务可以用技术重组的方式，不仅收购企业，还要收购其研发团队。这样既可以保持新业务核心技术的稳定性，又可以稳定军心。重组技术就是重组团队，重组团队就要收购研发中心，有一个扎实的基础，有一班整齐的人马，再去做创新就会相对容易一些。中国建材集团进行技术重组时，根据情况会保留被重组企业的技术团队，员工因此热情高涨、干劲十足，出了不少重要成果。

四要执着坚守。发展新业务不是一朝一夕的事，一定要有执着的劲头、坚守的毅力。要想深入了解一个企业以及企业的业务、产品、技术等，没有10年不行；要想做到彻底掌握，运用自如，需要20年；要做到极致，需要30年以上。

# 机遇来了——
# 跳起来，抓住它

## 失去机会是最大的失误[1]

　　做企业必须了解环境，抓住机遇，有一个清晰的方向和战略，这是企业发展的前提。有一次在香港路演时，一位记者问我："掌管大企业，你觉得自己最成功的地方在哪里？"我回答他："就是看到机遇后抓住它，然后制定一个清晰的战略，并且义无反顾地做下去。"古人云，"故善战者，求之于势"，其中的"势"即机遇。中国建材集团近年来的快速发展就是在顺"势"而为，这个"势"指的是中国经济快速发展和产业结构调整这两大历史机遇。

　　改革开放以来，中国经济以前所未有的速度快速发展，中国企业也呈现出爆炸式发展和井喷式成长态势，这种发展带来的客观结果就是产能过剩。市场的内在逻辑是，市场经济是过剩经济，过剩后就要进行行业整合，提高产业集中度。对企业来说，这样的机遇是不常有的。

　　机遇不是均匀的、连续的。作家柳青在《创业史》中写道："人生

---

[1] 节选自 2011 年 9 月《中国企业家》杂志采访内容。

的道路虽然漫长，但紧要处常常只有几步，特别是当人年轻的时候。"对大多数人来讲，人一生中的重大机遇可能只有一两次。企业的成长过程也是一样，重要的机遇可能只有一两次，有的机遇可能十年甚至百年难遇。因此，企业做什么、什么时候做非常关键。市场不可能总给我们机会，关键要看机遇来了我们能不能抓住它，抓住了企业就能发展起来，否则就会永远失去机会，失去机会是企业最大的失误。

机遇不是等来的，需要有心人去发现。企业领导人更需要有一双发现机遇的眼睛，因为很多机遇是不易察觉的。一些人认为我是一个战略家，其实我比较喜欢推理，就像下棋一样，每一步都要想好，如果总错、总丢子，就输了。作为企业家，要有清晰的方向感和对机会敏感，也要下好每一步棋，一步走错了，可能全盘皆输。正因如此，这些年来，我一直要求自己凡事都要慎之又慎，谋定而后动。

中国有句老话叫"静如处子，动如脱兔"，说的是军队在未行动时要像未出嫁的女子那样沉静，一旦行动就要像逃脱的兔子那样敏捷。做任何事情都是如此，先进行认真分析和深入思考，尽量把问题考虑周全，而后淡定从容地等待机会，一旦机会来临，就要毫不迟疑、快速出手。工作一经启动就要说到做到、坚决执行，这是中国建材集团的做事准则。

## 兵贵神速[1]

我们常说"先机"，在机会面前，哪怕只比别人快半步，机会就

---

[1] 节选自 2012 年第 4 辑《哈佛商业评论》中文版之《中国建材：整合式成长之路》采访实录。

是你的。就像百米赛跑，快 0.01 秒的人可能就是冠军，慢一点儿只能屈居第二。今天的竞争方式主要是快鱼吃慢鱼，而不是大鱼吃小鱼。如何抓住机遇？诀窍就是一个"快"字。

中国建材的联合重组就是一个重压之下与时间赛跑的故事。在最初酝酿联合重组时，我们面临很多质疑：一方面，自身规模不大，刚刚上市就要做大规模重组，资金实力、人力资源都存在巨大的挑战；另一方面，联合重组那么多企业，我们能不能消化得了，会不会导致"大而不强"。此外，当时认同我们联合重组战略的人不是很多，我们遇到了不少困难和阻力。2008 年 3 月，一份题为"中建材是不是疯了"的材料被送至国资委高层的案头。撰写这份材料的一位市场人士坦陈了他对中国建材高速扩张的忧虑，并对央企大规模扩张的动因进行了颇为偏激的推测。

但我认为，我们不但没有疯，还很理智和冷静，因为那时我们必须这么做，否则错过了机会，不仅成本会更高，还会被跨国公司抢了先。另外，人们对事物的认识本来就是一个"否定之否定、螺旋式上升"的过程，对于一些事情大家有不同看法是正常的，也是难免的。所以，在联合重组问题上，我主张不声张、不争辩、不放弃、不减速。要想做成事，不会一帆风顺，往往充满坎坷。当时最急迫的就是当机立断，抓住水泥行业结构调整的时间窗口，因为这个窗口可能稍纵即逝。

现在回过头来看，假如那时放弃重组，分分钟就能做到，但是一旦放弃就意味着永远失去了机会。看准了、想通了，就要坚定地前行。如果没有这种精神，患得患失、瞻前顾后，就无法前进。最终，我们选择勇往直前、迎难而上。在东南地区，南方水泥迅速重组了 150 多家水泥企业，常常一个晚上要和七八家企业商谈；虽然西南水泥的重组代价比南方水泥相对高些，但也是机不可失，我们果断出手，不到一年就形成了上亿吨产能。今天回想整个重组过程，的确像个神话，但却是一件真实的事，最重要的就是抓住了机会，这是我们做大做强的一个关键原因。像日本这几年之所以没有出现大企业，就是因为行业大发展的机会窗口已经关闭了。

后来，有分析师认为，中国建材的联合重组恰逢其时。如果时间再早一些，大家都在建新厂，都想鸡生蛋、蛋生鸡，都是宁当鸡头不当凤尾，我们想收购谁都不行；而如果再晚一点儿，让别人收购完了我们再去收购成本可能会很高；如果等到以后，行业开始减量发展了，收购一个关张一个，我们就会非常被动。

其实，今天做企业就看谁先有想法，但仅有想法也不行，不能醒得早起得晚，关键是快速行动。行动了，事情就有可能完成；不行动，坐而论道、想入非非，就会一事无成。所以，企业有想法不容易，把想法系统、清晰、完整地表述出来也不容易，表述出来后能实践、实践了还能成功，就更不容易了。有人说，联合重组我早想到了，但是没有去做；有人说，我早说过了，但是没有去做。中国建材的联合重组既想到了，也说到了，还去做了，并且做成了。

机会不常有，它只存在于某个时刻、某段时间里。当机会来临的时候，我们需要做的就是跳起来，抓住它。兵贵神速，良好的时机往往出现在转瞬之间，你不抓住它，可能再也没有机会了。

## 机遇只留给有准备者[1]

机遇来临时，我们要跳起来，但前提是要真能跳得起来并且有本

---

1 节选自 2012 年 3 月《经济观察报》之《联合重组的逻辑》采访实录。

事抓住它。否则，机遇出现了，我们只能眼睁睁地看着它溜走。机会只留给那些有准备者，说的就是这个道理。但一些企业的问题在于平时准备不够，关键时刻跳不起来。还有的企业存在赌的心理，在时机未到的时候孤注一掷，结果赔了夫人又折兵。成功往往源于机会，所以企业一直在与机会博弈，但当企业做到一定程度时，又不能只靠机会，必须有科学的规划和充足的准备。想揽"瓷器活儿"，得有"金刚钻"。那些没有战略目标、盲目行动、准备不足的企业，注定会摔跟头。

做一件新事情、推动一个新变化，确实有很多不确定性。拿中国建材来说，当年不少人觉得我们在短时间内重组那么多企业有点儿冲动。但是"快"并不等于"乱"，不等于"粗"，关键是资源如何配置，过程安排得是否精细，事情是否真的想清楚了。中国建材集团的联合重组建立在缜密的行业分析基础上，创新性和理性兼具。我们认为，根据世界水泥工业的发展规律、国际大型建材企业的发展经验和我国水泥行业的现实状况，大力开展联合重组和管理整合，进行产业结构调整和转型升级，实现行业可持续发展势在必行。作为行业领军者，我们应承担起引领行业整合的历史责任，这也是企业发展的难得机遇。在联合重组的过程中，从区域选择、指导原则，到操作原则、行为原则，再到重组方式、人员安置等，我们对每一个环节都想得清楚、做得规范，每一步都安排得十分精细。

中国建材集团的联合重组反映在市场上，可谓势如破竹，那是建立在无数次思考、无数次否定的基础之上的行动和表现。只有看准了、想通了，我们才会义无反顾地前行。很多人问我工作之余做什么，我说："我大多数的时间都在思考，在仔仔细细地想问题。"碰到一件事，我会花很长时间去思考，想不清楚就不会做，但一旦想清楚了、目标明确了，行动就会极其迅速和坚决，决不拖拉。

我们的联合重组并没有抱着赌一把的心态，而是事先制订胸有成竹的计划，并在比较精准的时刻出手。这些年，通过大规模的联合重组，中国建材集团迅速成为全球规模最大的水泥企业。从表面上看这是一个机会性事件，它成就了企业，而实际上，成功的背后有着很多针对行业、面向市场和未来的十分深刻的思考和谋划。

## "机"从"危"中来[1]

2008年的金融危机令人记忆犹新。在这场危机中，中国建材集团把风暴当作历练，怀着积极正面的心态，扎扎实实开展工作，最终化"危"为"机"。

做企业总是与困难相伴，危机中的每一个选择更是殊为不易。在金融危机中，美国次贷危机持续蔓延、国内经济形势严峻复杂、市场低迷情绪弥漫……这一切让企业经营举步维艰。但我是一个积极乐观的人，我认为危机的爆发意味着矛盾的转化，其中蕴藏着机会。历史上，每次大的危机总是带来经济结构的调整，也总是有一些经济体和大型企业与新兴产业快速成长。同时，在历次的金融危机中，经济社会的修补能力也变得越来越强。曾经在东南亚金融危机开始时，经济学家认为要花10年以上的时间解决，但没想到只用了两三年各国经济就都恢复发展了。

因此，我们既要看到问题，又要避免过度悲观。把问题看得过于乐观，会犯错误；但把问题看得过于糟糕，止步不前，就会丧失机会。

---

[1] 2009年9月27日新华网高端访谈《科学发展是企业发展的新动力》内容节选。

所以，要客观理智、实事求是。正因为有了这种心态，中国建材集团在衡量自身机遇和挑战的时候才能不消极、不抱怨，更多地看到积极正面的因素，把握住了危机背后的机遇。

一是抓国家扩大内需的机遇。紧抓大项目、大客户、大订单，包括京沪高铁、核电站及南水北调等大的水利工程。二是抓结构调整的机遇。一方面，勇挑重担，保质保量地做好国家重点项目的建材产品供应，另一方面，积极引导行业大力推进结构调整，促进行业健康良性运行。三是抓技术创新的机遇，千方百计降低成本。综观那些在危机中站立起来的巨型企业，无一不是通过技术创新和转型升级而崛起的。四是抓管理整合的机遇。在困难面前，有的人徘徊观望，有的人怨天尤人，我们却把困难当作苦练内功、提升管理水平的好时机，采取了强化目标管理、精细管理和对标管理；紧盯竞争对手、紧盯市场、紧盯价格、紧盯单位消耗成本费用；向管理要效益、向创新要效益、向市场要效益等一系列管理整合措施。2008年5月，我们在杭州召开第一次管理整合会议，会场外金融危机来势凶猛，会场内大家热火朝天地研究管理整合的办法，可谓"外面雷声隆隆，里面书声琅琅"。

此外，我们还在化解风险方面做了大量工作。在危机中，很多企业做了金融衍生品，亏损很大，但我们始终坚持不是主业不做、高风险的投机项目不做、不符合战略的重组不做的"三不"原则，确保了资金链安全，全年销售收入增幅达到87%，在央企中名列前茅。

危机里有危难也有机遇，能否化险为夷，主要取决于我们的智慧，以及能否在危机中找到新的道路。失败的人找理由，成功的人找方法。在危机面前，认真科学地研判形势，制定有挑战性的目标，树立敢打敢拼的必胜信心和一往无前的精神，遇到问题大家相互理解、相互扶持，事情必能柳暗花明。

## 在危机中育新机，于变局中开新局[1]

习近平总书记提出了"在危机中育新机，于变局中开新局"[2]。危机是客观的，但在危机中可以培育新机会，变局也是客观的，但在变局中可以开新局。企业要用全面、辩证、长远的眼光来分析当前经济形势，努力化危为机、守正出新，推动企业改革发展，在危机中育新机，于变局中开新局，为我们国家的发展做出应有贡献。

2020年在全球主要经济体里面，中国对世界经济增长的贡献是巨大的。中国经济的增长极大地支持了困难中全球经济的增长。从这一点来看，我们应该为自己取得的成绩自豪。同时，我们也要看到困难。关键是要增强我们的信心，信心比黄金更重要，关键时刻不能放弃，每个企业家之所以成为企业家，就是因为有这种不怕牺牲、不言放弃的精神。

截至2020年，我国注册公司有3000多万家，个体工商户有8000多万个，共有约1.23亿个市场主体。其中绝大多数是中小微企业，而中小微企业又提供了广泛的就业机会，所以我们要帮助中小微企业渡过难关，这样才能够保住市场主体，才可以稳住经济基本盘。从企业来看，当下的重要工作就是能熬得住、活下来、早复苏、再出发。"稳"就是稳市场、稳客户、稳订单、稳产业链，其中稳市场是非常重要的，因为企业没有市场就没有客户，这是不可想象的。"保"就是保企业主营业务和核心竞争力，保资金链和员工就业。主营业务每个企业都有，要保住企业的核心主营业务；保住核心竞争力是指保

---

1　2020年8月10日正和岛（江西）创变者年会暨第八届正和岛岛邻大会演讲内容节选。
2　《习近平给"全球首席执行官委员会"成员代表回信》，《人民日报》，2007年07月17日01版。——编者注

住经营骨干、业务骨干，他们是企业的核心竞争力；保资金链不断，资金链断了，企业分分钟就倒下；保员工就业，企业尽量不裁员，和员工共渡难关。

着眼未来，我们要育新机、开新局。育新机需要从以下四个方面入手。第一，在政策中育新机。一方面是获得国家财政金融政策的支持，国家在减税降费、减租降息方面对企业提供4万亿元的支持；另一方面是抓住国家在扩大内需、"两新一重"方面释放的约8万亿元投资资金，在政策中抓住机会。

第二，在市场中育新机。市场随着环境发展发生了很大变化，有一些产品滞销，但是也有一些产品供不应求，此时企业就要快速转变，随市场的变化而变化，在市场中培育新的机会。2020年上半年，江西省出口贸易增长了25%，名列全国第一，就是因为抓住了市场里的机会，我觉得这一点非常重要。

第三，在经营中育新机。企业的机会就是在变化中制定战略，调整目标。经营其实就是抉择，是战略的抉择。

第四，在管理中育新机。一般管理得好的公司免疫力就强，下一步企业还是要加强管理。具体来讲就是进行"三精管理"——组织精健化、管理精细化、经营精益化。

开新局也需要从以下四方面入手。第一，在创新中开新局。创新是我们工作的重中之重。在数字化创新方面，我国企业在电商、移动支付等领域走在了前面，现在在产业的数字化领域也要再进一步。第二，在改革开放中开新局。越是困难的时候越是改革的好机会。一方面，国有企业需要改革，民营企业也需要改革。国有企业和民营企业互相学习——国有企业学习民营企业的市场精神、企业家精神和拼搏精神，民营企业向国有企业学习团队建设和规范管理，只有互相学习，携起手来才可以把经济发展好。国有企业和民营企业的关系像水和茶，混在一起就是一杯好的茶水，没有必要再分谁是水、谁是茶。另一方面，要把握很多新的开放政策出台的机会，包括海南自由贸易港的建设、金融开放政策等。在某些国家搞逆全球化、贸易保护的时候，我们的对策是加大开放，用我们的开放，用中国广阔的市场来平抑逆全球化，这个时候不能把门关上，而应该把门打开。

第三，在经济转型中开新局。新能源汽车对汽油车来讲就是转型，2020年，全球的汽油车保有量约14亿辆，全球新能源汽车不超过2000万辆，每年新增约200万辆。从各家企业的发展势头来看，我觉得这场转型已经开始。在转型的时候企业要抓住关键时刻去开新局。

# 高质量
# 发展阶段的企业战略

**高质量发展的内涵**[1]

党的十九大做出"我国经济已由高速增长阶段转向高质量发展阶段"的重要论断,之后召开的中央经济工作会议,全面论述了高质量发展阶段的内涵。经济高速增长解决的是"有没有"的问题,而高质量发展解决的是"好不好"的问题。和宏观经济相同,我国企业尤其是众多大企业也正从高速增长转向高质量发展的阶段,高速增长解决的是企业规模的问题,解决"大"的问题,而高质量发展解决的是"伟大"的问题,解决"强"和"优"的问题。

过去40年里,我国经历了高速增长阶段,GDP年均增幅约9.5%,尤其是2002—2017年的15年,GDP从首次突破10万亿元提高到82.7万亿元,这是历史性的跨越。伴随经济高速增长,我国迅速跃居全球第二大经济体、第一大工业国。以水泥为例,改革开放初期产

---

[1] 节选自2018年3月12日《中国建材报》采访实录。

量只有1亿吨，2018年已超过20亿吨，约占全球60%的份额。高速增长为我国经济发展立下汗马功劳。当前我国经济环境面临新挑战，一方面我国进入"后工业时代"，各行业普遍存在过剩问题；另一方面，资源、能源和环境等面临瓶颈，速度和规模型经济已不可持续。在这种情况下，我们解决的不再是"有没有"的问题，而是"好不好"的问题。这是基本的大逻辑。外部环境发生巨变，企业也应做出调整。在高速增长阶段，企业不得不跑起来，不跑就没有机会，而在高质量发展阶段，我们就不能再像以前那样只顾"快跑"了，而是要学会"正步走"。

高质量发展不是对高速增长的否定，而是从"量的积累"向"质的飞跃"的跨越。增长与发展不同，熊彼特于1912年写的《经济发展理论》一书对此有精彩描述。他说一万辆马车还是马车，这叫作增长；而由马车变成蒸汽机车，发生了质的变化，这才叫发展。由此熊彼特提出了著名的创新理论和企业家精神，认为只有创新才能带来经济的发展，而企业家是引领创新的灵魂。我国已经解决了马车增量的问题，目前要解决的是怎么造出机车头来，需要的是质的变化。

高质量发展的企业，是一贯用改革创新思想引领的企业，是面对环境变化、技术更新，有着源于改革创新强大动力的企业。企业高质量发展的内涵主要有四点：一是结构和运行高质量，企业的组织架构、投入产出比、资产回报率、社会贡献率等方面表现优异；二是技术素质和创新能力高质量，持续强化创新驱动，推动产品向供应链高端发展；三是产品和服务的高质量，把最优的产品和服务提供给客户、分享给社会，这是做企业的最根本态度；四是组织和团队的高质量，通过建立学习型组织，强化文化建设和人才的培养引进，切实提高人才质量，激发创新活力。

高质量发展突出解决质量、效率和动力问题。从国家的经济发展来看，凡是在高速增长达到一定水平就迅速转向高质量发展的国家，经济就可持续，就能跃升至发达国家；反之就会陷入"中等收入陷阱"。企业也一样，凡是高速增长到一定水平就迅速转向高质量发展的，就能实现从优秀到卓越、从大到伟大的跨越，成为百年老店；而凡是一味追求速度和规模的，就会遇到种种危机，有些可能失败甚至会轰然倒下。

## 做企业需要格局和能力[1]

为什么同样的企业有的迅速壮大有的却裹足不前？为什么同样的企业有的遇到风雨后再现彩虹有的却折戟沉沙？理由能找出很多条，但做企业的格局和能力可能是两个关键的因素。格局是企业的时空观，能力是企业的内在素质，两者需相互匹配、相互促进。企业能否壮大取决于格局够不够大，能否攻坚克难取决于企业蕴含的能力。有格局和能力意识，把握好格局和能力的关系，企业才能把握机遇快速发展。

企业格局主要反映在四个方面。一是企业领导的认知格局。企业领导要见多识广，了解市场情况、行业走势、技术和商业模式的新变化，洞悉重大机遇，"读万卷书，行万里路，交四方友"。二是企业的战略格局。不同的战略格局会带来不同的结果。像麦当劳和星巴克把生意做到世界各个角落，首先得益于全球化战略格局。小企业也可以有大格局，如隐形冠军都是以国际市场为目标市场。三是企业的工作

---

[1] 节选自2024年8月6日在中国人寿集团青年干部培训班上的讲话内容。

格局。企业怎样看待资源，怎样制定分配机制，怎样处理环保、安全和效益的关系，怎样面对竞争者等，这些都是格局问题。四是处理复杂问题的格局。对待复杂问题要战略上藐视，战术上重视，站在问题之上、问题之外看问题，用历史的、发展的眼光看问题，学会把问题简单化。处理问题要拿得起，放得下，有取有舍、当断则断、抓主要矛盾，不要把问题长期化和僵持化，也不要眉毛胡子一把抓，要能纲举目张。面对困难要有平常心。一方面认真解决处理好问题，另一方面用发展解决问题，费过多精力在小问题上纠缠，不如腾出手来做些新业务，用新业务的成绩"以丰补歉"。

做企业需要格局，格局越大，企业就越自信。现在中国企业正处在亟需转型和自我超越的关键阶段，我建议大家在思考战略、目标、管理、发展时，在遇到困难和问题时，更多从格局出发展开思考。

企业的能力，不只是企业管理、市场开拓等应知应会的一般能力，更是卓越企业应有的特殊能力，要经过积累锻炼才能具备。一是应对力，面对一场突如其来的危机，能不能应对？有的企业慌了神，手忙脚乱不知道该怎么做，有的企业就能应对。二是抗压力，我们有时候会讲压力测试，其实不用专门测试，做企业会不停地遇到难题，我们要耐受住各种困苦，克服压力，拒绝躺平，不拼到最后一刻绝不放弃，要有逆势而上的定力。三是复原力，是指企业抗风险的能力和企业受到打击后的恢复和再生能力。许多企业在成长过程中都有过风险，或都走过麦城，但有的企业就一蹶不振轰然倒下了，有些企业却置之死地而后生，有着超强的复原力，而且经历了磨难的企业往往后面发展得更好。企业在竞争过程中总会摔跤，关键是能不能再站立起来。企业要把风险和困难当作成长过程，用生命力和赋予企业的希望来渡过难关。四是免疫力，聪明人和糊涂人的区别是什么？聪明人不重复犯同样的错误，但是糊涂人总犯同样的错误，也就是说经过了打击之后，要长记性，总结经验来提高自己的免疫力。以前常讲"平时多流汗，战时少流血"。企业要总结经验，不能在同样的问题上犯同样的错误。概括来说，就是企业能不能对抗风险，能对抗多大的风险？困难过去后，多久能恢复，能不能总结经验预防下一次危机？

格局和能力决定企业的未来。企业在每一个发展阶段都会迎来新的挑战。成功的企业总是把格局和能力建设考虑在先。中国企业要想走向世界，成为一流的跨国企业和百年老店，需要我们的企业家有更大的格局和更强的能力。

## 开启从大到伟大新征程[1]

中国建材集团的成长紧扣时代脉搏。在中国经济高速增长阶段，它紧抓历史机遇，迅速发展壮大，成为全球最大的综合性建材产业集团。进入高质量发展阶段，我们重新思考企业的发展战略，在做大的基础上，更加重视提升自身运行质量和持续发展能力，开始从大到伟大的第二次长征。

我国著名学者刘俏在《从大到伟大》一书中讲道，中国大企业已有不少，但堪称伟大的企业还不多。从大到伟大的主要目标有三个：一是规模大，即具有足够的体量，对行业乃至全球经济具有显著影响力；二是效益好，即不断创造不俗业绩并保持行业领袖地位；三是可持续，能够经历市场变幻、风吹雨打，做到基业长青，积累长盛不衰

---

[1] 节选自 2017 年 10 月 10 日在中国建材集团第四期中青班的讲话内容。

的国际名声。从大到伟大，是企业的终极目标。也就是我们所讲的，企业要从高速增长迈入高质量发展。按照高质量发展和世界一流的要求，中国建材集团明确了"335"中长期发展战略。

第一个"3"是"三步走"发展目标。到2020年，实现营业收入3500亿元、利润总额200亿元，基本建成具有全球竞争力的世界一流企业；到2035年，营业收入翻一番、利润总额500亿元左右，全面建成具有全球竞争力的世界一流企业；到2050年，营业收入超万亿、利润总额上千亿，成为超世界一流、受世界尊敬的伟大企业。通过一代代中国建材人的不懈努力，把中国建材集团建成一家享誉世界的百年老店。

第二个"3"是重点把握三件大事。一是稳健中求进步。每个企业都想进步，但前提是稳健，要在把握风险和实现发展之间求得平衡。中国建材集团过去一路披荆斩棘，快速成长，今后不再追求"大"，而是把技术竞争力的"强"和经营业绩的"优"摆在更突出位置，保持稳健经营。二是发展中求质量。不能满足于造出产品，而是要把产品做到最好，不能只求速度、规模，还要求质量、效益。三是变革中求创新。全球正经历新一轮科技和产业革命，互联网、大数据、基因工程、新材料等领域的创新层出不穷，我们要抢抓发展机遇，求新求变，筑牢企业核心竞争力的基石，努力实现赶超。

"5"是聚焦高质量发展五大任务。一是做强主业。在业务方向上，要聚焦主业、做强主业、提高主业发展质量，按照归核化原则，主攻水泥、新材料、国际工程三个业务，加强利润平台建设，提升核心竞争力和盈利能力，其他业务要逐渐砍掉。二是瘦身健体。在总体体量上，减少企业的管理层级，调整优化业务结构、组织结构和人员结构，在企业个数已经压减20%的基础上，争取再压减20%左右，最终目标是压减到1000家以内，确保提质增效。三是强化管理。在运行质量上，坚持不懈练好管理基本功，持续提高效益，降低成本。四是创新转型。在发展动力上，把创新驱动放在战略之首，通过持续创新，不断培育新的发展动能，增强企业核心竞争力，使企业真正实现高端化、智能化、绿色化和国际化"四化"转型。五是机制改革。在内部活力上，建立有效机制，增强企业向心力和凝聚力，使企业成为社会、股东、员工的共享平台，构建企业干部员工利益和企业效益之间正相关的关系，使企业焕发新的活力。

## "一带一路"为中国企业带来新机遇[1]

习近平总书记在2020年6月18日"一带一路"国际合作高级别视频会议上发表的致辞强调："我们愿同合作伙伴一道，把'一带一路'打造成团结应对挑战的合作之路、维护人民健康安全的健康之路、促进经济社会恢复的复苏之路、释放发展潜力的增长之路。通过高质量共建'一带一路'，携手推动构建人类命运共同体。"[2]

"一带一路"是我国经济发展的必然选择。从国际经济发展的情况看，欧美发达国家、日本、韩国、中国等经历了快速增长，预期接下来就是"一带一路"沿线国家。"一带一路"沿线国家是未来的一个大市场，会带给我国企业巨大的发展机遇。2013—2020年的7年来，我国已经同"一带一路"沿线138个国家签订了合作协议，共

---

[1] 节选自2020年7月13日在第六届"一带一路"园区建设国际合作峰会上的演讲内容。
[2] 《习近平向"一带一路"国际合作高级别视频会议发表书面致辞》，《人民日报》，2020年6月19日01版。——编者注

同开展了2000多个合作项目；中国与"一带一路"沿线国家货物贸易总额超过7.8万亿美元，中国对沿线国家直接投资超过1100亿美元，直接推动了沿线国家的经济发展。虽然受到疫情影响，但是我国2020年一季度在"一带一路"对52个国家的非金融类直接投资仍逆势增长了11.7%，贸易额增长了3.2%。所以我觉得"一带一路"的发展很有潜力。

"一带一路"建设中，我国企业有巨大机会。中国企业在"一带一路"建设中有两个核心竞争力：一是中国的产品成套装备符合"一带一路"建设需要，性价比也非常高；二是中国企业在"一带一路"建设中具有承接性。我国近20年来所做的事情，恰恰就是"一带一路"沿线国家正要做的事情，我们可以把这些经验搬过去，包括基础建设、人才等很多方面的经验可以直接运用，这是中国企业很重要的优势。中国建材计划在"一带一路"沿线国家建设10个园区，这也证明"一带一路"建设给我国企业提供了很多机会。

"一带一路"是双循环格局的新增长极。新冠疫情暴发导致贸易保护主义、逆全球化抬头，整个贸易国际化进程受到了影响。在这个时刻，我们一方面要继续与美国加强沟通交流，希望能回到中美第一阶段贸易谈判中，推动协议的继续执行；另一方面，也要把欧洲国家、日本、韩国等国家的相关工作做好。形势变化是客观的，这个时候我们更需要双循环的新增长极，而"一带一路"沿线国家就是新增长极。这7年来，我们已经打了非常好的基础，这些国家的经济在快速发展，虽然也受到了疫情的影响，但后疫情时代它们的经济会快速崛起。中国企业要把握好这些重要机会，在双循环的目标下，一方面要继续维护和发达国家的贸易关系，另一方面要在"一带一路"建设中积极开发新的市场。

# 新形势下的战略选择

**要不停地寻求优势，不停地创造优势**[1]

2014年4月，中国之声特约观察员团队走进中国建材集团，就国企改革、发展混合所有制进行调研采访。采访临近结束时，有位专家突然问了一个问题："宋总，您终有一天会退休，退休以后您对中国建材集团和国药集团有什么建议？"

我想了想说，对建材也好，国药也好，我的建议都是企业要不停地寻求优势，不停地创造优势。过去我们通过联合重组、搞混合所有制创造了规模优势，通过持续创新获得了技术优势，通过践行先进工法获得了管理优势，通过深化改革获得了机制优势，但这些还远远不够。做企业的过程是一个不断创造优势的过程，做企业的人每天都要问自己：我们的优势是什么？我们怎么能够强过别人？企业基业长青的道理就是不断地寻求优势，追求卓越，一个没有优势的企业终将消

---

[1] 节选自2014年9月30日在西南交通大学的讲课内容。

亡。这些就是我的忠告。

为什么要提这些忠告呢？因为在市场经济中，企业之间的竞争就是优势竞争，企业靠优势生存和发展，谁的优势突出，谁就能立于不败之地。企业的任何努力，归根结底都是为了赢得优势，即不同于竞争对手、能在竞争中制胜的独特资源或能力。以中国建材集团为例，过去10年我们一路重组而来，取得的最大优势就是规模优势，但今后想重现过去那样的重组速度，实现收入和利润的百倍增长，是不现实的。尤其是当前结构调整的阵痛期、增长速度的换挡期和前期刺激政策的消化期"三期"叠加，给企业发展带来了巨大的挑战。面对外部环境的深刻变革，我们不能仅靠一种优势发展，而是要以规模、技术、管理、机制的"组合优势"，实现企业竞争优势的再造。

规模优势是基础优势，它最大的好处就是使企业具备了"集团军"的协同作战能力，能够掌握市场的主导权，扩大品牌的知名度，提高企业的整体效益。技术优势是发展引擎。只有不断提高技术水平，才能凡事比别人高一招、先一步。管理优势是稳定器。越是经济形势趋紧、市场竞争激烈，企业越是要苦练内功、强基固本。机制优势是源头活水。改革如逆水行舟，一篙松劲就会退千寻。今天我们要加快发展，就必须走更加市场化的道路，引入更加市场化的机制。

做企业的过程就是一个不断发现优势、创造优势、扩大优势的过程。优势的形成是一个长期过程，而所谓的优势又往往是暂时的、转瞬即逝的。持续打造竞争新优势，需要企业持续不断地创新，需要企业家前赴后继地努力付出。

# 跨越周期，构建新的竞争优势[1]

过去这些年，中国企业获得了长足的竞争优势，开始是劳动力、土地等要素的低成本优势，后来依靠强大的制造业取得了产品的性价比优势，面对新的政策和环境的变化，企业要适应新变化，跨越周期，构建新的竞争优势。对企业来说，留恋过去其实是没有用的，我们必须放眼未来；而要想放眼未来，我们又必须把眼前的事情做好，要有一个新的开局。

第一，用持续创新来取得技术优势。

2009年我到国药做董事长时，见到了当时的卫生部部长。他告诉我，IT（信息技术）是高科技，摩尔定律表明每18个月产品技术就会更新换代一次；而在医药领域，阿司匹林是1897年发明的，但到了现在还在用。他的意思是说医药也是高科技，但对应的周期比较长。这个话我一直记着。

今天其实各行各业都进入"摩尔时代"，创新的速度加快了。我曾在宜宾参观了一家做智能投影和激光电视的科技公司。10多年前，几个年轻人敲敲打打搞起来的公司，现在做出了琳琅满目的新产品。我看完以后就想，这可能将是对液晶电视的颠覆。大家可以回想一下，液晶显示电视的诞生似乎就在昨天，液晶把彩色显像管颠覆了，没想到今天遇到了新的颠覆者。

今天来看，技术不可能让企业拥有一劳永逸的优势，必须持续创新，必须用持续创新来创造动态的技术优势。今天当我们谈到优势，已经不敢讲持续性优势，现在讲瞬时优势、动态优势，用无数个动态

---

[1] 2023年3月26日"2023企业家新年大课暨正和岛千企助桂发展行"演讲内容节选。

优势才能构成企业的长期优势。

像宁德时代2022年的效益很好，全球市场占有率很高，但即使是这样的企业，在创新上也绷紧了神经，都是新产品、都要加快创新。动力电池、电动车这轮的颠覆并没有过去多长时间，但大家可以看到过去这段时间的变化有多么大、多么快。

我们今天必须持续创新，只有不间断地创新才能创造企业的技术优势，慢一步、慢半拍都不行。

第二，用综合战略来创造企业的竞争优势。

做企业，如何在市场上获得竞争优势？过去，迈克尔·波特提出三大通用战略：一是低成本；二是差异化；三是集中化。我们过去确实是这么做的，中国巨石是做玻璃纤维的，早期就是靠低成本赢得了市场。后来光靠低成本不行了，开始搞差异化、做新的产品，向高端化转型。这家公司2022年做得不错，有66亿元的净利润。我问中国巨石的董事长，现在的竞争怎么看？他说，过去用低成本竞争过，后来用差异化竞争过，现在得综合起来，成本要低，产品又得差异化，两者结合起来才有可能获得竞争优势。单纯只靠过去那种低成本竞争，或者只靠差异化竞争，都不行了。我们对过去那些传统的竞争理论的认识要发生改变，实事求是，不能简单地只走低成本路线，或者只走差异化路线，而是要用综合战略来创造企业的竞争优势。

第三，用行业细分取得产品优势。

福耀玻璃工业集团股份有限公司（后文简称福耀）是做汽车玻璃的，2022年也做得很好，有47亿元的利润，增长51%。在2022年能做到这个程度，真的不简单。玻璃的品种其实挺多，建筑玻璃、汽车玻璃、光伏玻璃，各种各样。但福耀一直做汽车玻璃，做了30多年，做到了在中国市场占有率超过60%、全球市场占有率超过34%，做得很好。

今天处于一个过剩时代，过剩了怎么办？很多人说，要转行。但我常跟大家讲，要转型而不是转行。只要这个行业的市场容量还是很大，只是困于过剩竞争，那就不能简单地转行，因为其他行业也正在激烈竞争。

在这种时刻，企业就是要细分，通过技术创新沿着产业链和价值链延伸，在细分领域里争做头部企业。像韩伟集团，2022年业绩增长100%，它做的鸡蛋很有特色，在细分领域里再去细分，把产品做到极致。

这也是企业今天创造优势的一个办法，一定要细分。如果一个行业的专业度已经很高了，那在专业里还得学会细分。比如，法国人的面包出名，原料中的面粉就有100多种；日本的水泥也很好，有100多种特种水泥。这些也是企业赢得优势的方法。

第四，用高质量取得价格优势。

中国是一个制造大国、产品大国，但我们是怎么走过来的？过去一些企业是靠低质低价，后来我们走中品低价，到现在肯定是要提高质量，走一条"质量上上、价格中上"的路线，用质量来提升价格，来获得价格优势。

我过去做过的企业北新建材，一家做纸面石膏板的企业，没有太多高科技，但在全国市场的占有率达到了67%。2022年这个行业的市场下降了35%，但北新建材做得不错，收入很稳定，利润也很稳定，做了约32亿元的净利润，也相当不容易，因为它做的是普通的建材产品。能做到这么好的原因是什么？一直走"质量上上、价格中上"的路线。它的质量做到最好，同时价格也是中上的。

今天，不管是东南亚也好、非洲也好，还是墨西哥、印度也罢，它们有更低的成本。所以我们的企业必须提高质量，一定要走"质量上上、价格中上"或者"高质中价"的路线，改变过去走"低质低价"或者"中品低价"的路线，用"高质中价"或者"质量上上、价格中上"这样的质量价格思想来赢得企业的价格优势。

第五，用"双循环"取得市场优势。

"双循环"指两个市场，一个是以国内大循环为主体的市场，这个市场规模庞大，还在快速发育，我国有14亿人口，其中有4亿中产阶层，并且中产阶层的数量还在不断增加。这个市场是我们的一个稳定的、长期的市场，必须深耕做好。

还有一个国际大市场，我们开发、耕耘了40多年，也不能放弃。坐拥中国14亿人的大市场，同时还要做好这么多年辛辛苦苦开发的国际市场。

这些年国际市场发生了一个很大的变化，过去是真正的全球化，现在则是区域性的全球化。比如，欧洲、北美区域，包括美国的回归实业、欧洲的再工业化，等等，企业需要应对很多贸易壁垒。贸易摩擦等对中国企业走出去造成了重大影响。到底要不要走出去？还是说只做国内市场？答案还是要"双循环"，国内、国际市场相互促进。

我问曹德旺先生，福耀在美国的工厂怎么样？他说，效益还是挺好的。我接着问，工人和工会的问题解决了吗？他说，现在解决得不错，还要在美国再建几条玻璃生产线。其实美国这个地方的人工成本很高，但是天然气和电力的费用很低，福耀的工厂已经全套智能化了，一条玻璃生产线上不需要那么多美国工人。

再举个例子，中国巨石过去这些年也深受贸易摩擦的影响，那怎么办？它就在埃及建了一个玻璃纤维厂，覆盖整个欧洲，因为埃及到欧洲的关税是零关税；在美国建了一个厂，2022年做得也不错。企业要调整市场布局，在当地开工厂，由"产品走出去"到"企业走出去"。这也是一个过程。

这些事情都要做务实的选择，把国际国内两个市场结合起来，让企业利益最大化，从而在新的形势下、在"双循环"相互促进的过程中，来打造企业的市场优势。

第六，用自主品牌取得经营优势。

改革开放这么多年，我们曾经用"市场换资本"、用"市场换技术"，但"市场"到底是什么呢？我们现在回过头来发现，市场就是品牌。过去不少的国产好品牌没有发展起来。

比如我们的汽车工业，过去几乎每个大的汽车厂都进行了合资。合资也没关系，但问题是合资以后用了国外的品牌。在这点上，韩国企业和我们的做法就不一样。韩国汽车的技术也是引进的，但是引进的前提是必须做自己的国产品牌，最终做了下来。

过去满大街是万国汽车品牌，国产汽车品牌却没有做出来。这几年我们开始"品牌觉醒"，一定要把我们的民族品牌搞上去。2022年，中国品牌乘用车市场份额超过了50%。我听了觉得很高兴，这是历史性的突破，是我们盼望已久的。

宏碁集团创始人施振荣的"微笑曲线"理论指出，嘴角的两头，一头是研发，一头是品牌，中间是代工。如果我们只做代工，就只能赚其中的一小部分，大部分被技术研发和市场品牌给分走了。

以手机为例，手机的出货量这么大，但我们代工生产一部手机能赚多少钱？可能只是赚很少的钱，大部分被品牌商赚走了。所以我们现在必须加大自主品牌的建设。

到国外去，常能看到外国知名企业的广告牌，但怎么不常看到中国企业的广告牌呢？过去中国企业愿意投钱在设备、技术上，但可能在广告上投入相对较少。我们坚信东西做好了，自然有人买、自然就能卖出去；其实并不见得，产品要做好，广告也得做好，牌子也得做亮了才行，只有牌子做亮了，才能有更高的附加值，品牌才会有价值。

我们既要建设制造强国、质量强国，也要建设品牌强国，讲好中国品牌的故事，提高全球市场对中国企业和产品品牌的认知度，才符合高质量发展的要求。

## 积极促进"双循环"布局[1]

中国的企业坐拥一个国内大市场，同时过去我们两头在外，大进大出等，深入开发了海外市场。现在面临国际贸易保护主义，以及国内行业内卷压力，该向何处去，该怎么做？我们还是要回到近年来中央反复强调的国内国际双循环相互促进。

第一，精耕细作国内市场，夯实国内超大市场主体地位。

我国有14亿人口，其中有4亿中产阶层，具有超大规模市场优势和巨大市场需求。在日本，好产品在国内卖，一般的产品在国外卖。我也是主张我们的企业要把好的产品在国内销，因为这是一个长久的市场。

第二，加快制造业走出去，完善全球化产业链布局。

我们也要巩固和拓展国际市场，研究国际市场的新变化，因势利导、积极布局，以平衡外汇。

回顾100多年"走出去"的过程，最开始是广东客家人等到美国旧金山去开金矿、修铁路，包括当年下南洋都是劳工、苦力"走出去"。后来开始开饭馆、洗衣房，再后来做贸易。2013年我国的"一带一路"倡议为我国企业"走出去"指明了正确方向，打下了牢固的基础。我们对国际市场的认知和了解比以前还是多了很多，积累了很

---

[1] 节选自2024年12月15日在"2024（第二十二届）中国企业领袖年会"的演讲内容。

好的经验。

现在我们常讲"不出海则出局",这一轮出海我们企业是带着资本、技术、装备、品牌、管理等"走出去"的。像比亚迪在主攻南美市场,德龙钢铁主要是在东南亚市场,海信在日本、欧美市场收购了不少海外企业和品牌。这种现象的背后也是企业成长的逻辑,企业发展到了一定程度,会逐渐扩张,也会从本土化公司发展成跨国公司。过去"中国是世界的工厂",相信未来会转变为"世界是中国的工厂",从"中国造卖全球"到"全球造卖全球"。

第三,出海要研究和注意的问题。

一是要总结以前走出去和近年来出海的经验和教训,要调研在先、投资在后。

二是要处理好双循环,把研发、关键技术、核心零部件制造等留在国内,重视主机出海带动国内中间品出口的模式。

三是要抱团出海,大企业带小企业,主机厂带配套厂,政府企业要投资中国工业园为中国企业出海创造条件。像印度尼西亚的青山工业园、埃及的中埃泰达工业园、泰国的泰中罗勇工业园、埃塞俄比亚的东方工业园等都是很好的示例。

四是要因地制宜,注重各个地区的不同情况,特别重视选择友好国家。

五是要防范风险,主要包括政治风险、政策风险、法律风险、汇率风险、安全风险等。出门在外,我们要多长几双眼睛,多长几个心眼,以人身财产安全为重。

六是要融入当地,秉持"真实亲诚"理念,这是2013年习近平总书记出访非洲时首次提出的[1],现在仍然很重要。我们企业出海,不

---

[1] 《习近平同刚果(布)总统萨苏会谈》,《人民日报》,2024年09月07日01版。——编者注

要从国内卷到国外去,要遵守国际市场的规则。要站在道德高地上做企业,为当地经济做贡献,与当地企业合作,为当地人民做好事,才能真正走进去。

## 大力发展新质生产力赢得战略优势[1]

"新质生产力"的概念是 2023 年 9 月习近平总书记在新时代推动东北全面振兴座谈会上首次提出的[2],此后多个重要场合都对此进行深入论述,做出重要部署。

"新质生产力"适应了当下经济转型升级的需要,为我国产业结构的跃升指明了方向,与企业未来的发展也密切相关。现在我们遇到"卡脖子"的难题,必须加大技术创新,大力发展新质生产力。其实,任何一次经济困难都是靠创新和新的生产力带着走出来的。

企业拥抱新质生产力,关键要做到以下三点。

第一,积极运用数字技术、绿色技术改造提升传统产业。新质生产力强调的是质态,不是简单的业态。传统产业在我国制造业中的占比超过 80%,是现代化产业体系的底座,我们不能忽视或放弃传统产业。我们国家的企业这些年加快了数智化和绿色化转型。自动化加数字化等于智能化,智能化改造不仅让企业减少用人,降低成本,关键是能提高作业的精准度,提升产品质量,推动产业转型升级。

---

[1] 节选自 2025 年 1 月 17 日在江苏青年企业家发展大会上的演讲内容。
[2] 《牢牢把握东北的重要使命 奋力谱写东北全面振兴新篇章》,《人民日报》,2023 年 09 月 10 日 01 版。——编者注

第二，培育壮大战略性新兴产业，开启第二曲线。战略性新兴产业是企业竞争的新赛道，也是发展新质生产力的主阵地。新兴产业的培育不少是因一些传统企业在开发第二曲线。像中国建材从水泥玻璃到新材料，近年来，受市场影响，中国建材的水泥业务量价齐跌，而多年培植的新材料业务却为企业创造了近 200 亿元的利润。

第三，布局建设未来产业。像人工智能、脑机接口、量子信息、人形机器人、生物制造、新型储能等领域，处于萌芽时期或产业化初期，具有巨大发展潜力，我们企业要加强前瞻性布局，壮大长期资本、耐心资本投入，重视产学研用深度融合，加强基础研究和关键核心技术攻关，打造原始创新策源地。

## 低碳时代的企业战略调整 [1]

"双碳"给我们带来了各种挑战。现在我们不仅要考虑碳达峰的问题，还要考虑碳中和的问题。2020 年，我国的二氧化碳排放量是 98.99 亿吨，占全球的 30.7%。到 2030 年实现碳达峰的时候，二氧化碳排放量还会增加。碳达峰、碳中和将从根本上改变我们的生产、生活，改变企业的形态，我们做企业的要看到这场巨大的变化和由此产生的压力。

同时，低碳化也带给我们很多机会。据有关机构测算，实现碳中和目标的投入约为 136 万亿元，也有专家说要 400 多万亿元，这些数

---

[1] 节选自在 2021 年 12 月 4 日第十九届中国企业发展论坛暨 2021 年度中国企业十大新闻揭晓仪式上的演讲内容。

字表明，投资一定是巨大的。巨大的投资、巨大的转变也给企业带来了巨大的机遇。企业不能只看到挑战，还要看到机遇。现在发展迅速的新能源汽车是在什么背景下发展起来的？就是在低碳化的时代，大家减少化石能源的使用，改用新能源的背景下。

企业怎样调整战略？

要把低碳化、"双碳"目标纳入企业的发展战略。企业的战略要因此而做调整。过去我们可能没有把低碳化作为战略制定的一个重要因素，但现在必须把低碳化纳入企业战略考量，因为它会改变能源结构，企业会因此受到影响。

要积极稳妥地推进低碳化的进程。企业首先要积极，不能消极地对待，但是也要稳妥。在推进低碳化的过程中，有两点特别重要：一是措施必须切实可行；二是必须掌握节奏。到2030年实现碳达峰，到2060年实现碳中和，尽管时间很紧迫，但是毕竟有一个时间跨度，不是一下子就要把所有的事情都做完。践行"双碳"目标要认真地做，不要"刮风"，"刮风"就是不切实际地去做。这样对企业来讲不但"双碳"目标无法达成，现有的企业经营也会被搞垮，这是我们不愿意看到的。

要加大技术创新。对企业来讲，低碳时代有几件事要重视。一是做好企业的节能。比如在水泥行业，余热发电就是节能的措施，水泥厂通过余热发电把余热利用起来，可以节约30%左右的用电。二是有条件的企业要用新能源。现在的水泥厂、玻璃厂要积极使用太阳能、分布式发电，有条件的还要推动风力发电，解决一部分自用的能源来源，这也很重要。三是利用大数据等现代科技进行技术改造，减少能源的耗费。现在的智能化水泥厂，每吨熟料耗费的标准煤只有85千克，普通自动化的生产线最低要耗费115千克，从自动化到智能化的技术改造可以减少30千克标准煤的消耗。在企业里，我们要大力开展技术创新，满足低碳时代的要求。

要加快低碳化产业转型。有很多企业属于难减行业，像电力、化工、钢铁、水泥、建筑等。难减行业不仅要在技术创新上做文章，也要在产业转型上做文章。比如建筑行业，每年耗能约占全国总耗能的30%，全国有大量能耗供应在建筑行业。那么建筑行业该如何做好节能？如何减少能源消耗、二氧化碳的排放？举一个例子，北新建材之前做了30余年的北新房屋，又叫加能源5.0房屋。5.0代表5个能源措施：地热、光热、光电、家庭风电、沼气，可以利用光能、风能作业，提供家庭用电，还有沼气处理功能供应家庭采暖。过去我们讲零能源房屋、节能房屋，现在我们称之为加能源房屋，这样的房子不但不耗费能源，还可以为大电网输出能源。如果全国农村的房屋都改成这种房屋，就不用烧煤了。这不是理想，而是已经实现的现实。我们在北京密云给农民做了一批这样的房子，成都的许多地方也在盖这种房屋，这就是一种产业转型。

要积极探索低碳化生产经营模式。对于企业要素到底怎么排列，我认为应是按环境—安全—质量—技术—成本这样的顺序。成本是关乎盈利的指标，前四项要素都是要投入的，尤其是环境。企业不是不要盈利，而是环境比盈利更重要。为什么把环境放在第一位？因为对环境的破坏是不可逆的。工厂的生产制造过程有三个要点。一是生产原料上倡导循环经济，二是在生产过程中追求净零排放，三是产品应用过程中要节能环保。

这些经营和管理思想应深深根植于每位企业经营者心中。我们也要思考：今天运营一栋写字楼得耗费多少能源呢？今后我们要不要都集中办公，那些不必要集中的地方是否可以分散办公，减少能源消耗，减少二氧化碳的排放？我们在考虑企业运行的方式、思考企业经营管理的过程中应时时具备低碳化的意识，每个人、每个家庭、每家企业都要用这种低碳思想来规范自身行为，这样才更有可能实现碳中和。

## 面向未来推动企业数字化转型[1]

企业实施数字化的重要意义。

今天各行各业都离不开数字化转型，这涉及对数字经济的理解。数字经济既包含数字的产业化，也包含产业的数字化。2022年，我国数字经济规模达50.2万亿元，占GDP的41.5%，其中，数字产业化可能只占1/4，3/4都是产业数字化。所以我们要做好数字产业化，还要拉动产业数字化。

党的二十大报告和2023年《政府工作报告》专门讲到了企业实施数字化转型的重要意义——推动制造业（传统产业）高端化、智能化、绿色化发展（转型）。智能化是和数字化紧密关联的，同时又是高端化和绿色化的基础。从我做企业的经历来讲，数字化、智能化转型是今天做企业必需的。哪家企业转型早，哪家企业就更有主动权；哪家企业转型晚，哪家企业就较被动。

企业应该如何实现数字化转型？

国资委召开的深入推进国有企业数字化转型专题会议通报了2022年国有企业数字化转型工作情况，提出了"五转""五化"，要求国有企业围绕"五转"，即转意识、转组织、转模式、转方法、转

---

[1] 节选自2023年7月17日在腾讯研究院主办的《仲夏六日谈》的对话内容。

文化，多措并举推进转型工作落地；围绕"五化"，即研发数字化、生产智能化、经营一体化、服务敏捷化、产业生态化，积极促进传统业务全方位、全链条改造。"五转"主要讲的是认识、组织等方面的数字化转型，"五化"主要讲的是整个产业链都要进行数字化转型的一些实施办法。

像中国建材，主要从三方面进行数字化转型。一是设计方面。中国建材的水泥和玻璃大型装备占全球市场份额的75%，这是因为我们的装备性价比高，生产线都是智能化的，其中数字化的设计起到了极其重要的作用。新冠疫情防控期间我们给法国建了一条生产线，通过运用无人机激光测距完成现场测绘，然后将采集的数据上传至云端，进行云上三维设计；再通过数字孪生技术，在交付一个物理工厂的同时生成一个三维的数字工厂，远程指挥法国现场进行安装调试。

二是生产制造的智能化方面。过去，一家水泥厂可能需要2000人，有了自动化生产线后大概只需要200人，但如果有智能化生产线，则大概只需要50人，这是巨大的进步。自动化生产线需要有一个中央控制室，有电脑操作员；而智能化生产线没有中央控制室，没有操作员，而且智能化生产线比自动化生产线要精准得多。

三是销售服务、客户服务方面。过去大家都是通过经销商体系来售卖产品，现在不少企业开始通过网络做直销。中国建材也建立了几张网，着力智慧物流领域：第一张网是"我找车"智慧物流平台，实现货主企业、物流公司、信息部、车主信息互联互通，提升了人效、车效；第二张网是央材通；第三张网是大宗网，大宗物流全产业链都进行了数字化转型。

数字化、智能化应用确实在整个工业界或实体经济里已经很深入了，应用场景很多，但从企业推进数字化转型的过程来看，确实也遇到了一些困难和挑战。一是企业内部，尤其是领导者对数字化转型的思想与认知问题。比如怎样才能把数字化、智能化作为企业战略、企业核心竞争力看待，真正把数字化转型的意识树立起来。二是资金方面的问题。数字化转型周期较长，投资大，能否起到预期效果也是企业需要考虑的。三是人才问题。一些传统企业推进数字化转型的过程亟须一批对口的人才，而人才培养需要时间和精力，很难满足企业的需求。

企业数字化转型中的管理要点。

关于企业管理方面的问题，做企业这么多年，我认为有几件很重要的事。

第一，制定正确的企业战略。企业战略实际上是选择做什么，不做什么；多做什么，少做什么。选择了做什么，后边才是怎么做。如果连做什么都选错了，那做得再好也不行。

第二，抓住机遇。机会是非常难得的，一家企业可能几年内只有一次重要机会，人生也是，所以要抓住机会。曾经有人问我是怎么把那么多的水泥、医药企业重组起来的。我说，当时各方面的情况都凑到了一个点位上，机遇就出现了。我们做企业就应该抓住这个机遇。

第三，打造一个有执行力的团队。定战略也好，抓机遇也好，实际上都得靠人去实现。如果团队能力不足，到底是战略错了还是机遇没抓住呢？这就无法证明了。

第四，善于克服困难。企业在经营过程中总会遇到困难，不一定只考验企业家的情商、智商，还可能是逆商，就是在最困难的时候能不能想办法解决问题，这要求企业必须有韧性。企业家和普通人最大的不同就是能克服别人克服不了的困难。

第五，具备整合资源的能力。企业在发展过程中要一边成长，一边内部整合优化、夯实提高自己，不能只顾往前跑。邓小平同志讲

"我国的经济发展，总要力争隔几年上一个台阶"[1]，企业也一样，有快速成长的时候，也有夯实、修整自己的时候，所以一定要学会整合优化。

第六，保持谦逊的态度和同理心。斯坦福大学原校长约翰·汉尼斯在其著作《要领》中讲到十大领导力，谦逊就是其中之一。无论企业规模多大，保持谦逊的态度都应该是企业的本质性要求之一，一家企业取得了成就，不能把它仅仅看成个人或企业自身的成就，而是要看成在社会的帮助和共同努力下取得的成就。我记得《要领》里还讲到了同理心。企业既要谦逊，也要有同理心，对员工、对客户、对社会皆如此，也就是商业向善。

---

[1] 《在武昌、深圳、珠海、上海等地的谈话要点》，《邓小平文选（第三卷）》，人民出版社，2001年。——编者注

# 第二章
# 创新与转型

创新是企业发展的第一动力，也是企业的灵魂，但创新也有风险，企业要进行有目的和有效益的创新，尽量减少风险。同时，企业要适应变化，用创新进行转型升级，还要创造良好市场生态和创新竞争模式，从竞争走向竞合。

# 创新的逻辑

## 什么是创新？[1]

20年前我们讲创新，大家好像知道什么是创新，现在讲得多了，到底什么是创新，反而有人会觉得一两句话不太容易讲清楚。从广义来讲，创新有社会创新、制度创新、文化创新、思想创新等，这里讲的创新主要指企业创新。

熊彼特是当代西方著名经济学家，他在1912年出版的著作《经济发展理论》中提出了创新的概念，曾轰动西方经济学界。虽然这本书很薄，但它是划时代的，揭示了创新是当代资本主义前进的动力。

熊彼特提出创新是建立一种新的生产函数。也就是说，把一种从来没有过的关于生产要素和生产条件的"新组合"引入生产体系。今天我们不难理解什么叫"新组合"。比如新能源汽车，它是把电池、电机、电控组合起来，区别于汽油车的汽油箱、发动机、方向盘的老

---

[1] 节选自在2021年5月19日2021首届湾区科技产业创新（惠州）金山湖峰会和2022年10月6日第十四届华中科技大学企业家论坛活动的主题演讲内容。

组合。电池也是组合，把正极材料、负极材料组合起来。商业也一样，互联网经济实际上就是互联网要素和实体经济组合在一起，我们把线上检索下单和线下的产品结合在一起，通过物流快递等形式进行新组合，区别于传统的大型购物中心、柜台、服务员的组合。

熊彼特所说的创新、新组合，包括五种情况：一是引进新的产品，即消费者还不熟悉的产品；二是引用新的技术，即新的生产方法；三是开辟新的市场，即以前不曾进入的市场，不管这个市场以前是否存在过；四是寻找原材料或半成品的新供应来源；五是实现企业新的组织，比如打破垄断或者形成垄断地位。这五个方面的创新，依次对应现在常讲的产品创新、技术创新、市场创新、资源配置创新、组织创新。比如中国建材重组水泥和国药重组医药分销，都是和民营企业大规模混合，两种所有制混合在一起，这属于组织创新，创造了巨大的价值。

谁是新组合的主体？企业。企业对科技创新至关重要。高校院所等科研机构发明了很多技术，技术要生根，生根在什么地方？如何将技术变成产品？这个环节实际是在企业中完成，所以企业成了创新的沃土。当然，有规模的企业也要建造大型的一流实验室，从事一些应用型的基础研发。像中国建材的电子玻璃等新技术都源于实验室的基础研发。所谓企业是创新的主体，其实就是这样的含义。

企业还有另外一个特点——要具备强大的管理能力，不管技术多先进，如果产品没有好的质量、较低的成本，还是可能会失败。我们发现现在的一些独角兽企业，包括有的上市企业，从技术而言确实都很棒，但是管理跟不上。所以，要从两方面理解企业的科技创新：一是企业对于创新的选择，最后还是要看效益；二是任何企业的创新都要和管理结合在一起。科技创新和企业是分不开的，科技创新效果如何，最终要从企业的效益和市场的价值中得到体现。

## 企业家是创新的灵魂[1]

创新是新组合，企业就是新组合的产物。那企业中谁来领导创新？答案是企业家。企业家是创新的灵魂。过去有一个词叫"破坏性创新"，企业家创新的意义在于打破均衡。无论是互联网，还是新能源汽车，这些"破坏性创新"实际上都是对过去均衡的打破，实现了创新的飞跃。

我去几家企业调研，发现这些企业的创始人要么本身是高科技人员，要么是在某一方面有专长的技术人员，他们开办了企业，企业做得不错。作为科学家型的企业家，一方面有科技的优势，另一方面也要加强市场管理等知识的学习。对于很多传统型企业家，我鼓励大家要学习科技知识，要做懂科技的企业家，这是今天我们倡导企业家具备的能力。目前看来，不少企业家是做得不错的。

第一，企业家就是创新者，但创新在人身上不是永恒的。你今天是一个创新者，明天可能变成既得利益的维护者。比如柯达，发明胶卷的时候可能是创新者，但在抵制数码技术的时候就不是创新者。企业家也不是一劳永逸的，创新的时候就是企业家，如果停滞不前，抵制创新，即使是企业领导，也称不上企业家了。企业家最大的特征就是创新性。

第二，企业家不仅要创新，而且要创造财富。比如有的创新者最后破产了，就不能被称为企业家。也就是说，创新成功的才是企业家。企业家应该主动寻找机遇，同时最大限度地规避风险。今天的企业家和一百年前的企业家不太一样，防范风险是我们今天做企业的一大特

---

[1] 节选自 2021 年 5 月 19 日在 2021 首届湾区科技产业创新（惠州）金山湖峰会的演讲内容。

征。企业家还要有家国情怀，积极回报社会，尽到社会责任。德鲁克在《创新与企业家精神》中讲到，人类都希望生活在高福利社会，但高福利社会是一个坐吃山空的社会，只有企业家社会才能支撑高福利的实现。

截至 2020 年底，中国约有 1.3 亿户市场主体，中国的经济需要靠企业家社会来推动。我们要打造一个拥有成千上万企业家的社会，既有顶天立地的大企业家，也有铺天盖地的中小微企业家。国有企业和民营企业在创新上有所分工。一方面，国家在航空航天等领域的大规模创新大多是由大型国有企业进行的。这些企业的创新是要解决国家的战略性问题，属于关键性和前瞻性的创新；另一方面，大企业都有自己的主业，它们会更多倾向于主业的持续性创新。炼钢的研究炼钢，做水泥的研究做水泥。而且大企业往往有机制上的问题，船大难掉头。民间创新恰恰可以弥补这种不足，民间创新没有太大的包袱，在市场上成功的就是好的创新。但民间创新通常缺少资本，如果没有资本介入，创新是有一定局限性的。

今天回过头来看，发达国家的创新繁荣实际上是有雄厚的资本市场支持的。我们现在已经认识到这一点。资本市场支持创新解决了草根创新、民间创新的资源从哪里来的问题。资本市场，包括科创板、创业板等发挥了很大的作用，像宁德时代、迈瑞医疗等上市公司在资本市场都有很高的价值。资本市场认同这些创新企业，这些企业从资本市场融资后投入创新，对企业创新起到很好的推动作用。

## 善用资本市场赋能企业创新 [1]

有些人认为美国的创新走在世界前列是因为制度,美国作家埃德蒙·费尔普斯写了一本书——《大繁荣》,他认为制度对于创新不是最重要的,价值观、文化才是最重要的。

文化是创新的土壤。创新是自由之子,如果要创新,必须有一个比较活跃、开放的文化环境。我们要有鼓励创新的价值观,鼓励大家可以大胆地提出问题。同时,创新也是一个自下而上的过程。2021年春节期间,我到深圳与一些创新创业者进行了交流,可以说这次是"倒立着看深圳",我被深圳浓郁的创新创业氛围感染。深圳人讲我们的土特产就是企业家精神。这种创新创业的文化成了大湾区真正的活力和动力。这是非常重要的,文化是创新的基础。

除了文化,资本的力量也不可忽视,美国的发展模式是"创新+资本",资本市场大力支持美国的创新,所以航天航空、半导体材料、生物制药等高科技领域才能走在行业前列。如果没有纳斯达克市场,就不可能产生 Google(谷歌)和 Facebook(脸书)这样的公司,同样,中国的阿里巴巴、百度、腾讯等也都是在资本市场的支持下发展起来的。同时这些企业快速成长的市值也支持了资本市场的发展,并为投资者创造了巨大财富。创新和资本市场是并驾齐驱的,是相辅相成的。

创新离不开资本市场。再优秀的企业家,假如没有资本的支持,也不太容易做成事。尤其是技术创新,早期大多是高投入,若没有风险投资或资本市场其他渠道的支持,一般企业是难以为继的。比如芯片研发就需要大量的资金,而这个资金通过资本市场就会来得比较快,

---

[1] 节选自 2020 年 8 月 6 日在用友 2020 商业创新大会上的主题演讲内容和 2020 年 12 月 5 日在第九届全国创新创业教育研讨会上的主题演讲内容。

如果只有政府资助和原始股东的出资，实际上是不够的。如果通过银行贷款获得资金，科创企业的研发周期过长，前期利润微薄，又无法承受高额的银行利息。怎么办呢？只有加大直接融资，用好资本这一创新杠杆。

过去我国面对"缺芯少屏"的局面，现在京东方等企业通过创新打破了国外企业对屏幕的垄断，掌握了主动权，而且在这个领域获得领先，现在很多手机、台式电脑、iPad 的面板都是中国制造的。京东方就是在资本市场的支持下发展起来的。因为投资屏幕领域需要大量资金，项目初期，所在地政府给予了支持，随着公司的发展，政府逐渐退出市场，资本市场进入，这个过程非常巧妙，几方面的力量都被综合利用起来了。

资本市场是支持创新的土壤，几乎高市值的上市公司都是有创新技术的公司。我主张"业绩＋创新"，企业有业绩、有创新、有贡献、有未来，这是资本市场最欢迎的。

钱要变成资本撬动创新创业。熊彼特1912年写的《经济发展理论》这本书认为，资本就是企业家用于创新的杠杆。储户把钱存在银行，银行把钱贷给企业家，企业家拿去创新创业。企业赚的钱以利息的形式回到银行，银行再分给储户。转了一遭，钱变成了撬动创新创业的资本。

一个创意要转变成创新，再从创新到创业，这个过程需要资本的支持。创新创业有了一定的规模，企业可以先引入股权投资，发展到一定程度，IPO 上市，再逐步从几十亿级向百亿级、千亿级市值的上市公司跨越，这是资本运营下的企业成长路线。

在我国创新创业发展过程中，什么地方资本比较发达，什么地方的创新创业也就比较发达。中国的独角兽公司主要分布在北京、上海、深圳、杭州，这些地方的独角兽公司数占全国的82%，因为这些地方是创新和资本的结合地。可见资本至关重要。

我到有的城市,当地的领导说,我们这一缺资金、二缺技术,我说其实是一缺资本、二缺创新文化。有了创新文化,才有可能有技术,有了资本,才有可能去创新。资金借了毕竟是要还的,会提高企业的融资成本、财务成本,所以企业创新要充分利用多层次的资本市场,做好资本和科创要素有效对接。

现在,我们在大力发展资本市场,科创板推出,创业板注册制落地,资本市场的每一次改革前行,都会使企业的创新迈进一大步。我的看法是:资本市场是我国经济的底气和力量所在。资本市场对企业的创新创业和未来发展至关重要。

## 新质之魂,在于创新[1]

新质生产力,顾名思义,特点就是创新,关键就是质优,本质是先进生产力,具有高科技、高效能、高质量的特征。

应"天时",新质生产力成为打开中国产业跃升之门的一把钥匙。当前我国经济正处于转变发展方式、优化经济结构、转换增长动力的关键时刻,最终的目标是通过高质量发展,向形态更高、分工更细、结构更合理的阶段演化。新质生产力为我们解答了下一步该如何发展生产力、发展怎样的生产力的问题,可以说,新质生产力是我们推进高质量发展、实现中国式现代化的迫切要求,是中国的现实所需,也

---

[1] 节选自 2023 年 11 月 11 日在 2023 中国上市公司企业家年会的演讲内容。

是未来所向。加快形成新质生产力能够有效推动以数字化、智能化、绿色化为代表的新技术和产业深度融合，促进技术升级和产业升级，这是我国摆脱高耗能、高污染、低附加值的生产方式，打开中国产业整体跃升之门的钥匙，也是实现核心技术自主可控、提升核心竞争力和国际创新地位，打破现有国际竞争格局的利器。

顺"地利"，新质生产力有效促进区域协调发展。新质生产力的提出不仅立足东北地区转型发展的紧迫性，也为全国区域协调创新发展指明了行动方向。深圳在开放创新的政策环境中营造了独特的创新文化。当前，深圳正在大力发展战略性新兴产业和未来产业，深入实施创新驱动发展战略，提出"加快形成新质生产力，打造具有全球重要影响力的产业科技创新中心"的战略目标。深圳拥有非常浓厚的创新创业氛围，未来产业的发展基础雄厚，既有腾讯、华为、比亚迪等大企业，又有众多专精特新"小巨人"企业释放活力。深圳也是一片投资的热土，深圳市坚持建设"有事服务，无事不扰"的服务型政府，为创新企业和企业家提供了良好的环境。深圳营商环境好，民营经济发达，高新技术产业发展优势明显，具有应用场景丰富、产业体系健全和联通内地广阔市场等综合优势，相信新质生产力将为深圳绿色化、智能化、可持续发展注入新动力。

享"人和"，新质生产力为企业家和上市公司提供了发光发热的舞台。新质生产力的核心在创新，而"创新之道，唯在得人"。在推动形成新质生产力的过程中，企业家发挥着重要作用，上市公司是关键的群体。

我做中国上市公司协会会长以来，先后同不少上市公司的董事长进行过长谈，还到上海、广东、福建、四川、山东等多地企业进行了实地调研，其中很多公司在规范治理、经营运作和企业责任等方面都做得很好。调研过程中，宁德时代、比亚迪、福耀玻璃、五粮液、格力电器、潍柴动力等上市公司在主业发展、经营业绩、股东回报等方面的表现，都给我留下了深刻的印象。

上市公司是推动形成新质生产力的主力军。一直以来，许多上市公司都在积极布局战略性新兴产业和未来产业，着力抢抓新赛道、培育新动能。据相关数据统计，截至 2023 年 10 月，我国 A 股上市公司数量已经突破 5300 家，总市值 80 多万亿元，约占 GDP 的 62%，这当中有 1760 多家上市公司属于战略性新兴产业，约占全部上市公司数量的 1/3，市值约占全部上市公司总市值的 1/5。上市公司数量较多也是深圳的一大特点，有力地推动了深圳经济的发展。就像鱼和水的关系一样，深圳的企业和企业家在资本市场这片活水中才能活得更好，长得更快，同时游向更大的一片水域。

在资本市场的助力下，上市公司积极整合创新资源，大力布局战略性新兴产业和未来产业，在推动形成新质生产力方面已经走在了全国企业的前列，贡献了积极的力量。在推动上市公司高质量发展的新阶段，开辟新发展领域、塑造新发展动能，都需要拥抱新质生产力，抢抓产业变革的机遇。

新质生产力的提出为我国经济高质量发展提供了新引擎，将推动我国经济朝着更绿色、更智能、更繁荣的方向加速前进。上市公司的企业家更应该积极投身到当前推动形成新质生产力的浪潮中，大力弘扬新时代企业家精神，持续创新，带领企业驶入新航道。

# 开展有效的创新

## 创新要能为企业创造效益或价值[1]

企业创新和科学家创新有所不同,科学家创新是发现未知,不见得有当期利益,而企业创新有商业约束,从长远来看,如果无法产生效益或市场价值,再好的创新,企业也不能轻易做。

摩托罗拉公司曾经研发出一个创新成果——铱星电话,并发射了66颗卫星构成铱星移动通信系统。铱星电话可以支持在全球任何一个地方通话,但由于室内信号较差和通信费用太高,最终没能竞争过现在的"蜂窝"移动通信系统,摩托罗拉公司因此亏损严重,受到很大的拖累。

铱星电话毫无疑问是个创新,可是最终没产生效益,反而拖累了摩托罗拉。可见,不是所有的创新都要拿来用,而是首先要思考这个创新怎么样,是否能产生效益。企业创新其实是承担了一定的风险

---

1　节选自2024年7月10日在2024融中夏季峰会的演讲内容。

的，有时候风险太大，不能承担，就不要轻易去做。所以企业的创新比较难，既要去大力地创新，也要平衡经济效益，就像任正非讲的"攀登珠峰，沿途下蛋"，攀登的是珠峰，但是沿途你得下蛋，不然你的企业做不下去，这就是企业创新的难度所在。但是再难，我们也要做。

有人问我，创新有多大成功率才可以做，我说70%。这不是说创新不可以失败，而是我们希望创新成功的概率要比较高。风险投资的成功率有10%就行，投一个成功的可以覆盖九个失败的，但是普通的企业，好不容易赚了点钱去创新，上来就失败，失败个一两次，可能就该关门了。

企业创新还要掌握火候。任正非有一句很有名的话："领先半步是先进，领先三步成先烈。"对企业创新来说，外界环境的发展、各种技术的成熟都很关键，如果条件不具备，提前干可能就成了先烈。有人说没有先烈哪来的英雄，这个道理是对的，但作为个体来说，还是要掌握火候。比如小米的SU7电动车，今天做可以，十年前做就很难，因为没有充电桩，现在全国有一百多万个充电桩，到哪儿都可以充电。还要记住得先走半步，该做也得做，如果等到别人技术都成熟了，就没有机会了。

爱迪生试验并改进了白炽灯，前面的科学家已经完成了90%的工作，他还做了几千次实验，才解决了剩下10%的问题，如果没有前面的90%，他未见得能做成耐用的白炽灯。这就是火候的问题。

## 有效的创新才是好创新[1]

当前,我国正由管理型经济向创新型经济转变,整个社会也向着创新型社会演进。企业是创新型经济和创新型社会发展的原动力,但我们常讲"不创新等死,盲目创新会找死"。如何开展创新活动?怎样提高创新的成功概率?我的回答是,企业要进行有效的创新。简言之,就是提高创新效率,对此,要节约创新成本,减少盲目、不必要的风险。实现有效的创新需要注意以下几点。

一是有目的地创新。创新活动开始之前,要分析创新的机遇、目标和路径,认真学习前人的经验,细致地谋划、组织。德鲁克认为,有目的地创新甚至能减少 90% 的风险。例如,中国建材集团生产出 0.12 毫米厚的世界最薄电子触控玻璃,就是在认真分析产业形势、市场需求、自身优势的基础上,锁定目标,长期技术攻关的结果。我们在碳纤维、风机叶片、薄膜太阳能电池等领域的成功,也都是有目的的创新。

二是在熟悉的领域创新。相比而言,企业在熟悉的领域创新更容易成功。做企业,业务选择很重要,但选对了业务只是开头。业务选好后,企业可能需要一二十年或二三十年甚至更长时间才能做到一流。在创新的过程中,如果我们放着熟悉的业务不做,反而进入一个完全陌生的领域,一切从零开始,可能会犯下颠覆性的错误,因此不要盲目去跨界。

三是开展有组织的创新。创新不能靠单打独斗,任何创新都在一个系统组织中进行,形成功能互补、良性互动、开放共享的创新格局。

---

[1] 节选自 2018 年 9 月在北京大学新瑞学院的演讲内容。

例如，现阶段不少人热衷于动力电池，跃跃欲试都想投资，其实企业之间可以合作，联合创新。过去我国三大电信运营商每家单位都有铁塔，现在新组建的中国铁塔股份有限公司把三家的铁塔统一起来集中运行，不但节省了巨额投资，还聚集了很多资源。

四是善于把握创新机遇。当前我国正处在转变发展方式、优化经济结构、转换增长动力的攻关期，其中既有严峻挑战，也蕴藏着大量创新机遇。例如，结构调整带来的创新机遇，包括供给侧结构性改革、联合重组、技术创新、节能减排、"一带一路"倡议、"走出去"等；市场需求引发的创新机遇，如基于绿色出行、快捷生活等新趋势，高铁、支付宝、共享单车、网购成为中国的"新四大发明"；新知识、新技术带来的创新机遇，如中国建材成功开发TFT（薄膜晶体管）电子玻璃；竞争压力下的创新机遇，如中国巨石在竞争的倒逼下加快技术创新，玻纤生产成本从每吨5500元降至3500元；时尚潮流里的创新机遇，如特斯拉CEO马斯克成功开发美观实用的能量包、能量墙。所以说，机遇无处不在，做企业要用心留意把握。

五是掌握有效的创新方法。创新并不神秘，有规律可循，有方法可依。像模仿式创新、集成创新、自主创新、协同创新、持续性创新、颠覆性创新、商业模式创新等都是重要且有效的，应在实践中认真研究，活学活用。企业究竟选择哪种创新模式或兼而有之，取决于企业自身的基础、想法和发展阶段。企业往往是从模仿式创新做起，进而发展为集成创新，再发展成自主创新，如遇到重大创新也要汇众之力开展协同创新。而在创新方向上，既要以现有业务为基础开展持续性创新，又要未雨绸缪进行颠覆性创新，还要以技术创新的领先、商业模式创新的成功确保可持续发展。

六是开展有效的管理。在创新中，管理的作用不容忽视。一些科技型上市公司之所以运作得不太成功，原因之一就是科学家并不擅长管理工厂。发明家爱迪生当年就曾创建了很多公司,但由于管理不到位,最终几乎都以失败告终。这说明,创新做得再好也不能替代管理。

## 从模仿式创新到自主创新[1]

自主创新是创新的重要方法,主要是指用自己的力量进行创新,原始创新和独立创新都在这个范畴。自主创新很难,主要取决于基础研发能力,周期长、投入多,而且需要非常好的实验室等基础条件。像一种新药的研发,经常需要用10年左右时间花费大约10亿美元才能做成。对很多资金并不雄厚的中国企业来说,过去这些年来我们更多的是在进行模仿式创新,就是我们常说的引进消化吸收再创新。

彼得·蒂尔在《从0到1》一书中指出,进步有两种形式:第一,水平进步,也称广泛进步,意思是照搬已取得成就的经验,直接从1跨越到N;第二,垂直进步,也称深入进步,意思是要探索新的道路,取得从0到1的进步。他强调,与众不同的"异想天开",正是过去10多年来美国创新公司成功的动力和主要原因。而中国企业的大量创新仍停留在从1到N的模仿式创新上。我的看法是,不同的发展阶段解决不同的问题。就如同人类的成长,总要先会爬,再会走路,之后才能稳健跑步。中国是发展中国家,长期采取的是追赶型经济发展模式,因此进行了大量模仿式创新。模仿式创新往往被戏称为"山寨",但其实"山寨"也是创新的必经过程。纵观历史,世界上任

---

[1] 节选自2018年10月30日在第五届江苏省企业家高层论坛的发言内容。

何国家都有从模仿到原创的过程。日本近代工业的发展大多都建立在对美国技术的模仿式创新上。

模仿式创新不是一件丢人的事情,而是重要的学习手段,是产业转型升级、从低端制造到高端制造的必由之路,前提是严格遵守相关法律法规。事实上,今天的企业创新,大部分是在模仿式创新和集成创新的范畴里,正是大量模仿式创新迅速普及了技术。从0到1非常重要,但从1到N,实现规模化、产业化并且在竞争中保持优势,同样重要。中国很多大企业过去几十年迅速完成从1到N的水平进步,实现后来者居上,也为今天从0到1的垂直进步奠定了坚实基础。

随着经济快速发展,我国不少企业的创新能力已走在世界前列,一味地模仿已不能满足企业发展需要,而且当前面空无一人时,也找不到可以模仿的对象了。这就促使我们必须加大自主创新力度。自主创新是提升企业核心竞争力、摆脱受制于人的局面的根本途径。在经历了模仿式创新和集成创新之后,中国未来会有越来越多企业进入原始创新和独立创新的新阶段。

## 自主创新是必由之路[1]

习近平总书记指出:"重大科技创新成果是国之重器、国之利器,必须牢牢掌握在自己手上,必须依靠自力更生、自主创新。"[2] 自主创

---

1 节选自2024年7月25日在北大光华管理学院的讲课内容。
2 《习近平:抓住培养社会主义建设者和接班人根本任务 努力建设中国特色世界一流大学》,《人民日报》,2018年05月03日01版。——编者注

新是我国科技发展的战略基点，也是企业提高核心竞争力的根本途径。要想在激烈的国际竞争中掌握主动权，扭转核心技术受制于人的被动局面，就必须提高自主创新的能力。

近年来，我们在自主创新方面发展得很快，在不少领域培育出了一大批国际一流的有自主知识产权的技术。中国建材的电子薄玻璃就是得益于蚌埠玻璃工业设计研究院（现更名为中建材玻璃新材料研究总院）这一国家级研究中心长年的研究试制，在彭寿院士及其团队带领下实现了自主创新突破，填补了我国在高端电子薄玻璃领域的空白。其中，中国建材自主研制的 0.15 毫米、0.12 毫米的超薄玻璃，打破了国外对电子信息显示产业上游关键原材料的长期垄断。自主研制的 30~70 微米厚度的主流规格的、能够实现玻璃连续百万次弯折不破损、弯折半径小于 1.5 毫米的超薄柔性玻璃，打破了国外垄断，从源头上保障了中国电子信息显示产业链的安全。

此外，中国建材旗下中复神鹰（中复神鹰碳纤维股份有限公司，以下统称"中复神鹰"）的张国良团队，经过埋头苦干，用了十几年时间攻关，从创业之初年产 20 吨 T300 中试线，发展到 T700、T800、T1000 陆续量产，在国内率先实现了干喷湿纺的关键技术和核心装备自主化，2017 年该技术荣获"国家科学技术进步奖一等奖"。2021 年 9 月，中国建材在西宁正式投产的万吨碳纤维生产基地首次实现了单线年产 3000 吨高性能碳纤维生产线设计和高端成套技术自主可控，打破了国外技术垄断，极大提升了我国碳纤维供应链的自主可控能力。2022 年，中复神鹰正式登陆上交所科创板，成为科创板首家碳纤维企业。

# 集成创新：把做面包的技术用在蒸馒头上 [1]

今天，全世界几乎没有什么技术是由某个企业单独开发的，各企业在创新的过程中互相借鉴、互相学习，寻找捷径来开发新技术，实现各种要素的有效集成和优化组合，这条捷径就是集成创新。

对于集成创新，有人把它误解为"拿来主义"。其实，集成创新不是模仿、抄袭或简单复制，而是一种新的创新模式。广泛吸纳海内外资源为我所用，把各种单项的技术要素和技术思路有机地集成在一起，取得 1+1>2 的效果，这才是集成创新的真正价值所在。在当今世界，企业创新很少是靠"独门绝活"完成的，虽然我们现在保护知识产权，但过分垄断和封锁技术的时代已经终结，对于几乎每项技术，不同国家、不同企业都在相互追赶，最终的成果也会互相借鉴。国内外很多知名企业，如苹果、微软、华为等，都是集成创新的典范。

建材工业属于基础原材料产业，大量的技术又属于应用技术范畴，因此集成创新被视为建材企业提升自主创新水平的主要途径。这些年来，中国建材集团加大集成创新力度，重组海内外高科技企业，积极引入先进技术和高层次人才，牢牢占据行业制高点，真正做到了在相关领域领先一步。水泥和玻璃等制造业的技术水平和整体装备能力达到世界一流水平，玻璃纤维、风机叶片、薄膜太阳能、TFT 玻璃基板技术等获得研发成果与产业化发展，无一不是靠集成创新实现的。

在今天这个社会，各种技术的相互依存度逐步提高，做企业就要善于广泛借鉴各种文明成果。先进的技术和思想是全人类的财富，站在先行者的肩膀上进行集成创新并不丢人。所以，我常对科研人员说，

---

[1] 节选自 2009 年 9 月 19 日在 2009 年财富 CEO 峰会的演讲内容。

千万不要小看集成创新这件事，如果能"把做面包的技术用在蒸馒头上"，就是大本事。相反，如果闭门造车，对别人的创新成果和技术路线不闻不问，只会费时费力，吃苦头不说，还很可能得不偿失。

技术创新一定要把门打开，把思路打开，把自力更生与拿来主义结合起来，形成独特的创新能力和竞争优势，这个突破口就是集成创新。当然，关于集成创新，既有组织上的集成，也有技术上的集成，是这种合作基础上的共同开发，是一个知识重组、资本推动、加速创新的过程。

实践证明，这是提高企业核心竞争力的有效途径。

## 用重组方式进行技术创新[1]

技术创新不仅要靠自我创造，也得靠集成创新，靠重组收购，这样来得更快一些。重组是企业快速拥有核心技术、缩短研发周期、迅速占领市场的有效方式。在经济全球化和科技迅猛发展的今天，如果一切都从头开始，仅靠自身实力一点点地啃硬骨头，既不经济也没必要，等到研发成功了，机会可能早就没有了，辛辛苦苦研究出的技术成了明日黄花，实在太可惜了。近年来，中国建材集团围绕技术创新进行了两次重大海外重组。

第一次是并购欧洲大型风力发电机叶片制造商德国 NOI 公司。NOI 公司位于德国的北豪森市，鼎盛时期是欧洲第二大风电叶片供

---

1　2015 年 6 月 11 日《中国建材报》之《新常态下的企业创新之道》内容节选。

应商，由于股东方撤资，这家公司当时进入了破产保护程序。2007年，中国建材集团抓住有利时机，以2000万元人民币的低价成功收购了这家公司，成立了海外研发中心。这场重组开创了中国本土企业收购国外风电设备公司的先河，成为"中国学生"收购"洋师傅"的典型案例。通过此次重组，中国建材集团也一跃成为中国最大的风电叶片制造商和全球兆瓦级风电叶片的领导者。

第二次是收购法国圣戈班集团所属的Avancis公司。Avancis是从事太阳能薄膜和铜铟镓硒薄膜电池生产的企业，其铜铟镓硒薄膜太阳能电池技术居世界前列，曾创造了光伏薄膜组件转化率的世界纪录。该公司的生产基地在德国的托尔高市，研发基地位于慕尼黑。Avancis最早隶属于西门子公司，后来由圣戈班和荷兰壳牌各出资50%成立，2009年成为圣戈班的全资子公司。2014年，中国建材集团正式收购Avancis。至此，4家《财富》世界500强企业在铜铟镓硒薄膜领域的接力棒传到了中国建材集团手中，我们希望能坚持跑到终点，推进CIGS（太阳能薄膜电池）技术在全球市场的应用。

这两次重组的意义，我们都是奔着对方的核心技术去的，这些技术恰恰是企业在转型升级过程中急需的。这类技术型重组与水泥等传统行业的重组截然不同。水泥行业的技术和装备呈现同质化，其重组着眼于市场，通过区域战略布局，提高市场占有率，进而获得收益。而重组技术企业的出发点则是抢占技术制高点，提升产业层级，在未来的竞争中赢得先机。通过重组，中国建材集团在新材料领域迅速成为领先企业。

做技术整合其实不容易，有时候选一个企业我们要盯好多年，反反复复地盯着，最终才做成一个。当然，创新不能只讲究速度，其最终的目的是确保企业的核心竞争力产生质的飞跃。为此，重组的"快"必须建立在"稳"的基础上，获得的技术也要能真正转化为企业的技术能力和竞争优势。判断可不可以进行海外技术重组的一个基本逻辑是：这个业务中有没有中国要素，比如能否将对方的技术引进中国，或能否将海外研发中心的技术优势与国内生产基地的低成本优势结合起来。如果没有中国要素，技术引进之后不能生根落地、产生不了效益，这种重组宁可不做。

## 持续性创新必须坚持[1]

持续性创新是在既有技术基础上不断更新迭代。企业中大量的创新属于持续性创新。德鲁克曾说，多数企业家认为 10 年之后企业 90% 的产品会改变，但统计数据显示，10 年之后很多企业 90% 的销售收入还是依靠原有产品获得，只不过是这些产品在不断更新换代。企业要立足于现有产业，在现有的产品基础上不断提升技术，开拓细分市场，深入挖掘创新潜力。

以水泥行业为例，中国的水泥产量是每年约 24 亿吨，约占全球份额的 60%。水泥是一种高性价比的胶凝材料，没有水泥，城市建设和日常生活都是无法想象的。水泥虽然传统但不落后，多年前我去拜访拉法基总裁乐峰先生，他当时问我："你觉得未来 50 年有没有一种材料能代替水泥？"我想了想说"没有"，他说"我认为也没有"。也就是说，我们都认为水泥这个产品短期内不会被颠覆。

这么多年来，从小立窑生产水泥到湿法水泥再到现在的新型干法

---

[1] 节选自 2022 年 4 月在微信公众号"中国企业家杂志"发布的署名文章。

水泥，技术水平一直在进步，产品品质不断提高。新中国成立初期，苏联援建的一个年产200万吨的水泥厂需要12000人，20多年前中国建材在鲁南的两条日产2000吨的水泥生产线需要2000人，而今天一条日产5000吨的自动化生产线需要300人，同样规模的最新的智能化生产线只需要50人。

中国建材在山东泰安建设的世界首条工业4.0水泥工厂，应用GPS（全球定位系统）定位、"互联网+"、大数据处理、生产智能化模拟系统等技术，能效、环保和效益指标均达到世界先进水平，最大限度地接近了"零人员、零排放、零电耗"，被称为"世界水泥的梦工厂"。

## 既造"矛"又造"盾"[1]

美国哈佛大学教授克里斯坦森在其著作《创新者的窘境》中提出了颠覆性创新理论，指的是利用技术进步效应，从产业的薄弱环节进入，颠覆市场结构。与颠覆性创新相对的概念是持续性创新，也叫渐进式创新，指的是企业对原有业务不断创新并加以完善，目的是让原有的业务更加稳固持久。

开展颠覆性创新很重要。既有的业务曾让公司在数十年内长盛不衰，为公司提供了充足的现金流，但如果一直沿用过去的经营思路和商业模式，不做颠覆性创新，就很容易被新入场者淘汰。事实上，很

---

1　节选自2018年5月17日在大连高级经理学院的分享内容。

多大的领先企业之所以会失败，就是因为对持续性创新比较坚持而对颠覆性创新不够敏感，同时企业内部机制也往往不能满足新产业的要求。像乐凯、华录、彩虹等都是前车之鉴。当年柯达发明了数码相机，但因太珍惜胶卷赚取的高额利润，眼睁睁看着别人用数码技术把自己逼得破了产。但也有成功案例，如日本富士胶卷面对数码大潮下传统产业的衰落，大力拓展数码影像、光学元器件、高性能材料、印刷系统等产业，二次创业成功。对此，富士胶片总裁古森重隆写了一本书，书名为《灵魂经营》。

颠覆性创新大多15年左右发生一次，但并不是所有企业都能做成，这主要取决于企业的战略以及资金、人才、技术等资源条件。对大多数企业来说，还是应该立足于现有产业进行持续性创新。事实上，企业中大量的创新都属于持续性创新。我在北新工作时，有领导到企业参观后觉得北新没什么特别的技术，我说"赚了钱的技术就是好的技术"。石膏板、轻钢龙骨、岩棉等产品看似简单，但在持续创新的过程中创新点很多，像净醛石膏板、相变石膏板就把普通的石膏板"做出花来"，受到客户欢迎。做企业不可能一天换一个新产品，关键在于对产品不断进行技术革新，使之产生更高的价值。

对大企业来说，在做好持续性创新的同时，应克服惯性思维以及阻碍创新的内部机制，"另起炉灶"开展颠覆性创新，以增加抗风险能力。如何既造"矛"又造"盾"呢？克里斯坦森认为，最好的办法就是把企业中进行颠覆性创新的部分独立出来，成立新部门，和原有业务分开，甚至办公地点也不放在一起，因为靠原有业务部门搞颠覆性创新是很难的。如让研究汽车的人去搞电动汽车不太容易，所以汽车公司要搞电动车应专门组织一帮技术人员，甚至地点也不放在一起。我记得在德国和一汽以前的领导讨论过，要做电动车最好找一帮新的人。因为技术逻辑完全不同。汽车都是四个轮子，但是燃油车是机械产品，电动车是电子产品，或者说是移动智能终端。

颠覆性创新的观点很有启发性。我们常讲，市场竞争有红海战略和蓝海战略，红海战略是在过剩产业中通过低成本进行竞争的模式，蓝海战略是通过创新另辟蹊径进入无人竞争领域。从红海进入蓝海有两种途径：一是改变竞争思路，使现在的红海变为蓝海，红海里有不少产品市场巨大，值得长期做下去，关键是怎么做；二是开展颠覆性创新，努力创造新的蓝海。当然这并非易事，因为大家在市场中发现哪种产品赚钱，往往一哄而上，蓝海迅速变为红海，所以企业要不断寻找蓝海。中国建材集团把持续性创新和颠覆性创新结合起来，在水泥行业的联合重组和市场竞合就是把红海变为蓝海，而发展新型建材、新型房屋和新能源材料则是创造新的蓝海。

在新型建材领域，中国建材集团旗下的泰山石膏公司多年来自主研发了上百项先进技术，石膏板发泡技术可降低10%的石膏用量，每年节约成本达到2亿元。发泡技术是石膏板技术的持续性创新，而石膏板的发展对水泥业务来说则是颠覆性创新。有水泥企业一把手曾跟我说，用新型建材造的楼房非常好，可如果大家都用新型建材，水泥就卖不出去了。这正是我们发展新型建材用全新团队的原因：一是传统产业仍大有可为，二是原有团队对传统业务很难割舍。

在新能源材料领域，我们也遇到了选择产品方向的两难问题。太阳能电池现在有两种产品：多晶硅电池，特点是转化率高，但生产过程既耗能又污染；薄膜太阳能电池，特点是生产耗能小，但转化率相对较低。中国建材几乎同时做了两件事，在江苏收购了一家吉瓦（GW）级晶硅电池厂，在德国收购了一家薄膜电池厂，然后交由两个不同的团队去做。我想，未来一定是薄膜代替晶硅，但在此过程中我们也要处理好眼前和长远的关系，充分考虑现有产品的持续性创新与新一代产品的颠覆性创新的关系。

# 技术创新是核心动力

## 科技是企业创新的核心要素[1]

创新既包含科技创新,也包含组织创新、市场创新等。但坦率地讲,技术创新是所有创新的核心。尤其是到了今天这样的高科技和新经济时代,技术创新至关重要。即使是传统企业,也得用技术创新助推企业转型。

科技创新一般有三层含义:第一层是科学发现,目的是发现未知的事情,这是科学家的任务;第二层是技术发明,新的工艺、装备等都要靠发明,这其实是工程师的任务;第三层是创新,创新的目的是创造产品,这是企业家的任务。

科学发现是技术发明的基础,技术发明又是企业创新的基础,企业创新的结果实际最终表现为产品。我认为应该是这样一种层层递进的逻辑。比如,气体方程中的节流原理指气体压缩时放热,膨胀时吸

---

[1] 节选自 2021 年 7 月 27 日在"开放合作·创见未来"2021 科创中国·科学家企业家创新论坛的演讲内容。

热,这就是一种科学原理。但把这种科学原理应用到技术上是什么?就是两大发明:空调和冰箱。企业把这两大发明做成了能量产的产品,现在海尔、格力、美的等企业都在做相关产品。当然,也有些产品是先于科学和技术产生的。比如17世纪发明了蒸汽机,后来才发现了热力学定律。

现在,我们不仅要加强科学的基础性研究、技术发明的研究,还要加强企业层面的创新研究。科学家和企业家要发挥各自所长、优势互补。科学家和企业家有一个共同点:创新是灵魂。但他们的任务又有所不同。科学家的创新是有发现和发明,企业家的创新是解决产品的制造和在市场中的推广应用问题。科学家和企业家的侧重有所不同,但在今天的经济社会里,他们也要优势互补、高度融合,也就是科学家和企业家既要融合,又要独立。今天,我们要培养有科学家精神的企业家和有企业家精神的科学家。

这怎么理解?今天我们的企业家都讲创新,但创新不是非要冒险。企业家得有科学家的科学态度,准确地去发现和把握机遇。科学家在研究过程中也要和企业家结合,主动了解市场的需求。

当然,科学家和企业家还是有各自的侧重。即使科学家做企业,也应该是做科技企业。创业板刚开市不久的时候,中关村有不少科技企业到深圳创业板上市。我认为科技企业上市后应该依旧是科技企业,不要简单地变成一般性的制造企业;如果变成一般性的制造企业,原来的优势就没有了,发展会很艰难。做科学家很难,做企业家也很难,如果把两个身份都压到一个人身上是很累的。

我到英国曼彻斯特大学访问时,一家在伦敦上市的市值2亿英镑的科技企业创始人,也是一位教授找到我说:"宋先生,我知道中国建材现在在做薄膜太阳能电池,我这里有个量子点技术,看看能不能合作。"我就了解了一下这家企业的情况:每年都孵化出新技术,而且每年都把技术卖给大企业，用收入再去开发新技术。他说，他们的任务不是做产品，而是为大企业提供技术。

我以前在北新建材的时候支持的一家企业是武汉理工大学的。当时姜德生院士研究光纤传感，我们为这个项目提供了支持。后来相关技术专利被转让给了武汉邮电科学研究院，由武汉邮电科学研究院进行了后续的孵化上市。

这个做法值得大家参考。学校研发技术，然后把它交给企业，学校持股或从中变现，这样能有更多的资金用于科研，而不是说自己去做企业。做企业比较难，要负责销售产品、收货款等一大堆工作，不一定是科学家所擅长的。科学的事情交给科学家，市场的事情交给企业家，科学家和企业家优势互补，大家密切合作，形成的系统才能运转。

## 科技创新的底层逻辑[1]

科技创新通常被视为纯粹的市场化活动，但其实科技创新从来都离不开政府的支持和引导。在我国，政府的支持非常重要，科技创新既需要有效的市场，也需要有为的政府。近些年，尤其党的十八大以来，政府进一步加强了对科技创新的支持力度，一些重大的科技创新项目和成果是在政府的支持下诞生的。

我去日本出差时了解到日本有经济产业省，过去叫通产省，在整

---

1　节选自 2022 年 10 月 6 日在第十四届华中科技大学企业家论坛活动的主题演讲内容。

个科技创新的布局、统筹、指导方面做了大量的工作，也就是说日本政府在科技创新方面发挥了非常重要的作用。德国也是如此，我在中国建材工作时曾推动企业在德国收购了一家高科技公司，我们了解到，德国政府对科技企业进行创新的研发费用补贴比例最高可达100%。可见，发达国家的政府在大力支持科技创新，包括国有企业（在西方叫公营事业）也在大力发展创新，带动了民营企业的技术创新。

今天，无论从国家层面还是地方层面，我国政府都对科技创新倾注了很大的热情，并大力提供支持。下一步还应继续加大对科技创新的支持力度。

教育是科技创新的基础，虽然不见得每一门学科都和创新有直接关系，但基础理论的研究最终都会反映在科技创新上。任正非讲，一定要做好数学、物理、化学等基础教育，培养更多基础科学方面的人才。另外，一些人文学科看起来和科技创新没关系，其实也在推动科技创新。今天很多重大的发明并不是简单源于某个专业领域的进步，而是源于科技的整体进步。

我赞成这样的说法，科学的目的是发现，技术的目的是发明，发现对于发明非常重要，一项重大发现会带来无数的发明，这些发明又会带动企业的创新。所以，学校应该是一个倡导学习和研究科学技术的机构，这里会有发明，老师、学生也可以依托这些发明开办企业。但是，我不大赞成学校自己去创业、做企业，学校还是要先把基础教育做好。可以说，大学对于科技创新发挥了基础性作用，大学培养出来的学生也是创业的源泉。

## 我们应向麻省理工学院学些什么[1]

创办于 1861 年的麻省理工学院是世界著名学府,也是全球顶尖的创新基地。据统计,麻省理工学院的校友们创建了 3 万多家活跃的公司,共雇用 450 万名员工,这些公司每年的收入总计超过 2 万亿美元。依托麻省理工学院等科研力量,波士顿 128 公路以路为轴,聚才兴业,形成世界闻名的高科技创新走廊。我到麻省理工学院访问时,对那里浓郁的创新精神和独特的创新模式感受颇深。

其一是教学、研发与市场的紧密结合。麻省理工学院特别鼓励创造,学生们的研究和论文方向不必局限于他们的学科,专业上不设界限,可以以个人兴趣为主。以机械工程系为例,该系研究范围非常广阔,从机械工程延伸到生物工程、能源与环境、海洋、微纳米材料等领域。教授带学生必须找到经费支持,而经费的取得往往源于企业和市场需求,得不到经费就无法开展研究,这样就让教学跟未来市场和实际应用紧紧结合在一起,使研究选题更加精准。对于获得企业资助和支持的项目,知识产权仍归高校所有,但出资方可有优先使用权,这是一个非常有效的机制。

其二是着眼于开放交叉和前沿科技。麻省理工学院媒体实验室是一个科技、媒体、科学、艺术和设计融合的跨学科研究室,致力于计算机领域的前沿科技研发,以概念性产品为主,这里诞生了 3D(三维)打印等众多优秀技术,也为英特尔等公司的崛起提供了强劲支持。探索性研究难度很大,有相当大的风险,在没有成功把握的情况下,如何决定开展某项研究?他们的经验是,着眼于人本主义、交叉性、

---

[1] 2019 年 3 月《企业观察报》之《从麻省理工看产学研创新体系》内容节选。

独创性、开放性这四方面，开展长期研究。在媒体实验室里，不同背景的教授和学生常常定期举行会议，相互交流研究思路和心得。这种发散式的创新方式在单个企业内很难进行。

在研发合作方面，麻省理工学院媒体实验室有很多来自企业界、学术界和政府机构的赞助或合作单位，建立了独特的产学研模式。研发合作有一个原则，即合作商一般不要求实验室为其从事具体研究工作，多数研究内容由媒体实验室和教授自行决定，以保证学术研究的自主、前瞻和原创。赞助者参与创新研究的协作，既开阔了眼界，又了解了新趋势；媒体实验室则可从赞助者那里了解市场动态，以及得到必要的财力和物力支持。这种典型的双赢模式，使媒体实验室成为美国著名的创新机构。

其三是创新创业与产业界互相融合。麻省理工学院的全球产业联盟连接着1700多家创新型初创企业和260余家联盟会员企业，架起了创新源头和产业转化间的桥梁，平均每年有600个接洽项目。麻省理工学院聚焦实践影响力和商业价值，通过学校知识产权事务办公室、风险投资服务机构和企业互信机构的合作，将企业的需求和学校的人才、技术资源紧密结合起来，把学生创新创业、教授帮助指导和社会的应用推广紧密结合起来，形成一个活跃互动的创新平台和融合纽带，达到创造商业价值、构建社会影响的目标。这两个目标是大学对社会最重要的价值，尤其是后者。反观我们的大学，虽然这些年有些也在搞产学研合作，但缺少创业孵化的环节，很难形成产业转化，使得产学研合作常浮在表面，流于形式。

创意、创新、创业的融合，教育、研发、企业的融合，创客、试验室和资本的融合，是创新动力和创业发展的源泉。支持学生创业发展，不仅是学校鼓励学生自我就业的途径，更为大企业和投资人培育了最新的产业创新的种子，而麻省理工学院这片沃土正是提供了创新创业的雨露阳光。联想到学院主教学楼的长幅标语"教育、创新、探索、激情",我更是深深理解了这座名校成功的源泉。春去秋来,一批批优秀学子进入这里,得到悉心教育,培养了兴趣和激情,通过持之以恒的探索掌握了动脑和动手能力,走向社会之后,学院还继续给予他们创业信息和指导,为他们接上翅膀,让创新的鸟儿飞得更高。这种创新方式使我理解了什么才是开放式创新平台。

麻省理工学院作为世界名校只有1000多名教工、4000多名本科生,却可以更加专注地进行教育和创新,这也颠覆了我对大学规模的看法。麻省理工学院为什么会出那么多诺贝尔奖获得者?他们的教学和培养与我们的区别是什么?我们的产学研合作创新应从中学些什么?这些问题值得认真反思。

## 把产学研拧成一股绳[1]

企业创新的关键在于建立起一套创新体系。在这一点上,不同的国家有不同的特色。欧美等国家的创新体系主要源于一些大学,日本、韩国多是由企业的"中央研究院"和技术中心负责,中国则主要靠产学研结合或产研结合。在计划经济年代,我国的技术创新主要靠部委的一些研究院所,其中不少是数千人的大院大所。那时候,企业引进设备由研究院主导谈判,引进、消化、吸收也都是由院所完成的,企业只掌握生产技术。后来,随着企业市场化的改革,企业成了引进、

---

[1] 节选自2014年9月27日在中国产学研合作促进会第二届会长会议的发言内容。

消化、吸收的主体，院所被边缘化了，再加上院所和政府的脱钩，院所制的研究体系再也无法运行下去，后来不少院所相继进入了企业集团。

所谓产学研，要以企业为主体，以市场为导向，核心是"产"，"学"要保、"研"要好，最后都要作用于"产"。学校要发挥基础科学研究能力，研究院所主要解决应用科学的问题，而工厂要解决好制造技术的问题，三者结合才能形成资源与优势的互补。产学研结合的目的是促进技术进步和产业升级，而不是让"学"和"研"统统去搞企业。

企业是技术创新的主体。这句话怎么理解？我认为企业是研究开发投入的主体、技术创新活动的主体、创新成果应用的主体，但创新本身却需要企业、研发院所和学校联合起来，建立产学研合作联盟，充分利用企业产业平台的优势，让科技从成果库里走出来、从象牙塔里走出来，更好地为产业平台服务，真正转化为生产力。

在产研结合方面，坦率来讲，我们有些企业创新文化不够，热衷于不停地买设备、更新装备，自身科研力量和创新能力相对不足。而面对生存压力，有的院所在竞争中却逐渐被边缘化，个别院所完全演变成了生产单一产品的企业，失去了研发功能。所以，还是要把企业和科研设计单位结合在一起，工厂扎扎实实搞制造，院所老老实实做技术研究，弥补"断层"。中国建材集团既有强大的产业平台，又有一流的研发平台，产研结合的基础得天独厚。以特种水泥为例，中国建材总院研制发明了6大体系、7大类共60余种特种水泥，满足了我国国防、石油、水电、冶金、化工、建筑、机械、交通等行业工程建设的需要；西南水泥所属的嘉华水泥依托总院的科研成果，成为国内最大的特种水泥生产企业。除了特种水泥，中国建材集团在新型房屋、PM2.5（细颗粒物）治理、节能环保等领域，通过产研结合也取得了丰硕成果。

中国建材集团还与大学积极合作，充分利用社会资源进行创新，我们与济南大学、西南科技大学等签订了战略合作框架协议，与武汉理工大学、西安建筑科技大学、安徽科技学院、安徽理工大学等高校共建实验室、成立创新联盟，针对建材行业急需解决的重大共性、关键性、前瞻性技术难题开展联合攻关，形成新的合作创新机制和科研成果转化机制。

实践证明，产学研结合是科技创新的重要驱动力和提高核心竞争力的重要途径，对于加快转变发展方式、促进可持续发展发挥了不可替代的作用。面对复杂多变的外部形势，我们要紧紧依靠技术创新，把产学研拧成一股绳，优化产品结构，延伸产业链，积极开发适应市场需求、技术含量高、附加值大的新产品，在激烈的市场竞争中找到新的发展空间。

## 技术创新的新思路[1]

科技是第一生产力，这是颠扑不破的真理。只有不断提高科技创新能力，提升企业核心竞争力，才能做到凡事比别人技高一筹、领先一步。当前，全球新一轮科技革命和产业变革蓄势待发，从中国建材集团的实践来看，技术创新应更加关注高端化、产业化、集成化和相关化。

一是坚持高端化。按照"面向世界科技前沿、面向经济主战

---

[1] 节选自2018年2月2日在凯盛科技2018年工作会议的讲话内容。

场、面向国家重大需求"的要求，加大研发和标准引领力度，构建具有国际竞争力的技术创新体系，推动技术和产品的高端化，在战略必争领域形成独特优势。中国建材集团多年来依靠自身力量成功研发出 E8 高模量玻璃配方、T1000 碳纤维、锂电池隔膜、超薄光伏玻璃、TFT-LCD 超薄玻璃基板、高性能防火玻璃、特高压用混合绝缘子、加能源 5.0 房屋、CIGS 薄膜太阳能电池等行业顶级技术和产品。

二是加快产业化。创新要确保产品能量产、能结合市场出效果、能与资本市场对接。如果新产品做不到量产，无法转化为现实生产力，企业就很难有效益，更谈不上持续发展，在资本市场也形不成影响力。中国建材集团是制造型企业，在创新方面我们的思路就是把创新技术产业化，立足现有工艺产品的提高，立足能够量产的新产业的提高，不断培育高端产品，不能量产、没有规模效益的创新坚决不做。像铜铟镓硒薄膜太阳能电池、T800 级碳纤维、锂电池隔膜、氮化硅陶瓷球及轴承、电子显示薄玻璃等高科技新材料，近些年都成功实现工业化量产。

三是突出集成化。就是在创新路径上，既要强调自主创新，也要突出集成创新。熊彼特创新理论讲的要素集合，其实就是今天的集成创新。集成创新是开放式的、平台式的创新，我们要善于把别人的要素和自己的专长结合起来，或者把一些看似不相关的技术移植过来。企业在跟跑时代往往采取模仿式创新，并跑时代靠系统集成、集成创新，领跑时代则靠自主创新，中国建材集团今后的创新方式要以集成创新为主，逐渐进入自主创新阶段。

四是注重相关化。创新要紧紧围绕企业战略和企业实际，解决企业和行业生产工艺、环保等问题，同时基于强大的核心技术和创新能力，技术研发要围绕优势产业，顺着产业链进行延伸升级，规避创新风险。比如中国建材集团大力发展智慧农业、光伏产业就是玻璃产业链的延伸。

## 中小企业的科技创新策略[1]

近些年，政府进一步加大了对科技创新的支持力度，推动大型企业、科研机构、高等院校等面向中小企业开展技术研发、检验检测、资源共享、技术成果转化推广等技术服务，以打造大中小企业融通创新生态。今天，我国已进入创新经济时代，大企业创新顶天立地，中小企业创新铺天盖地。我们要用创新的实际规律来看待各类主体在创新中的不同作用和相互融合。

埃德蒙·费尔普斯在《大繁荣》一书中提到了草根创新，当下许多创新不是由大企业创造的，往往是由中小企业完成的。有创新活力的中小企业持续涌现，是衡量一个国家或地区经济繁荣的核心指标之一。我们现在鼓励"专精特新"企业发展，也主要是支持中小企业发展成专精特新"小巨人"，再使其通过资本市场做大做强。

中小企业创新创业的首要问题是创新技术来源，在这方面，有不少科技型中小企业的创业者本身是高科技人员，比如像安徽国盾量子、上海澜起科技、深圳韶音科技等企业的负责人。但在创业过程中，企业还需要不断提升创新能力，因此要建设一个有实力的研发团队共同创新。在建设技术团队方面，企业也要特别重视内部机制，让技术骨

---

[1] 节选自2023年12月17日在株洲时代新材料科技股份有限公司的交流内容。

干入股，形成稳定的创业团队。对许多中小企业来讲，可以通过和大学、研究机构合作，寻找一些新的技术，或者把自己尚未成熟的技术委托给他们进行研究，也就是产学研结合的方式。当然，还可以从市场上寻找一些技术资源，比如收购一些小型科技企业获取技术资源。

中小企业创新创业的第二件事是如何获得资金和资本的支持。这方面首先要研究国家产业政策的支持，现在国家和地方的产业引导基金有很多，像合肥市产业投资引导基金以资本的力量支持产业创新发展；杭州的玉皇山南基金小镇入驻金融机构2000多家，支持企业的创新和高质量发展。企业要争取获得政府的支持，也要争取进入地方一些科技产业孵化园区，以享受一些资金支持政策。二是获得大企业资金支持，这方面，不少大企业也在选择一些好的中小科技企业合作，大企业有技术积累，资金雄厚，还可以提供产业链上的帮助，像当年的中国巨石和中复神鹰都是选择了中国建材而获得支持的。三是靠资本市场，这方面十分重要的是讲清讲好自己的企业故事。记得2020年初举办的《2019CCTV中国创业榜样》颁奖典礼有很多基金机构出席，当时一些创业者就请我出主意：怎么能够让这些基金愿意投资？我说，首先要把企业的故事讲清楚，讲得能让投资者脑门发热，这样才能吸引到风投、财投、战投等投资基金，将企业培育成专精特新"小巨人"和独角兽；再择机上市融资，让企业发展壮大起来。当然，光会讲故事不行，企业既要讲好自己的故事，也要做好实际的事，要创造价值、回报投资者，这两点要结合起来。

中小企业创新发展，也要重视企业的规范治理。企业快速成长的前提首先是要规范运作，从一开始就要进行合规经营，只有这样才能吸引投资者投资，也才能为今后上市打好治理基础。作为一家中小型企业，更要把握好专业化的战略方向，加强企业内部管理，积极开拓市场，做好产品和服务。

# 重视商业模式创新

## 创新是全方位的[1]

创新是引领发展的第一动力。一个企业的兴衰，固然有外部环境和许多客观因素的影响，但企业不断创新的思维迸发出的生机和活力，以及由此带来的企业竞争力，能使企业捕捉到快速发展机遇，进入新的良性循环。创新具有丰富内涵，不仅体现在技术上，还是包括技术、管理、制度、商业模式等在内的全方位创新。技术创新解决竞争力问题，管理创新解决效益和成本问题，制度创新解决活力和持续发展动力问题，商业模式创新解决发展规模问题。

第一，技术创新。企业以核心技术为支撑，如果没有技术专长，企业再大也没有竞争力，在成长中遇到巨大风险时就会轰然倒塌。中国建材集团把科技创新置于战略首位，依托中国建材总院等科研院所和以国家级重点实验室等科技创新平台为代表的综合型技术研发中心，

---

1　节选自2019年12月19日在浙江大学管理学院的讲课内容。

成为我国建材工业科技研发的主体力量、全球技术领先的建材企业。

第二,管理创新。管理是企业强基固本的稳定器。中国建材集团在企业发展的长期实践中,探索出"格子化"管控、"八大工法"、"六星企业"等一套独特的管理方法,实现了质量效益的提升,确保了企业的稳健经营。

第三,制度创新。企业要发展就必须改革,改革就是围绕制度创新。在开展大规模联合重组的过程中,中国建材集团坚持"央企市营"模式,探索出一条以"国民共进"方式进行市场化改革和行业结构调整的混合新路,不仅建立了适应市场经济的体制机制,活力和竞争力极大增强,而且实现了与多种所有制企业的共同发展。

第四,商业模式创新。管理大师彼得·德鲁克认为,当今企业之间的竞争不只是产品之间的竞争,更是商业模式之间的竞争。中国建材集团在商业模式上大胆探索,进入了发展快车道:成长模式上,大力推进联合重组,走基于存量整合优化的全新成长路径;在盈利模式上,从"量本利"到"价本利",大力建设核心利润区,使行业和企业取得良好经济效益;在竞争模式上,以"共生多赢"替代"丛林法则",推动行业竞争的有序化、适度化和良性化;在业务模式上,积极探索"互联网+"等模式,加大制造业服务化转型力度,开拓新型国际化道路,加快迈入高端产业。

企业的竞争实力是由其创新能力决定的。企业有没有生命力,能不能基业长青,能不能反败为胜,往往取决于自身的创新能力。解放思想,其命维新。只有那些勇于自我突破,重视技术创新、商业模式创新、管理创新、机制创新的企业,才能获得持久的发展动力,始终走在时代的前列。

## 发现新的价值创造方式 [1]

在人类文明长河中，每次工业革命的发生都源于重大的技术进步：第一次工业革命有多锭纺织机、蒸汽机、生铁冶炼技术等一系列发明；第二次工业革命有发电机、电灯、内燃机等一系列发明；第三次工业革命有克隆技术、生命科学、航天科技、互联网、3D打印等技术创新；现在我们正经历第四次工业革命，物联网、机器人、人工智能等成为代表性技术。尽管技术革新对推动社会发展和人类进步起到了巨大作用，但创新却不完全依赖技术，还要依赖创意和商业模式创新。

经济学中有个康德拉季耶夫周期理论，指出在资本主义经济中存在一种历时50~60年的长经济周期。但在1965年到1985年，美国用创新经济和企业家经济代替管理经济，成功躲过了衰退周期，新增4000万个就业岗位。而其中，约600万个新增就业岗位来自高科技创新领域，其余的岗位都是靠低科技、中科技创新和商业模式创新完成的。

对于企业，高科技创新固然重要，但也应注重中科技、低科技和零科技创新。高科技创新对社会的贡献率约占25%，而中科技、低科技、零科技创新的贡献率约占75%。什么是零科技创新？就是商业模式创新，看起来没有太多的科技，却创造了很高的商业价值。

麦当劳、肯德基、星巴克等知名企业，都没有什么特别高的技术，但都通过探索新的商业方法、商业组织，创造了惊人的业绩。很多消费互联网企业，如京东、淘宝、滴滴打车等在科技方面并没有什么创

---

1　节选自2015年1月18日在中国企业创新论坛的发言内容。

新，而是应用互联网技术建设了一个平台，就创造了巨大的价值。

企业不是为了创新而创新，而是为了解决客户的问题、为客户创造价值而创新，这是根本理念。做企业要在商业模式上动脑筋，学会在价值链或价值网中思考问题，通过改变商业模式的构成要素或组合方式，用不同于以往的方式推出全新的产品和服务，不断提高价值创造能力和盈利水平。

## 企业需要互联网思维[1]

中国的互联网经济始于 20 世纪末。1997 年，电子商务进入中国，但好景不长，互联网泡沫先在美国破灭，从 2000 年开始中国的互联网企业也大都一蹶不振。究其原因，当时我们有两个条件不具备：一没有移动终端，二没有网上支付手段，再加上没有很好的仓储物流和配送条件，电子商务没有真正做成。时过境迁，随着互联网技术的发展，今天创新进入全新时代，手段也更现代化了。自 2015 年《政府工作报告》提出"互联网+"行动计划以来，互联网经济空前繁荣，给人们的生产生活带来深刻变革，激发了无限可能。

从制造业来说，移动互联网、云计算、大数据、物联网完全颠覆了传统制造业的商业世界，随着新技术、新业态、新模式的不断涌现，企业的生产、管理和营销模式发生了翻天覆地的变化。概括起来，主要影响有三点。一是个性化。过去是 B2C（企业对消费者），企业生

---

[1] 节选自 2018 年 12 月 25 日在第六届中国企业新媒体年会的演讲内容。

产什么消费者用什么。互联网、大数据的应用使我们轻而易举地知道了每位客户的需要，消费模式从B2C转变到C2B（消费者对企业），客户需要什么我们生产什么，实现了个性化需求和大批量生产的结合，这是制造模式上的重大改变。二是智能化。现代信息技术与制造技术的深度融合，让智能制造成为主攻方向。如中国建材在山东泰安建设了世界首条工业4.0水泥工厂，应用GPS定位、互联网+、大数据处理、生产智能化模拟系统，能效、环保和效益指标达到世界先进水平，被称为"世界水泥的梦工厂"。三是制造业服务化，即从只做制造向服务的产业链延伸、向市场延伸。比如过去我们只卖水泥，现在我们用水泥做装配式建筑，越来越向用户倾斜。

在提倡"互联网+"的同时，很多人也在讲"+互联网"。两个概念有区别又有关联。"互联网+"指的是把互联网的创新成果与经济社会各领域深度融合，推动技术进步、效率提升和组织变革；"+互联网"强调把互联网作为实体经济发展的手段和工具，以创新方式推动转型升级，本质还是实业。其实，无论"互联网+"还是"+互联网"，核心都是依托一个优势业务或创新要素，开展跨界与融合，这就是"+"的意义，也就是互联网思维。

按照这个思路，中国建材集团探索推广了水泥+、玻璃+、光伏+等多种模式。在水泥+方面，通过开展"水泥+骨料+商混+机制砂+干拌砂浆+固废处理"的全产业链运营，青州一个中等水泥厂创造了4.3亿元的税后利润；在玻璃+方面，把透明的电子元件装到房间或智能车的玻璃里，可以实现5G信号覆盖；在光伏+方面，采用高透无影玻璃建设连栋温室，打造农业基地，同时开发了薄膜光伏发电和绿色创意小镇及农业休闲旅游项目。应用+思维，水泥玻璃等过剩产业做出了新名堂，赢得了更多利润。

互联网带给企业的影响，不只是技术本身的应用，更重要的是它改变了我们的思维方式。互联网思维最大的好处就是,想问题不拘泥于某一个点,而是要发散思考,发挥特定业务或技术在生产要素配置中的优化和集成作用,增加服务空间,不断创造新的商机。站在互联网的风口上,任何企业都要顺势而为,从封闭式发展走向基于互联网模式的跨界融合。

## 当好互联网下半场的主角[1]

制造业与互联网的深度融合是大势所趋。从国际来看,第四次工业革命浪潮正席卷全球,在新工业革命变局中,美国、德国、日本等国家围绕核心标准、技术、平台等纷纷加快布局。美国2012年发布了先进制造国家战略计划,把工业互联网作为先进制造的重要基础,AT&T(美国电话电报公司)、思科、GE(通用电气)、IBM和英特尔等巨头发起工业互联网联盟,汇聚了全球200多家企业。德国在2013年汉诺威工业博览会上提出工业4.0概念,后来把工业4.0上升为国家战略,并启动了跨学科跨领域的"工业4.0共同平台",大众、西门子等大企业都参与其中。日本2013年推出"再兴战略",将工业4.0作为创新转型的契机,通过发展"互联工业"构建基于机器人、物联网和工业价值链的顶层体系。虽然各国叫法不同,内容也有所区别,但目标都是抓住新工业革命的先机提振经济,提高在全球市场中的竞争力。

---

1 节选自2015年在北大光华管理学院的讲课内容。

从国内看，现在大家都在谈论互联网的"下半场"，这是因为，在互联网进入中国的20多年里，受益于人口红利、通信事业发展、商业模式创新等多重因素，互联网技术在我国消费领域大展拳脚，在全球居领先水平，但在产业领域的发展则相对欠缺，与发达国家还有一定差距。因此，现在的任务就是在巩固"上半场"优势的同时，把"下半场"的重心转向产业互联网。消费互联网服务的主体是人，产业互联网服务的主体是企业，其中又以制造业为主战场。我国是制造业大国、互联网大国，制造业与新一代网络信息技术的融合前景广阔、潜力巨大，而且这也是我国构建制造业竞争新优势、把握未来发展主动权的迫切要求。我国早在2013年就提出信息化和工业化"两化"深度融合的行动计划，2015年推出中国版工业4.0《中国制造2025》，其后就推动制造业与互联网融合发展、深化"互联网＋先进制造业"、实施工业互联网创新发展战略等又出台一系列文件及配套政策，布局非常快。

对中国企业来说，以前"两化"融合、智能制造说得比较多，现在明确的重点就是工业互联网。工业互联网虽是个新概念，但实践中一直在探索，通俗地说就是，通过大数据、物联网、人工智能等新技术把工业系统中能连接的要素全连接起来，比如工人、设备、生产线、供应商、产品和客户等，从而形成覆盖全产业链、全价值链的商业生态。这种全新生态的工业模式，被看作新工业革命的基石。智能制造的实现实际依靠两件事——技术和网，技术是根本，网是关键，大数据、云计算、人工智能等新技术都要通过这个载体推动工业生产的资源优化、协同制造和服务延伸。这就说明了为什么工业互联网这么重要。比如企业有了信息系统，生产情况可以一目了然，随时掌握。像中国建材在全世界安装的水泥线，我们能知道生产状况，了解每个公司的情况。再如，水泥以前都是线下销售，以后可以通过线上App

（应用程序）采购支付，实时掌握动态并提供售后服务。

工业互联网是对企业理念、方法、市场和商业模式的全面改造。制造业要紧跟时代步伐，不要认为智能化等新事物离自己很遥远，恰恰相反，它的发展速度超乎想象，任何企业都回避不了。当然，制造业和互联网的融合需要功底，需要长期深耕。以智能工厂为例，一个工厂只有从基础建设阶段开始数字化发展，才能嵌入信息管理手段，只有经过大数据分析并结合专家智能进行生产控制、决策，才能真正实现智能化。

总之，在互联网的下半场，制造业要当好主角，要做的事情很多，网络体系、平台体系、安全体系的建设都任重道远，但工业互联网是个方向，必须坚定地走下去，这是一个巨大的创新空间。

# 重视实体经济发展，
# 加快转型升级

## 实体经济是互联网的根 [1]

在发展互联网的过程中，实体经济与互联网的关系是必须搞清楚的。我觉得，无论互联网技术再怎么演进，工业互联网再怎么发展，都离不开实体经济这个根，这个大逻辑不能错。实体经济与互联网的融合发展不是谁取代谁，而是要形成相互促进、同步提升的格局，为制造强国和网络强国建设提供关键支撑。

我是个互联网的热衷者，我认为实体经济要主动拥抱互联网，否则再大的企业都会被时代淘汰。通用电气、西门子、施耐德等老牌企业现在都在加紧研发应用新一代信息技术。在肯定互联网的同时，也不能把互联网"神化"。互联网确实能改变我们的商业形态、生活方式，极大地提高了生产效率，但互联网只是一个手段，它本身不造东西，取代不了衣服、食物、房子和汽车，只是让我们的衣食住行更加

---

[1] 节选自 2016 年在北大光华管理学院的讲课内容。

方便。互联网以实体经济为基础，离不开实体经济的根，两者的关系不能颠倒。

实体经济是一国强盛的基石，是经济振兴的命脉。美国和欧洲一些国家认为上一轮经济发展最欠缺的就是实体经济。2008年金融危机之后美国强力回归实业，欧洲经过主权债务危机后各国纷纷实施再工业化计划，我国进入新常态之后强调"大力振兴实体经济"。其实这是一个逻辑，因为各国都意识到实体经济是经济发展的根基所在，是国家竞争力的根基所在。今天虽然各国竞相发展产业互联网、工业互联网，但这都是在发展制造业的战略框架之下，根本目的是借助新技术与制造业的融合，赋予制造业新的动能，促进转型升级，本质还是实体经济。

党的十九大报告提出"把发展经济的着力点放在实体经济上"。中国是有着14亿人口的泱泱大国，要想长期保持经济竞争力、提高抗风险能力、提升国际影响力，必须大力振兴实体经济，靠舶来品是养活不了一个大国的。在国家的产业结构中，第二产业是第三产业的根，如果没有第二产业，没有制造业，就不存在制造服务业；如果没有第二产业，第三产业也会受到很大的打击，日本就曾有过工业空心化的教训。现在全球都在学习研究德国工业4.0战略，其实德国当年曾因为服务业不够发达颇受诟病，美国第三产业比重达到80%，德国第三产业则不足70%。但在欧洲债务危机中，恰恰是强大的制造业，让德国经济一枝独秀，表现强劲。德国总理默克尔对英国前首相布莱尔说了一句意味深长的话："至少我们德国还在造东西。"就是说大家都去脱实向虚了，至少德国人还在做实业。

实体经济是经济之本。互联网可以连接万物，可以改变人类的社交方式、生活方式、生产方式，催生新模式、新业态、新产业，但做实业亘古不变的就是苦干实干，拿出过硬的质量、技术、服务，没有这个基础又何谈其他呢？我觉得经济就好像一架飞机，机身是实体经济，资本市场和技术创新是两个翅膀，互联网应是高高竖起的尾翼，这些都应完美地结合起来。

## 努力建设制造强国[1]

党的二十大报告提出："坚持把发展经济的着力点放在实体经济上，推进新型工业化，加快建设制造强国、质量强国、航天强国、交通强国、网络强国、数字中国。"这为我国建设现代化产业体系擘画了蓝图，也为中国制造业的未来发展指明了方向。

我国制造业的发展具有如下优势。

规模巨大。我国是世界最大的制造业国家。2021年，我国制造业增加值达31.4万亿元，占全球比重的近30%。据统计，2022年前三季度，我国制造业增加值同比增长3.2%，占GDP比重的28.1%。制造业还是我们的"根"。这些数字说明我国制造业的规模很大，并且还在快速发展。

门类齐全。我国目前是全球唯一拥有联合国产业分类中所有工业门类的国家，在500种主要工业产品中，有四成以上产量位居世界第一。相比有些国家，我国在工业门类、产业配套等方面都是最齐全的，产业体系也最完整。

发展迅猛。这些年，我国新一代信息技术、人工智能、新能源、

---

1 节选自2022年12月29日在2022全球产业发展论坛的演讲内容。

新材料等战略性新兴产业发展日益加快，技术创新成果涌现，成为新的经济增长极。2022年前三季度，规模以上高技术制造业增加值同比增长8.5%，增速高于全部规模以上工业增加值4.6个百分点。这也说明我国制造业的核心竞争力进一步增强。

性价比高。对比印度、越南等国家和地区，我国仍具有综合成本低的优势，产品的性价比在国际上富有竞争力。举例来说，30年前我国的优质水泥装备主要是靠进口，但现在跨国公司也从中国建材购买成套水泥装备，因为质量好、价格低、性价比高。

可以说，这些年中国制造业的综合实力不断提升，积累了发展优势，具备了从制造大国向制造强国迈进的条件。制造业是我国经济的基础，国际贸易平衡的保障，双循环市场的需要，增加就业的保证。

如何建设制造强国？

保持制造业的相对稳定。近年来，中国的服务业比重也有了很大提升，但是我们不能忽视了制造业。中国现在有这样雄厚的基础，下一步还是要把制造业作为重中之重，将制造业比重稳定在合理区间。这并不是片面追求制造业规模上的增长，而是更加注重制造业发展质量上的提升，推动制造业高质量发展。

加大技术创新和结构调整。自主创新需要基础科学的研究，集成创新需要应用科学的研究。我们要加大实验室的建设，也要强化产学研的合作。像中国建材集团旗下的凯盛集团这些年相继推出0.12毫米的超薄电子玻璃和能够实现连续90万次弯折不破损的超薄柔性玻璃，打破西方国家的垄断，就得益于它拥有国际一流的玻璃实验室。

加快企业的转型升级。党的二十大报告强调，推动制造业高端化、智能化、绿色化发展。推动现代服务业同先进制造业、现代农业深度融合。这指明了制造业转型的方向，我国制造业企业要加快高端化、智能化、绿色化、服务化的"四化"转型。

强化企业管理。好企业都有自己的一套管理方法。潍柴动力是山东潍坊一家做内燃机的企业,其柴油机的热效率超过 52%,是全球最高的。再有,它创立了 WOS(Weichai Operation System)质量管理模式。除了过硬的技术,潍柴动力还非常重视弘扬工匠精神,企业的首席技师就是一名大国工匠。

重视品牌建设。近年来,很多国产品牌正在迅速崛起。家电行业已经基本实现了自主品牌化,如美的、海尔、海信等都做得不错,还有像运动鞋服行业,李宁、安踏等品牌都走上了国际舞台。下一轮在建设制造强国的过程中,我们一定要把自主品牌做起来。我们要增强对国产品牌的自信心,加大对自主品牌的投入,积极打造世界一流的品牌,讲好中国企业自己的故事,增强在国际市场的影响力,成为真正的品牌强国。

## 用新的增长极带动经济预期[1]

目前中国经济形势稳中向好,但也面临着需求收缩、供给冲击、预期转弱这三重压力。其中"预期转弱"可能是最大的压力,因为预期转弱会引发消费和投资的下降。要改善预期,必须形成新的增长极,提振大家的信心。

改革开放初期,建设深圳国贸的时候,一天盖一层,当时一个口号叫"时间就是金钱,效率就是生命"。这个口号感召了全国,大家

---

[1] 节选自 2023 年 9 月 20 日在 2023 亚布力智能制造发展论坛的演讲内容。

觉得未来有奔头了。所以,新的增长极能够调动市场主体的积极性,带动经济发展。

新的增长极可以分为四个方面。

第一,城市增长极。2022年我国有24个万亿GDP城市,57个GDP超过5000亿元的地级以上城市,其中常州和烟台预计在2023年加入万亿城市行列。过去主要是北上广深带动全国,现在也需要合肥、重庆、南京等更多的省会城市,以及宁波、常州等一些发展得快、发展得好的重点城市。

以合肥为例,2015—2022年,GDP差不多翻了一番,达到1.2万亿元。合肥的模式很值得总结,也值得全国一些大中型城市学习。温州模式是大力发展民营经济;苏南模式是发展乡镇企业;浦东模式是中外合资;深圳模式是创新创业;合肥是在创新和资本带领下,发展了现代制造业和新型工业体系。合肥模式里有几个核心点。

一是有效市场和有为政府的结合。探索出了一条在后发经济城市发展的道路,政府积极主动作为,为企业搭台唱戏。

二是充分利用科教优势,重视技术转化,形成创新优势。合肥有中国科学技术大学,还有中国科学院等大院大所,人才优势显著,学校培育了大量的科技创新人员,也将一些科技成果迅速转化形成创新的优势。

三是发展多层次的资本市场,为创新和创业提供资本保障。安徽有上市公司176家,其中合肥市80家。不光是上市公司,合肥在私募基金等方面也很有特色,用政府基金引领,私募基金进入,培育独角兽企业,然后上市。很多高科技创业公司都愿意来合肥落户。我调研过国盾量子、晶合集成等企业,它们做得都非常好。

四是积极融入长三角地区。利用投资洼地效应,迅速集聚企业和资源。

五是建设新兴产业和高端制造业集聚地，进行规模性扩张。合肥政府对新兴产业的引领和支持是合肥快速发展的关键。合肥的电动车、光伏新能源等都处于领先发展水平，这些行业的快速发展会带动相关行业的发展。此外合肥还有两个特色行业。首先是显示行业，以京东方为首，包括中国建材的电子薄玻璃和模组生产线等；还有科大讯飞带领的智能语音行业，打造出了"中国声谷"。这也是合肥的一大特征，不是"小打小闹"，而是要"大打大闹"。

六是发扬徽商文化，弘扬企业家精神。大家都知道徽商走遍天下，自强不息的创业基因是安徽企业家的一大优势。

第二，产业增长极。过去，像钢铁、化工、建材等重工业、房地产、出口加工等行业带动了经济的发展，但是现在我们已经进入一个新的时代，在巩固基础和传统业务的同时，要大力培育新一代信息技术、人工智能、新能源、新材料等战略性新兴产业，创造新的经济活力。据统计，2022年数字产业相关行业的收入合计为37.23万亿元，生物医药行业营收为2.48万亿元，新能源汽车行业营收也在万亿级别，半导体行业上市公司实现营业收入4456.56亿元。

第三，技术增长极，像ChatGPT等人工智能技术发展得很快，这些新技术具有非常广阔的发展前景，在不同领域都将产生巨大的影响，也能够提升大家的预期。

第四，企业增长极。我国有65家制造业企业入围2022年《财富》世界500强企业榜单，培育专精特新中小企业7万多家。像比亚迪、宁德时代、科大讯飞等行业龙头的技术创新和业绩增长引领着行业的发展。

# 发展实体经济要向"四化"转型[1]

实体经济是一个国家强盛的基石。美欧曾出现脱实向虚的过程,但经历了国际金融危机和欧洲债务危机的教训后,都在加快推动再工业化。进入新常态以来,中央多次强调实体经济的重要性,提出把发展经济的着力点放在实体经济上。中国是有着14亿人口的泱泱大国,要想长期保持经济竞争力、提高抗风险能力、提升国际影响力,必须大力振兴实体经济,这是根子上的事,靠舶来品是养活不了一个大国的。

改革开放后,中国实体经济快速发展,取得了骄人的成绩。建材是典型的实体行业,而且是那种自身利润不算高却为社会做出巨大贡献的行业。中国建材集团几十年来一直深耕实业,没有挣过虚拟经济的热钱和快钱,不仅创造多项世界第一,还拥有雄厚的科研和制造实力。

实体经济的发展给国家建设和经济生活带来了繁荣,但同时面临诸多问题,摆在眼前最迫切的是如何发展实体经济、实体经济如何转型升级。在我看来,发展实体经济要向"四化"转型。

第一是高端化。我国现在拥有海量的产品,但我们是有些中低端产品过剩,高端产品缺乏,像早些年国人一窝蜂跑到日本买马桶盖,说明我们的产品质量还有待提高。当下随着中国制造质量不断提高,本土品牌的国货潮受到诸多欢迎,但与高端仍有距离。今天各行各业都在朝这个方向发展。从建材行业来说,我国的水泥、玻璃等成套装备和技术处于全球领先地位,我们的方向是迈向高端化。像在新材料

---

[1] 节选自2017年1月15日在第十四届中国企业发展论坛的演讲内容。

产业领域，我们的 T1000 碳纤维、0.12 毫米超薄触控玻璃、转化率 18.2% 的 CIGS 薄膜太阳能电池、全球最大的碲化镉薄膜电池等都达到了高端水平。

第二是智能化。智能化有两个突出作用，一是提高劳动效率，把人类从体力劳动中解放出来，二是提高了精准度，减少了人在操作中的误差。比如精细的机床加工能力，以前我们讲五轴机床、七轴机床，现在是九轴机床，借助智能化的技术可以进行更精密的加工，追求"精准、精密、精致"。企业以后都用机器人工作，那员工怎么办？两个途径：持续推进员工的学习教育和企业的研发工作，按照这个思路，人就有事做。

第三是绿色化。实体经济一方面面临着大量的市场需求，另一方面也面临着企业在生产过程中如何实现减排、零排放的问题。关于工业生产能否实现绿色化，答案是肯定的。一想到建材，很多人就皱眉头，总觉得这个行业污染比较严重。其实，今天我国的建材行业已经是环境友好型产业了，通过持续节能减排，水泥厂、玻璃厂早已不再乌烟瘴气，厂区都非常漂亮。发展实体经济、发展工业不能以牺牲环境为代价，不应该和保护环境对立起来，而是要协调好二者之间的关系，实现经济和自然的融合发展。企业要积极发挥社会责任，投入一定资金采取有效措施，保护人类赖以生存的环境。

第四是服务化。服务化就是推动制造业向价值链高端延伸和提高，增加服务要素在生产经营活动中的比重，由单纯提供产品和设备，向提供全生命周期管理及系统解决方案转变，实现价值链和商业模式的重构。

像 IBM 就从单纯的硬件制造商转型为提供硬件、网络和软件服务的整体解决方案供应商。苹果公司生产苹果手机采用的是零件外包模式，公司主要做设计、研发。中国建材集团多年来一直在向综合性的建材服务商转型，依托产品延伸产业链，为客户提供信息、物流、技术、管理、咨询、认证、标准、品牌等多种服务。比如做海外工程，过去我们干完活就走，现在还开展了工程管理、运营、培训、备品备件等服务。再如，我们建立了电商平台，面向整个建材制造业开展服务，还建立了类似百安居那样的大型建材超市，在巴布亚新几内亚等国家建成了区域连锁网络品牌。总之，制造业服务化是实体经济转型的重要方向，我们要明确自身优势，把战略想清楚。

## 发展制造服务业[1]

"微笑曲线"表明，在现代制造业链条中，制造环节处于中低端，提高附加值更多要依靠处在曲线两端的研发设计和销售服务等完成。发达国家普遍存在"两个70%"现象，即服务业产值占GDP的比重为70%，制造服务业占服务业的比重为70%。反观我国，近年来服务业飞速发展，但整体水平和发达国家仍有较大差距，尤其是制造业长期处于全球产业链中低端，制造业服务化发展欠缺。发展制造服务业，推动制造业向价值链高端提升、提高附加值、抢占国际竞争产业制高点，是重塑制造业价值链和建设制造强国的必然要求，也是企业商业模式创造和转型升级的重要方向。

什么是制造服务业？它指的是把制造业和服务业融合在一起，共同经营的新业态。也就是说，围绕制造业，怎么能够接近终端客户，

---

1　2014年7月28日央视财经频道《对话》栏目之《制造服务业转型升级》内容节选。

如何由过去单一的在制造业争取附加值，到为终端客户提供更多服务来争取更多附加值，或者说提供更多的增值服务，这是商业模式创新的重要课题。《中国制造2025》明确提出，改造提升传统产业，推动生产型制造向服务型制造转变。我认为制造业服务化具体体现在以下几方面。

一是满足个性化要求。如在新型房屋领域，中国建材集团推出"私人订制"服务，利用互联网技术，为用户提供上千种个性化设计。在水泥领域，我们可以为桥梁、大坝、核电站提供不同种类的水泥，满足客户多样化需求。

二是做外包。外包是现代制造服务业的一个重要手段，但外包的并不全是低附加值的东西，高附加值的东西如果不是核心专长也可以外包。美国航空航天局（NASA）制造航天飞机，就是采用外包配件的方式，自己则成为提供设计和标准的系统集成商。围绕怎样做北新房屋，早年间，日本三泽房屋的三泽社长曾建议我用NASA的外包模式进行集成，我接受了他的建议。今天的北新房屋事业，有上百个外包企业参与其中，除轻钢骨架和石膏板之外，其余产品均由社会厂家供应，不少产品还是全球采购而来，这既提高了房屋质量，也减少了初始投资，还节省了时间成本。

三是从卖产品到卖服务。传统制造业在卖产品的过程中高度竞争，谁更关注客户的要求，谁能提供客户需要的服务，谁就能赢得市场。以罗尔斯·罗伊斯公司为例，这家公司原来是卖发动机的，现在同时卖服务时间，其收入的60%来自卖服务时间，40%来自卖发动机。按照这个思路，中国建材集团旗下瑞泰科技实现了从卖耐火材料到卖窑炉使用时间、提供服务的转变。

四是提供一揽子的系统解决方案。制造服务业应该为客户进行系统思考，而不是只从某个产品去思考。中国建材集团是一个综合技术服务商，从研发、设计、成套装备、EPC（工程总承包），到代为生产管理，再到标准的制定，最后到产品检验和认证，这一整套业务都在做。

五是深入探索跨界经营。制造业可以与金融、互联网等行业跨界联合，打造更具竞争力的产业集群。如在产融结合方面，美国GE公司成功创造了产业与金融的"交叉销售"模式，中国的中石油、国家电网、中粮等企业也涉足金融服务业，形成了初具财团雏形的产融结合模式。

制造业转型为制造服务业是历史的必然。目前我国制造业面临普遍过剩、恶性竞争的现状，大家都应该认真思考向制造服务业转型，延伸产业链，提高附加值，进而共同促进整个国家工业的转型，等到吃不上饭或者明天就会破产的时候再转型，就来不及了。

## 统筹运用微笑曲线和彩虹曲线[1]

以中国建材集团为例，发展制造服务业是个大系统，不仅要向价值链两端延伸，还要实现价值链整体提升。从研发设计、生产制造，到代为生产管理，再到产品销售、标准制定、产品检验认证，这一整套业务中国建材都在做。

具体来说，大研发、检测认证碳交易服务，是处在价值链前端的研发设计环节。大研发服务，就是充分发挥科技企业和科研院所的创

---

[1] 节选自2017年在北大光华管理学院的讲课内容。

新磁场作用,构筑开放性研发平台和服务平台,大力发展科技产业集群。我们一再强调,对科技企业和科研院所来说,研发能力和技术服务能力是生命线,要始终牢记自己的产品是技术、方式是服务。检验认证碳交易服务主要是国检集团在做,这家企业是我国建材行业最大的第三方检验认证服务机构,服务面向建材生产及流通企业、工程建设及施工单位、碳排放权交易单位、普通消费者等,北京奥运场馆、APEC(亚太经合组织)峰会场馆、杭州G20会议场馆等都由国检集团进行建材质量与环保把关。

总的来看,中国建材集团经过多年布局,已实现了由纯粹的产品制造向服务领域的延伸,从生产型制造转型为服务型制造。从世界范围看,发展制造服务业是很多跨国公司的共同选择。30年前美国通用电气传统制造产值比重高达85%,服务产值仅占12%,目前"技术+管理+服务"所创造的产值占公司总产值的比重已经达到70%以上。

发展制造服务业,重要性不言而喻。而在价值链上,制造环节的提质增效也不容忽视。在中国大陆代工盛行的"世界工厂"时代,利润总是朝创新研发和最后的贸易服务两方面走,这对制造业是一个很强烈的刺激。但今天来看,随着制造水平的提高、成本的降低,尤其是信息技术的应用,生产制造和加工组装环节的利润率不断提高,也有很多制造企业赚了很多钱。比如格力有近2000亿元的销售收入、260亿元的利润。所以,"微笑曲线"的解释力已显不足。尤其是云计算、大数据、移动互联技术迅猛发展的情况下,具备"工业4.0"和"互联网+"特征的新型经济发展方式和生产组织模式日渐兴起。对此,商务部国际贸易经济合作研究院副研究员肖新艳在研究过程中提出了"彩虹曲线"的概念。

与"微笑曲线"相对应,"彩虹曲线"因附加价值在整个链条中的分布呈现两端低、中间高的彩虹形状而得名，它反映了在信息技术广泛应用的今天，以消费者需求为驱动的新型商业模式中的附加价值动态变化。

到底哪个曲线对呢？我想，还是应该具体问题具体分析，不同国家、不同产业领域可能适用的曲线不同，如果能把两种曲线统筹运用会更好。中国建材集团的做法是在立足制造的基础上积极转型。一方面，要突出价值链中端，用技术创新模式深挖工厂降本增效的潜力，带动价值链的底端提升和整体提升。无论是研发设计还是销售服务，都要在制造的基础上延伸服务，没有强大的制造能力，一切都是空谈。另一方面，要沿着"微笑曲线"向高附加值两端升级。占领"微笑曲线"两端的意义不仅要从利润的角度来观察，还要考虑防范风险，因为拥有全产业链可以明显降低风险。

## 从"两个大力"到"三条曲线"[1]

自 2009 年以来，中国建材集团一直坚持的战略思路是：大力推进水泥和玻璃产业的结构调整、联合重组及节能减排，大力发展新型建材、新型房屋和新能源材料。通过践行"两个大力"，集团加快结构调整与转型升级，实现了超常规发展。新常态下，产业该如何布局呢？转型是一场继承和发展。转型不是转产转行，而是立足于行业，在对现有业务精耕细作的基础上，持续提质增效升级。结合新形势、

---

1　节选自 2016 年 3 月 26 日在国家行政学院央企高管培训班的交流内容。

新任务，我把"两个大力"战略进一步延伸为"三条曲线"战略。

"三条曲线"战略，是我根据英国管理大师查尔斯·汉迪《第二曲线：跨越"S型曲线"的二次增长》提出的"第二曲线"理论引申出来的。"第二曲线"理论认为，产业发展有生命周期，任何一条增长曲线都是先升后降的抛物线，实现持续增长的秘密是在拐点出现之前开始一条新的增长曲线，从而形成新旧动能梯次接续、不断改善提高的发展态势。受这一理论的启发，我将转型升级的路径概括为传统业务的结构调整和技术进步、发展新技术新产业、发展新业态的"三条曲线"，并对中国建材集团的产业单元做了相应划分，制定了各自不同的发展策略。

第一条曲线是现有产业的转型升级，即做好水泥、玻璃等基础建材的结构调整，大力推进供给侧结构性改革，不断提质增效。一是做精做细水泥业务。中国建材集团是全球水泥大王，今后要把重点放在提升质量效益上，进一步提升市场集中度，推动行业竞合，夯实核心利润区。此外，要强化技术创新，推动淘汰落后产能和节能减排，加大装备和工艺改造，实现产品"高标号化、特种化、商混化、制品化"。高标号化，即提高产品性能，减少水泥用量，实现资源能源的节约和企业效益的提高；特种化，即大力开发特种水泥，细分市场，使产品多样化，增加产品附加值；商混化，即推行水泥生产企业和下游粉磨站、搅拌站一体化运行，大规模进入商品混凝土领域，向终端消费者提供产品；制品化，即推动水泥与建筑的结合，推进水泥产品大型构件化、集成化、模式化，按照下游行业的发展需求调整产品结构。二是做实做优玻璃业务，实现玻璃业务向"电子化、光伏化、智能化、节能化"方向的转型升级，提高产品附加值。

第二条曲线是发展新技术新产业，即大力发展新材料、新能源、新型房屋等"三新"产业，用集成创新模式打造新的利润支撑点。新材料业务，培育了新型建材、高性能纤维、耐火材料、光电玻璃、特种功能玻璃、先进复合材料、高分子膜材料、石墨基碳材料、人工晶体材料、高端工业陶瓷等细分产业。新能源业务，薄膜太阳能电池、新能源工程、新能源电站投资运营等处于国内外领先地位，光伏建筑一体化、光伏农业等领域不断取得突破。新型房屋业务，大力发展以轻钢结构和预制钢混结构为主的新型房屋体系，以及住宅化部品部件的配套系统，在国内外推广"加能源5.0"房屋体系，建设"绿色小镇"，提供生态智能住宅、健康养老居住全方位房屋解决方案。

第三条曲线是积极探索发展新业态，不断培育新的经济增长点。一是做好大研发服务，充分发挥中国建材总院的创新磁场作用，构筑开放性研发平台和服务平台。二是做好"互联网+"服务，大力推广"跨境电商+海外仓"、"智慧工业+智慧港口"、BNBM HOME家居连锁超市等新模式，打造全球领先的综合服务体系。三是做好检测认证和碳交易服务，打造国际品牌。四是做好EPC服务，运用互联网、信息化、智能化等技术，集合投资、管理、后续服务等产业链，积极开拓海外工程服务市场。五是智慧工业服务，依托生产经营管理、备品备件服务、海外维修、培训、质量检验等方面的专长，为海外工厂提供技术支持和管理服务。

中国建材集团智慧工业服务的模式有点像香格里拉酒店集团连锁管理饭店的模式。中国企业走出去时，在海外建了很多工厂，输出了一大批有技术水平和管理能力的人员为它们提供外包式管理，主要是提供技术支持和管理服务。现在，中国建材集团已经管理了中东、非洲、俄罗斯等国家和地区的几十个工厂，未来争取达到100个。

三条曲线的划分，让企业内各单元都处在某一曲线的发展范畴，清楚各自的转型升级任务，创新的目标和路线也很清爽，避免打乱仗。由于较早开始布局三条曲线，中国建材集团用第一曲线的稳定收益和第二曲线、第三曲线的持续发力，经受住了新常态的考验，同时通过对业务结构的战略性调整，使传统动能焕发生机、新动能发展壮大，打造了持续稳定的盈利增长新格局。

## 切入时间点很重要[1]

其实，无论是"两个大力"还是"三条曲线"，本质是一致的，都是用旧业务做持续性创新，同时顺应时代潮流，搞颠覆性创新，提前培育新业务。

从集团整体来看，"三条曲线"是从新旧动能转换的角度去思考的，三种业务处于不同的发展阶段。老话讲"做一看三"，就是吃着一个、做着一个、看着一个。第一曲线是需要强根筑基的成熟业务，大产业能够满足大企业快速增长的要求，同时能够反哺新产业培育和发展，给予必要的经费支持；第二曲线是正在发展的业务，传统产业需求量下降会加大企业收入和利润增长的不确定性，而新产业量产盈利后就能弥补缺口，逐步缩小甚至赶超原有业务；第三曲线是刚刚进入的新领域。"三条曲线"之间应是首尾衔接、梯次接续的关系，传统业务量减少，新产业规模就要增加，不然企业就会越做越小。由于中国建材较早布局，新常态下我们用第一曲线的稳定收益和第二曲线、第三曲线的持续发力，经受住了经济下行的考验，为转型升级赢得了宝贵时间。

---

[1] 节选自 2016 年 3 月 26 日在国家行政学院央企高管培训班的交流内容。

当今时代，新知识、新技术、新需求、新动能不断涌现，增长曲线必然一条接着一条。以中国建材集团现有的发展和认识水平，我们只画出了三条增长曲线，以后随着环境变化，或许会有更多曲线。但不管曲线数量是多少，总的思路就是把现有的每个业务做到行业前列，同时提早布局下一个盈利区间。老子讲，"祸兮，福之所倚，福兮，祸之所伏"。就像我们所看到的山之巅，被称为巅峰的东西，面积总是很小的。现在的业务可能做得很辉煌，但不会一劳永逸，因此需要在变化中不断寻找平稳的增长曲线。等到拐点出现了，旧的业务步入下滑期，就很难有充足的时间和资源来支撑新曲线发展了。就像查尔斯·汉迪说的那样："当你知道该走向何处时，往往已经没有机会走了。"

不过，这里面也有个问题：颠覆性技术是不是进入得越早越好？也不是。早走一步可能会占得先机，但早走十步可能就成了烈士，所以切入的时间点很重要。技术创新是以企业为主体、以市场为导向、以效益为目标的。中国建材有自己主导的颠覆性技术，如生物光导识别芯片，也有很多创新是整合过来的。德鲁克认为，创新最好是当别人创新完成90%时再切入。中国建材集团一直努力扫描有可能颠覆现有业务的技术创新，我们认为，重组那些业已成熟、有一定市场前景的技术会更安全，而且能够缩短创新周期，尽快量产出效益。颠覆性技术的发展有个过程，既不能进场太晚，落后于人，也不能在离成功遥遥无期时过早进入，把大量的财力和精力甩到里面，这就是经营之道。

## 怎样提质增效、转型升级 [1]

"新常态"下,提质增效、转型升级是必由之路、突围之路,更是机遇之路。中国建材集团把提高发展质量和效益作为出发点和落脚点,赋予提质增效、转型升级丰富的内涵。

提质是指提高企业的发展质量。一是提高企业运行质量。做好减法,加快处置"僵尸企业",缩减不必要的层级和机构,实现"瘦身"。二是提高资本运行质量。积极拓展、稳妥创新融资模式,合理确定融资规模和结构,提高投资决策的科学性和投资效率。三是提高产业运行质量。优化产业结构,不断培养新的增长点:大力推进水泥、玻璃等传统产业的联合重组、节能减排和结构调整;大力发展新型建材、新型房屋和新能源材料的"三新"产业;运用互联网、制造业服务化等新的技术手段和商业模式,对现有产品和业务进行升级改造。四是提高技术、服务和产品质量。传统产业要插上高技术的"翅膀",新兴产业要加速生成新的竞争优势。

增效是指千方百计增加效益。一是维护市场健康化,稳价保价增效。紧抓政策机遇,推动行业去产能,开展产能互换、错峰生产、资本融合等各类竞合模式。二是加强精细管理,降低成本增效。用好独具特色的管理手段,强化专注、严谨、务实的管理风格,提高管理集约化和精细化水平。三是利用新产品、新技术、新商业模式增效。加快实施创新驱动发展战略,推进大众创新与企业创新、持续性创新与颠覆性创新、原始创新与模仿式创新、引进消化吸收再创新与集成创新、"互联网+"与"+互联网"、技术创新与商业模式创新的有机结

---

[1] 节选自2015年12月16日在中国建材集团月度会的讲话内容。

合。四是依靠"一带一路"倡议开辟新市场增效。推动水泥、玻璃、新型建材等业务从以本土市场为主转向"一带一路"沿线市场，提高海外占比。

转型是指推动公司形态转型。一是集团从产业集团向投资运营公司转变。通过股权运作、价值管理、有序进退，促进国有资本合理流动，实现保值增值。二是子公司向上市公司转型，从重视收入、利润向同时重视市值转型。以拥有8~10家专业化上市公司为目标，提高集团资产证券化比例。三是从单一的建材业务向综合材料业务转型，进一步培养业务组合力，提高集团的综合实力和国际竞争力。四是从中国本土的世界500强企业向世界500强跨国公司转型。

升级是指推动业务结构的"四化"。一是高端化。加大技术创新力度，创新优化产品结构，延伸产业链和价值链。二是智能化。深化工业化与信息化"两化融合"，推进制造智能化、贸易电商化、科研云平台化，努力在一些关键领域抢占先机、取得突破。三是绿色化。围绕"绿色、循环、低碳"的目标，在原材料选用、生产过程和产品应用等方面加强节能环保，自觉减少污染物排放，提升资源循环利用能力，积极引领行业节能限产、自律减排。四是服务化。秉承服务客户与社会的理念，做好生产服务和技术服务，将科技和商业创新的价值注入产业链的各个环节。

# 一起走出"丛林"
# 共生共赢

**用好去产能和创新转型两把利剑**[1]

过剩问题在全世界普遍存在。工业化大生产和市场属性是过剩成因，适度过剩也是市场常态，但严重过剩却集中发生在工业化、市场化的特定阶段和基础原材料、重化工业。从我国来说，改革开放以来，人民物质生活极大丰富，但经济高速增长、规模型发展带来的直接后果就是产能过剩。过剩之后，最初我们借鉴凯恩斯主义，依靠投资、出口、内需的"三驾马车"拉动经济，启动了大规模投资，但多年后，发现用投资拉动的方法成本高、效率低，还带来了更为严重的产能过剩。就像和面，"水多加面、面多加水"，最后水和面都加不进去了。

供给侧结构性改革具有丰富的内涵，旨在用改革的办法推进结构调整，减少无效和低端供给，扩大有效和高端供给。供给侧结构性改革的核心任务是去产能、去库存、去杠杆、降成本、补短板，即"三去一降一补"；最终目标是满足需求，让投资有回报、产品有市场、

---

1　节选自2019年3月14日《中国建材报》采访实录。

企业有利润、政府有税收、员工有收入、环境有改善；重要是解决好过剩产能的退出和供给结构的调整两大问题，提高供给体系质量。

中国建材集团身处充分竞争领域，水泥又是典型的过剩行业，因此我们较早就开始关注供给侧问题。2009年，在经济高速增长的刺激和影响下，水泥产能过剩加剧，我在行业里提出"停止新建生产线""行业要科学布局，进行听证""形成大企业主导的区域市场格局"等10条建议，有媒体把这些建议解读为"休克疗法"。其实，我当时的想法很简单：水泥行业的资源和实力并不充裕，用在铺摊子、盲目增量上，对于行业是巨大的损耗，我们应先把盲目建设停下来，把主要精力放在结构调整和转型升级方面，使行业更精干。后来，我进一步提出水泥行业要"做好有效供给""写好供给端的故事"。中国建材这些年来开展的联合重组、整合优化、市场竞合等，都是围绕供给侧发力。

去产能是绕不过的沟坎，必须壮士断腕、痛下决心。2015年，受宏观经济影响，我国水泥行业销量出现25年来的首次下降，行业竞合的"马其诺防线"彻底崩溃，行业利润从之前的七八百亿跌至200亿。《孙子兵法》里有句话"置之死地而后生"，面对严峻形势，水泥行业坚定了供给侧结构性改革和去产能的决心。和钢铁、煤炭由国家直接安排并配以资金的政策不同，水泥行业去产能主要采取了国家指导、协会引导、大企业带头、行业配合的做法。国家出台了国办发〔2016〕34号文，相关部门出台了错峰生产政策。在行业协会的促进下，在大企业的引领下，在众多企业的共同努力下，水泥行业通过错峰生产、淘汰落后、环保治理、行业自律等手段，顺利走出"过山车"，实现了稳健发展。2016年以来水泥行业利润稳步提升，2018年超过1500亿元。

在供给侧结构性改革中，供给结构调整也是应有之义。因为我们并不是所有产品都过剩，而是中低端过剩，中高端欠缺，因此必须加快技术创新和转型升级，让供给结构更好地适应需求结构。水泥行业未来要围绕绿色、智能、艺术，加快技术结构调整和产品结构调整，不断迈向中高端。绿色就是工艺路线和产品方向要围绕着低碳、绿色及循环方向去做。智能就是把"互联网+"、大数据、云计算应用到工业制造业中。艺术就是让厂房设施和水泥产品成为艺术品。在荷兰、日本等国家，很多建筑及室内用品都是用清水混凝土做的，漂亮极了。总之，水泥企业不能只围着窑炉转圈，要想办法把水泥做出花样来，不仅磨面粉，还要做包子、馒头、花卷等，要增加附加值，实现产业链的延伸和产品的升级。

过去，水泥行业供给侧结构性改革虽然取得了一些成绩，但产能过剩矛盾没有根本改观，目前许多省份过剩程度从 20%~50% 不等，泛东北地区过剩甚至高达 70%~80%，另外行业还面临违规新建屡禁不止、淘汰 32.5 标号水泥进展缓慢、资源能源环保成本加大、自律限产体系相对脆弱、行业发展不平衡等诸多隐忧。我们必须用好去产能和创新转型两把利剑，把供给侧结构性改革进行到底，坚决打好这场长期硬仗。

## 标本兼治：把去产能和去产量结合起来 [1]

去产能是衡量供给侧改革是否成功的"试金石"，是水泥行业供

---

[1] 节选自 2018 年 7 月 16 日在国家行政学院推动战略性重组提高核心竞争力专题研讨班的交流内容。

给侧结构性改革的关键。总结以前的经验，我们认为，水泥企业要把去产量和去产能有机结合起来，标本兼治，打好"组合拳"，在供给侧结构性改革中当好排头兵。

从近期来看，要通过"去产量"治标，解决眼前需求不足、价格过低的问题。

一是坚决执行错峰生产。即在中国冬季采暖期停止生产水泥，这是国家用去产量的方法来减轻雾霾、保护环境、调节供需平衡的重要实践。中国水泥产业集中度低，无法按照日本人的方法平均去产能，因为谁也不愿意去，不得已只能用错峰限产的办法，在冬天的采暖季大家都停产。错峰生产是行业去产能得不到本质性解决的情况下实施的一个切实可行的办法。错峰生产虽不是一个完美的方法，但是行之有效，跟北京汽车限号一个道理。汽车太多了就得限号上路，不然谁的车都跑不快，公平的办法就是限号。

二是坚决限制新增。当前中国水泥行业无处不过剩、无时不过剩，已无淡旺季之分，没有任何理由建新线。欧美日等地区和国家当年去产能后几乎没建过新线，而我们在严重过剩情况下，总有人开口子，也总有人钻空子，出现了一边限制、一边新增的怪象。例如，在云南等一些原本已经过剩的地区，有些人打着异地置换的幌子大搞新线建设，匪夷所思。在供给侧结构性改革中，我们必须下决心、下狠心解决"边限边增"的顽症，不能再为新增产能开任何口子。

三是加强行业自律。所谓自律，就是以行业协会为主导，促进行业内企业之间的信任关系和诚信建设，引导企业顾全大局，不搞盲目新建、恶意杀价、低价倾销，从竞争到竞合，实现包容性增长。在国外，维持市场健康的工作主要由行业公会来做，公会的主要任务是协调销量和价格，维护本土市场，对国外企业实施反倾销。我们也应充分发挥行业协会的主导作用，加大行业管理力度，建立市场行为约束机制。

竞争者打价格战往往处在"囚徒困境"中。大家不见面、互相猜疑,于是盲目降价,这个时候该怎么办?在加强自律方面,大企业要带头,中小企业要跟上,千万不要做价格的破坏者。无数事实证明,打价格战没有最后的胜利者,大家应像爱护眼睛一样爱护市场环境。

从中长期来看,要通过"去产能"治本,从根本上解决水泥行业长治久安的问题,构筑健康市场。

一是加强联合重组。中央指出,积极稳妥化解产能过剩,要尽可能多兼并重组、少破产清算。实现实质性去产能,主要方法还是联合重组。这些年,由于中国建材带头推进联合重组,水泥行业集中度从2008年的16%增至目前的60%左右,但相较于发达国家70%~80%的集中度仍有差距,行业整合仍需继续推进。大企业重组后,通过关工厂等方法按比例减量发展,推动产销平衡,同时通过转型升级、技术创新等工作,延伸产业链,提升产品附加值,实现产品向中高端发展。

二是加大淘汰力度。化解过剩产能要"消化一批,转移一批,整合一批,淘汰一批"。要从等量淘汰到减量淘汰,从淘汰落后工艺到淘汰落后品种,不仅要淘汰落后的低端产能,富余的先进产能也要淘汰、关停。钢铁行业在坚决取缔"地条钢"后,建筑钢材价格回升,经济效益变好,这一举措对于化解钢铁行业过剩产能具有重要意义,对于水泥行业淘汰落后也有很好的借鉴作用。

三是加强国际产能合作。"一带一路"沿线国家的城市化和工业化也都是从基础建设做起,和中国相似。水泥是基础建设的"粮食",需求量很大。美国、欧洲经历了长期发展,现在进入了再工业化阶段,也需要水泥。这为中国水泥企业走出去提供了良好的投资发展机会,既是我国水泥行业供给侧结构性改革的一个突破口,也是国际产能合作的一个重大机会。需要注意的是,国际产能合作并不是把国内的设备搬到国外。抗日战争爆发时，上海很多纺纱厂、机械加工厂的设备都被拆下来沿江运到重庆，但像水泥厂、钢铁厂，能拆的部分只有30%左右，所以是搬不走的。真正的产能合作是我们充分发挥资金、技术、设备、管理、经验等优势，去海外开展全方位投资。

从全球来看，水泥行业消化过剩产能长则需要40年，短则需要15年，大企业在其中起到至关重要的作用。中国建材集团将带头做到"六个坚定不移"，即坚定不移地限制新增产能、坚定不移地淘汰落后、坚定不移地执行错峰生产、坚定不移地推进市场竞合、坚定不移地推进联合重组、坚定不移地进行国际产能合作，坚决做维护行业健康的中流砥柱。

## 关工厂也是发展生产力[1]

在大企业进行区域整合之后，一项重要的工作就是"间苗"。什么是"间苗"？就是关闭多余的工厂。这就好比种田要去除多余的苗或长势不好的苗，只有这样，留下的苗才能长得更好，我们看重的是大田的总体收获。去产能就要关工厂，在市场经济中，工厂少了建，多了关，这是基本逻辑。过去我们建工厂是为了经济效益，收工厂是为了经济效益，现在关工厂还是为了经济效益；建工厂是生产力，收工厂是生产力，关工厂还是生产力。该关的不关就是破坏生产力。该关的关掉了，产销平衡了，才有利于生产力的发挥，整个行业才会有

---

1　节选自2016年3月2日人民网《对话新国企　加油十三五》访谈实录。

经济效益，企业才能长久获利。

在过去的十四五年间，我国水泥业完成了西方国家五六十年的工业化过程，其间也经历了水泥工业的初始化阶段，地方政府和企业热情高涨，到处建工厂，记得我那时差不多每个星期都会去参加生产线奠基、开工仪式。后面的 10 年就是收工厂，搞联合重组，中国建材集团因此有了四大水泥企业。产能严重过剩后，我们开始关工厂。把以前建设和重组的一些工厂关掉，虽然很多人想不通，但这是规律。多年前，我去日本考察，看到日本住友大阪等大型水泥公司的很多现代化生产线都停掉了，锈迹斑斑地立在那里，当时我还很不理解，觉得很可惜，而现在到了我们关工厂的时候，就有了更深体会。关工厂必然有阵痛，却是绕不过去的关口。水泥行业首先要关闭小立窑、日产 2500 吨以下的熟料线和直径 3.2 米以下的水泥粉磨，其次要关闭过剩的日产 2500 吨、5000 吨熟料线。日产 5000 吨熟料线尽管技术已很成熟，但过剩后同样会造成资源和能源的巨大浪费，所以要视情况关闭，一切服从于市场。

关工厂必须在区域整合的基础上统筹安排，由区域性大企业或领军企业来布局，原则是整体利益最大化。这样做的好处是什么呢？

第一，这些工厂的银行贷款转移到了区域大企业，关工厂过程中银行不会形成死账坏账。中国建材集团当年在浙江等省收工厂组建南方水泥时，银行特别支持，因为我们把 150 多家水泥企业重组集中后，也集中了这些企业的贷款。重组之后，南方水泥关了一些日产 1000 吨、2000 吨生产线，水泥价格稳定了，企业有了利润，把银行的本息都还上了。

第二，关工厂后，可以把工厂的土地等资源释放出来。只要土地的出让价格比原来收购企业的价格略高或者持平，这部分产能就实现了和平退出。

第三，大企业更有力量解决员工安置问题。工厂关闭后，大企业可以发展水泥制品、骨料等关联产业，力争自我消化工厂的员工，从而避免了单家工厂破产倒闭后全体员工失业的后果，也减轻了社会再就业压力。

## 加大淘汰落后产能力度[1]

作为资源和能源消耗型产业，水泥行业淘汰落后产能可以有效地改善环境、提高资源综合利用率，是行业螺旋式上升发展的客观趋势，也是破解产能过剩问题、推进供给侧结构性改革的关键途径。伴随着新型干法技术、除尘技术、脱硫脱硝技术、智能化控制等技术的逐步推广，以及国家环保要求的不断提升，水泥行业淘汰落后产能的速度应该不断加快，力度也应该不断加强。

一是从等量淘汰到减量淘汰。"等量淘汰"是一个时代名词，在今天的过剩经济下，如果拿新增的量置换淘汰的量，产能过剩问题将始终得不到解决甚至会进一步恶化，形成越淘汰产能过剩越严重的悖论，因此水泥行业的淘汰落后产能必须从"等量淘汰"转到"减量淘汰"，否则就是无效的。中央明确提出，"产能严重过剩行业项目建设，须制定产能置换方案，实施等量或减量置换，在京津冀、长三角、珠三角等环境敏感区域，实施减量置换"。但是在实际操作中，一些地方政府和个别企业为了局部利益或个人利益，不仅不做减量淘汰，反

---

[1] 整理自 2016 年 3 月 2 日人民网《对话新国企　加油十三五》访谈实录与中国大型水泥企业领导人圆桌会议的讲话内容。

而在等量淘汰之名的掩盖下行增量淘汰之实。

二是从淘汰落后工艺到淘汰落后品种。过去这些年，落后小立窑的淘汰工作力度很大，现在各地还有 4000 多万吨的立窑水泥，都要彻底淘汰掉。这一轮的淘汰落后应着眼于淘汰落后品种，也就是淘汰 32.5 标号水泥。我国 32.5 标号水泥约占全国水泥总产量的 50%，从世界范围看，欧洲的 32.5 标号水泥只占 10%，日本的占比不到 5%，非洲很多国家也都不再生产低标号水泥了。在供给侧结构性改革中，如果我国淘汰掉 32.5 标号水泥就可以减少 7 亿吨低端水泥供应量，这是行业不伤筋动骨的做法，虽然有难度，却是必须做又行之有效的方法。32.5 标号水泥是一个大杂烩，一些小型粉磨站为了蝇头小利，用 300 公斤熟料就能产出 1 吨水泥，而不是按正常标准的 700 公斤熟料生产 1 吨水泥，这样偷工减料生产出来的劣质水泥就相当于加了三聚氰胺的牛奶，会给建筑质量带来巨大的安全隐患。

要不要淘汰 32.5 标号水泥至今（2016 年）还存在争议，其实这种水泥在 5 年前甚至 10 年前就该淘汰了。它是立窑时代的产物，现在立窑已经被全面淘汰，就没有理由继续保留 32.5 标号水泥。我国水泥行业一方面拥有世界最先进的技术，正在推行第二代新型干法水泥技术；另一方面却还在生产和销售低档次水泥，这有违常理。中国水泥行业完全可以走在世界前列，企业要站得高，不能找任何理由继续使用低标号水泥。政治、经济、技术是统一的，技术要服从经济，最终为经济服务。淘汰 32.5 低标号水泥不仅是技术问题，也是供给侧结构性改革必须解决的问题，是关乎经济和政治、全局和大局的问题。因此全行业要形成共识，不能出现杂音。

## 错峰生产应当常态化[1]

解决过剩问题应更多运用市场手段,错峰生产就是主要应急手段之一。开展错峰生产,既有利于节能减排、保护环境,也起到缓解过剩、稳定市场的作用。长远来看,这一做法应当常态化。

从保护环境的角度看,水泥生产是排放二氧化碳的大户,水泥行业实行减霾错峰、限碳错峰是社会责任感的体现,也是为建设美丽中国做出的应有贡献。北方地区由于冬季取暖,雾霾严重、环境负荷加大,水泥厂生产加重了雾霾。于是,针对冬季环保压力大且又是工程淡季的情况,从东北、新疆地区开始探索实践错峰生产,即在污染高峰期和市场淡季关停工厂。这一办法很快在全国得到推广,并上升到国家政策层面。2015年11月,工信部和环保部联合发文要求在北方采暖区全面试行冬季水泥熟料错峰生产;2016年10月,两部委再次联合发文,要求在长江以北的15个省市进一步加大水泥错峰生产力度。错峰生产,"错"的是雾霾之峰,是为了保护环境。同时错峰也契合了北方地区冬季是需求淡季,熟料储存易变质,其他季节又生产过剩,产量足够全年使用的现实,所以错峰生产得到了积极响应。

从化解过剩的角度看,错峰生产能够推动以销定产。以销定产是市场经济最朴素的原则,也是大家很熟悉的一句话。可是多年来,在过剩经济和饱和市场中,在企业盲目发展和恶性竞争时,大家只知道竞争者是谁,却忘了客户是谁、需求多少,也忘了那句本来很熟悉的话。2011年,江浙一带因用电紧张,水泥行业一度被拉闸限产,没

---

[1] 节选自2017年4月26日在中国建材集团第四期中青班的讲课内容。

想到因祸得福，市场供需关系趋于平衡，当年行业利润超过 1000 亿元。2015 年，在经济下行压力下，部分水泥企业放量抢占市场，导致行业利润全线下滑。正反两个方面的实践证明，错峰生产是维护供需平衡的必要措施，是以牺牲短期利益和局部利益换得行业的长期利益和整体利益，必须长期坚持。

从国外经验看，生产能满足市场需求就可以了。过去，在得知欧洲水泥企业产能利用率只有 60%~70%，而我们往往达到 120% 时，就觉得欧洲人太懒，技术也不如我们先进。经过这几年的实践我们发现，产能过剩时期，市场就那么大，生产太多又有什么意义呢！为什么欧洲人实行 5 天工作制，每天上班 6 个小时，就是因为生产多了也没用，干脆多放假。

在产能过剩时代，我们真的要改变很多观念，包括给职工放假，能多放的就多放，因为多生产出来的东西也没人要。煤炭行业在供给侧结构性改革中，提出所有煤炭企业一年内开工不得超过 276 天。水泥行业现在产能利用率是 67%，意味着水泥企业每年可以平均放假 120 天。这就相当于在南方种水稻，不够吃就种三季，够吃就种两季，而且两季稻要比三季稻好吃。水泥也是，不够用就开足马力生产，过剩了就限产。过去高速增长时期，建材供应短缺，工人很辛苦，节假日都要坚持生产。今天在产能过剩的情况下，我们完全可以让以销定产、错峰生产成为长期模式，实行例行长假制度，让水泥厂工人像大学教授一样快乐工作。放假是福利，收入不减，同时还有利于实现供需平衡，何乐而不为呢？

## 覆巢之下，焉有完卵？[1]

从短缺经济时代走过来的企业，有盲目追求增量规模的偏好，很少考虑系统性问题。但在今天这个产能过剩、高度饱和的市场里，光考虑自己是不行的，必须考虑系统的最优化，以及行业内企业的共生多赢。

我一直倡导的理念是：行业利益高于企业利益，企业利益蕴藏于行业利益之中。行业是一个大系统，企业是这个系统的组成部分，只有整个系统健康了，每个个体才能健康发展；系统不健康，单个企业的发展就会非常难。所以，企业应着眼于系统的健康化、良性化，实现整个系统的协调发展。只有行业健康了，企业的价值才能得到提升。"覆巢之下，焉有完卵"？行业垮了不会有幸存者，谁都不应该心存侥幸。

过去，水泥企业往往局限于单一企业的发展，过于注重企业之间的竞争，总希望凭借一枝独秀或几枝独秀来打败别人，而忽视了整个行业的系统性问题。但由于我国水泥行业重要的上游资源比较丰富——石灰石几乎遍地都是，新建一条水泥生产线在技术和设备上也不复杂。所以，一枝独秀的想法不符合水泥行业的现实情况，我们只能探索整个行业系统的优化。

对水泥行业来说，重要的不是哪一个企业能做好，而是如何先把行业做好。中国建材集团认为，水泥工业要实现可持续健康发展，需要水泥行业和企业家达成共识，大家共同培育一个健康的市场。首先，大企业要有一定的议价能力，成为主导市场健康发展的重要力量；其

---

[1] 节选自 2009 年 4 月《中国水泥》杂志文章《宋志平：致力开创水泥市场健康新格局》。

次，企业要从恶性竞争、过度竞争走向理性竞合。只有这样，水泥行业才能成为成熟的行业，企业家才能被称为成熟的企业家。

大企业对行业负有更大的责任，应该带领行业实现健康化，系统地、全面地、长远地想问题，不光治自己的病，更要着眼于治行业的病。我们建材企业有责任把行业建设好，让企业在一个健康的环境中生存发展。中国建材的联合重组正是着眼于解决系统性问题，注重系统和组织结构的再造。推动行业的结构调整和联合重组，这是我们对行业资源整合和健康发展所做的贡献。

现在，我国不少行业和水泥产业类似，面临的都是系统优化的问题。中国建材联合重组的模式适用于中国很多产能过剩的行业，中国建材重组水泥行业的一些经验，也可以为其他行业提供借鉴。

## 广义的企业管理 = 外部市场管理 + 内部运行管理[1]

在传统的发展思路下，企业只要管好工厂、控制好成本、扩大销量、增加品种就能盈利。但在过剩经济中，低价跑量的模式已不可行，如果一味地增加产量，就会导致恶性竞争，整个行业都没有赢家。所以企业不能只埋头于在内部提高效率和压缩成本，必须把眼光转向市场，即企业要从"做工厂"转向"做市场"。

所谓"做市场"，一方面，是指企业对市场要高度敏感，随时关注市场形势，分析其对自身的影响；另一方面，也是更重要的事，大

---

1 节选自 2012 年 12 月 24 日在国资委中央企业负责人管理提升专项汇报会的发言内容。

企业要承担起市场整合的责任，通过整合提高行业集中度，让过剩产能有序退出，同时推行市场竞合，遏制企业间的恶性竞争和盲目杀价。过去几年，基本原材料等过剩行业基本不挣钱，大多数企业都处于亏损状态，但水泥行业却赚了些钱。这是因为中国建材从"做市场"的角度出发，在水泥行业里进行了大规模的联合重组，有效遏制了恶性竞争，提升了市场议价能力和话语权。

提倡从"做工厂"到"做市场"，是中国建材在管理认识上的一次飞跃。我们认为，企业是一个大系统，企业的管理工作不应局限于企业内部，而要提升、拓展到影响企业效益的整个系统中。广义的企业管理＝外部市场管理＋内部运行管理，简单地说，就是外抓市场，内控成本。这些年来，中国建材按照这个思路不断进行探索和尝试。

在外抓市场方面，作为一家大企业，必须在调控市场方面有所作为，把推动市场的健康化发展作为企业管理的重要内容。因此，我在管理实践中，始终要求企业紧抓外部市场，开展核心利润区的建设，坚定不移地走市场竞合的道路，大力实施"价本利"的经营模式。这些做法既推动了行业价值体系的重构和产品价格的理性回归，也使企业取得了稳定的经济效益。在内控成本方面，我们从生产到采购、从费用支出到人员结构都进行了优化调整，比如，加大对现有企业存量优化改造的投入，重点优化关键生产环节的能源消耗；用有效运转率考核各生产线的运行情况；推行集中采购和对标优化；严控费用开支；精简机构，精减人员。

当很多人还在"做工厂"时，中国建材已经实现了"做市场""做系统"。从我们的实践经验看，这是所有企业的必由之路。只有这样，行业才能健康发展，企业才能稳定赢利。

# 破解行业内卷，改善行业生态[1]

市场里应该有竞争，市场经济的本质就是竞争。过去在计划经济时期，我们不竞争所以没有活力，后来进入了社会主义市场经济时期，引入了竞争机制，大家在竞争中前进。

竞争有好坏之分，好竞争是指从技术、质量、品牌和服务上进行竞争，推动企业效益和消费者福利的增长。坏竞争是指用低于成本的价格打价格战、疯狂地抢占别人的地盘，甚至用损人不利己的方法来竞争。我们希望的竞争，应该是有序的、良性的竞争，而不是无序的、恶性的竞争。良性竞争创造价值，恶性竞争毁灭价值。

2024年7月30日召开的中央政治局会议指出"要强化行业自律，防止'内卷式'恶性竞争"，中央经济工作会议又强调，综合整治"内卷式"竞争，规范地方政府和企业行为。

"内卷式"竞争通常表现为片面追求低价格的过度同质化竞争。客观来讲是因为过剩，但也和我们的竞争心态有关。这几年研究中国的产业，我们会发现不少行业的效益处在较低水平，为什么效益这么低？这其实和行业的竞争状态有关。过去我在水泥行业推动联合重组，知道水泥和钢铁行业都面临严重的过剩，同时提出了行业生态问题，提出了竞争有序化。现在来看，不只是传统的水泥、钢铁等行业有过剩的问题，其实像"新三样"，包括光伏、动力电池和新能源汽车也处在严重过剩的状态。过剩以后就会低价恶性竞争，导致整个行业的利润下降，同时也影响地方政府的税收，更重要的是它会造成大量社会资源的浪费。

---

[1] 节选自2024年1月1日"中国企研"公众号文章。

如何克服行业内卷？这么多年来我一直在想这个问题。我觉得有几件事比较重要，可能单单一招一式都不行，必须综合施治。

**第一，加大政策的引导，供给侧和需求侧两端发力。**

在供给侧限制同质化的重复建设。现在一边市场在扩大，一边供给量在增加，而且供给量远远大于市场的增量，这就容易形成严重的过剩。所以我们必须采取政策，对企业进行正确的引导，限制重复的新增产能。同时还要在需求端发力，要扩大需求，因为扩大需求可以缓解这些过剩产能带来的影响。今天从政策上我们要两端发力，一方面是供给侧结构性改革，要限制新增；另一方面从需求端来看，要发力扩大市场的需求。

**第二，扩大国际产能的合作。**

一方面，要和发展中国家，比如像东南亚、中东非这些地区的国家进行产能合作。因为这些国家有自身发展的市场，它们向欧美出口基本是零关税，同时可以带动我们的产业链和供应链的供应。

另一方面，企业还可以考虑在美国和欧洲国家进行投资。现在美国在搞"回归实业"，欧洲在搞"再工业化"，对我们来讲，这是挑战，但同时也是机会，这个时刻我们也可因势利导加大在这些国家的投资。有人可能会觉得，这样做会不会是去支持它们的建设，其实不是这个道理，因为即便我们的企业不去，其他国家的企业也会去。所以进入这些国家的市场，可以保住我们企业的传统客户，同时也可以消化一部分富余产能。所以在这个时刻，还是要鼓励中国的企业"走出去"，从过去中国是全球的工厂变成未来全球是中国的工厂。这也是下一步我们需要做的。

**第三，加大联合重组的力度。**

产能过剩会造成我们企业的多、散、乱，所以要加大行业的重组力度，提高行业的集中度。过去我在中国建材联合重组水泥，使得水泥的集中度从 6% 提高到 70%；在国药集团推动医药分销行业的重组，同样增加了行业集中度，产生了很好的效果。我们的光伏、动力电池、新能源汽车行业也要加大行业的联合重组，提高集中度，让竞争今后成为一些大型企业之间、大集团之间的良性竞争，这也是我们必须做的。

**第四，改善行业的生态和竞争生态。**

现在行业竞争有两大问题。

一是不少集成商要求供应商低价中标，这样会诱导企业进行低价竞争。事实上，中标还应该是追求性价比好，把提倡性能放在第一位，价格放在第二位，而不能单纯地追求低价，因为这种做法会使得供应商之间恶性竞争。如果供应商不能保证很好的价格，它也不能确保质量，全世界在招投标中更多强调的是性价比。

二是企业之间在竞争的时候，采取杀价竞争，也就是以低于成本的价格进行竞争，这实际是一种"自杀式"竞争的行为。大家可能觉得竞争是个好东西，但好竞争、良性竞争是个好东西，而恶性竞争、过度竞争是个坏东西，我们不提倡恶性竞争。大家知道，企业在参与市场竞争时，应遵循《反垄断法》，但同时还有《反不正当竞争法》，如果低于成本去恶性竞争实际上是不正当竞争。所以在整个竞争模式上，我们企业要进行良性化竞争，尤其是在招投标时都要想到这些问题。

这么多年的实践证明，如果一个行业垮掉，其实没有哪个企业可以幸免，也就是我们常讲的"覆巢之下没有完卵"。希望我们企业的竞争生态能够改变，让市场更加健康化、竞争更加有序化。

**第五，从红海到蓝海。**

在同质化恶性竞争的情况下，企业自身能走的道路就是通过技术创新进行差异化的竞争，进行细分领域的竞争。一个市场中哪种产品赚钱，大家往往一哄而上，大路货竞争激烈，通常会走低成本路线。但如果没有那么大的规模，企业就要改变竞争思路，在高端化、差异化、细分化、品牌化上下功夫，尤其是大力研发和生产我国经济发展急需的高附加值产品，进行特色经营，创造新的竞争优势，摆脱红海进入蓝海。

我们看到国内一些企业在出口的时候能够高质高价，像宇通客车在欧洲市场的价格和奔驰等知名品牌汽车的价格相差不多，其实这是一个本质性的转变，产品实现高端化，价格也能够相应提高。另外很重要的一点就是细分，在玻璃行业里，福耀玻璃主要做汽车玻璃，其汽车玻璃市场占有率在全球超30%、在中国超60%，2023年利润有56亿元，做成了细分领域的头部企业。市场细分很重要，细分之后提高产品附加值，进而提高价格，才能赚钱。不仅大公司需要做细分，中小微企业的出路更在于深耕细分市场。

我给大家分享的建议，其实包含三个层面的事情。从宏观上，在供给侧和需求侧实施相应的政策。从中观上，要改善我们的行业生态和竞争生态。从微观上，我们企业要思考如何实现从红海到蓝海的良性竞争。

# 做好市场竞合的"四化"[1]

提到企业竞争，很多人想问题往往是直线型的，认为竞争遵循的就是"你死我活"的丛林法则。但事实上，市场竞争不是零和博弈，竞争者之间不仅是竞争对手，更是竞合伙伴，他们的共同利益大过分歧。根据孔子"过犹不及"的中庸思想，从竞争到竞合，从红海到蓝海再到绿海，做到适可而止、各适其位，这才是过剩经济时代企业应有的经营智慧。

市场竞合是西方市场经济的前沿理论，从竞争到竞合，是人类进化文明的产物，也是市场经济进步的结果。行业应该在哪些方面竞争？在哪些方面合作？竞争，在于生产效率、产品质量、创新能力、节能减排等方面，大家对标优化，学习先进，比学赶帮超，共同提高；合作，在于大家共同遵守国家法律法规，共同遵循市场游戏规则，尊重彼此的核心利益。合作中有竞争，竞争中有合作，这样才能推动市场经济健康地发展。

关于市场竞合，我也提出了"四化"。一是发展理性化。现在水泥产能绝对过剩，没有理由再建新线。二是竞争有序化。市场经济本身就是过剩经济，我们和西方成熟市场最大的区别是西方竞争有序而我们无序。中国建材引导整个行业进行有序化竞争，不是不竞争而是要有序竞争。三是产销平衡化。降低产能利用率，实行错峰生产、以销定产、零库存等减少积压。四是市场健康化。要发挥政府和协会的作用，反对不正当竞争和低价倾销，维护市场的健康与稳定。

爱尔兰 CRH 公司 CEO 阿尔伯特·满福德先生访问中国建材时就

---

[1] 节选自 2015 年 11 月 8 日在北大光华管理学院的讲课内容。

讲到，要改变水泥行业的现状，只能依靠自律和竞合。以美国为例，2008年金融危机爆发后，水泥需求量从1.2亿吨一下子降到5000万吨，由于大企业自律水平比较高，水泥价格相对稳定，为每吨95美元，美国水泥企业得以安然渡过难关。再比如印度，水泥行业的产能利用率只有69%，但印度的水泥价格为每吨100~140美元，毛利很高。印度人信仰佛教，在竞争中也保持着平和淡定的心态。相比之下，中国的很多企业往往比较浮躁，都想放量抢占市场，尤其是在市场下行的时候，就连一些大企业也出现了恐慌性的降价和抛盘，导致恶性竞争不断，全行业苦不堪言。

竞合是一种境界，也是一种胸怀。这些年来，中国建材开展大规模联合重组，带头推行市场竞合"四化"工作，积极探索节能限产、错峰生产、立体竞合、精细竞合、资本融合等多种竞合模式，维护了行业的稳定健康发展，被称为行业里的"蔺相如"。我也像一只啼血杜鹃一样，在行业里不厌其烦、不遗余力地倡导建立合作共赢的行业价值体系，给大家讲全局、讲共赢。我认为，这是我们对于行业的一份责任。值得欣慰的是，竞合理念已逐步被行业熟知和认同。

改变竞争的心智模式，从竞争到竞合，是过剩行业必须完成的心理跨越。如果说市场竞争是对低效的计划经济的校正，市场竞合就是对过度竞争的校正。过去，我们引入竞争释放了企业活力；现在，我们需要用竞合思想来实现企业之间、企业与客户之间的合作共赢。让我们一起走出"丛林"！

# 第三章
# 资本运营与联合重组

资本是企业家用于创新的杠杆。做企业既要重视产品市场也要重视资本市场。上市公司要提高上市公司的质量,努力为投资者创造价值。资本也是企业用于进行联合重组的工具,企业发展过程要重视资源的重组,但联合重组要符合企业发展战略,联合重组过程中也要做好管理整合和文化融合的各项工作。

# 因势利导，
# 巧用资本市场

## 资本的力量[1]

谈到资本市场，我们就会想到资本市场的产生。17世纪初，世界上第一个以金融股票为主的证券交易所——阿姆斯特丹证券交易所挂牌，到现在已有400多年的历史。如果从1792年签订《梧桐树协议》算起，美国资本市场也有200多年的历史。而我国资本市场只有30多年的历史。回顾我国资本市场这30多年的历程，我们这一代人是亲历者也是见证者，很多事情仍历历在目。1986年11月，邓小平同志把上海飞乐音响股份一张50元面值的股票送给了时任纽交所董事长约翰·范尔霖，以此表达中国推进改革、对外开放的决心。[2] 1990年，深圳证券交易所（简称"深交所"）和上海证券交易所（简称"上交所"）相继开市。在此之前，我们的资本市场经历了

---

1 节选自2021年1月6日在中国人民大学商学院年度金融论坛所作的主题演讲内容。
2 《一张小纸片，资本市场改革路》，参见：https://www.xinhuanet.com/mrdx/2021-05/26/c_139970858.htm。——编者注

很长时间起起伏伏。

资本市场的意义是什么呢？我想到两件事：一是把大家的钱汇集起来支持企业和经济的发展；二是通过资本市场让大家都有机会分享企业和经济发展的红利，比如最初煤矿企业发行的股票，包括一些公债也是如此。我们要能理解资本市场的意义。这些年资本市场发展突飞猛进，大家有时会对资本市场不让人满意的地方提出意见，但放在历史的长河中去看，我们的资本市场只不过发展了30多年。20世纪90年代，我们上市的时候很多人不知道市盈率是什么，那时候我们大多是做产品市场，对资本市场了解不多，觉得上市就是募集资金，要上生产线，扩大发展规模。在那样的情况下，我们发展到了今天。

30多年来，我国资本市场从无到有、从小到大、从弱到强，虽然还存在一些不足，但是取得了很好的成绩，我们用30多年走过了其他发达国家上百年走过的道路。2020年的《财富》世界500强企业中，我国有124家企业上榜，数量超过美国，排在首位。这124家企业里，A股上市公司有70多家，约占60%。这几年，高市值公司相继涌现。2020年，我国千亿级上市公司已有200多家，而2018年时只有64家，也就是说，2019年和2020年我国千亿级市值上市公司的数量增加了两倍多。我们要看到这些量的变化。

我们的资本市场发展既有轰轰烈烈的一面，也有有条不紊、稳步向前的一面。这几年主要推进了几件事。

第一，市场化。2019年7月，科创板正式开市，科创板首批公司上市；2020年7月，新三板精选层设立，8月，创业板注册制落地，综合的多层次资本市场体系逐步建立起来，这些都是制度的创新。资本市场的制度创新迈开一小步，我们企业的创新就会迈开一大步，制度创新极大地鼓励了企业的创新。

2020年11月2日，中央全面深化改革委员会第十六次会议审议通过了《健全上市公司退市机制实施方案》。同年12月31日，沪、深交易所皆发布了退市新规。退市也是一件非常重要的事情。资本市场一方面在推进注册制，另一方面在做常态化退市的安排，也就是说把入口和出口都疏通好，让市场流动起来，这都是市场化的改革。

资本市场未来的几项重要工作：一是全面实行股票发行注册制；二是建立常态化退市机制；三是提高直接融资的比重。这几项工作都非常重要。据了解，美国上市公司的半衰期是10.5年，也就是说，美国的上市公司每10.5年就有一半消失了，上得快，退得也快。留在资本市场的上市公司大多是优等生。我们不一定要追求这样的高比例退市，而是要应退尽退，建立常态化退市机制。有些上市公司不愿意退市，因为觉得上市不容易。可不吐故纳新怎么行？说到市场化，2020年新冠疫情最严重的时候，围绕春节要不要开市，投资者议论纷纷，最后还是如期开市，因为市场一定要按照市场规则去做。开市后市场很平稳。这件事情极大地鼓舞了我们，按照市场规律去做，要让市场说话。

第二，法治化。这几年，一系列的法治化规定实施。2018年9月，《上市公司治理准则》发布；2020年3月，《中华人民共和国证券法》（2019年12月28日第十三届全国人民代表大会常务委员会第十五次会议第二次审议通过，以下简称新《证券法》）施行；2020年11月，《关于依法从严打击证券违法活动的若干意见》审议通过；2020年12月，中华人民共和国第十三届全国人民代表大会常务委员会第二十四次会议通过《中华人民共和国刑法修正案（十一）》，自2021年3月1日起正式实施。"建制度、不干预、零容忍"，就是要把这些制度制定出来，有问题就处理，才能保持市场规范运行。回想一下，20多年前美国发生了什么？安然和世通爆仓，后来《萨班斯-奥克斯利法案》出台。"两康事件"为我国上市公司敲响了警钟。

康美药业案的判决里，会计师事务所、独立董事都受罚，这是里程碑式的事件，充分体现了监管的零容忍，既然定了制度，就要按照制度做。如果没有法治化跟上，市场化是不太容易进行下去的。我常想这个问题，证券的市场化、资本的市场化是建立在法治化基础上的市场化，法治化做好了再尽可能地市场化，市场就会繁荣。

第三，国际化。近年来，沪港通、深港通、沪伦通相继开通。2018年6月，我国有200多家A股公司进入美国的明晟新兴市场指数；2019年6月，国际知名指数编制公司富时罗素宣布将A股纳入全球股票指数体系。这就是国际化的表现。过去几年，我们在市场化、法治化、国际化方面做了许多工作，也正是这三方面的齐头并进，极大地鼓舞了资本市场，我们的资本市场发展稳中向好。我们关注资本市场，要做正确的事，更要正确地做事，这样资本市场会越来越好。

资本市场情况与以下四方面有关：一是经济基本面；二是监管水平；三是上市公司质量；四是投资者生态。我国资本市场有了过去30多年的发展基础，有了这么多年来的经验，今天我们对资本市场的看法更加清晰，步伐也更加坚定了。

第一，我国经济前景可期。我国是2020年全球唯一实现经济正增长的主要经济体，进出口情况也令人振奋。截至2020年11月，我国贸易顺差3.22万亿元，11月当月贸易顺差达5071亿元，创30年来单月新高。为什么说是振奋人心呢？因为超乎大家的想象。我国经济在新冠疫情和中美贸易摩擦的双重影响、压力下，取得了这样的好成绩。全球需要中国这样的制造中心，供应大家的需求。事实表明，我国经济有强大的韧性和活力。不管前方有什么困难，相信我们的经济一定会越来越好。2020年11月，我国签署了《区域全面经济伙伴关系协定》（RCEP），15个签署国覆盖全球约23亿人口，约占全球人口的30%；GDP总和超过25万亿美元；覆盖区域将成为世界最大的自由贸易区。这些都是我们可以看到的发展大势。我国经济虽然也会面临一些困难和压力，虽然也会有一些曲折，但相信会一直向前发展。我做企业40年，40年里每年都有小困难，每几年有个大困难。但这些年一路走来，企业都在稳步发展。

第二，监管水平不断提升。2021年，国务院金融稳定发展委员会召开第五十次会议，研究加强地方金融机构微观治理和金融监管等工作。会议提出要坚持"建制度、不干预、零容忍"。后来监管就是依据这九个字的指导方针展开的。比如前文讲到了市场化、法治化和国际化，还讲到了推行注册制、建立常态化退市机制和提高直接融资比重等。

提高直接融资比重至关重要，我国是储蓄大国，储蓄率在40%以上。截至2020年底，我国存款总额已超过218万亿元，约合33.6万亿美元；而直接投资方面，已登记私募基金管理人有2.46万家，已备案私募基金9.68万只，管理规模15.97万亿元。与有的国家相比，我国的储蓄额和储蓄比例较高，投资公司多，但投资额还不够高。我国提高直接融资的比重是有空间的。我们把一部分储蓄资金转为投资资金，有助于资本市场繁荣。过去企业融资难、融资贵，也是因为千军万马都上了一座独木桥，都要到银行融资。这不光推高了融资成本，也给银行带来了风险，所以要特别强调加大直接融资。如果我们把直接融资和间接融资的比例调过来，企业的财务成本就会大大降低。

第三，提高上市公司的质量。2018年中央经济工作会议指出，资本市场在金融运行中具有牵一发而动全身的作用，要通过深化改革，打造一个规范、透明、开放、有活力、有韧性的资本市场，提高上市公司质量。2019年、2020年连续两年的中央经济工作会议都强调了要提高上市公司质量。2020年10月，国务院印发了《国务院关于进一步提高上市公司质量的意见》（国发〔2020〕14号，以下简称

14 号文）。2020 年 12 月，证监会推出了为期两年的公司治理专项行动，也是围绕着提高上市公司治理水平、提升上市公司质量展开的。

第四，投资者生态的改善。截至 2020 年 11 月，我国有投资者 1.76 亿户，其中超过 1.757 亿户是自然人账户，41.22 万户是非自然人账户的机构投资者。投资者中绝大多数是散户、个人投资者。改善投资者生态要做好四件事：一是加大机构投资者比例，增加机构投资者家数；二是把散户的资金归集到机构投资者那里，因为机构投资者比较成熟；三是保护、爱护中小股民，增强中小股民的获得感；四是要引导新的中长期资金入市。

除了这四件事，整个社会包括舆论媒体都要积极正面地支持资本市场的发展，大家要用合力做好资本市场。资本市场是今后我国经济发展重要的一张牌，是经济发展的底气和力量所在。

## 资本市场发挥了重大作用[1]

今天，不论经济规模还是经济效益，上市公司都是我国经济的压舱石。回过头来看，我国资本市场都发挥了哪些作用呢？

第一，它支持了国企的改革和发展。20 世纪 90 年代初，国企市场化改革面临两大问题，一是钱从哪儿来，即企业发展的资金到底从哪儿来；二是人到哪儿去，即富余的人员到哪儿去。过去，企业发展所需的资金都是靠国家拨款，但是后来国家不拨款了，银行也给企业"断了

---

[1] 节选自 2024 年 3 月 3 日在中山大学的分享内容。

奶"，在这种情况下，企业用自身取得的那点利润是很难发展起来的。

北新建材就是那个时候上市的。北新建材首先把工厂改成有限公司，用有效的资产组成上市公司，经历了上市改造，实现了凤凰涅槃式的新生。北新建材上市，不光先后募集了难得的8亿元，解决了企业发展的资金问题，更为关键的是引入了市场化机制，真正成为市场竞争的主体。我离开北新建材已经20多年了，这家企业一直经营发展得很健康，反观当年在西三旗工业区的其他国企，很多都已消失了。

北新建材的股本结构是什么样的呢？中国建材集团有限公司持有中国建材股份有限公司45.01%的股份，中国建材股份有限公司持有北新建材37.83%的股份，北新建材里真正的国有股权大概不到20%。也就是说，北新建材这家国有上市公司几乎是完全市场化的。上市改变了像北新建材这样的国企的命运，如果不上市，不少国企都很难活到今天。

后来，我带领中国建材和国药控股上市，通过上市、引进战略投资者、间接融资等资本运营方式，为联合重组提供了资金保障，有力地支撑了企业的发展，也使企业实现了公众化，治理更加规范。对国企来说，这是一场深刻的自我蜕变。今天，央企中大约70%的资产在上市公司，80%的利润是上市公司创造的。

第二，它支持了民企的快速成长和发展。宁德时代、比亚迪、隆基绿能、迈瑞医疗等企业都是通过资本支持而发展起来的。截至2023年12月，境内股票市场共有上市公司5346家，国有控股和非国有控股公司数量分别占比26%、74%。2023年，境内股票市场的IPO公司中民企数量（251家）占总数（313家）的80%。民企是推动我国经济持续向好的重要力量。

我跟一些公司负责人交流时，有人讲到当年创新创业时几个合伙人就能创造几亿元的收入，而收入从几亿元到几十亿、几百亿元的过程必须有资本支持。今天企业发展就是这样的逻辑。通过上市等方式，借助资本的力量更有利于企业壮大发展。有人问企业为什么要上市？我的回答很简单：上了市相当于企业在天上飞，不上市相当于企业在地上跑，企业发展的速度和看到的风景都不一样。

第三，它支持了科创企业的发展。科创板、创业板、北交所陆续设立后，投融资渠道不断拓宽，全面实行股票发行注册制启动实施，这些制度创新为大量的科创企业提供了宝贵的资金。未来，多层次的资本市场结构将从多方位、多环节、多领域支持"小巨人"上市公司茁壮成长。

当然，除资本市场的 IPO 外，还有私募基金等在支持着企业的发展。现在，我国私募基金有 20 万亿元左右的规模，有 2 万多家企业，发展快速。民间的私募基金首先孵化和培养独角兽企业，待发展到一定程度，这些企业会考虑在资本市场上市。总之，资本市场在支持科技创新方面确实发挥了非常重要的作用。

## 资本市场的新规律 [1]

1997 年，我带领北新建材上市，那个时候的资本市场是工业资本市场，上市的基本都是制造业企业，没有什么高科技企业。当时计算市盈率，就是银行利息的倒数。比如银行利息是 5%，市盈率就是 20 倍，公司若有 10 亿元的利润，市值就是 200 亿元；若有 100 亿元

---

[1] 节选自 2024 年 3 月 17 日在北大国发院的讲课内容。

的利润，市值就是 2000 亿元。所以，企业要提高市值就必须把利润做好，这是工业资本市场的规律。

今天已由工业资本市场转变成了创新资本市场，资本市场的价值体系发生了很大变化，从过去基于企业利润的算法，变成了基于创新能力和未来成长性的新估值体系。中国建材 20 多年前上市时，资本市场给了 20 倍的市盈率，而现在才给 7 倍的市盈率。2022 年，中国建材旗下做碳纤维业务的中复神鹰分拆之后在上交所上市，市盈率是 75 倍。也就是说，今天的资本市场更重视企业的创新能力和成长性，以提升投资价值。

对于不同类型的上市公司，我们要正确认识它们对国民经济的综合性贡献，在评估价值的时候，应该给予充分考虑。上市公司也要研究、理解和适应资本市场从工业资本市场到创新资本市场的新变化。

今天的资本市场拥有一种巨大的魅力：不仅可以放大价值，还可以提前实现价值。企业的利润和价值有时并不完全吻合，必须意识到这一点。资本市场的最大好处就是支持创新，尤其是支持那些不知名却很有潜力的创新者，把他们的创造力转变成产品，进而促使企业不断成长。

## 产品市场与资本市场共生 [1]

过去，我国的发展模式是"制造+市场"，凭借强大的制造业以

---

[1] 节选自 2021 年 12 月 31 日在清华大学社会科学学院、清华大学全球产业研究院主办的全球产业发展论坛的演讲内容。

及海量的产品出口换取外汇来促进贸易平衡。多数企业都很重视产品，更多关注的是如何开拓市场，如何把产品做好，如何把成本降低，如何把质量做好，如何将产品送达客户。现在进入资本的时代，企业还需要重视创新与资本。中国企业要把产品和资本很好地结合起来，构筑新的综合优势，"创新＋资本＋制造＋市场"，这是在当前形势下企业的一种生存方式。

宁德时代主要做动力电池，公司因为注重"创新＋资本"，市值曾达上万亿元；同时，公司也很重视"制造＋市场"。六西格玛标准就是将缺陷率控制在百万分之三点四，而宁德时代的"极限制造"将缺陷率控制在十亿分之一，这样才能保证电池不出故障。极限制造的管理要求极其精细，靠人工是解决不了的，要依靠智能化，而且是高度智能化的配合。

我国已经涌现出一大批这样的企业，如迈瑞医疗、福耀玻璃、蓝思科技、海康威视、万华化学，等等。它们都充分利用了资本市场，同时结合精细管理，所以产品质量好、成本低。这些企业在资本市场有较高的市值，同时在产品市场也有很好的利润，把市值和利润很好地结合在一起。

现在，"创新＋资本"的时代颠覆了过去传统的价值实现方式。像特斯拉过去即使没有利润，也有比较高的市值。也就是说，价值可以提前实现，用于支持创新型企业的发展，这是它优势的一面。但我们同时还要看到，一家企业如果长期没有效益，也支撑不住自身所承载的价值和市值。因此，效益是企业长期价值的一个基础。

做企业既要重视资本市场，又要重视产品市场。有的企业往往只重视资本市场的价值，而忽视产品市场的效益，去炒概念，最后出了问题。有的企业只重视产品市场，而忽视资本市场，也会限制自身的发展。因为今天企业面对的就是两个市场：产品市场和资本市场。企业既要与产品市场的客户积极沟通,也要与资本市场的客户(投资者)积极沟通。

## 把我的真心放在你的手心[1]

1998年,我担任北新建材董事长时接受了《中国证券报》的采访,在采访结束时我说:"如果允许我向股东说一句带有情感的心里话,借用一句歌词就是'把我的真心放在你的手心'。"这句话也成为那次采访的题目,许多机构投资人至今仍然记忆犹新。

北新建材是1997年6月上市的,上市后业绩和股价一直稳定增长,但1998年上半年,受东南亚金融危机等因素影响,原本获利甚丰的石膏板价格一落千丈,正在加紧建设的矿棉吸声板、塑料异型材等新产品还不能产生当期效益,因此业绩只做到了每股两毛多。在讨论中期报告时,我说应该将北新建材遇到的市场价格竞争和暂时的困难明确无误地告诉投资者,因为企业是股东的企业,在市场经济的风风雨雨中,不管得到的是热烈的掌声,还是辛辣的责备,我们都必须坦诚面对"公婆"。在努力争取投资者理解和支持的同时,北新建材加快推行一系列应对措施。在战略上,完成向新型建材为基础、住宅产业化为目标的综合性企业的转变;在业务上,实施成本领先、优质服务两大工程,主产品捍卫市场占有率,新产品加快推入市场;在机制上,推行员工转岗培训机制、机构精化机制、精干干部队伍机制等

---

[1] 节选自2013年8月27日《智富》杂志采访实录。

10项内部改造措施。最终，北新兑现了对股东的承诺，取得了令人满意的业绩。

对于大家关心的国企上市问题，我也阐述了自己的理解。与西方股市是和企业一同在市场经济中成长的经历不同，我国股市是"半路出家"。一个逐步走上健康轨道、运行有序的股票市场，给我国经济改革和国企改革提供了巨大的机遇和难得的条件，因此我们要倍加珍惜。对管理层来说，应当真正挑选一些优秀公司上市，并且将公司的不良资产彻底剥离，轻装上阵。对上市公司来说，应真正走到现代企业制度的道路上来，关注企业机制建立，关注技术创新，关注现代管理，关注良性发展。对投资者来说，应充分了解上市公司的发展战略、经营状况、管理层的价值观，而不是盲目地追涨杀跌，这不仅能为国企改制做贡献，企业自身也会得到丰厚的回报。

上市公司应该格外重视小股东的利益，因为和大股东相比，他们的声音不容易被听到。北新建材当初配股时，各承销公司纷纷建议高价，但我还是建议以适中的价格配股，让股民多得些好处。配股资金对于项目建设够用就行，不能一味盯着大家的钱袋，要多替大家着想。我们的股东遍布天南海北，虽然我很少能见到他们——我相信他们中有朝气蓬勃的年轻人，也有白发苍苍的老人——但他们对我的希望我却明明白白，就是把企业做好。每每想到这些，我就不敢有一丝懈怠。

时光飞逝，今天的北新建材已成为国内知名的优秀上市公司，中国建材集团上市群中的其他企业，也在市场的培育下茁壮成长。在市场中前行总会深一脚浅一脚，不管前面是坦途还是险滩，我们都将矢志不渝地为社会创造更多财富，为股东创造更大价值。

## 上市妙不可言又苦不堪言 [1]

2006年,我带着团队进行了IPO路演、2005年年度业绩路演、收购徐州海螺专项路演和2006年半年业绩路演,共与450余家机构投资者见了面。这4次路演,我的皮鞋都磨坏了,个中辛苦可见一斑。中国建材上市后的两年里,我率领管理团队进行了10次路演,见了全球大约1000个基金经理。由此可见,我可能是在华尔街跑得最勤快的中国企业董事长了。在这个过程中,我领悟到,上市妙不可言又苦不堪言。

一方面,资本市场的支持使企业能以低成本获得发展所需资金,促进企业的快速成长,可谓"妙不可言"。另一方面,拿到资本市场的钱,意味着对市场的庄严承诺和高度责任。上市使企业进入一个全新的参照系,我们面对的是具有专业素质的国际投资者,我们要与国内外优秀企业相比,我们要以对投资者的良好业绩回报为己任,这就迫使企业管理层要不断给自己"加码"、加压,可谓"苦不堪言"。但正因为有了"苦"、有了压力,企业才能不断提高自身素质,不断适应市场要求,从而获得发展。

拿路演来说,与投资者沟通和交流是上市公司管理层的责任和义务,也是最好的管理培训课堂。路演有三个作用:一是向投资者介绍情况,推介公司,同时通过投资者的介绍了解同业企业情况,清晰地知道企业在行业中的坐标,知己知彼;二是密切与投资者的关系,让投资者喜欢、热爱我们公司,让投资者了解中国建材的优势、特质和潜力;三是接受投资者对公司经营管理和战略方向的指导,倾听投资者的建议。对资本市场而言,它最初关心的是企业规模,等你把规模做上去了,又开始问价格,然后问利润。中国建材登陆香港H股,

---

[1] 节选自2012年5月《21世纪经济报道》采访实录。

使我们见到了成熟的投资者。投资者审视了我们的经营能力和战略，给了我们很多有益的建议。像中国建材当初选择大规模重组水泥行业，就是从资本市场和投资者那里找到了企业发展方向，今天能做到全球最大，也是一步一步被投资者"逼上梁山"的，但越到高处视野越广阔。投资者给了我们很多从未想过的建议，教会了我们很多经营知识。这对企业和我个人来说都是重要收获。

另外，中国建材境外上市使整个集团进入一个全新的发展阶段，不仅拓宽了融资渠道、增加了企业资本金，同时使企业完成了公众化和规范治理过程，实现了与资本市场和产品市场的无缝接轨。境外上市最重要的意义在于，它把我们推向了国际资本市场——一个更高的平台和全新的坐标体系，资本市场会用世界一流的标准分析和评判我们的战略目标、治理管控、经营业绩等。这要求我们必须充分理解作为国际资本市场中的上市公司的价值体系。按照这一价值体系，以国际一流企业为参照物，进一步清晰发展战略、明确管理方向、修正管理目标，通过建立市场化经营机制，完善法人治理结构，使一个过去纯而又纯的国企成为运作公开透明、管理科学规范的股份公司。这对提升企业管理水平、推进企业文化建设等具有重要意义。国际战略投资者的引入，必将对公司迅速和全面国际化起到重要的推动作用，同时能更直接地进行对标，学习国际知名公司的成功经验。

上市公司要对投资者高度负责，创造良好的经营业绩，给予投资者回报。我们的年度利润指标在很大程度上来自投资者的要求。投资者每年都会根据已有数据从技术层面给上市公司做出评价和提出指标。这些指标既考虑了外部客观因素，也考虑了企业内在条件，是海外成熟投资者主要的参考指标。如果企业能完成这些指标，就会赢得信赖，如果每次都完不成，就会被投资者抛弃。因此，我们要用高于投资者预期的优异业绩打动投资者，用诚实守信赢得投资者的尊重和支持。

# 提高上市公司质量

## 全面提高上市公司质量[1]

伴随着企业大规模上市,我国现代企业制度进一步完善,公司治理的水平大幅提升。上市公司推动了我国国有企业的市场化改革和民营企业的发展壮大,在我国经济结构调整、转型升级过程中发挥了重要引领作用。此外,上市公司在"一带一路"、"走出去"、发挥我国企业国际竞争力等方面也起到了骨干作用。可以说,上市公司是我国企业中的"优等生",是我国经济的"压舱石"和"定盘星",取得的成绩是巨大的。

但从另一方面看,的确还存在一些不尽如人意的地方,如公司治理有待进一步规范;信息披露质量、运营质量有待进一步提高;创新动力、发展活力有待进一步增强等。这些问题和我国经济高质量发展以及资本市场健康稳定发展不相适应,亟待改善和解决。

---

1 节选自 2020 年第 12 期《国资报告》。

提高上市公司质量这项工作只有进行时，没有完成时。2005年，国务院批转证监会《关于提高上市公司质量的意见》，到2020年已经有15年。这15年里，我国围绕提高上市公司质量做了大量的工作。习近平总书记非常重视资本市场的健康发展和上市公司的高质量发展，强调要提高上市公司质量。[1]党中央、国务院最近几年多次部署，证监会也把提高上市公司质量作为核心工作。2020年10月，国务院印发了《国务院关于进一步提高上市公司质量的意见》（以下简称《意见》），把提高上市公司质量作为上市公司重中之重的工作来抓。

提高上市公司质量要注重治理质量、运营质量、创新质量三个维度，运营质量是做强，创新质量是做优，治理质量是上市公司做优、做强的重要保障。三者要共同推进，形成上市公司提质增效的内生动力和市场文化。

治理质量是上市公司高质量发展的前提和保障。《意见》17条举措的前两条专门提出提高上市公司治理水平。上市公司规范的治理结构和良好的内部控制，公司信息真实、准确、完整、及时、公平地披露，独立董事、监事会作用以及各专门委员会职能的充分发挥，都是公司治理质量的范畴。大家要高度重视，不断优化完善公司治理结构，提高治理水平。

在运营质量方面，《意见》特别提出要推动上市公司做优做强，多方合力助推上市公司突出主业、做精专业、扎实经营、做优业绩，真正成为实体经济的"优等生"。公司的战略能力、管控能力、财务能力、市场能力、盈利能力等均是构成公司运营质量的基础。只有运营质量不断提高，才能为股民、股东创造良好回报，才能为市场稳健

---

1 《中央经济工作会议在北京举行》，《人民日报》，2020年12月19日01版。——编者注

发展打下牢固的基础。

在创新质量方面,党的十九届五中全会报告提出,要坚持创新在现代化建设全局中的核心地位,把科技自立自强作为国家发展战略支撑。创新是个国家发展的核心动力,也是上市公司高质量发展的重要特质和必然要求。我们目前正面临大数据产业、5G 等硬科技领域创新发展的风口,企业要积极有效地创新,不能以创新的名义进行重复投资和低效投资。

提高上市公司质量是当前我国资本市场的主要矛盾,是牵动资本市场健康良性发展的"牛鼻子"。提高上市公司质量,不光是上市公司自身的事情,有效的监管、合理的退市机制、高质量的中介机构、成熟的投资人、正确的舆论导向等,这些共同构成了上市公司质量的生态合力。

## 加强上市公司治理[1]

20 世纪 90 年代沪深交易所成立后,我国资本市场经历了从无到有、从小到大的发展过程,取得了举世瞩目的成就。随着现代企业制度的建立、《公司法》的实施,我们有的上市公司在发展过程中遇到了一些问题,公司治理就进入了公众视线。

自 2002 年证监会出台第一版《上市公司治理准则》起,我们围绕公司治理做了大量工作。2020 年 3 月,新《证券法》开始实施,

---

[1] 节选自 2021 年 3 月 26 日在中国上市公司协会第一期公司治理专题培训的分享内容。

加大了对违法违规的处罚力度。2020年10月，国务院出台了《国务院关于进一步提高上市公司质量的意见》，将公司治理作为其中一项重要的工作。这些年，我们可以看到监管部门一直致力于加强公司治理。2020年12月，证监会开展了为期两年的上市公司治理专项行动，中国上市公司协会配合专项行动进行了5次大规模培训、3次区域培训、1次民营企业上市公司培训，合计培训了上万名公司董事、监事、高级管理人员（合称"董监高"）等关键少数，给大家讲清楚政策变化、要如何提高上市公司治理水平。我们也看到了一些可喜的变化，公司治理是公众公司的中心环节等公司治理理念越来越深入人心。

为什么要加强上市公司治理？

第一，公众公司的必需。上市公司和普通公司不同。当然，普通公司也要加强公司治理，但上市公司是公众公司，公司治理的透明度、规范性至关重要。什么是上市公司的治理？社会上对此有不同的理解，一种是目前西方国家比较倾向的，认为治理是指公司合规性，比如反对商业贿赂、公司运营要遵守法律条款等；另一种是强调公司的内部治理结构。我的理解是要把这两点统一起来，一要依规合法运营，二要有良好的治理机制。上市公司的治理是上市公司各个利益相关方对于权利、利益的分配、运作、制衡的机制。因为与独资的国有企业、家族企业不同，上市公司是多股东的，涉及各方面的利益。

关于上市公司的治理，有几方面非常重要。一是独立性。《公司法》中规定，公司有独立法人财产权，独立地运作，股东只有股东的权利，承担有限责任。二是透明性。上市公司和普通企业在治理上最大的不同是上市公司公开透明地经营，作为公众公司，上市公司每年要披露年报、半年报、季报，让投资者和社会公众了解公司真实的经营情况。三是合规性。合规运营是上市公司治理的重点，大家应该高度重视，上市公司的董监高要意识到自己所在的公司是公众公司，从上市那一天开始就不再是普通企业，而是站上一个透明的舞台，要遵照规则行事。

第二，监管层的要求。2021年证监会系统工作会议强调要坚持"建制度、不干预、零容忍"。"建制度"非常重要。《OECD公司治理原则》于1999年出台，后来又经历几次修改。《上市公司治理准则》是2002年实行的，于2018年进行了修订。修订的准则有10章98条，内容非常详尽，这是监管部门对上市公司的要求。

企业上市了就要按规则做，就如同开车，所有驾驶员都必须遵守交通规则。如果上市公司按规则做，监管机构就"不干预"；如果上市公司不按规则做，监管机构就"零容忍"。如果对不遵照规则制度的上市公司做不到"零容忍"，那么制定的制度就没有办法坚持下去。

市场化和法治化是结合在一起的。法治化是前提，没有制度，市场化就做不下去。注册制建立在信息准确的前提下，信息准确是注册制的生命线。因此，公司的合规治理是监管机构对上市公司的要求，是任何上市公司都必须遵守的一套制度和规则。

第三，上市公司稳定发展的需要。截至2020年底，我国有200多家千亿级市值的A股上市公司，我们发现这些公司有三大特征：一是属于细分领域的头部企业，主业突出；二是业务所处赛道不错，适应我国经济结构调整的发展方向；三是治理规范。治理规范是公司发展长治久安、基业长青的基础，如果治理得好，公司就能够长久发展。这也是加强公司治理的原因。

## 提升上市公司投资价值[1]

国务院印发的《关于加强监管防范风险推动资本市场高质量发展的若干意见》，即新"国九条"明确提出，要推动上市公司提升投资价值。投资者是市场之本，上市公司是市场之基，投资者和上市公司都是资本市场发展的源头活水。上市公司是资本市场的基石，上市公司质量是经济高质量发展重要的微观基础，而上市公司质量的提升，最终体现在价值创造和价值分配能力上，要提升投资者的获得感。

上市公司最初是从融资开始的，但不能忽视上市之后自身的价值表现，要注重回报投资者。所谓"水可载舟，亦可覆舟"，投资者就是这个"水"。从宏观上来讲，如果不重视投资者回报，整个资本市场的稳定健康发展会受到影响。从微观上来讲，企业要转变观念，从过去重视融资到现在重视为投资者创造价值。

像贵州茅台第一次上市只融资了差不多20亿元，这么多年没有再从资本市场融过资，上市23年来累计分红超2714亿元。像格力电器大概融资30多亿元，自上市至2023年累计分红1553亿元（含回购公司股份金额300亿元），包括比亚迪和宁德时代，很多公司都是以高额分红回报投资者信任。

近几年，我国千亿级上市公司快速涌现，但低市值上市公司仍比较普遍，这些企业低市值，有的是规模偏小等客观情况造成的，但也有一些是经营管理主观上的问题。冰冻三尺，非一日之寒，这种情况并不是一天形成的，可能有各种原因，和我们的企业领导者是不是重视市值也有关系，这是一个观念上的事情，要有所改变，既要让投资者获益，企业也得发展，把这两者之间结合起来。

---

1 节选自2025年1月11日在香港中文大学的讲课内容。

# 打造千亿级市值上市公司[1]

什么样的行业能孕育千亿级市值上市公司？

第一，市场空间大，行业天花板高，或者是成长性强的新兴产业。未来医药行业的市场空间还是很大的，2019年的市场规模是1.6万亿元，预计到2023年后将超过2万亿元（2024年实际超过），也就是说这个行业成长性比较好。在这样的一个行业里就容易出现高市值的上市公司。乳品行业也是一个成长性比较好的行业。蒙牛乳业的高管曾告诉我："中国还没有人人喝牛奶，如果人人喝，全世界的奶牛挤的奶都不够咱们喝。"还有半导体行业，产品的价格高，用量也越来越大。我国现在也在大规模研发、制造新材料，这个行业的市场空间非常宽广。我国规模最大的半导体芯片制造商中芯国际市值已经超过4500亿元。由此可见，高市值企业首先会出现在市场空间比较大、成长性强的行业，以及一些战略性新兴行业。

第二，高技术壁垒的行业。比如医药行业，研制新药是有技术壁垒的，大概需要10年时间、几十亿美元的投入才能研发出一种新药。像二甲双胍这种药的研制需要上百亿美元的投入，大多数公司只能等几十年后专利解禁了进行仿制。我曾到山东一家公司考察，这家公司是老牌制药企业，工厂规模很大，研究员有500多人，但市值只有60亿元，原因就在于它只做原料药，不做新药。而原料药大家都能做。同样是大药厂，拥有核心技术的企业的市值是没有核心技术企业的上百倍。

第三，拥有一流品牌的行业。贵州茅台是我国酒业的第一品牌，

---

1　节选自2020年12月6日在中国企业领袖年会的主题分享内容。

市值高达2.1万亿元。我于2020年去了茅台镇，想一探究竟。茅台酒确实是比较特殊的一种酒，工艺极其传统。整个茅台镇都飘着酒香。茅台镇很小，没有挖地窖储酒的空间，但正是因为地方小，酒的产量也没有那么高，恰恰形成了它独具特色的品牌。贵州茅台的案例说明品牌很重要，可以在消费者心中与特别的品位挂钩，所以我们要加强品牌建设。

第四，未来高价值的行业。比如新能源汽车行业，特斯拉的市值超过了5000亿美元，但从2003年成立以来，公司并没有赚到多少钱，上海的特斯拉超级工厂建成运营之后，可能只获得了微利，但是它的市值在上升，2020年内涨幅高达600%。大家为什么买它的股票？因为投资者觉得新能源汽车行业未来可以创造更多价值。蔚来、理想汽车、小鹏汽车在美国上市后，市值也一路走高。

观察千亿级市值上市公司所在的行业，我们发现是有规律的，这些主要行业具有成长属性、技术属性、品牌属性，以及未来的升值空间。

千亿级市值上市公司具有哪些特质？

第一，是行业龙头或细分领域的头部企业。前面说到乳品业，伊利股份、蒙牛乳业、光明乳业、中国飞鹤就是乳品业的头部企业。像宁德时代、比亚迪，在电动车、动力电池行业都属于行业龙头，也有不少是细分领域的，像福耀做汽车玻璃，做成了细分领域里的头部企业。这里需要强调的一点是企业的业务不应过于分散，要做好主业，做成拳头产品，争取进入行业前三名，这样市值估值会增加。如果业务做得过于分散，投资者没有办法估值，只能按照价值最低的产业去评估。一些企业说自己的公司什么都做，生物制药、互联网、新材料。其实不能什么都做，要么做医药，要么做互联网，要么做新材料，三个都做，投资者不知道你的可比公司是哪个，市值估值会很低。所以，有多个业务的公司，将业务分拆成几个公司，总市值会高过一个多元化公司。

第二，具有高盈利性、高成长性。贵州茅台就具有高盈利性，而前面讲的新能源汽车领域的企业、乳品企业等，我认为它们具有高成长性，因为成长空间大。从财务指标上看，千亿市值企业往往具备至少连续3到5年，甚至更长时间的高盈利性和高成长性，ROE（净资产收益率）显著高于行业平均水准。比如说，家电行业三家千亿市值企业（美的、海尔、格力）的ROE远高于行业平均水平。他们都不是只在某一年度而是在多个年度保持高水平。

第三，企业的治理结构比较稳定。这指的是股权结构比较稳定，大股东的持股比例比较稳定，如果大股东大规模出售股权，小股东的信心可能就会受到影响。千亿级市值的上市公司，大部分股权结构相对稳定，公司治理水平较高，这是非常重要的。

要发展成千亿级市值的上市公司至少应具备以上三方面中一方面的特质，这样才可能实现成为高市值公司的发展目标。那么如何打造千亿级市值上市公司？

我认为方法就是做优做强上市公司的方法。

第一，战略选择要有取有舍。山东有一家医药公司市值不高，我建议它把原料药业务卖掉，因为这家公司有研究院，有很多新药，卖掉原料药业务，估值就会提升——投资者不再将其按一个生产原料药的公司评估，而是按照一个新药公司评估。出售部分业务，实现变现，说不定估值还高了，这就是战略的取舍。我们得了解资本市场是怎么估值的，得了解资本市场最看重的是什么。

第二，提高创新能力。创新不只是技术的创新，还包括商业模式创新、品牌创新等。提高创新能力不光要有一流的技术，还要有一流的品牌，品牌至关重要。我认为，在构建以国内大循环为主体、国内国际双循环相互促进的新发展格局中，我们的一个短板就是缺品牌，很多产品贴上国外的牌子价值就提升很多。品牌是企业要重点关注的，只有技术一流、品牌一流，企业才有可能成为一流的企业。

第三，争取成为行业的头部企业。企业不见得都能成为第一，可以是第二，也可以是第三，但要争取成为前三名。

第四，提高盈利性和成长性，做优做强企业。企业归根结底要赚钱，要具有成长性。现在资本市场不光讲效益，还讲价值；不光讲市盈率，还讲市销率。市盈率指的是股价和每股盈利的关系，市销率指的是股价和每股收入的关系。高市值的公司可能没有利润，所以用市销率来进行对比。市盈率高、市销率高的企业成长性高。我们要提升企业的盈利性和成长性，这是企业生存的基础。

第五，重视人力资本，提升治理质量。为什么讲人力资本？传统经济和新经济最大的区别在于传统经济认为人力是成本，新经济认为人力是资本。新经济里，我们不能只看到金融资本、土地、厂房、设备、现金，还得看到人力资本，看到人的经验、智慧、能力，人力资本已成为最重要的资本。我们要想做好企业，一定要重视人力资本，要成为一家高成长性的公司，必须解决好机制问题。

第六，重视公司治理。公司只要注册成立了，从逻辑上说，这个公司就是社会的了，是一个拥有独立法人财产权的企业，担负民事诉讼的责任。企业的股东享受股东的权益，承担的是有限责任，仅对出资负责，责任有限，权利也有限。我们的公司治理问题出在什么地方？主要问题是大股东超越股东权限，损害公司的利益。不要小看治理，公司治理非常重要，一开始就把公司做正，它就能成长，如果开始就做歪了，它后面就很难成长起来，这是内在的逻辑。

## 市值是上市公司效益的重要指标[1]

中国建材是发展型公司，资金从哪里来？从股市中募集而来。要让我们的股价上升，就必须加强市值管理。市值管理如何理解呢？从财务管理的角度看，企业经营的最终目标是增加公司价值，包括内在的经济效益与外在的公司市值。做大是营业收入、占有率的增长，做强是技术实力和竞争力的增加，做优是利润和价值增长，包括经营管理团队侧重的内在 EVA（经济增加值）的增长，以及股东关心的外在 MVA（市场增加值）的增长。相比之下，利润和收入等内部管理指标只是当期指标，而市值则反映企业的当期指标、未来潜力、在市场中的公司价值，是更高一级的经营目标。从这个意义上讲，市值应成为上市公司效益的重要指标。上市公司如何做好市值管理？

第一，站在战略的高度统筹市值管理。下一步，集团将进一步推动资产证券化，二级公司由非上市公司向上市公司转变，加快上市进度，可以采取分拆方式上市，能打包装入的就上市，装不进去、没有效益的公司就卖掉。同时，效益目标由重视收入、利润向同时重视市值转变，建立以市值为导向的管理机制，努力达到公司价值创造最大化、价值实现最优化。当然，考虑到新增投资额的因素，这里的市值最大化并不是市场总价值的最大化，而是每股市值最大化或者说总市值增加值的最大化。

第二，用创新提升企业价值。创新是企业的灵魂，企业市值是企业价值的体现，企业价值的核心就在于创新，因此可以认为市值是创新的外在表现。中国建材集团以"成为世界一流的建材生产商，为股

---

[1] 节选自 2015 年 7 月 10 日在中国建材集团 2015 年半年工作电话会议的讲话内容。

东创造最大回报"为战略目标,上市后快速转动资本运营和联合重组两个轮子,深入实施管理整合,大胆开展创新实践,实现企业价值的大幅提升。

第三,探索建立股权激励制度。新"国九条"明确"完善上市公司股权激励制度,允许上市公司按规定通过多种形式开展员工持股计划"。这是国企改革中的重要命题,也是市值管理的一个重要方面。

第四,引入市值考核指标。要在现有的业绩考核基础上引入市值考核指标,先期引入相对市值考核,条件成熟时开展绝对与相对市值指标的考核,以增强管理团队的市值意识和回报股东意识。另外,还要完善公司治理水平,切实树立股东利益最大化的思想意识,避免出现单纯追求短时间内市值最大化的为市值管理而市值管理的做法。

## 做好上市公司市值管理[1]

随着资本市场的日益成熟,市值管理逐渐成为上市公司实现价值提升、股东回报最大化的重要工具。为落实新"国九条"关于推动上市公司提升投资价值的要求,证监会发布《上市公司监管指引第10号——市值管理(征求意见稿)》,该指引明确了市值管理的定义,即上市公司以提高上市公司质量为基础,为提升投资者回报能力和水平而实施的战略管理行为。要求上市公司以提升经营效率和盈利能力为基础,并结合实际情况,依法合规运用并购重组、股权激励、现金

---

1　节选自 2025 年 1 月 11 日在香港中文大学的讲课内容。

分红、投资者关系管理、信息披露、股份回购等方式，推动上市公司投资价值提升。

2024年12月，国务院国资委印发了《关于改进和加强中央企业控股上市公司市值管理工作的若干意见》，要求中央企业将市值管理作为一项长期战略管理行为，健全市值管理工作制度机制，提升市值管理工作成效。

企业可以选择合适自身的市值管理工具，做好市值管理工作。

第一，股权激励。重视对管理层实施股权激励。我过去参加的每一次路演，投资者几乎都会问一个问题：公司有什么激励机制？其实就是管理层、骨干员工是否拥有公司股票。如果有，投资者就更倾向购买这家公司的股票。因为作为股东，他的利益和公司经营者的利益是一致的。所以和一般企业相比，上市公司应突出股权激励机制的改革，让管理层和投资者利益同向。

第二，现金分红。过去投资者认为上市公司是"铁公鸡"，一毛不拔。近十年，上市公司分红家数和规模逐年递增，已成为投资者分享经济增长红利的新渠道。2023年12月，证监会发布《上市公司监管指引第3号——上市公司现金分红》，进一步明确鼓励现金分红导向，推动提高分红水平。2024年，上市公司分红频次增加，分红方式和节奏不断优化。数据显示，截至12月23日，已有3965家上市公司实施了现金分红，分红总金额约2.39万亿元。

第三，投资者关系管理。企业都有做产品市场的经验，产品做得好、销售员介绍得好，就卖得多。资本市场也是一样的。我到湖南去，考察了一些上市公司，我发现所有上市公司市值高的，都有一个好董秘跟股东沟通。

上市公司可以通过多种途径，如准确、及时、完整的信息披露，召开业绩说明会，路演、反路演等，跟投资者进行深度交流，提升股东对公司发展的信心。根据中国上市公司协会数据，2024年沪深北三市共有5130家上市公司召开了业绩说明会，召开比例为96.1%，董事长、总经理出席率为98.5%。投资者了解企业最新的发展，愿意投资，股价表现就会更好。

上市公司是投资者的企业，不能害怕见投资者，丑媳妇也得见公婆，要给投资者汇报成果。我在香港H股上市公司做董事长时，每年两次全球路演，给投资者讲我们企业的战略、经营业绩、存在问题及解决思路等，听取投资者的建议。因为很多投资者是成熟的投资者，他们的分析师会有非常好的建议。

第四，股份回购。上市公司可以建立常态化的回购机制安排，鼓励有条件的公司提前安排好资金规划和储备。一方面，在股票价格被低估时，上市公司可通过回购提振股价，向市场传递出公司关心股东权益的信号；另一方面，回购股票也可用作员工福利计划、股权激励等。与此同时，注销式回购会提高每股收益和股东权益，还能起到优化股权结构的作用。

美国资本市场上股价的推动，有三分之一的动力来自回购。自2011年库克接任苹果CEO以来，苹果公司就开始了大规模的股票回购计划。据统计，2012—2022年，苹果在股票回购计划上花费了超过5720亿美元。2023年苹果宣布了900亿美元的股票回购计划。2024年苹果又宣布将启动史上最大规模股票回购，高达1100亿美元。可以看到，股票回购是提升股价的重要方法，也是股东最欢迎的方式。

顺应政策引导与市场偏好，我国境内股票市场回购股份依法注销明显增多。截至2024年10月底，共有1939家上市公司公布回购预案，较2023年全年增加670家，累计已实施回购1128亿元。

美的集团2021年公告回购金额达140亿元，这是A股史上最大回购案。其回购的股份原定用于实施公司股权激励计划和员工持股计划,以激发人才的主动性和创新性,2023年公告宣布拟变更回购股份用途,计划实施股份注销并减少公司注册资本,从而提高公司长期投资价值并提升每股收益水平,进一步增强投资者信心。

港股市场上,按照腾讯年初承诺的千亿港元回购计划,其2024年前三季度回购规模已突破883亿港元。观察回购大潮下的股价走势,腾讯2024年前三季度股价分别实现了3.51%、23.97%和19.39%的涨幅,明显优于港股市场的整体表现。虽然股价的变化受到多重因素影响,但回购对于股价的稳定作用仍可见一斑。

需要强调的是,要加强市值管理,但同时上市公司和相关方必须提高合规意识,不能以市值管理的名义实施操纵市场、内幕交易等违法违规行为。

## 并购重组是实现价值发现的重要渠道[1]

并购重组是用来优化资源配置、实现价值发现的重要渠道。企业单纯靠自己滚雪球,是很难做大的。美国的诺贝尔经济学奖获得者乔治·斯蒂格勒认为,当今美国没有一家大公司不是在某个时刻,用某种方式进行并购重组而发展起来。

世界上主要经历了"五次并购潮"。第一次发生在1883—1904年,以横向并购为主,促进了以商品为中心的行业垄断;第二次发生在1915—1929年,以纵向并购为主,形成了寡头垄断,兼并形式开

---

[1] 节选自2025年1月17日在江苏青年企业家发展大会的讲座内容。

始多样化；第三次发生在1954—1969年，追求跨行业的多元化经营；第四次发生在1975—1991年，以投资性并购为特点，主要集中在相关行业和相关产品上；第五次从1994年开始延续至今，属于战略并购时代，是面对经济全球化的选择。这些并购重组潮不仅推动了企业间的合并与收购，还深刻影响了全球经济的格局与竞争态势。

并购重组也是资本市场的大事，通过支持企业并购重组进一步促进资源有效配置，是资本市场一项非常重要的功能。特别是在当前全球产业变革加快推进、我国经济结构转型升级加速的背景下，亟需发挥好企业并购重组的关键作用。

新"国九条"对活跃并购重组市场做出重要部署，证监会出台了"并购六条"等政策措施，旨在坚持市场化方向，更好发挥资本市场在企业并购重组中的主渠道作用。各个省市也都在出台支持企业进行并购重组的相关政策，现在我国并购重组进入关键阶段，并购重组是破解当前一些困局的重要突破口。

总结起来，并购重组的意义主要是四个有利于。

第一，有利于企业做大做强做优，打造行业龙头企业。

第二，有利于上市公司调整结构、转型升级，从而提高上市公司质量。一些早年上市的公司比较传统，完全靠自己转型升级是非常困难的，可以通过并购重组，包括跨行业并购，引入一些创新资源、新质生产力，改换门庭，进行转型升级。

第三，有利于创新型企业借助上市公司重组进入资本市场，以及私募基金等投资者的募投管退闭环，活跃资本市场。2024年IPO的企业只有97家，很多无法上市的创新型企业可以通过重组进入资本市场，也有利于私募基金退出，实现良性循环。这也是目前基金公司投资的一个趋势。

第四，有利于增加行业集中度，克服行业内卷，实现行业市场的健康发展。美国每一年会有三四百家公司退市,其中真正退的可能就一百来家,有70%是通过并购完成的。美国200多年的资本市场,到现在只有6000多家上市公司,每年新上三四百家,每年也退三四百家,所谓的退,就是减少,大部分是通过并购而减少的。当年效益好就可以上市,效益不好就得并购,解决内卷问题,总比在那熬着强。所以慢慢地我们也要习惯于并购重组。

证监会支持上市公司之间的并购重组,提高了对于并购重组的各种审核的包容度。上市公司,包括拟上市公司、科创型企业,可以把握住机会,抓住这个政策窗口,根据自身业务需求,综合运用好股份、定向可转债、现金等各类支付工具,让更多的资源要素向新质生产力方向集聚,助力产业整合和企业提质增效。

# 并购助力企业做强做优做大

## 加大并购重组力度[1]

全世界主要经济体的发展史,很大程度上就是一部产业和企业的兼并重组史。世界上几乎没有一家大公司不是通过并购重组发展壮大的。现在我国也进入了并购期,我国的资本市场市值规模全球第二,也是全球第二大并购市场,这几年我国 A 股上市公司并购重组规模超过 2 万亿元。并购有以下几方面的理由。

第一,产业过剩需要并购。实际上市场经济本身就是过剩经济,过剩了该怎么办?这一直是市场经济面临的问题。无论是西方还是东方,解决过剩问题的办法就是进行兼并重组,提高产业集中度。中央提出去产能要"多兼并重组,少破产清算"。过去经济过剩出现"倒闭潮",像多米诺骨牌一样,不清楚最后会把谁砸倒。后来出现了"兼并潮",从美国开始,全世界大规模地进行并购,解决产业过剩的问题。

---

[1] 节选自 2020 年 11 月 9 日在 2020 世界并购大会的主题演讲内容。

第二，困难企业需要并购。过去一段时间在去杠杆过程中，不少民营企业、民营上市公司由于高杠杆和股权高比例质押出现了风险。各地方政府采用并购方式解决问题，一些国有企业都参与了这场并购。有人说这是"国进民退"，我认为不是，而是企业碰到了困难，要通过并购帮助其渡过难关。

第三，集成创新需要并购。2020年11月我参观了中国国际进口博览会的六个展位，其中四个展位都是国内大型企业并购的海外高科技企业的，我看了特别高兴。例如，中国建材并购的德国薄膜太阳能电池模组生产商 Avancis 公司、国际知名薄膜太阳能电池装备制造商德国 Singulus 集团和国际药用玻璃装备制造商意大利 Olivotto 公司，哈药集团并购的美国保健品企业，伊利集团并购的新西兰乳制品企业等都参加了这次展览，展位规模都很大。我曾专门拜访了京东方，2020年，中国在全球液晶显示屏市场的占有率约为55%，其中京东方一家就占有约25%。京东方在亚洲金融危机之后，从韩国现代收购了3条TFT-LCD生产线，随即在国内建设了一条5代线，一路建设过来成为全球最大的液晶显示面板供应商。并购使我国很多企业获得了先进技术，它们在消化、吸收这些技术的基础上再进行大规模集成创新。

第四，做强做优做大企业需要并购。截至10月11日，2020年A股资本市场上共发生1625起并购，其中国有企业发生502起。资本市场是并购的主战场。同时，资本市场的上市公司股票是非常好的并购工具，很多并购不是用现金进行，而是用股权进行。现在国家支持A股上市公司用股权并购的方法并购海外高科技企业。企业要做强做优做大，并购是非常好的途径。中国建材和国药集团就是用并购重组的方式发展成《财富》世界500强企业的。

## 有中国特色的并购[1]

并购,是通过兼并或者收购取得企业控制权的一种投资行为。中国建材推动的联合重组属于大的并购范畴,但与西方大力推进的并购又有不同之处,主要体现在四方面。

第一,概念不同。中国建材没有用"兼并收购"这个词,取而代之的是"联合重组"的概念。这看似只是词语的转换,但其实是理念上的飞跃,不是"拿钱走人",而是平等共享,以市场公平的价格为前提,创造一个实现个人价值和事业理想的舞台,给大家机会共赢。"联合重组"一词浓缩了中国传统文化中根深蒂固的包容、合作、共赢思想。

第二,出发点不同。联合重组的出发点是解决系统性问题,推动行业结构调整和转型升级,促进区域市场的健康发展,让区域内的企业共同受益。可以说,中国建材用资本纽带搭起了一个混合发展的平台,实现了众多分散的长期处于恶性竞争状态的水泥企业共同的梦想。

第三,核心不同。联合重组不仅是厂房的联合、土地的联合、矿山的联合,更重要的是人的联合。联合重组不意味着换人。企业是资源,人是更重要的资源。对于原有企业股东,重组后我们不是迫使其退出,而是给他们留有一定股权,实现利益捆绑,这样做既提高了他们的积极性,降低了重组风险,也使其有机会享受公司成长带来的利益。对于原有管理团队,我们给予充分信赖并保持团队稳定性,向其提供一个更好的事业平台,有效避免了人力资源短缺与培训周期长的问题。对于重组企业员工,在本人自愿的前提下,全部留用。对于确

---

1 节选自2008年4月2日在2008年中国国际水泥峰会的发言内容。

实富余的人员，也会通过内部调剂给他们安排工作。大企业重组小企业，不能一味甩包袱，要把相关利益人的利益处理好。

第四，文化理念不同。重组后成员企业的价值观不完全一致，如何求同存异，抑制劣势和风险，做到优势互补，是一个不小的挑战。管理大师彼得·德鲁克说："重组是否成功，关键取决于重组方对被重组方的态度。"企业并购最重要的就是文化整合，如果文化不整合，就会陡然增加包袱。中国建材是一个靠联合重组成长起来的企业，有很强的容纳度，"待人宽厚、处事宽容、环境宽松，向心力、亲和力、凝聚力"的"三宽三力"文化在联合重组中发挥了重要作用，进入中国建材的企业不分先后，无一例外地都有很强的归属感。

中国建材先进的理念得到了区域内企业的热烈响应，联合重组得以快速推进。实践证明，中国建材的联合重组不仅符合市场经济发展规律和企业成长逻辑，而且极具中国特色，是一种适合我国企业的联合重组方式。

## 联合重组是市场经济的高级方式[1]

在经济高速增长下发展企业，特点是机会多、空间大，主要是靠投入、靠增量。现在，中国不少行业都进入过剩和市场饱和阶段，企业只能靠存量优化和转型升级实现可持续发展。其实过剩并不可怕，市场经济本身就是过剩经济。短缺经济不是市场经济，市场经济一定

---

[1] 节选自 2013 年 8 月 19 日《人民日报》文章《谁能解围产能过剩》。

是商品琳琅满目、供大于求，过剩是必然趋势。目前，全世界大宗原燃材料、大型制造业产能普遍过剩30%，像中国的钢铁、水泥等行业过剩超过30%，这在世界上并不稀奇。

如何解决产能过剩问题？大家对这个问题有不同的看法。一种看法是靠市场自己的力量，按照"丛林法则"和达尔文的"自然选择理论"进行市场竞争。但事实上，简单依靠市场竞争解决不了当下的问题，只能把行业引向打恶仗、打乱仗、恶性无序竞争的境地。恶性竞争是一场没有时间表的战争，是市场竞争的低级方式，太原始、太残酷，而且会造成债权人、投资者的重大损失，引发失业、税收损失、资源浪费等一系列经济和社会问题。事实证明，这不是理想的市场手段。另一种看法是让政府出面解决，这需要大量的资金，涉及大批员工安置等一系列问题。如果把这些问题都推给政府，会给政府造成很大压力，解决起来也非常困难。过去纺织业限产砸锭时，政府把包袱都背起来了，现在我们不能再指望政府去收拾烂摊子。

综观全球的市场经济国家，解决产能过剩的办法都是进行联合重组，提高行业集中度，解决市场的恶性竞争，使企业经营更加有序。大企业整合市场、进行兼并重组并不是传统意义上的简单的企业并购，而是有组织的战略性市场安排。大企业实施兼并重组后，通过关工厂、错峰生产等减量措施推动产销平衡，通过技术进步、转型升级等创新手段优化产业结构，使企业进入赢利经营的正循环，保全了银行贷款，维护了债权人利益，避免了倒闭潮和下岗潮，实现了用最小的牺牲和代价换取最大的利益。

大企业整合的核心是提高产业集中度、稳定价格。在过剩行业中，如果产业集中度高，产能利用率可控，过剩问题就能破解。集中度是市场健康的稳定器，行业整合后，由于增加了集中度，稳定了市场秩序和价格，行业和企业利润得到保证。只有在减量过程中仍有良好的经济效益，各方利益才能得到保证，收购溢价和减量损失才能得到补偿，去产能和结构调整的任务才能顺利完成。这是整合的基本逻辑。

联合重组是市场经济的高级方式，是减少过度竞争、实现市场良性运转的最好办法，也是解决产能过剩问题的必然选择，或者说一种自然选择。在泡沫经济时期，日本有1.2亿吨的水泥产能，后来通过大规模重组，只剩下三家大型水泥企业，总产能也只有4000多万吨，为高峰时期的1/3，不少工厂在重组过程中都被关停了。虽然如此，日本水泥企业的整体赢利状况仍然很好，目前东京每吨水泥的价格都超过100美元，几乎是中国水泥价格的一倍。

身处社会主义市场经济国家，根据中国企业自身摸索出来的经验，面对产能过剩、恶性竞争的市场环境，联合重组也是必然的选择，是符合市场规律的手段。通过大规模的行业重组，提高市场占有率和产业集中度，让过剩产能得以有序、规范地退出，既符合市场规律、行业规律，又符合国家产业政策。国家应该鼓励联合重组，并在市场融资、银行贷款、税收优惠等方面给予一定的政策支持。

## 联合重组不应被视为垄断[1]

联合重组，尤其是大企业的联合重组，势必会带来规模的扩大和市场占有率的提升。在有些人看来，大企业和垄断有着必然的联系。甚至还有人认为，企业通过联合重组做大的目的就是要垄断市场。

---

1　节选自2012年8月10日在中国建材股份有限公司2012年第八次总裁办公会的讲话内容。

其实，联合重组并不等于垄断，也不应该被视为垄断。

对于垄断，我们应该用辩证的思维来看待。垄断通常有三种方式：一是行政垄断，就是通过行政手段限制其他企业进入行业，这是典型的垄断；二是自然垄断，比如铁路和电网有一定的独占性；三是经济垄断，这是市场自然形成的格局。

以中国建材在水泥行业的联合重组为例，水泥行业是充分竞争的行业，没有任何的行政垄断；水泥的主要原材料石灰石在我国储量丰富，分布普遍，也不可能自然垄断。至于经济垄断，我们先要介绍经济学的两个基本常识。第一，垄断大多发生在短缺经济、卖方市场的情况下。在水泥行业中，有四五千家企业、30%过剩的产能和超低的市场价格，行业前10家企业的产业集中度远低于发达国家，与垄断毫不沾边，想垄断也垄断不了。事实上，这种现象在其他行业也很普遍。行业现阶段的主要矛盾是如何去产能、提高行业集中度。如果行业集中度提高了，企业有滥用市场支配地位的倾向，垄断才会成为主要矛盾。第二，并不是企业的市场份额足够大，就会形成垄断。垄断是指滥用市场支配地位与优势的市场份额，限制竞争、打压对手、操纵市场、哄抬价格。垄断是一种行为，而不是一种状态。从这个角度看，不少西方国家只有一家水泥公司，加油站也只属于一家公司，但它们并没有漫天要价，也没有滥用市场支配地位，反而维护了市场秩序，所以不能算作垄断。

其实，所谓的完全竞争市场和彻底消除垄断是一种理想状态，在无垄断的完全竞争市场中，企业的长期经济利润会归于零。创造市场价格的话语权和用新的技术争取高额利润是企业竞争的不二法则。在产能过剩的背景下，大家更应该担心的不是垄断和价格过高的问题，而是恶性竞争和价格过低的问题。竞争必然降低价格，但恶性竞争是一把双刃剑，一味压低成本将导致产品质量下降，损害消费者利益。

例如，为什么会出现毒胶囊事件？为什么国产奶粉出现信任危机？诱因之一就是盲目杀价的恶性竞争导致假冒伪劣产品泛滥，行业被带入死胡同，最终受伤害的恰恰是消费者。所以，相较于垄断，恶性竞争、低价倾销可能会对系统造成更大和更长久性的破坏。我认为，企业要保证盈利，但要合理和适度，这对企业的短期和长远发展都是有益的，也保障了消费者能得到高质量的产品和良好的服务。

作为负责任、有市场道德的大企业，中国建材的联合重组是从去产能、促进行业健康发展的角度出发的，虽然重组了近千家水泥企业，产能规模居全国第一，但在国内的总市场占有率不超过15%。中国建材把水泥毛利率的理想值设定在30%左右，大大低于国际同行45%左右的毛利率水平，这正是考虑了在保证企业合理利润的同时，要充分保障客户的利益。所以，中国建材这些年在行业里推动的联合重组和市场竞合，与垄断并不相干。

## 从无机成长到有机重组[1]

企业的成长，以前往往把有核心业务和核心技术、自我滚动式的发展称为有机成长，而把兼并式发展称为无机成长。水泥行业的海螺水泥是靠有机成长方式发展起来的，用了40多年时间，中国巨石也是靠有机成长发展起来的，也用了40多年时间。中国建材发展水泥却要在比较短的时间把水泥行业进行整合，做的事情就是一场有机的

---

1 节选自2024年4月12日在浙大管理学院的分享内容。

重组，把看似无机的联合重组有机化。

有机成长与联合重组并不是对立的。有自己独特核心业务、核心技术的企业，选择内生成长完全没有问题，但和有资金支持、有相同价值观的企业合作，能发展得更快一些。选择联合重组，也要从核心业务和核心技术出发，通过制定清晰的战略、强化协同效应和管理整合，注重风险管控，实现有机重组。

从全世界来看，联合重组成功率并不是很高，早年的成功率一般只有25%，现在也只有50%左右。怎么能够提高联合重组的成功率，关键有两点。

第一，重组不是为大而大，不是见企业就收，要服从战略。

第二，联合重组是个化合反应，重组企业之后，有五个方面的整合至关重要：业务整合、机构整合、市场整合、管理整合、文化整合。这里面最重要的就是文化整合，在跨国并购中，70%的并购没有实现预期的商业价值，而其中又有70%失败于并购后的文化整合。这就是所谓的"七七定律"。

青岛海信在海外并购和整合上做得非常好。2015年收购夏普墨西哥工厂；2018年正式收购东芝旗下公司，同年并购欧洲高端白色家电品牌Gorenje（古洛尼）；2021年收购日本三电控股株式会社。这些企业在被并购前经营大都十分困难，被并购后迅速扭亏为盈。目前海信约50%的营业收入来自境外。海信在并购中创造了独特的海信海外整合模式。一是保留了原品牌。我认为这是很有智慧的，因为出海如果完全靠自有品牌，要费大量时间，投入巨大。事实上，并购不只是买一家企业，最重要的还是品牌。二是海信沿用本土的"一把手"，而向外派出"二把手"。三是文化融合做得好，将中华文化与世界各地文化、东方管理理念和西方现代管理方式有机融合。

# 联合重组是一门高超的经营艺术

## 联合重组的五原则与"三部曲"[1]

世界上失败的重组案例不少,问题出在哪里呢?往往不是因为重组战略错了,而是操作层面出了问题。这也提醒我们,联合重组既要有"道"也要有"术",既要符合产业政策、行业和企业的发展规律,又要格外重视重组的方式方法,否则多收购一个企业就等于多一道枷锁,很容易被规模拖垮。中国建材在联合重组过程中明确了五项原则。

第一,坚持重组区域战略选择原则。标准有三个:一是这些区域符合国家产业政策和我们的整体发展战略目标,地方政府和行业协会也大力支持我们通过重组推动地方产业结构调整;二是这些区域内均无领军企业,市场竞争激烈;三是这些区域恶性竞争的行业现状使得区域内企业联合重组的愿望非常迫切。

第二,坚持重组企业选择原则。联合重组不是"拉郎配",不是

---

[1] 节选自 2011 年 7 月 18 日在国资委中央企业重组整合经验交流与培训班的交流发言内容。

见企业就收。标准有四个：一是被重组企业满足我们的战略要求，在我们的战略区域内，并满足重组的资源、装备条件和标准；二是被重组企业具有一定的规模、效益和潜在价值，原来亏损的企业在被收购后要能产生利润；三是被重组企业能与现有企业产生协同效应，不仅能保证新收购项目赢利，也能带动原有业务，产生 1+1>2 的效果；四是重组风险可控和可承受。要把风险降到最小，即使有风险，也要可控可承担，而不是火烧连营。

第三，坚持竞业禁止原则。被重组企业的股东在重组后，在我们的市场区域内不能从事与现有企业相竞争的业务，在非竞争区域内从事相同业务，要优先考虑将中国建材作为合作伙伴。

第四，坚持专业化操作原则。要求被重组企业资产边界清晰、人员边界清晰、价格公允；选择专业能力强、有高度责任心的人员进入联合重组工作小组；充分发挥中介机构的专长，对重组项目逐一进行详尽的市场分析、专业的法律与财务尽职调查，实施规范的审计评估与严格的审批程序。在具体执行层面，建立一整套详尽的联合重组工作指引。

第五，坚持以人为本原则。尽量保留原企业管理团队，对原企业人员给予足够的尊重，充分发挥他们的特长，调动各方积极性，优势互补，实现多赢。

在重组后，中国建材实施了清晰的"三部曲"。

第一，合理布局。即对区域市场内的项目进行填平补齐。如果区域内还没有布局，就不要走扎堆布局的老路；如果已经布局，就要在区域内积极自律；如果正在布局，就要把工厂间距拉开，不能一哄而上。

第二，以销定产。破解行业产能过剩问题是当前整个行业发展的主要矛盾。我们进行的这场整合，着眼点恰恰是化解产能过剩带来的无序竞争、企业亏损等问题。所以，我们不是靠新增产量，也不是一味靠降低单耗、压低成本，而是通过以销定产，保证产品质量，增加企业话语权，成功传递原燃材料涨价的影响，通过实现价格理性回归来创造和提升企业价值，为行业健康发展做出贡献。

第三，管理整合。联合重组不是目的，获得效益才是企业的目的。联合重组解决了资源配置的有效性问题，回答了规模问题、资源问题，但没有完全回答如何使资源发挥更大作用、产生更大效益的问题。只有管理整合与联合重组同时起作用才能产生效益。为此，我们对进入的企业实施"格子化"管控、"八大工法"、"六星企业"等深度整合。多年的实践告诉我们，企业经营的难度在于不仅不能犯大的战略性错误，也不能犯大的技术性错误。管理整合关系到联合重组的成败，只有做好管理整合才能最终提高企业效益。

总之，重组是一个化合反应，而不是简单组合。正确的思想理念是重组成功的前提，共同的战略愿景是重组成功的动力，恰当的操作方式是重组成功的保证。只有这三个方面都做好了，大规模重组才能平稳快速地推进，重组后的企业才能健康有序地运行。

## 不能"包打天下"，而是"三分天下"[1]

今天的市场竞争越来越激烈，任何一家企业的资源和能力都是有限的，只有根据行业特性和自身优势，理智地进退，成功的把握才会

---

[1] 基于2012年12月24日在国资委中央企业负责人管理提升专项汇报会上的发言整理而成。

更大。所以，做企业千万不要想着"包打天下"，而是要学会"三分天下"。要从最终效益与价值出发，理智地思考在哪些地方更有利可图，哪些地方更有发展前景，其他地方则可以让别人去做。

中国建材在联合重组的过程中，坚持不"包打天下"，而是"三分天下"。所谓"三分天下"，即通过明确水泥的区域化发展战略，形成大企业主导各自战略市场区域的格局。

为什么要"三分天下"？这是由水泥产品的"短腿"特性决定的，水泥只有150公里的运输半径，因此再强有力的联合重组也不能使某一家公司包打天下，分散布点或以线形布局的方式都不行。只能在一定的地理区域内分销，按区域成片布局，在区域内形成一定的市场话语权。此外，"三分天下"也是一种竞争战略。做企业不能囫囵吞枣、盲目扩张，一切要从最终效益出发，有所为有所不为，理智地思考在哪些地方更有利可图，其他地方则让别人去做，这样可以减少压力。

按照"三分天下"的原则，中国建材实施"大水泥"区域化战略，推进联合重组，构建起四大核心战略区域，即以山东、江苏为主的淮海区域，浙江、江西、福建、湖南、广西与上海等省市所在的东南经济区，以东北三省为主的北方区域，重庆、四川、云南、贵州所在的西南地区，形成了中国联合水泥、南方水泥、北方水泥、西南水泥四大水泥产业集团，撤出西北、京津、华北和中部地区。

在区域市场内，中国建材通过调整优化和管理整合，将纳入麾下的众多水泥企业分区域整合为运营效率较高的整体，即通过股权结构优化、盘活被收购企业的无形资产，以及输出成熟的管理模式，打造一批管理优秀、业绩优异的"明星企业"，从而提升公司的整体竞争力，将众多"小舢板"打造成"航母"。同时，积极倡导共生多赢的包容性竞合模式，坚定不移地开展核心利润区建设，坚定不移地推进市场竞合，实现区域内企业的共同发展，为提升行业价值发挥了积极作用。

中国建材"三分天下"的整合理念符合国家产业政策、行业发展特征及企业自身战略，符合地方产业结构调整的迫切要求，符合被重组企业的诉求，为中国水泥行业的良性、有序、健康发展奠定了良好基础。

推而广之，做企业也要有地盘概念，对于已有行业领袖的地域，可以尽量不去触及，也就是常讲的不要轻易动别人的奶酪。做企业不能吃独食，独行快，众行远。

## 从利润出发是前提[1]

中国建材的联合重组从来不是为大而大、为多而多，而是紧紧围绕盈利这个目的，从利润出发，这是前提。每一次重组能不能赚钱，盈利点在哪里，盈利模式是什么，这些问题都必须搞清楚，至少能大致算出来。不仅如此，我主张只有在明显能赚钱的前提下才做，如果赚钱的过程说起来和做起来都很复杂或者模糊，就应该放弃重组。实际操作中主要有以下几条经验。

首先，我们是在行业产能严重过剩的情况下实行联合重组的，重组成本比较低，而且获得了土地和矿山等资源，相当于"抄底"，这就奠定了获利的基础。以重组南方水泥为例，我们之所以选择在东南经济区开展重组，主要基于两个方面的考虑。一是区域选择。在东南地区，浙江在全国率先完成了水泥新型干法生产工艺的技术升级，技

---

[1] 节选自2018年7月16日在国家行政学院推动战略性重组提高核心竞争力专题研讨班的交流内容。

术和装备很先进；湖南、江西、广西等地市场需求增长潜力大、资源能源条件优越。这些区域间联系密切、交通便捷，有助于资源、资金、技术、市场与人才的优势互补，符合以点带面、连线成片、迅速做大、形成合力的联合重组要求。二是时机选择。2007年前后，浙江水泥行业"狼多无虎，鱼多无龙"，由于产能过剩、企业分散、竞争无序等问题，成为全国水泥价格战的重灾区，行业整体性亏损严重。因此，地方政府、行业协会、企业对水泥行业进行组织结构整合的呼声很高。中国建材抓住时机，顺势而为，扮演起整合者的角色。

其次，重组其他水泥企业之后，着重建设核心利润区，提高产业集中度，增强在区域市场的话语权，使水泥价格合理回升，这是实现盈利的第二个关键点。联合重组的目的是增加集中度，集中度是价格稳定和企业获利的前提。中国建材采取精准的市场细分，将战略区域从省一级划分到市县级，用最少的资源获得最高的利润回报，45个水泥核心利润区对水泥业务的利润贡献率已经超过80%。

再次，后续管理整合、集中结算、集中采购、集中销售、降本增效、科技创新等措施的实施，可以形成并提高企业的规模效益，这是赢利的第三个关键点。

作为经济组织，企业归根结底要盈利。我有时候常想，中国建材既是一个会赚钱的公司，又是一个很值钱的公司。会赚钱，是通过提高区域市场集中度、开展市场竞合，稳价保价，使水泥能挣钱。企业要想获得利润，必须在成本和价格上下功夫。降低成本是赢利基础，而对于价格，大家往往感到力不从心，只能随波逐流。但我认为，企业要关注价格，稳定价格必须有一定的市场占有率，提高价格则要有一定的技术含量，即企业应靠扩大市场占有率和提高技术水平来获得定价能力，提高赢利能力。很值钱，是说我们收购的水泥企业，包括土地和矿山，现值已超过2000亿元。像2017年南方水泥关闭了几个小工厂,仅地价就覆盖了当年的收购价格,还有两三亿元的收益。中国建材的重组涉及 4 亿多吨水泥、近千家企业,按照重置成本计算,这场大规模收购的平均成本每吨只有 375 元,而 2018 年重置水泥成本每吨需要 450~500 元,所以我们的收购是非常划算的。

## 只收会下蛋的"老母鸡"[1]

虽然中国建材的联合重组是从利润出发,选择在最佳时机打响战役,但是在和被重组企业谈判的时候,我主张价格公允,不仅如此,还会在公平合理定价的基础上给予对方适当的优惠。为什么这么做?原因有两个:第一,我们选择的收购时机已经很好了,收购价也已经很低了,不能再乘人之危;第二,重组是按市场论价的,但重组的往往不只是工厂,还有市场的潜在价值,因此有一定的战略性溢价是正常的。

我把这套理论叫作"老母鸡理论",即重组过程中只收会下蛋的老母鸡,收来之后可以多给一两个月的"鸡蛋钱",不能斤斤计较,过两个月,蛋不就都是我们的了吗?归根结底,对方得到的是公允的价格,我们买到的是重组后的利润。所以说,能赚钱的企业,即使价格高一点儿也要收;不赚钱的企业,即使价格再便宜,甚至是零价格,也不能要。那么,重组中的溢价由谁来出呢?由市场出。中国建材通过联合重组扩大了市场占有率,提高了市场竞争力,扭转了由恶性竞争、竞相压价等引发的水泥价格结构性过低的局面,保证了重组之后

---

1 节选自 2015 年 11 月 7 日在北大光华管理学院的讲课内容。

行业价值与企业利润的提升。也就是说，重组的溢价实际上是由市场健康化后企业获得的效益增量支付的，从而弥补了重组过程中多付出的代价。这也是西方国家联合重组的一个基本原理。

中国建材收购徐州海螺就是非常有代表意义的案例。2006年，中国建材股份在香港上市后，联合重组的序幕由此开启。第一战是在徐州，对手是当时中国水泥的龙头企业海螺集团，双方的价格战打得昏天黑地。当时中国建材处于被动地位，因为徐州海螺是一条万吨线，打到最惨烈时，我们在徐州的9个搅拌站客户丢掉了6个半，情况万分危急。徐州是我们水泥战略的重地，失去徐州就会全盘皆输。关键时刻，我们派人和对方谈判，希望能够收购徐州海螺。弱者收购强者？不合常理。当时两家竞争，徐州海螺的利润也大受影响，但他们觉得我们的厂不理想，不愿意被收购。最终，中国建材出资9.6亿元重组徐州海螺。对于这场交易，有人认为中国建材亏了，多付了钱；也有人认为徐州海螺亏了，输了战略。但事实上，这场并购是双赢的，中国建材赢得了徐州市场，徐州海螺赢得了丰厚的回报。重组后，我们当年就多赚了3亿元利润，把多付的几个月的"鸡蛋钱"挣了回来。国资委专家组认为，此次重组有效提高了产业集中度和企业竞争力，完成了技术升级，避免了恶性竞争，实现了平稳过渡，达到了预期目标。

后来，我也是按照"只收会下蛋的老母鸡"的经验指导国药集团的收购工作。2009年，国药控股在香港成功上市后，我叮嘱公司高管三件事：一要完成承诺的利润；二要迅速在全国布局物流中心库；三要加快对目标区域药商的收购，迅速构建覆盖全国的国药网。后来在收购过程中，大家常为收购价纠结，也让竞争者抢走了一些标的项目。我鼓励大家，如果是会下蛋的"老母鸡"，就可以有合理的溢价，于是国药加快了收购速度。应该说，那场成功的大收购得益于这个"老母鸡理论"。

# 有效的模式可以复制

## 联合重组的模式能适应更多行业[1]

随着联合重组的深入推进,中国建材集团快速发展壮大,社会影响力也不断提升。许多企业家和媒体朋友都问我:中国建材集团联合重组的模式可以复制吗?我的回答是:可以。这种模式之所以能够成功,是因为它符合中国市场经济规律和企业成长逻辑,所以它不仅适用于建材行业,也适用于钢铁、煤炭等传统产业领域。

在任国药集团董事长期间,我把中国建材集团的联合重组模式复制过去,实践证明这是可行的。医药行业和建材行业一样存在"多散乱"局面,美国的医药销售公司有三家,而国内却有两万多家。国药集团肩负起行业整合者的历史重任,成立国药控股公司并在香港上市,之后借助资本市场的力量,启动了全国大规模的联合重组,迅速建立了覆盖全国近290个地级以上城市、14万家行业客户、三级医院覆

---

[1] 节选自2014年4月22日的中国之声特约观察员访谈内容。

盖率达95%的全国医药物流分销配送网络。2013年，国药集团继中国建材集团之后进入《财富》世界500强企业行列，成为第一家跻身《财富》世界500强的中国医药企业。两家企业都取得了快速发展，秘诀就在于坚持市场化原则，循着行业发展的内在逻辑做事，运用全球资本杠杆完成了"整合、整合、再整合"的发展目标，有媒体称这套经验为"宋志平模式"。

前几年，有钢铁企业的领导者来问我，怎么才能让钢铁行业走出困境？钢铁和水泥同属基础原材料行业，同样处于产能严重过剩的阶段，我把自己在整合过程中取得的经验和教训毫无保留地告诉了他们。钢铁的过剩产能怎么退出呢？答案是靠大企业联合重组。比如，河北省的钢铁行业，可以通过联合重组、发展混合所有制的方式形成两家大型公司，把小钢厂老板转变为小股东，然后根据市场需求关停工厂。

对于产能严重过剩的传统产业来讲，中国建材的联合重组模式有两个核心点：一是提高集中度，解决过于分散和恶性竞争的问题，集中起来以后进行合理布局，通过减产限产让价格理性回升，让企业不再亏损；二是构建混合所有制的大企业平台，混合前是小企业的大股东，不挣钱还债主临门，混合后是大企业的小股东，每年还能分到不少利润。鲁迅先生说："其实地上本没有路，走的人多了，也便成了路。"我希望中国建材的故事能在更多的行业再现，能够为其他企业提供一些借鉴与参考。

# 中国建材凭啥入选哈佛案例？[1]

对全球学者和企业家来说，联合重组都是一个重大命题，是企业经营高潮，也是惊险的艺术。2009年，哈佛大学鲍沃教授听说中国建材正在进行水泥业的联合重组，很感兴趣。鲍沃教授对行业重组和产业结构调整很有研究，曾研究过GE公司案例，也曾聚焦欧美水泥业重组，在他看来，在中国这么大的市场做重组，一定是一件惊天动地的事情，可以为全球并购提供一些经验。于是，鲍沃教授和我们进行了沟通。

在接下来的两年时间里，鲍沃教授带领他的团队走遍我们的水泥厂，调研了中国建材旗下几十家子公司、工厂，和18位高管一一对话。通过实地调研，鲍沃认为，中国建材实施的联合重组策略非常了不起，在推进产业结构调整中发挥的积极作用、在重组与整合模式中取得的卓越成绩和管理团队的超强执行能力等，为大型企业提高重组和整合效率提供了良好的范本。2011年9月，《中国建材：推动中国水泥产业发展》案例正式走进哈佛大学的课堂。

案例从四个方面分析了中国建材在中国水泥产能过剩、企业过于分散、恶性竞争的产业环境中，如何克服重重困难并实现快速成长。第一，勇担改善行业结构调整的使命，确立了清晰的战略，以存量整合为主，以市场化方式推进跨地区、跨所有制的大规模联合重组。第二，探索"央企市营"的新机制，实现了包容性成长和快速扩张。第三，建立了并购后的独特整合框架及模式，管理整合及文化整合让重组企业迅速进入规范管理的快车道，确保了联合重组的成功。第四，

---

1 节选自2011年11月28日《人民日报》文章《中国建材凭啥入选哈佛案例》。

持续开疆辟土，有序展开水泥产业整合的计划，不断延伸产业链，提高管理水平，着眼于行业未来，引领全行业实现可持续发展。

入选哈佛大学案例对我们意味着什么？我认为它肯定了中国建材作为一家央企融入市场的实践，也肯定了我们在实践中归纳升华的企业管理和经营思想。过去，有些外国学者认为中国国有企业有着世界上最廉价的企业家和最大的企业浪费。现在，他们注意到中国国企的管理水平有了大幅提升，很希望探究中国企业的成功经验。哈佛大学作为全球最顶尖的学府，研究了一个在西方备受争议的企业形态——央企，研究了中国建材作为一家央企以联合重组破解产能过剩问题的智慧以及在并购过程中的管理实践。

国资委原副主任邵宁表示，央企的商业模式和管理实践入选世界顶级商学院的教学案例，在央企中还不多见，中国建材作为中国产业结构调整的代表被收入哈佛商学院的案例，打开了世界经济学人了解中央企业市场化运行方式和中国市场化进程的一扇窗，具有非常积极的意义。

## 两材重组无缝对接[1]

央企中有不少业务同质化企业，以前是提倡企业之间的竞争，部委企业在脱钩时，总要构建两个以上的集团公司，这些年的竞争也确实对促进这些公司的发展起了推动作用。随着企业发展和国际化进程，

---

[1] 2019年2月26日在中国一重的交流内容节选。

同为国资委下属企业，大家在海内外市场展开激烈的价格竞争，这不合逻辑，但埋怨哪一家企业好像都不对。加之建设世界一流企业、提升全球竞争力、加快转型升级的现实需要，央企合并加快了步伐。两材就是在这种大背景下走到了一起。

2000年，国家建材局在国家机构改革中被撤销，建材行业里形成了中国建材和中材两家央企。最初，两家公司业务有所区别，原中国建材偏重于建材的生产制造，原中材偏重于建材的工程设备安装，在后来的发展中，两家企业的业务越来越同质化，相互间常有竞争。2014年，我从国药卸任后，根据上级领导的指示，主动推动两材合并。从两材来看，由于分开经营十多年，竞争中难免有些矛盾，而且由于重组涉及大量企业和人员，所以难度相当大。我和中材领导多次深谈，制订了详细的重组方案，每个环节都想得很细致。结束两家长期恶性竞争的局面，组建一家世界级建材航母，是我们共同的梦想。2016年8月两材重组获国务院批准，8月26日新中国建材集团正式宣告成立。两材重组在中国乃至世界建材发展史上具有重大而深远的里程碑意义，既是贯彻党中央、国务院决策部署、落实服务国家战略的要求，也是深化国有企业改革、优化国有资本布局结构的重要举措。

两材重组有着非常清晰的思路，重点围绕三件事展开：一是资源优化，即如何让两材企业的众多资源更加优化，更好地推进供给侧结构性改革，提高企业自身整体的竞争力和经济效益，这是核心思想。二是市场整合，如何让国内、国际建材市场更加规范化，避免无序恶性竞争，降低单位成本，提高运行效率，这是整合的应有之义。三是通过整合如何真正实现1+1>2的效果，最终目标是提质升级参与国际竞争，为"一带一路"建设贡献力量。围绕这些思路，我们在整合过程中制订了缜密的计划，稳步推进重组"三步走"战略，扎实开展"四大优化、六大整合"，使两材重组实现优势互补、取得了1+1>2

的效果，实现了公司的再造。

在重组的过程中，两家企业的干部表现出高度的责任感和大局观。我们一个月内就完成领导班子配备、职能部室设置和人员调整安排，两个月内完成了二级平台搭建，实现了集团层面和二级公司层面的无缝对接。虽然重组整合力度非常大，但整个过程平稳迅速，可以用春雨润无声来形容，干部员工都很满意。能达到这样的效果，一是战略清晰，前期方案做得好；二是执行到位，实施步骤和措施都很细致；三是团队给力，中国建材集团有融合的文化基因，两材干部对这场合并高度认同，大家心往一处想、劲往一处使，全身心投入新集团改革发展实践。

是巨龙就要腾飞。两材重组以来，中国建材集团发生了巨变。从内部来看，集团以重组为契机加快调整转型，由一家以水泥业务为主的建材企业，转变为综合性建材和新材料产业投资集团。水泥、商混、石膏板、玻纤、风电叶片、水泥与玻璃国际工程等七个领域业务规模居世界第一。2018 年中国建材实现利润总额超 200 亿元，营业收入 3463 亿元，社会贡献总额 768 亿元，创造了历史最好经营业绩。从外部来看，集团国内外影响力不断提高，对资本市场、金融机构、国际同行、上下游企业显现了强大的磁场效应。作为央企兼并重组的试点，两材重组为央企合并树立了典范。中国建材集团作为 8 家央企代表之一，在全国国有企业改革经验交流会现场交流了重组经验。国资委领导同志在国务院常务办公会上汇报央企重组工作时，也对我们的整合工作提出表扬。

## 深度整合烧出一锅"好菜"[1]

两材重组不是混合反应,而是化合反应,两家公司一定要在重组后进行深度整合,实现资源共享最大发挥、优势互补最大发挥、叠加效应最大发挥。这就好比烧菜,土豆、萝卜、白菜不能简单堆放在一起,而是要把它们熬成一锅好菜。两材重组伊始,我就提出了"四大优化、六大整合"的整合思路,希望进一步提升中国建材集团的合力和竞争力。

### "四大优化"主要是在集团层面推进

一是优化集团发展战略。围绕建设世界一流企业,明确创新驱动、绿色发展、国际合作三大战略,打造"基础建材,国际产能合作,三新(新材料、新能源、新型房屋)产业发展,国家级材料科研,国家级矿山资源,金融投资运营"六大业务平台,确定精耕细作基础建材、大力发展新材料、积极培育新业态的业务发展"三条曲线",努力实现高端化、智能化、绿色化、国际化的"四化"转型,提出集团2020、2035、2050中长期奋斗目标和国际化发展"六个1"目标。

二是优化精减总部机构。集团总部机构由原两材的27个整合为12个、人员由269人调整为不到150人,保持了机构精简、人员精干。周到稳妥安排精减干部充实到二级、三级企业,努力做到职务有升不降、薪酬有增不减,精减工作繁而有序,稳定了队伍,激发了干劲。

---

[1] 节选自2017年8月《中国建材报》文章《从大到伟大的新征程》。

三是优化精干二级平台。原两材的 32 家二级企业整合为 17 家，后经过多次整合，到 2017 年，二级企业 11 家，这为业务整合和打造大利润平台奠定了坚实的基础。

四是优化创新制度体系。建立协调良好、运作有效的党委会、董事会、经理办公会、职工代表大会协调机制，完善有效、高效的会议制度。把加强党的领导和完善公司治理有机融合，党委前置决策制度化。通过会议日打破谷仓效应，互相交流学习，加强互通，宣贯战略部署并推动落实。

### "六大整合"主要指业务层面

一是品牌文化整合。确立了核心价值观——创新、绩效、和谐、责任，行为准则——敬畏、感恩、谦恭、得体。在品牌标识上倡导包容，新集团沿用原中建材集团 CNBM 标识，同时保留原中材集团 SINOMA 标识，在国际工程领域进一步推广原中材 SINOMA 品牌。企业品牌战略应根据自身情况而定，如果产品相对一致，宜用单一品牌；如果产品之间相对独立，则宜用多品牌。重组要汇集各方优势形成最佳组合，形成类别丰富、斑斓多彩的企业集群，而不是重组一家企业就注销一个品牌。

二是小两材整合。小两材采用了换股吸收合并的整合方式，即中国建材股份向中材股份 H 股股东发行 H 股，向中材股份非上市股股东发行非上市股，换股吸收合并中材股份。换股后，中国建材集团直接及间接持有合并后中国建材股份总股份的 42.2%。合并后的中国建材股份直接持股 21 家企业，其中上市公司 7 家。

三是水泥业务整合。我国水泥行业长期产能严重过剩，产能利用率仅 60%。新集团的 9 家水泥公司，积极发挥大企业作用，引领行业淘汰落后、推进市场竞合、执行错峰限产，推动水泥向高性能化、特种化、商混化、制品化"四化"方向发展，提高产业和产品的附加值，在业务重合区域积极整合市场资源。

四是国际工程业务整合。两材共有14家涉及工程服务的公司，过去容易打乱仗，大量内耗，损失收益。新集团成立协调工作组，明确"精耕市场、精准服务、精化技术、精细管理"的要求，提出减少家数、划分市场、集中协调、适当补偿、加快转型的思路，多次组织工程协同会议，确定统一经营理念、统一竞合、统一对标体系、统一协调机构的"四统一"原则，让各企业相互借鉴、深入交流，发挥各自的优势，扎实有效展开合作。

五是产融整合。充分发挥财务公司功能，努力提高企业资金归集度，降低资产负债率，保护资金链安全，提升抗击金融风险的能力。新集团承接原中材集团持有的财务公司70%股权，财务公司更名为中国建材集团财务有限公司，集团制定全口径日均资金集中度目标。

六是产研整合。新集团拥有26家国家级科研设计院所和3.8万名科技研发人员，具有雄厚的科技创新资源优势。我们组织召开产研整合专题会，在集团层面进行统一部署，并以中国建材总院、南玻院（南京玻璃纤维研究设计院）、工陶院（山东工业陶瓷研究设计院）为平台，打造行业"中央研究院"，加强基础性、共性、前瞻性技术研究和多元化新兴产业研究，构建具有国际竞争力的技术创新体系。

总的来看，两材重组整合工作有力有序，推进平稳，集团综合实力进一步增强，市场竞争力和国际影响力明显提升。各个板块公司也找准了定位和方向，行业领先地位不断巩固，走上了持续优化升级的通道。

# "四合一"打造新国药[1]

近 10 多年来,我亲历了 8 家央企的重组:中国建材集团先后与中国轻工业机械总公司、中国建材科学研究院、中材集团进行重组;国药集团相继与中国生物技术集团公司、上海医药工业研究院、中国出国人员服务总公司进行重组。其中,国药集团的"四合一"重组因为有中国建材的重组经验在前,只用了短短一年多时间就顺利完成。

"四合一"重组有着深刻的逻辑,它是贯彻落实中央关于转变经济发展方式战略部署的具体体现,是我国医药产业发展壮大和应对国际竞争的内在要求,是国资委开展央企结构调整、打造中央企业医药健康产业平台的重大举措。从企业自身来看,4 家央企分别是医药分销物流、生物制品、医药研发和对外经贸服务领域的优势企业,在各自的细分领域均有清晰的发展战略和规划。但是,4 家企业各自都有自己的不足,产业链不完整,与参与国际竞争的要求和央企应承担的责任相比,还有很大差距。推进中央医药资源重组整合、培育具有国际竞争力的大企业集团就成为水到渠成的事情。

央企合并采取国资委引导、企业自愿的方式,国资委一般不强制,要大家"自由恋爱"。但过去大家在央企里都是一级公司,整合后有可能降为二级公司,不到万不得已,谁都不愿走这一步,因此整合非常有难度。我就一家一家地谈,给大家讲弥补短板、优势互补的道理和打造国家医药专业化平台的愿景,逐渐做通了其他三家的工作。整合中,我们在公司结构上采用的是吸并方式,人员安排上采用的是合并方式,也就是保留中国生物技术集团公司等作为国药成员企业,公

---

[1] 节选自 2018 年 3 月 1 日在中央电视台的演讲内容。

司领导层则到集团层面任职。这种做法照顾了方方面面，推进起来比较顺当。后来，中国建材集团两材合并时也采取了这种"吸并+合并"的模式：中材集团以吸并方式加入中国建材集团，而领导班子和集团干部则是合并。

国药集团以前的强项是医药分销，医药制造和科研力量非常薄弱，重组后生物制品、科学仪器与医疗器械、医药科研、医药国际、医疗健康等五大核心业务从无到有，由弱变强，实现快速发展。"四合一"重组完成后，新国药把加大内部资源整合力度、坚持主业发展、优化业务结构和组织结构作为工作重心，整合效应逐渐显现，迅速成为国内在经营规模、科研实力、产业链和网络覆盖方面极具优势，承担医药领域国家战略任务，具有国际化经营基础的医药健康产业集团，引领和带动了我国医药行业的改革发展。之后，国药集团通过资本运营、联合重组、管理整合和集成创新的步骤，推动国药控股在香港上市，继而以混合所有制方式开展大规模行业整合，这些对国药集团后来的发展起到了关键作用。

"四合一"重组是"十一五"期末国资委直接领导和推动下的最大规模的重组，通过对央企医药资源的组合，打造了国家医药健康产业平台，搭建起国药集团科工贸结合的基本框架。国资委评价这场重组为"合心、合力、合作"的典范，实现了资产上的联合、管理上的整合、文化上的融合。

# 第四章
# 改革与机制

改革不像田园诗那样浪漫。改革从来不是繁花似锦,从来不是漂亮的口号,只有践行者才能真正理解其中的艰辛。国企改革没有回头路,我们必须始终坚定不移地走市场化道路,开展机制改革,建立起企业效益和经营者、员工利益的正相关关系,让企业成为共享平台。

# 聚焦高质量发展
# 提升核心竞争力

## 国有企业改革迈向新征程[1]

党的二十大擘画了全面建成社会主义现代化强国、要以中国式现代化全面推进中华民族伟大复兴的宏伟蓝图。国有企业是中国特色社会主义的重要物质基础和政治基础,是党执政兴国的重要支柱和依靠力量,在全面推进中国式现代化进程中发挥着不可替代的重要作用。

改革是做强做优做大国有资本和国有企业的关键一招。2018年6月习近平总书记到万华考察时的重要讲话非常发人深省:"谁说国企搞不好?要搞好就一定要改革,抱残守缺不行,改革能成功,就能变成现代企业。"[2] 山东烟台的万华是个化工企业,当年是做人造革的一个小厂,现在发展成了中国的"巴斯夫"[3],做得非常好,是通过改革

---

[1] 节选自2023年4月28日在清华大学2023年启航基层校友论坛的演讲内容。

[2] 《郝鹏:新时代国有企业改革发展和党的建设的科学指南》,参见:https://www.gov.cn/xinwen/2022-07/03/content_5699030.htm。——编者注

[3] 巴斯夫股份公司(BASF SE)是一家德国化工企业,也是世界市值第一的化工企业。——编者注

走向成功的一个典范。

对此我其实体会挺深的,当年我在北新建材的时候,它还是吃不上饭的一个公司,几千号职工嗷嗷待哺,后来经过努力它变成了一个优质的上市公司,而且这么多年都很稳健。中国建材过去是个资不抵债的央企,经过这么多年发展,变成了全球最大的建材企业、《财富》世界500强企业,国药集团也是一样,所以我就觉得其实国企是能够搞好的,但是要搞好就要改革,抱残守缺不行,什么叫残、什么叫缺?我们旧有的那些思想、传统的一些观念必须改变。

国有企业能不能和市场结合?这曾经是世界难题。西方也有国有企业,当年法国左派搞过国有化运动,后来右派说国有企业效率低,然后又搞私有化运动。到底国有企业能不能和市场结合,怎么结合,它的体制、制度、机制应该是什么样子的?这在改革初期我们很多人并不明白,只知道要进行市场化改革,建设社会主义市场经济。国有企业和计划经济接轨是天然的,但国有企业和市场经济到底怎么接轨?国有经济和民营经济该怎么融合?是泾渭分明、水火不容吗?是产生所有制竞争吗?这些问题是国有企业改革中需要面对的问题。

我们经历了40多年的改革,最开始是放权让利。因为当时是计划经济,国家统购统销,放权让利是给企业一部分销售权,可以按照市场价格销售,这样企业能有效益。之后推行承包制,所有权和经营权分离,所有权是国家的,把经营权交给企业,这是当时做的一项很大的改革,是了不起的事情。后来开始搞市场经济,提出现代企业制度,企业作为市场经济的主体。我那时候在北新建材做董事长,北新建材原来叫北京新型建筑材料总厂,后来改制成立了北新建材集团有限公司,我从厂长成为董事长,公司有了法人财产权。1994年《公司法》正式施行,开始依据《公司法》来治理公司,这其实是一个很大的变化。之后我们推动了公司上市,把企业的好资产剥离出来,包装起来到深交所、上交所上市，募集资金解决国有企业"钱从哪里来"的问题。

因为面对改革，当时很多企业不能适应，难以生存。那时候北新建材所在的整个工业区里，大概只有北新建材等少数几家企业活了下来，北新建材通过成功上市，募集了8亿元资金，支撑企业活了下来。后面做了什么？那就是抓大放小，地方上的一些国有企业进行改制。这是一场改革，其实也是民营企业发展的基础，不少民营企业是由国有企业转制而成的。再后来开始实施董事会改革、薪酬制度改革等，这么一路改革过来。但是，随着国际市场的变化，随着社会主义市场经济的发展，当时有的国有企业还不能完全适应市场要求。

党的十八大以后，国企改革进入新阶段，这一轮改革更加注重改革的系统性、整体性和协同性，不是"八仙过海""摸着石头过河"，而是加强顶层设计，同时发挥企业基层首创精神。党的十八届三中全会审议通过了《中共中央关于全面深化改革若干重大问题的决定》（以下简称《决定》），为贯彻落实《决定》精神，中共中央、国务院印发了《关于深化国有企业改革的指导意见》，强调了国有资产监管机构以管资本为主、推进混合所有制改革等重要改革内容。此后一系列配套文件陆续出台，构成了国企改革的主体框架和四梁八柱。

在"1+N"系列文件指导下，国资国企先后开展了"十项改革试点""国有资本投资、运营公司试点"等一系列改革试点，实施"双百行动""区域性综改试验""科改示范行动"等专项行动，充分发挥突破示范带动作用，国企改革取得了新的重大进展。2022年，我国国有企业实现营业收入82.6万亿元，超过了GDP的一半，利润总额4.31万亿元，其中，中央企业累计实现营业收入39.6万亿元，同比增长9.1%。从这些数字看，这些年由于改革，国有企业的综合实力不断增强，为我国经济持续稳定增长做出了重要贡献。

国企改革三年行动的发布加快了"1+N"的工作步伐。三年来，各方面共同努力完成了国企改革三年行动的主要目标任务，取得了一系列重大成果，推动国资国企领域发生了全局性、根本性和转折性变化。

党的二十大强调，深化国资国企改革，加快国有经济布局优化和结构调整，推动国有资本和国有企业做强做优做大，提升企业核心竞争力；完善中国特色现代企业制度，弘扬企业家精神，加快建设世界一流企业。习近平总书记在《求是》发表的署名文章《当前经济工作的几个重大问题》中，对国有企业下一步改革也有非常清晰的阐述，强调"国企改革三年行动已见成效，要根据形势变化，以提高核心竞争力和增强核心功能为重点，谋划新一轮深化国有企业改革行动方案"。

在我理解，下一步国企改革的工作可关注以下几点。

一是提高核心竞争力和增强核心功能。核心竞争力指一家企业在市场中确实比其他企业具有竞争优势，它并不是只靠某项单一的专长而获得，而是靠企业的综合能力来支持。国资委提出提高企业核心竞争力就要聚焦加快解决科技、效率、人才、品牌等方面的突出问题，加强深化改革，加大创新力度、加快补短锻长、结合企业特点塑造独特竞争优势。增强核心功能则要聚焦发展实体经济、把主业的饭碗端牢，以市场化方式推进战略性重组，加快企业间同质业务整合，分步骤、有计划地加快调整优化国有经济布局结构，聚焦国计民生重点领域，提升国有经济比重，在战略性新兴领域加快构建新的增长引擎、深化产业链生态圈战略合作，更好发挥国有经济整体功能作用。

二是健全以管资本为主的国资管理体制。现在的体制是国资委以管资本为主。国资委下面有三类公司：投资公司、运营公司和产业集团。这三类公司解决了国有经济和市场怎么融合的问题，并通过这三级结构，即第一级管资本，第二级管股权，第三级管市场竞争，比如中国建材集团就属于第二级，中国建材集团旗下的企业是第三级，在市场上参与竞争。

三是以市场化方式推进国有企业整合重组。这几年国有企业大规模推进战略性重组和专业化整合，从2013年到2023年10年间，中央企业从117家调整到了98家。自2020年以来三年间，有4组7家中央企业、116组347家省属国有企业以市场化的方式实施了战略性重组。像宝钢重组了武钢、马钢、太钢、重钢、昆钢等一些钢铁公司，实现"亿吨宝武"的历史性跨越，并带动我国钢铁产业集中度提升，形成了从联合到整合再到融合的一套成熟做法。

四是完善中国特色国有企业现代公司治理体系。现在全国各层级3.8万户国有企业实现董事会应建尽建，实现外部董事占多数的比例达99.9%。下一步还要继续强化董事会建设，继续完善国有企业的现代公司治理。

五是真正按市场化机制运营。从外部来讲，国有企业按照市场化机制和民营企业公平竞争。从内部来讲，是把经营机制引进来，解决活力问题。企业一定要有机制，没有机制不行。

六是加快建设世界一流企业。关于世界一流企业，中央提了4句话16个字：产品卓越、品牌卓著、创新领先、治理现代。怎么做到这些？国资委召开的国有企业创建世界一流示范企业推进会上指出重点在5种能力上狠下功夫，即科技创新能力、价值创造能力、公司治理能力、资源整合能力、品牌引领能力。

## 推动三个集中,增强核心功能[1]

党的二十届三中全会审议通过了《中共中央关于进一步全面深化改革、推进中国式现代化的决定》(以下简称《决定》),强调要深化国资国企改革,推动国有资本和国有企业做强做优做大,增强核心功能,提升核心竞争力。

国有企业究竟是要做什么?定位和核心功能是什么?应该怎么做好主责主业?这之间是有联系的。根据国有企业功能界定与分类,国有企业大致分为商业一类、商业二类与公益类。其中,商业一类位于充分竞争领域,主要履行经济责任,以国有资产保值增值为主。商业二类与公益类企业要更加注重服务国家战略需要,完成重大专项任务,聚焦保障民生,其功能使命属性更强。

《决定》明确指出,要进一步明晰不同类型国有企业功能定位,完善主责主业管理,明确国有资本重点投资领域和方向。推进国有经济布局优化和结构调整,推动国有资本向关系国家安全、国民经济命脉的重要行业和关键领域集中,向关系国计民生的公共服务、应急能力、公益性领域等集中,向前瞻性战略性新兴产业集中。

这"三个集中"就是国企要立足和重点发展的地方,充分体现了增强核心功能的要求。实际上我们一直是在朝着这个方向去做。国企改革增强核心功能是一个逐步推进、不断深化的过程。过去国企几乎无所不包,计划经济中,大大小小都是国企。现在我们不需要这样,不用面面俱到,而是围绕服务国家战略,以企业为主体、市场为导向,有进有退、有所为有所不为,抓大放小,让中小企业市场化运作,把国有资本放在国家真正需要的地方。

---

1 节选自 2024 年 10 月 8 日在天津国资委的交流内容。

今天，我们讲增强国资国企核心功能，就是要聚焦国之大者、围绕国之所需，发挥科技创新、产业控制、安全支撑作用，强化战略安全、产业引领、国计民生、公共服务等功能，聚焦主责主业发展实体经济，提升持续创新能力和价值创造能力，加快锻造发展方式新、公司治理新、经营机制新、布局结构新的现代新国企。

国企要坚守主责，做强主业。2003年国资委成立时规定央企主营业务不能超过三个，当时有的企业觉得可能会失去很多发展机会。20多年过去了，回过头来看，如果不做这个规定，央企的业务发展就会同质化，不可能形成今天这98家专业鲜明的央企，当然这要经过时间验证。企业围绕主业发展其实规避了很多风险。有的企业虽然看起来收入做得很大，但只是靠各个业务加总起来，并没有实现多元化的产业融合，没有形成竞争力和控制力，一旦遇到问题就轰然倒下。

此外，推动三个集中的一个重要抓手就是以市场化方式推动国有经济的战略性重组、专业化整合和前瞻性布局。这些年来出于国家战略需要、产业结构调整、产业链整合、避免同质化竞争等原因，国有企业进行了大规模重组整合。一开始主要是集团之间的重组整合，以前我在建材和国药就亲手推动重组了8家央企，建材4家，国药4家。中国建材和中国中材的两材重组也是典型案例之一。后来变成了加大集团成员企业之间的专业化整合，更侧重于企业内部业务板块的细分和专业化发展，操作相对灵活，可以进一步提升特定业务板块的竞争力和市场地位，通过挖掘央企之间、央地之间跨企业、跨层级、跨区域的整合空间，进一步提高国有资本配置和运行效率。

未来还要深入推进战略性重组和专业化整合，将核心业务和优势领域集中整合，推动资源向主业集中，从而实现资源优化配置、效率提升和成本控制，提升国有企业的核心竞争力和市场影响力，优化布局、调整结构，进而增强核心功能。

# 提升企业核心竞争力[1]

企业是一个市场竞争的主体，但企业靠什么竞争呢？企业的生命力就是核心竞争力。一家企业能不能生存下去，能不能发展起来取决于有没有核心竞争力。

每家企业能生存到今天都有自己的核心竞争力，只是有时候并没有完全意识到。由于没有意识到，就可能没有着力去培育它，企业在竞争的时候，就可能丢失或丧失核心竞争力，在其他方面下了很大的功夫却败下阵来，所以核心竞争力对企业来讲特别重要。

什么是核心竞争力？1990年，美国有两位学者在《哈佛商业评论》上写了一篇文章，提出了核心竞争力的观点。核心竞争力是企业组织中的集合性知识，尤其是关于如何协调多样化生产经营技术和有机结合多种技术流的知识，形成比竞争对手既快速又低成本的竞争优势。从这个定义来看，核心竞争力有三个特点：一是应该能为企业提供进入不同市场的潜力；二是对最终产品的顾客价值贡献巨大；三是难以被竞争对手模仿和复制。

20世纪90年代，我在北新建材当厂长，同时在华中科技大学读管理工程博士。北新建材是一家建筑材料行业的企业，是国有企业，要想生存下来挺艰难的。当时我就想，北新建材的核心竞争力到底是什么？北新建材的核心竞争力怎样形成？所以我选的博士论文题目就是"如何提升核心竞争力"。我对核心竞争力下了一个定义：核心竞争力是通过企业家创造性的资源组合而形成的企业独特的、能持续为企业带来竞争优势的能力。

---

[1] 节选自2023年5月30日在第二届潍坊专精特新企业峰会的演讲内容。

今天来看，核心竞争力就是使企业在市场竞争中保持领先的能力。综合来看，有几个方面的特点：第一，核心竞争力可能是企业长期打造形成的；第二，核心竞争力可能是几个专长组合而来的；第三，核心竞争力是很难被复制的；第四，企业即使有核心竞争力，也不是一劳永逸的，还要不断完善和巩固。

企业要形成自身的核心竞争力，首要的是树立四大核心理念，就是要回答四个问题：有没有核心业务？有没有核心专长？核心市场究竟在哪儿？有没有核心客户？

第一，核心业务是核心竞争力的基础。核心业务是公司所生产的最重要的产品或服务，它们往往为公司贡献最大比例的营收或利润。公司倾向于把最优质的资源分配给核心业务。企业不管是专业化、相关多元还是多元化，都要突出主业，把主业做强，千万不能偏离主业盲目扩张。我主张按照业务归核化原则把非核心业务剪掉，尤其是有出血点的非核心业务要下决心剪掉。

赤峰黄金是一家民营上市公司，上市后发展了七八项业务，结果非核心业务都亏损。企业不赚钱，股价下跌，陷入了危机。后来赤峰黄金聘请了王建华出任董事长，王建华曾在山东黄金集团做董事长，在紫金矿业集团做总裁，后来又到云南白药做董事长，管理过3家优秀的公司。他上任后遵循业务归核化的原则，把这些非核心业务都卖掉了，只留下了金矿开采这个核心业务，愿景是做到中国黄金行业第一名。几年过去了，这个企业重新焕发生机，现金流充沛了，利润也高了，股价也有提升。

第二，核心专长是企业核心竞争力的本质。俗话说"一招鲜吃遍天"，到底哪一招鲜？企业要明确自身的核心专长是什么，没有核心专长，就没有核心竞争力。企业的核心专长可能是技术，也可能是独特的资源、精细的管理、优秀的品牌、有活力的内部机制，甚至是杰出的企业家精神。比如北新建材做石膏板，没有太高的科技含量，但石膏板做得既轻又结实，质量和服务都一贯的好，这就是它的核心专长。

第三，核心竞争力着眼于开发和巩固核心市场。做企业要研究和明确自己的核心市场究竟在哪儿。到底是行业市场、区域市场，还是全国市场、全球市场，不管是哪个市场，都要在该市场集中巩固发展，精耕细作。我主张"三分天下"，在一个区域内形成一个核心市场，或在一个行业内形成一个核心市场。企业在推进全球化战略的过程中，也要慢慢形成一些核心市场。

传音是全球第五大手机厂商，2023年卖出了超9400万台智能手机，年营收超过623亿元，净利润超过50亿元，实现了超过100%的净利润增幅。它凭借极致的本地化和极高的性价比，在非洲智能机市场市占率超过40%，但产品并不在国内售卖。现在它正在走出非洲，努力开拓南亚、东南亚、拉丁美洲等市场。

第四，核心竞争力的最终目的是形成核心客户。客户是企业的江山，如果没有了客户，企业最后将不复存在，所以做企业始终要有以客户为中心的思想，理解客户的需求，为客户创造价值。销售员每天都见客户，但如果董事长忘了客户，这家企业也不会长久。

我在和中国商用飞机有限责任公司（以下简称"商飞"）的董事长贺东风交谈的时候，询问他在商飞把什么工作放在最重要位置。他说一是保证飞机的可靠性，在质量安全方面的可靠是排在第一位的；二是以客户为中心，要能为客户创造效益和价值。他每年都要用一定时间逐一拜访航司客户。

中国建材旗下的凯盛浩丰农业集团有限公司是国内最大的智慧玻璃温室运营商，发展智慧农业，主要种西红柿。这家企业的老总每天早晨醒来第一件事就是打开网站看看客户的反馈，而且主要是看负面的评价，以便改进工作。营造忠诚的客户群是企业产品取得溢价，从而获得丰厚利润的基础。

## 加快建设世界一流企业 [1]

我国经济已经从高速增长进入高质量发展阶段。我国企业面临的不仅有规模问题，还有质量问题。以规模而言，2021年《财富》世界500强企业中，中国企业数量远远高于美国企业数量，但距离世界一流，我们还有差距。《财富》世界500强的主要指标是销售收入，而世界一流是综合性指标。从重视速度、规模的增长到重视质量和效益，这样的转变对我们来讲有重要意义。

提出世界一流，也是我国企业参与国际竞争的需要。我国是制造大国，正在迈向制造强国。世界一流的大部分企业属于实体经济和制造业，像产品卓越更多指的是大型制造业企业。在这方面，我们还有一定差距，要在国际竞争中取胜，就需要企业快速成长，需要一大批世界一流企业带动整个产业发展。从大的意义上来讲，建设世界一流企业确实是当前一项非常重要的任务。

客观来讲，今天我们已具备建设世界一流企业的条件。20年前，中央企业中只有五六家跻身《财富》世界500强。20年后的今天，我国涌现出了这么多《财富》世界500强企业，已经具备了规模条件。

从制造业来讲，这些年我国制造业快速发展。一些省份在

---

[1] 节选自2022年7月27日"踔厉前行·领创未来——对话知名企业家系列活动"现场演讲及对话内容。

"十四五"规划中把制造业的比重调整到 30% 左右,希望制造业增加值在 GDP 中能够保持相当的比例。这意味着,我国不能像有些国家一样把服务业比重提高到百分之七八十,这既不符合我们的国情,也不符合国际竞争的大趋势。我们还是要把制造业做好,因为这是经济发展的一个重要基础。

同时,我们也要看到,这些年我国企业在创新能力上有非常大的提升,过去是"跟跑",现在是"并跑",有不少企业已经进入"领跑"状态。在这样的环境下,我们具备了建设世界一流企业的条件。

中央提出加快建设世界一流企业,国内很多高校,包括很多企业、机构都积极投入世界一流的研究。我们不仅要研究世界一流的内涵、标准、目标,还要在全世界遴选世界一流的样板,所以世界一流不仅是一个理论问题,也是一个实践问题。

世界一流的提出提供了这样一个标杆,一个可量化的参照系,对所有中国企业都具有广泛而重大的意义。有的企业现在可能不是一流的,而是二流的、三流的,或者不见得每个领域都能进入世界一流,但是起码我们知道了世界一流是什么样的,就能有一个追求目标,知道怎么去向世界一流看齐。企业把自己的每个方面都与世界一流的要素做比较,可能发现某一个或某几个方面存在差距。找到差距并不丢人,因为找到差距,我们就知道该怎么做了,就向世界一流又走近了一步。大企业要加快建设世界一流,中小企业虽然规模较小,但仍然可以通过世界一流的标准来提高自己的水平。

2022 年 7 月,国务院国资委召开地方国资委负责人年中工作视频会议,强调要准确把握加快建设世界一流企业的新部署新要求,提出几个坚持:坚持质量第一、效益优先,坚持壮大实体经济,坚持以改革创新为根本动力,坚持市场化法治化国际化方向,努力走出一条具有中国特色的世界一流企业创建之路。

我参加了一些关于世界一流议题的交流会，结合国资委会议精神，围绕产品卓越、品牌卓著、创新领先和治理现代这几个核心内容想谈谈个人的一些体会。

## 产品卓越

做企业归根结底是向社会贡献产品，产品决定了企业的层次。世界一流企业的产品一定是一流的、卓越的。怎样才能做到产品卓越呢？有几点特别重要。

第一，坚持做强主业。世界一流企业应该是主业突出的企业，把产品做好，做到极致。奉行专业主义、务实主义、长期主义，这些很重要，也就是说要务实、长期地做下去，扎扎实实、心无旁骛地做强主业。

第二，强化管理，提升质量，发扬工匠精神。管理是企业永恒的主题。做好企业有几件事很重要：第一件事是把产品做出来，这和产品创新有关；第二件事是能量产、规模化地生产；第三件事是合格率要提高；第四件事是成本要降下来；第五件事是把产品卖出去，做好服务。这一系列的工作里，管理是基础，必须加强管理。

宁德时代做动力电池做得好，其制造过程中采用极限制造的方法进行精细管理，把缺陷率控制在十亿分之一。因为它的工厂平均每1.7秒产出一个电芯，每20秒产出一个模组，每2分半产出一个汽车电池包，这么大规模的生产，必须确保每一个电芯都不能出问题，所以管理要特别精细。

再有就是要提升质量，其实做产品的核心还是要把质量做好。质量不是简单的"严"和"宽"的问题，仅靠最后的质量检验员检验是行不通的，要进行全过程全员参与的质量控制。从 TQC 到 ISO9000，再到现在的卓越绩效评价体系等,这些国际先进的质量方法和质量标准的引入,让企业的质量管理有了一套操作方法。北新建材2009年引入了卓越绩效评价体系,并于2019年获得"全国质量奖"。北新建材的石膏板在大家看来可能是普通产品,但质量一直做得非常好,在全国市场占有率达67%。

再谈谈工匠精神。我们不论做什么,都要聚精会神、扎扎实实地做。我常讲要学会深度学习、深度工作、深度思考。其实工匠精神就是要深度工作,埋头苦干,认真把产品做好。无论是德国还是日本,这些制造业强国都有一大批工匠,他们传承和发扬着工匠精神。

第三,大力推进智能化改造。智能化不仅降低了成本,更重要的是能够提高作业的精准度,提升产品质量。像美的这家公司,主营业务是家用电器,后来收购了德国的库卡(KUKA)机器人有限公司。美的工厂中,每万名工人配套使用工业机器人的数量有400多个,未来两年内打算提高到700个。

在产品卓越方面,我认为需要把几件事结合起来:一是要有很好的管理方法,突出管理的作用;二是要有工匠精神,依靠人来把产品做好,人要聚精会神;三是要合理运用智能化的工具和先进的装备。企业要重视自动化和智能化,同时,对人的管理、工匠精神这两方面也要加大关注度。

## 品牌卓著

市场是什么呢?其实就是品牌。下面,我结合汽车行业谈谈对品牌的认识和感想。过去这几年,带着对世界一流的思考,我参观考察了一些国内外的汽车企业,国外企业诸如日本丰田、德国奔驰等,国内企业诸如一汽、北汽、上汽、广汽、比亚迪等,还有一些新势力的汽车公司。为什么我会经常去考察汽车企业？因为汽车工业是制造业的代表之一。从某种程度来看，汽车工业的发展可以反映出一个国家制造业的水平。

回望历史，在第一轮开放汽车市场的时候，我国汽车企业主要是和国际知名品牌的汽车企业合资，可以说，生产的汽车是"万国汽车"，街上行驶的车辆不少是外国品牌。随着我国制造业整体水平的提高，国内汽车行业也快速发展，而且质量水平越来越高。和国外知名汽车企业相比，我国汽车企业在制造、设备等硬件方面，包括在自动化和智能化的水平上，已经毫不逊色。2021年我去广汽埃安的汽车生产线参观，这条智能化生产线是2017年建设的，车辆组装都是智能化、自动化，给我留下了深刻的印象。据说日本车企的技术员看了也很惊讶。

这几年我们在提高国产汽车品牌的市场占有率上卓有成效。现在国产汽车不仅内部的机械、电控等做得很好，外观的设计能力也很强。未来我们尤其要在新能源汽车这条赛道实现品牌国产化。

**创新领先**

20年前创新是个新名词，现在创新已经是耳熟能详但又对企业至关重要的内容。在我看来，创新应从以下几方面入手。第一，大力开展自主创新和集成创新。改革开放初期，我们主要是模仿创新，讲得比较多的是引进、消化、吸收、再创新。当年日本也是以模仿创新为主的一套工业体系，受益于这样的创新体系，我们得到了第一阶段的长足发展。但到了今天这样一个时代，部分企业从跟跑、并跑到领跑了，就不能再简单地走过去模仿创新的那条路，而是要大力开展自主创新和集成创新。模仿创新只能生产出二流、三流的产品，只有自主创新和集成创新才能生产出一流的产品。

第二，加大研发投入，强化实验室等基础建设。全球很多大企业都有相当强大的实验室，具备较好的研发条件。我们不少企业过去喜欢建生产线，制造能力很强，但在投资实验室这些基础建设方面做得还不够。这几年中国建材推出了电视、手机上用的电子薄玻璃，打破了过去日美企业的垄断。我们能把它自主研发出来，靠的就是有世界一流的玻璃实验室，所有的配方、工艺条件都是通过这个实验室完成的。

企业要创新，得有手段、标准、方法。首先，要在实验室里进行研发，而不只是在生产线上创新。企业在今天加大投入建设世界一流的实验室，未来才有可能做出更好的产品。在医药行业，生物制药也好，化学制药也好，过去我们和西方确实有差距，但这些年，我们的医药企业经历了快速发展、大规模整合，有了像国药集团这样的大企业，同时又有资本市场的支持，比如恒瑞医药借力资本市场，成为千亿级市值的上市公司，可以有更多资金用于新药研发。

现在在血液制品、疫苗等生物制品方面，我们的装备、技术能力等在国际上也处于领先水平。这两年生物制药行业发展速度加快，可能再过三五年，相信中国的新药在资本市场的支持下，也会发展到一个新的高度。

第三，加强人才培养，推行激励机制。企业要设计科学有效的激励机制，让创新人员有良好的待遇，这样才能打造一流的创新人才队伍。对此，我们将在其他章节具体讲述。

## 治理现代

经过40多年的改革开放，不管是中央企业、地方国有企业还是民营企业，中国企业的整体管理水平有了显著提升，也培养了大量管理人才。在看到成绩的同时，我们也应该认识到，我国公司治理水平还有进步的空间。

这几年，根据证监会的要求，中国上市公司协会一项重要的工作就是提高上市公司治理水平。当然，公司治理不只是上市公司的问题，所有公司都要重视提高治理水平。

有专家指出，不少企业兴也勃焉，衰也忽焉，而世界一流的企业大多有50年以上的历史。西方发达国家的一流企业有不少是"百年老店"，缺少时间磨炼的企业很难成就世界一流。培育一大批具有全球竞争力的世界一流企业是个长远的战略性目标，除了少数已经或基本具备世界一流水平的企业，大多数国内一流企业要培育成世界一流企业还需要5~10年或更长时间的努力，这不是一朝一夕、敲锣打鼓就能完成的，对此我们既要有埋头苦干、长期奋斗的心理准备，也要有转变竞争模式、迎接新挑战的决心和信心。

## 打造更多隐形冠军[1]

什么是隐形冠军？赫尔曼·西蒙在《隐形冠军》一书中提出了三个标准：一是产品在国际市场的份额排在全球前三或者在所在大洲排名第一；二是年销售收入一般在50亿欧元（相当于四五百亿元）之内，其实该书的第一版说的是5亿美元，但随着经济社会的发展，隐

---

[1] 节选自2020年7月16日在国资委干部教育培训中心"培育隐形冠军推动企业创新发展"培训班的交流发言内容。

形冠军的年销售收入也在增加；三是不同于众所周知的《财富》世界500强企业，隐形冠军的社会知名度较低，可能大家都不知道它的名字。按照这三个标准，赫尔曼·西蒙在世界上一共找到了2734家隐形冠军企业。其中，德国1307家，美国366家，日本220家，中国68家。这个数据也在不断更新，在2019年第二届中国国际进口博览会期间举办的"隐形冠军发展高峰论坛"上，远道而来的赫尔曼·西蒙在现场演讲中提到，他们一共发现了92家"中国籍"隐形冠军企业，较之前增加了近30家。

其实隐形冠军就是窄而深地去做企业，看起来领域不宽，往往是在一个小众的行业里，但是它精耕细作，做得很深入，做到了极致，比如德国的指甲刀等工具做得非常好。正如一个人在设定目标的时候，不能既想做百米赛跑的冠军，又想做马拉松的冠军，一家企业要成为隐形冠军，应该突出一项主业，专注于一个狭窄的领域，在一个大市场里做某一项业务，把它做大，这是基本的逻辑。隐形冠军实际上有两大支柱：一个支柱是专业化的技术，另一个支柱是国际化的市场。

隐形冠军对中国制造业崛起意义深远。在当前大力提倡"中国制造2025"的背景下，中国作为全球制造业中心，认认真真地研究隐形冠军对于中国制造业崛起至关重要。现在，美国提出要"回归实业"，欧洲提出要"再工业化"，日本提出"去空心化"，等等，都是想把实业再做起来，想重振制造业。第二产业是第三产业的根，如果没有制造业，也不存在制造服务业；如果没有强大的第二产业，第三产业也会受到影响。

我国现在也意识到了这个问题，提出要大力发展实体经济。我们要向中高端发展制造业，要大力振兴实业，使我国的中高端技术和产品享誉全球，在世界经济再平衡中主动作为。我们要学习隐形冠军的模式，窄而深地去做企业，突出企业的专业能力，在研发、技术等方面要下功夫，培育更多的隐形冠军。

怎样打造隐形冠军企业？我认为可以从以下四个方面入手。

文化方面。赫尔曼·西蒙在《隐形冠军》一书中讲的内容很多，但其核心就是隐形冠军企业的三个标准：全球的市场、世界级的中小企业、几十年如一日地去做。第一，要有工匠精神。工匠精神就是专心致志、踏踏实实、一丝不苟的精神。第二，要有企业家精神。就是创新、坚守、责任。第三，要有"悍马精神"。所谓的"悍马精神"就是跑遍全球打市场的精神。

环境方面。企业要想有很专业的技术、很大的国际市场，必须让技术人员和市场人员有积极性，必须有机制来激励他们。企业要想成为隐形冠军，就要创造具有激励机制的内部环境。

管理方面。今天我们的企业普遍遇到了是专业化还是多元化的问题。赫尔曼·西蒙的《隐形冠军》给了我们答案：中小企业要做专业务，拓展国际市场；大企业要瘦身健体，突出主业，分摊业务，形成若干个隐形冠军。

选人方面。要想做隐形冠军，选人很重要，需要的是专业的人才和团队，尤其是领导者，应该是心无旁骛、兢兢业业的痴迷者，可能需要有几十年的经验，对行业有深入的了解。

怎么去开创我国隐形冠军之路也是我们最关心的事情。第一，把打造隐形冠军作为我国企业发展的重大战略。我国是一个制造大国，制造业里绝大多数是中小企业，所以我们必须把打造隐形冠军作为企业发展的一个重大战略。第二，中央企业要打造上千家隐形冠军。我国有近百家中央企业，如果每家中央企业能有 10 家左右的隐形冠军，我们就能有上千家隐形冠军了。中央企业的集团公司将来要成为隐形冠军的集合体，既保证集团的营业额，又保证利润。第三，后疫情时代我国应培育上万家隐形冠军。按照现在的算法，我国只有不到

1000 家隐形冠军，未来可以先做到 5000 家，然后做到上万家，这可能需要 10~15 年的时间。

## 培育更多专精特新企业[1]

"专精特新"这个词在 2011 年由工信部首次提出，之后陆续有文件出台。近几年，"专精特新"成了我国企业发展中的一个非常重要的内容，尤其是党的二十大报告又专门提到"支持专精特新企业发展"。

我国要从制造大国迈向制造强国，不仅要有世界一流的大企业，更重要的是要有一批专精特新中小企业。现在我们有超 4800 万家中小企业，专精特新"小巨人"已经有近万家，专精特新"小巨人"中培育出的单项冠军已经有 1100 多家。

专精特新中小企业是产业链和供应链中的关键环节。我们要建设世界一流的大企业，但这类企业可能需要与上千家的中小企业合作，进行产业配套，就像大河和小河的关系，大河有水小河满，大河无水小河干。如果没有这些中小企业，大企业也是做不好的。因此，我们必须把中小企业做好，而要想把中小企业做好，核心就是要培育专精特新企业。

---

1　节选自 2023 年 4 月 1 日在 2023 "专精特新"企业家论坛的演讲内容。

## 专精特新企业的特点

专业化。福耀集团是专业做汽车玻璃的企业，它的汽车玻璃在全球市场占有率超过30%，在中国的市场占有率超过60%，这就是我们讲的专业化，做企业一定要选好主业。今天做多元化的企业有没有做得好的？有，但少之又少，绝大部分的企业都是专业化的企业。因为企业也好，企业家也好，精力、财力、物力都是有限的，所以我们要聚焦专业，突出主业，这是至关重要的。

精细化。精细化不只是指产品，也指管理。在一个动态化竞争和智能化创新的时代，管理也随之升级。过去在自动化生产线上，我们讲六西格玛，而今天我们在智能化生产线上讲极限制造，过去我们的人海工厂变成了熄灯的无人工厂，这些都会深刻影响企业管理的理念和方式。企业要根据自身的特点，不断扬弃和出新，研究开发适应企业需要的，并能反映企业个性的科学的管理模式。

特色化。依文集团董事长夏华在贵州深山里把几万名绣娘组织起来开办手工坊，将非遗手工艺制品进行产业化、批量化生产，并推向国际市场。双枪科技利用杭州的竹子做筷子，做成了中国最大的筷子企业，这些都是特色化。

新颖化。做激光投影电视的极米科技，十几位年轻人创业10年，就做成了一家上市公司。过去液晶显示屏替代了传统的彩色显像管，下一步可能就是激光投影取代液晶显示屏，可见创新之快。IT行业有摩尔定律，即18个月产品技术更新换代一次。今天由于大数据、人工智能等新技术的快速发展，各行各业都进入了摩尔时代，都在快速创新。企业如果一天不创新，就可能会被淘汰掉。所以专精特新中的"新"也是非常重要的。

## 怎样做专精特新企业

观念要转变。过去这些年,我国经济发展速度非常快,有人喜欢挣快钱、挣热钱。但是专精特新不是挣快钱和挣热钱,不是百米冲刺,而可能是马拉松。我常跟大家讲,要想把企业做好,没有10年、20年不行;要想做到极致,没有30年、40年不行。如果我们做专精特新,就必须秉持专业主义、长期主义和务实主义。

要找到技术。专精特新的核心是技术,今天的专精特新企业需要一些好的技术。这就是说我们要产学研结合,把学术研究成果中的技术拿出来让企业和企业家在市场上产品化,把技术和市场嫁接起来。

培养能动手的人才。我们讲工匠精神,如果连工匠都没有,哪儿来的工匠精神?我们要搞制造业,要搞专精特新,就需要一大批能动手的年轻人。我到德国考察的时候,了解到德国实行的是双轨教育,德国每一座城镇都有一个应用技术大学,相当于我们过去的工学院和大专。我在丰田考察时发现,丰田的工人许多是30来岁,这些年轻人不是都读过大学,很多读的是技校,读完技校就去丰田上班。

有政府的政策支持。政府的政策支持很重要。深圳的模式是主要靠底层创业、草根创业,合肥的模式则是政府引导、政府引领、政府培植发挥了重要作用。对于很多后发的城市,其实可以考虑研究合肥的模式。

## 资本市场怎样支持专精特新企业

今天的创新要靠资本市场支持。2022年,专精特新的上市公司占新上市公司的59%,在科创板里占72%。现在的A股上市公司中,有约1300家是专精特新企业,占比达27%。这些数据表明,专精特新已经得到了资本市场的支持。

今天我们要培育专精特新企业,有了技术基础,还需要引入大规模的资本。美国走的是资本支持创新的道路,以直接融资为主。德国是靠银行来支持家族企业。我们是第三种模式,即建设多层次的资本市场,既需要银行来支持中小微企业的发展,也需要多层次的资本市场来支持专精特新企业发展。我国私募股权基金规模约为20万亿元,就是用来支持专精特新"小巨人"发展,将其培养成独角兽企业,再在资本市场上市的。在上市这个层面,过去资本市场有创业板,后来有科创板,现在有北交所。北交所专门支持专精特新"小巨人"上市。现在是做专精特新企业最好的时代,希望大家抓住这个机会。

## 迎接中国品牌新时代[1]

品牌是经济社会发展的产物,是商业的产物。中国商业发展历史悠久,古时候,大家就有一定的品牌意识,但讲得比较多的是字号,像北京的同仁堂、山西的平遥票号等。新中国成立后,其实也有一些不错的品牌:飞鸽自行车、永久自行车、凤凰自行车、上海牌轿车、北京吉普、中华牙膏、美加净等,只不过那时候是计划经济时代。但即使在计划经济时代,我们的日常生活中也有不少品牌。改革开放以后,我们经历了品牌数量高涨的时代。随着市场的放开、企业的市场化,涌现出春兰空调、牡丹电视机、雪花冰箱等不少品牌。但是后来

---

1 整理自2020年9月在2020中国品牌建设高峰论坛和2021年5月在"品牌新时代·东莞制造再出发"东莞品牌高峰论坛的主题演讲内容。

遇到了两个问题：一是企业在成长中遇到了一些困难；二是外资大规模进入中国市场，包括合资和独资，这使得我们尚未发展成熟的品牌受到压力，有一些品牌选择和外资合资。这也是一段历程。2001年加入WTO（世界贸易组织）后，我们进一步放开市场，用市场换资本、换技术，迎来了中国经济的高速发展。但如果仔细想，这个过程中是否有一些美中不足？其实是有的，就是我们是拿品牌换来了资本。比如过去我国街上跑的汽车少有国产品牌，大多是国外品牌。

品牌的问题至关重要。为什么要打造品牌？有人认为做一个产品，质量好就行了，物美价廉就行了，为什么非要盯着品牌？这是因为在市场经济里，品牌是整个市场的制高点，全球3%的品牌产品市场占有率达40%，甚至在有的行业居然占到90%。从做企业来讲，要特别重视品牌工作，消费者买东西往往是冲着品牌去的。

产业的微笑曲线中，企业究竟在哪里获利？一个是技术端，有好的技术会多赚钱；另一个是市场销售和品牌，如果没有品牌，企业盈利就会受影响。从我国的发展来看，我们是从中间的制造起步的，两端的技术和设计、品牌等开始得比较晚。最初不少企业做代工，销售额虽然很高，但最后获得的利润不高，这就是因为在整个产业结构中处在低端的位置，所以有了品牌才会有高附加值。这是企业要特别重视的事情。我国是制造大国，但还不是品牌强国。现在摆在我们面前的问题就是要组织国内的评级机构对自有品牌的价值进行评价。我们要赢得话语权，就必须建立自己的品牌评价系统。

品牌是企业的财富。企业的资产包括有形资产和无形资产，无形资产是重要资产，其中很大一部分是品牌。很多企业没有品牌，所以没有无形资产；而那些有世界知名品牌的企业，无形资产的价值很高。德鲁克说，21世纪的企业只能依靠品牌竞争，因为除此之外它们一无所有。这句话说得非常好。在这个时代，技术迭代发生得很快，一家企业能做，其他企业很快也就能做了。贵州茅台的酱香酒很多酒厂都可以做，但是贵州茅台品牌只有一个。我们要牢记习近平总书记的话，"推动中国制造向中国创造转变、中国速度向中国质量转变、中国产品向中国品牌转变"[1]。我们要从制造大国向品牌强国迈进，由质量时代跨越到品牌时代。

我经常想，进入品牌时代的理由是什么。从宏观来看，理由有三点：一是我国经济进入高质量发展阶段，实现了从追求速度、规模到追求质量、效益的转变；二是制造业从中低端进入中高端；三是要构建双循环新发展格局。这就要求企业在质量和品牌上有所提升，做出最酷、最好、最受消费者喜爱的产品。从微观来看，我国企业的管理水平、产品质量、服务水准已经达到世界一流或者接近一流。我深入调研过西方很多世界一流企业的工厂，认真比较之后，发现国内很多高端工厂不输给它们。这是我们做品牌的基础。许多企业已经意识到要从只追求实用转变为还要追求时尚，像格力、美的的产品甚至比德国制造的产品更美观、实用，这说明我们的意识改变了，这是很大的进步。

要做好品牌，这几项工作非常重要。

第一，认真分析品牌形成的内在含义。品牌到底是怎么形成的？比如奢侈品包袋。相比而言，法国、意大利等地的品牌的销售价格会比较高；比如洁具，有些国家的产品质量很好，但不少五星级饭店用的是欧洲品牌的产品。所以品牌不只是质量问题，我们还要加强品牌研究，里面还有很多其他因素。

第二，品牌工作是一把手工程。2019年我在参加达沃斯论坛期间，曾专门到瑞士几家大公司调研，看它们的品牌到底是怎么做的。

---

[1]《习近平讲故事：推动中国产品向中国品牌转变》，《人民日报》，2014年05月11日01版。——编者注

为什么一个800万人口的山地之国，居然出了那么多世界知名的大品牌？我们得去研究它们。瑞士人说品牌工作是一把手工程，这句话给我留下了深刻印象。企业的品牌建设要领导重视，全员参与，长期推进。这让我想起以前北新建材的龙牌，后来中国建材的logo（标识）等的设计和宣传，也都是由我亲自安排和制定的。

第三，增强品牌自信。其实很多国货的产品质量、设计都非常好，但是一些消费者不太认可国产品牌。我们要改变对"国潮"的看法，今天的国产品牌崛起是要建立在正常的消费者思维上，要增加我们的品牌自信，当然前提是我们要把产品做好。要想品牌"走出去"，首先要获得国内消费者的认可。

为了研究品牌，我专门去了安踏公司。安踏是20世纪80年代晋江当地的丁家父子三人创办的，最初是给跨国公司代工做鞋，到1994年有了几百万元收入，他们确定了"打造自主品牌，开拓国内市场"的发展思路，创造了安踏这个自主品牌。后来，安踏越做越大，收购了斐乐（中国）等国际品牌。2019年，安踏用360亿元收购了芬兰的亚玛芬体育公司，持有其58%的股权。经过40年的时间，安踏从代工做鞋转变成一个自主品牌，现在又从自主品牌成为国际品牌商，实现了三级跳。

第四，大力提倡创新精神。我到上汽参观，看到300多名设计人员在设计模型，现场音乐放得很响。上汽的领导告诉我，这是要鼓励和激发员工的创造力，不能像对普通工人那样要求他们。我参观华为的创新基地，那里让人感觉很轻松、自由，在东莞这样繁华的城市能找到如此静谧、美丽的地方，非常适合创新人员工作，相信他们在那里能产生很好的创意。

第五，做好设计和细节。我们的产品质量很好，但还没做到极致，在产品的设计和细节上与世界一流还有差距，在服务的细微处还需要不断完善，精益求精。今天无论是做汽车，还是做手机，都要考虑外观设计是否时尚。我去小米调研时，雷军讲小米公司有三条铁律，其中一条是要生产最酷的产品。谁来判别设计是否时尚呢？是消费者。像苹果手机就把握住了消费者的需求，引领了潮流，把奢侈品的销售理念引入手机营销。我们需要有更多的人去做设计，而不是做制造。将来，机器人可以代替基础劳动力，那人去做什么？可以去做创意、设计，这就是我们的未来。

第六，加大品牌的投入。品牌投入和企业其他的投入，比如研发投入、生产投入等，是同等重要的。过去中国企业愿意投钱在设备、技术上，但可能在广告宣传上投入上相对较少。大家坚信东西做好了自然有人买，自然就能卖出去；其实并不见得，酒香也怕巷子深，品牌需要长期投入，还是要继续下功夫，多做宣传推广。

# 完善中国特色
# 现代企业制度

## 坚持"两个一以贯之"[1]

记得我刚当北新建材厂长时,发现工厂经常应对各种检查,久而久之企业的管理非常被动,我认为企业管理不应这样,光有行政管理是管不好企业的,还得靠企业制度。1993年我写了篇文章,建议建立适应市场的企业制度,《新闻和报纸摘要》节目还播报了文章的内容。1994年我国推行百户现代企业制度工作试点,当时的国家建材局只选了北新建材做试点。

现代企业制度的特征是产权清晰、权责明确、政企分开、管理科学。《公司法》下公司是企业法人,享有独立的法人财产权。在国有企业的上市公司里,母公司要尊重上市公司的独立性。以前国有企业"一帮人马、两块牌子"的管理,不符合现代企业制度对于上市公司独立性的基本要求,也不符合《公司法》的要求。

---

[1] 节选自2024年10月8日在天津国资委的交流发言内容。

这些年来，国有企业的现代企业制度基本建立起来了。党的十八大以后，更加强调中国特色现代企业制度，"特"就特在把党的领导融入公司治理各环节，把党组织内嵌到公司治理结构之中。

2016年10月，习近平总书记在全国国有企业党的建设工作会议上指出，要做到"两个一以贯之"。即"坚持党对国有企业的领导是重大政治原则，必须一以贯之；建立现代企业制度是国有企业改革的方向，也必须一以贯之"[1]。这一重要论断为新时代加强国有企业党的建设和深化改革指明了方向，也为探索建立中国特色现代企业制度开辟了广阔视野。

这里有几项重点工作。一是党建工作要写入公司章程。二是实行"双向进入、交叉任职"的领导体制。三是落实党组织研究讨论前置程序要求。党委（党组）研究领域包括：贯彻党中央决策部署和落实国家发展战略的重大举措，企业发展战略、中长期发展规划、重要改革方案，企业资产重组、产权转让、资本运作和大额投资中的原则性方向性问题，企业组织架构设置和调整、重要规章制度的制定和修改等。四是支持董事会依法行使权利。在决策方面，党委（党组）支持董事会做出决策，董事会是一人一票制，在执行过程中要不断完善。五是健全完善以党内监督为主导的监督体系。六是推动党的领导与企业生产经营更好地融合。

近年来，中央陆续出台《国务院办公厅关于进一步完善国有企业法人治理结构的指导意见》《关于中央企业在完善公司治理中加强党的领导的意见》《关于完善中国特色现代企业制度的意见》，对"完善中国特色现代企业制度"的改革指明方向、做出部署、提出要求。新修订的《公司法》自2024年7月1日施行，是贯彻落实党中央关于

---

[1]《习近平：坚持党对国有企业的领导不动摇》，《人民日报》，2016年10月12日01版。——编者注

深化国有企业改革、民营企业建立现代企业制度等重大决策部署的需要，对于完善中国特色现代企业制度、推动企业高质量发展具有重要意义。

国有企业要厘清各治理主体边界，明确界定各治理主体的权责定位，促进公司治理结构进一步健全。一是不断增强党委（党组）"把方向、管大局、保落实"的领导作用，分层分类、动态优化党委（党组）前置研究讨论事项清单；二是更好发挥董事会"定战略、做决策、防风险"的作用，加快建设科学、理性、高效的董事会；三是进一步保障经理层"谋经营、抓落实、强管理"的职责，包括深化三项制度改革，完善薪酬管理，推动经理层成员任期制和契约化管理刚性兑现等。我们要把加强党的领导和完善公司治理统一起来，加快形成权责法定、权责透明、协调运转、有效制衡的公司治理机制，促进制度优势更好转化为治理效能。

## 确保公司的独立性 [1]

现代公司制的基础是公司的独立性，公司的独立性则要通过具有一定独立性的董事会来实现。董事会是股东的信托责任组织，董事应对股东负责，认真倾听股东的声音，维护股东的利益。但董事会一经选出，又是独立于股东而运作的，并对公司承担法律责任。证监会对上市公司有"独立董事必须保持三分之一以上"的规定，除了出于保

---

[1] 节选自 2012 年 10 月刊《董事会》文章《董事长与董事会》。

护社会小股东的利益的目的，一个重要的原因是确保董事会的独立性。

董事会的独立性又确保了公司的独立性和法人财产的完整性。股东以出资人形式对公司负有限责任，而董事会的各位董事对公司负法律责任和无限责任。股东若超越《公司法》扩大对公司的权力，会引起连带诉讼，担负起本不应由股东承担的对公司的无限责任。这就是法律中所谓的"刺破公司面纱"，又叫公司人格否认。股东的意志应该通过股东会选举董事会和依法派驻董事来实现。

证监会在很多年前就明确了"三分开、两独立"，即控股股东、实际控制人与上市公司应实行人员、资产、财务分开，机构、业务独立。然而现在有个别公司，控股股东和上市公司之间没有做好"三分开、两独立"，幕后操作、关联交易、给控股公司做担保等都和这些"不分开"有关系。比如母公司本来把好的业务放在子公司上市，但母公司也要发展业务，怎么办？那就从上市公司里吸取资源再去发展。这样做往往并不一定能发展好业务，因为过去的主业都放到上市公司里了，集团又在铺摊子，最后很可能一损俱损，集团垮掉，把上市公司也拖垮。所以上市公司要做到"三分开、两独立"是非常重要的。

公司的独立性在市场经济中应该得到尊重，事实上公司的独立性也有助于保护股东的利益。我曾对新加坡国企的一位高层人士说："你们也是国企，但你们用决策市场化来修正国际上对国企缺乏独立性的非议。"他回答道："你算是把话说到根儿上了。"因此，要认真对待公司的独立性这件事，真正按照《公司法》改造国企，使其变为有限公司或股份公司。

公司治理是一门大学问，理不顺就会乱。从集团公司来看，对子企业董事会的管理，需由股东会、董事会等规范的治理机构进行。在集团董事会和控股子公司董事会之间的决策机制要处理好，一般这叫双层董事会。子公司董事会要按照集团公司的战略决策安排自己公司的相应决策，子公司董事会做重大决策前也要依规请示集团经营层和董事会，集团董事会做出决策后控股子公司董事会才能做出相应决策。也有集团董事会给控股子公司董事会一定授权的情况，控股子公司在授权范围内可独立做出决策，但决策内容也要向集团管理层和董事会备案。

另外，各级董事会有不同的职能，例如，母公司董事会负责投资决策，子公司进行市场决策、对利润负责，工厂则对技术与工艺的管理进行决策，并对成本负责。我们要在实践操作过程中把法律边界搞清楚，提高集团整体的公司治理水平。

## 规范治理是公司长治久安的基础[1]

30多年间，我国资本市场有了长足进步，上市公司为国家的经济做出了重大贡献。但我们在肯定上市公司取得成绩的同时，也要看到存在的差距。亚洲公司治理协会发布的《2020年公司治理观察报告》中有12个国家的公司治理水平的排序，从中可见我国的公司治理水平还有待提升。实际上，我国的公司治理水平在逐年提高。南开大学李维安老师的课题组每年公布中国上市公司治理指数，平均指数从2003年最初发布的49.62分提升到2020年的63.49分，提高了13.87分。我问李维安老师治理指数多少分算好，他认为80分算好。由此看来，我们的公司治理水平还要持续提升。

---

[1] 节选自2021年3月26日在中国上市公司协会第一期公司治理专题培训的分享内容。

我到一些上市公司进行走访、调研和学习，主要是围绕提高上市公司质量，了解情况、听取意见，同时进行交流。美的是一家由乡镇企业改制而成的上市公司，何享健是公司创始人。2012年，何享健家族制定了"家族宪章"，不再参与公司的管理，把公司的董事会包括经营层的权力交给了职业经理人。方洪波并不是家族成员，作为职业经理人出任董事长。这是现代公司治理的做法，也是美的有今天这样的发展成就的重要原因。海天味业也发展得很好。我问董事长庞康，公司这么多年稳健发展靠的是什么。他说了六个字：务实、专业、规范。海天味业的发展得益于专注主业和规范治理。这两家公司都是千亿级上市公司，都是很专业的公司，同时治理得很好。

若干年前在瑞士，我去访问一家水泥家族企业，这家公司董事会的11位董事中没有一个家族成员，全是从外部聘请的社会精英。我当时就问："一个家族成员都没有，放心吗？"他们回答说："放心，社会精英比家族的人要管理得好。"这让我印象极其深刻。今天我国家族上市公司也在面临这样的选择，就是要不要建立良好的治理机制，考虑把企业交给专业人员和社会精英，这样可能会发展得更好，所有者利益会更大。

从《OECD公司治理原则》到《上市公司治理准则》，公司治理的主要内容是什么？我归纳了五个要点。

第一，保障股东的权益。上市公司是股东投资的公司，要把保障股东的权益放在第一位。美国企业的股东相对分散，内部人控制指的是企业被管理层控制，听不到股东声音了。而我国企业的大股东平均持有股份约占40%，控股股东持股的比例相对较高。所以通常我们所说的内部人控制是指企业被控股股东控制。部分上市公司存在的内幕交易、对外担保、质押等一系列问题都与大股东滥用控股权有关。因此我们需要保障全体股东的权益，尤其是要给予中小股东保障，这是公司治理的应有之义。

　　第二，强化董事会的职能。在公司治理上，董事会的职能能否发挥好，能否建设高效的董事会至关重要。围绕董事的责任，西方有两种观点：一种认为董事只为公司负责，另一种认为董事要对股东、公司负责。OECD规定董事为股东和公司负责，当然，这个股东指全体股东，不是指派出董事的那个股东。这也是经常讨论的一个问题。大股东提名董事，但是一经股东会选出，董事就代表了全体股东，不再是原来派出股东的股东代表。股东可以推荐董事，但是董事为全体股东负责，为公司负责，而不只为个别股东负责。作为董事，签字后要负责任，赞成一个错误决策和否决一个正确决策都是不对的。因此，董事要认真参与公司的决策，积极推动公司的发展。

　　我主张建设积极进步型董事会。董事长不搞一言堂，而是作为组织和协调人，让大家积极发言，提建设性意见，同时与执行层进行良好的沟通。这样的董事会才能为公司创造价值。在董事会里，还要保证独立董事（以下简称"独董"）的独立性。因为无论是独董还是会计师事务所，都是公司请来的。这里就存在一个问题：独董能不能独立于公司，能不能独立于大股东、控股股东来做决策？我们要保证独董的独立性，尊重其权利，不仅要让独董知道好消息，还要让他们知道坏消息，以便其尽可能全面地了解公司的情况，做出正确的决策。

　　第三，发挥内控机构的功能。我以前做中国建材董事长的时候，去法国问过当时世界第一大建材公司法国圣戈班的董事长："你做董事长这么多年，主要管什么？公司里最大的事是什么？"他说："有两点，薪酬分配和内控。"回顾这么多年来各个企业出现的乱象，细想其实就是因为内控形同虚设。公司审计包括外审和内审。我们的董事会里有审计委员会，每个公司里都有审计工作职能部门，每一年都要做内审。但是有些公司做得并不好,董事长并没有把内审作为一项重点工作来做。董事会应发挥好专业委员会的功能,尤其发挥好审计委员会的功能。

第四,尊重利益相关者的权利。这一点,在《OECD公司治理原则》和《上市公司治理准则》中都有详细描述。今天公司股东利益最大化的原则已经改变,我们要处理好利益相关者的权益问题,尤其是要尊重员工的权利。其中,让员工共享企业效益非常重要。像山东万华这家企业做得不错,其成功的原因主要是机制。万华是员工持股20%,地方国资委持股21.6%,但万华公司员工持的股并不是量化到个人头上,而是有一个持股公司,由持股公司持股,这样市场比较稳定,分红之后再量化到员工。另外,万华将创造的利润按一定比例分给科技人员,激发其创新活力。

中国建材旗下有的水泥厂实行超额利润分红权,超额利润中的15%按照"一二七"的原则进行分配,即工厂厂长10%、班子成员20%、职工70%。这样做的好处是让员工的利益和所有者利益同向。这是我们处理利益相关者权益问题时要认真考虑的。

第五,提高信息的透明度。信息披露要坚持真实性、准确性、完整性、及时性、公平性的原则。上市公司是"透明人",我们要做到这一点,和股东的沟通,尤其是和中小股东的沟通要更加密切。现在上市公司90%以上都召开业绩说明会,而且绝大多数董事长、总经理都出席业绩说明会,这是一个很大的进步。

管理是企业永恒的主题,但今天企业还面临两个问题:一是不确定性越来越多,只靠管理不够,还要提高经营的能力;二是要从管理向治理转变。治理是什么?治理是防范风险,确保公司稳健发展,同时提高公司的价值。如果将做企业的过程比喻成盖楼,治理就相当于打地基,治理得好,楼盖得高;治理不好,楼就容易倒掉。管理代替不了治理，尤其是上市公司，迈进治理的新时代，要好好研究公司治理理论和治理机制。今天，企业领导者要明晰自己不是简单的管理者，作为董事长或总经理，处在治理结构中的一个关键环节，要意识到公司治理的重要性。

规范公司治理，强化公司治理内生动力是提高上市公司质量系统工程的基础性工作。没有好的公司治理，就不可能有好的上市公司，更不可能有好的资本市场。现代企业制度的一个基本特征就是所有权和经营权分离。只有完善的公司治理，才能解决经营者激励与约束不相容的问题，督促经营者忠实地履行职务，激励经营者为全体股东利益勤勉尽责，从而坚定投资者信心，并"用手、用脚投票"，充分发挥资本市场配置资源、资产定价和缓释风险的重要作用。公司治理的整体水平决定着上市公司的质量，关系资本市场的发展和未来。

## 董事会的本质是什么[1]

公司治理的核心是董事会，就如公司治理没有固定模式一样，各个国家的董事会也没有一个固定模式，如德国是监事会模式，英美董事会模式相同，日本则是社长拥有绝对权力，会长（董事长）是一个象征性的人物，由退休的社长出任，有点儿像"退二线"。这些不同的模式是由各国的国情和文化决定的。在中国，建立完善高效的董事

---

1　节选自 2014 年 11 月 6 日在第十届中国上市公司董事会金圆桌论坛的演讲内容。

会制度是社会主义市场经济推进的必然，也是企业按照《公司法》运作的起码要求。

董事会的本质是什么？社会主义市场经济决定了公司是经济活动的主体，董事会作为股东会的信托组织，是公司的领导层和决策层，是企业决胜市场的战略性力量。董事会有点儿像战争时期的总参谋部，要定战略、做决策、管大事，能够于运筹帷幄之中，决胜千里之外。董事会又像教导处，要积极指导和促进经理层正确地理解、执行董事会的战略决策，创造性地开拓经营、创造绩效，把更多的经营性事务授权给经理层，使内部制衡与市场效率相结合，进一步提高企业的决策质量和执行效率。

关于董事会的地位和作用，有两个误解需要澄清。第一个误解是，董事会是在企业之外或在企业之上的组织。事实上，董事会在企业之内，是企业的领导和决策机构。一些学者认为，公司治理是西方"三权分立、相互制衡"的宪政思想在公司中的体现，这个观点我不完全同意。关于制衡机制，主要是形成权力机构、决策机构、监督机构和经营者之间的制衡，其中董事会对经理层的制衡是单向的，不存在所谓的双向制衡。经理层是董事会的受托组织，代为完成执行层面的工作，经理层的所有权力均来自董事会。

第二个误解是，董事会只是一个监督机构。其实，监督职能只是董事会的职责之一，而且董事会本身也是被监督者。公司做不好，董事会难辞其咎；公司做砸了，一定是董事会出了问题，股东会果断撤换董事会。经理层执行不力，责任也在董事会；经理层可经由董事会授权做决策，但如果决策出了问题，仍由董事会负责。可见，董事会并不像有人想的那样，是一个只会对经理层报请的方案说"是"或"否"的消极组织。"你来干我来看，干不好就换人"，董事会对股东承担企业经营和发展的责任与义务，对公司的发展、绩效和风险负有全部的不可推卸的责任，对经理层负有指导、帮助和支持的责任。

美国学者鲍勃·加勒特的著作《鱼从头烂》，借用"鱼从头烂"这个谚语，强调"组织健康的关键在于有一个考虑周到、尽职尽责的董事会"。西方人认为，"伟大的公司需要伟大的董事会"，一家没有强大董事会的公司，注定不会成为一家有竞争力的好公司。

## 董事会：仪式型—开放型—积极进步型[1]

建立董事会是企业现代制度建设的基础。纵观董事会的历史沿革，前后经历了三个阶段。

第一个阶段是仪式型董事会，大家开会基本不发言，听资深董事讲，听董事长讲。当年搞百户试点时，基本就是这种情况。企业大多是"一套人马、两块牌子"，董事长、总经理是一个人，或者一拨人分分工，董事会成了变相的党政联席会，而且当时也缺少社会改革配套的大环境，那场改革未能深入下去。

第二个阶段是开放型董事会，或叫解放型董事会。这主要是美国安然、世通等事件后，美国《萨班斯-奥克斯利法案》对董事的责任有了严格要求。董事长成了召集人，强调一人一票，董事倒是有了责任感，但往往一人一把号，各吹各的调，董事会的运作常常和执行层形成尖锐的对立，意见统一不起来，导致董事会的决策效率低下，进

---

[1] 节选自2010年6月30日在国资委建设规范董事会工作培训会的发言内容。

而影响了企业的绩效。

第三个阶段是积极进步型董事会，要求董事会不仅要制衡，还要谨慎决策、充分沟通，和经理层一起面对问题，为公司的发展创造价值。也就是说，真正良好的公司治理不仅要防止错误行为发生，更要在本质上提升公司业绩。相比之前强调制衡的董事会，积极进步型的董事会在工作方式上有明显区别。董事长不搞一言堂，而是作为组织和协调人，让大家积极发言，提建设性意见，同时和执行层进行良好的沟通。这样的董事会才是能创造价值的董事会，是积极促进管理层努力创造业绩和完成任务的董事会。现在，国资委董事会试点推行的正是积极进步型董事会，相比传统公司治理结构下的董事会是一个历史性的进步。试点工作刚开始时，大家曾有过一些担心，比如：董事会会不会像过去那样成为橡皮图章，形同虚设？会不会越俎代庖，过分干预经理层的日常经营工作，导致决策权与执行权行权不顺？会不会董事长一人说了算，外部董事作用不能充分发挥？又或者是否会内董与外董之间、董事与经理层之间沟通欠缺。

但是，通过建立积极进步型董事会，大家担心的问题都得到了较好的解决。现在，企业日常工作中经常能听到的是一套新说法，比如：这是董事会的决定，我们必须按董事会的决定办！这件事应提交董事会审议，由董事会决定。事情再急，也要等董事会决议后再执行。这件事还应及时报告外部董事。外部董事来我们单位考察调研了。

透过这些话，我们认识到董事会的规范运作在企业经营发展中起到了至关重要的作用，董事会作为企业的权力机构已经确立，董事会机制已深入人心。

## 充分发挥外部董事作用[1]

外部董事制度是区别于传统国企董事会的重要标志，也是根治企业内部人控制顽疾的根本措施。外部董事占多数对于董事会的制衡和决策的透明性、公正性、科学性起到了关键性作用。如何充分发挥外部董事的作用，避免外部董事被边缘化？

首先，内部董事和高管层要坚持"两要两不要"和"三个确保"的行为原则。即要保护外部董事的"外部性"（独立、客观），要帮助外部董事专业上"内部化"（提高专业水平）；不要拉拢外部董事，不要隐瞒外部董事；确保外部董事的独立性，确保外部董事获得信息的完整性，确保董事会决策的客观公正。

其次，在外部董事与内部董事、外部董事与经理层之间建立良好的沟通机制。这是事关董事会决策质量和运作水平的重要因素。一是组织外部董事深入企业和市场进行考察调研，邀请外部董事参加公司重要会议和重大活动，多角度了解企业信息。二是非外部董事特别是董事长，要注重与外部董事的沟通，遇到重大事项时，董事长应主动与监事会主席、外部董事召集人交换意见。三是保证外部董事获取信息的渠道充分畅通，既报喜又报忧，尤其不能隐瞒负面信息。通过这些沟通和交流，保证外部董事了解的信息是准确、及时和真实的，为董事会做出正确决策奠定基础，也可以使董事会和经理层的工作衔接更加紧密和顺畅。

再次，充分发挥外部董事召集人、外部董事长的作用，确保外部董事之间的沟通交流和谐畅通。由于外部董事为企业承担着责任，因

---

1 节选自 2011 年 4 月 23 日在国资委董事会运作专题培训班的发言内容。

而应该给予他们尊重。董事不是耀眼的光环和飞来的待遇，而是承担着巨大的责任和风险。董事对股东承担信托责任，对公司负有法律责任和无限责任，决策失误甚至还要负刑事责任。因而在成熟市场里董事并不好找，而且公司要为董事上高额保险。正因如此，制定制度时要全面考虑责、权、利的有机结合，股东和经理层也应充分尊重包括外部董事在内的所有董事。

中国建材集团和国药集团的董事会都是外部董事占多数。在中国建材集团的11名董事中，内部董事有4人、外部董事有6人、职工董事有1人。这些外部董事都是决策高手，他们来自不同行业，经验丰富，站位很高，与内部董事形成很好的互补。在国药集团的9名董事中，内部董事有3人、国资委体系有3人、社会聘请有3人，我作为外部董事担任董事长。这种"三三制董事会"，我认为比较理想，也更加公开、透明、独立。其实，董事不在多，9名就够了，如果公司规模大了，可再多聘请2名社会精英。外部董事长模式可以使董事长从企业内部的关联利益中脱出身来，更好地站在出资人的角度思考和解决问题，反映出资人的意志。另外，两个董事会都下设专门委员会，名称上略有不同，但职能基本一样。薪酬与考核委员会、审计委员会全部由外部董事组成，常务委员会、战略委员会、提名委员会都是外部董事占多数，而且除了提名委员会，其他都是由外部董事任主任。

国药集团一位来自新加坡淡联企业的外部董事曾跟我说，中国央企的董事会比新加坡做得还好，因为在新加坡，很多企业的董事是自己聘的，董事长在场时，好多董事不敢多说话。但中国央企的外部董事是国资委派的，敢于发表意见，用不着看别人的脸色。这也从一个侧面说明，我们的外部董事制度真正发挥了作用。

## 新时期董事会的建设 [1]

2016年,全国国有企业党的建设工作会议召开之后,董事会的运作进入了个新阶段,即健全和完善中国特色现代企业制度阶段。贯彻好两个"一以贯之"是所有企业都要认真思考的。那么企业在实践中该怎么做呢?

第一,党委书记和董事长"一肩挑"。这为强化国有企业党建、完善党对国有企业的领导奠定了基础。

第二,党组织研究讨论是董事会、经理层决策重大问题的前置程序。重大经营管理事项必须经党组织研究讨论后,再由董事会或经理层做出决定。企业党委发挥"把方向、管大局、保落实"的作用。董事会是决策机构,董事一人一票签字履责,经理层抓落实。这样权责界限就清晰了。

习近平总书记在全国国有企业党的建设工作会议上对国有企业领导人员提出了"对党忠诚、勇于创新、治企有方、兴企有为、清正廉洁"的20字要求。[2]《国务院办公厅关于进一步完善国有企业法人治理结构的指导意见》对董事长、董事和经理层也提出了具体要求,其中对董事长和职业经理人提出了三点要求:一是政治坚定,二是善于经营,三是充满活力。对于董事和监事也提出三点要求:一是德才兼备,二是业务精通,三是勇于担当。

董事如果违规决策该怎么办?要按规定追责。坦率来讲,由于有些信息不对称,或者客观环境的变化,经营决策上往往会出现一些失

---

1 节选自2020年12月14日在中央汇金投资有限公司治理专门委员会的"重组整合与公司治理"交流分享内容。

2 《习近平:坚持党对国有企业的领导不动摇》,《人民日报》,2016年10月12日01版。——编者注

误。如果董事没按程序、规则去做，导致不良的后果可能就要被追责；但如果是属于"三个区分开来"和容错纠错机制里的失误，可以考虑给予宽容。

以前总讲董事对股东负责，这句话有待商榷。实际上董事要对公司负责。董事在会议决议上签字生效，就要负法律责任，负无限责任，甚至负刑事责任。所以不要认为做董事是个光环，实际上是份责任。

## 如何开好董事会[1]

开好董事会是董事会运作的基础，也是董事履责的关键环节。董事长与其他董事一样，拥有一人一票的权利，不过作为董事会的召集人，董事长又需要有独特的领导艺术和组织才能。在开好董事会方面，以下几点要格外注意。

一是充分掌握信息。这是正确决策的前提。在董事面前，公司没有秘密可言，要让董事真正成为"家里人"。董事可以通过董事会简报、经营报告等了解公司的运作情况、项目进展、重大事件。同时，董事还要深入企业调研，掌握第一手资料，不断强化专业培训，增加对行业、企业的了解，提高综合决策水平。

二是做好议案。议案质量一定要高，要把待审议的事情说清楚，数据资料等要尽量翔实。议案不成熟会影响决策效率和质量。

三是充分讨论。董事会成员要进行充分的团队互动，做到知无不

---

[1] 节选自 2012 年 7 月 26 日在国药集团 2012 年半年度工作会议的讲话内容。

言、言无不尽，从不同的角度审议项目，充分发表意见。董事会是一个决策机构，讨论问题时应像个学术组织，积极又热烈，而不只是一团和气。充分讨论的过程也是加深认识、逐渐接近真理的过程。同时，还要讲究议事效率，要能形成一致意见，确保董事会会议的效率，否则开一天会连一个决议都没有达成，就很失败了。中国建材集团和国药集团的董事会对重大事项都进行了认真审议，过程中不乏激烈的讨论，也不乏波折。国药曾有一个项目上了三次董事会会议才审议通过，这充分说明董事会做决定时的慎重。另外，董事会上要坚持现场唱票，要程序规范。

四是董事会要议大事。董事会主要抓大事、抓战略、抓重大决策、抓选人用人，不能越过经理层管执行层面的事情。现代公司制的运作流程就是要各负其责，各司其职。董事会是股东会的委托代理机构，经理层是董事会的委托代理机构，委托代理成果的优劣取决于委托代理成本的高低，追求委托代理成本的最低化，这是核心。董事会可以授权经理层在一定权限内进行决策，但是授权不免责，责任还是要由董事会承担。

董事会能否开好，从根本上说，反映了一个企业的董事会文化。董事会文化决定董事会的决策质量和工作效果。董事会是一个精英团队，应该基于共同的愿景和价值观走到一起。我一直提倡独立、开放、包容的董事会文化。独立，就是确保董事会的独立性和董事的独立性，让董事独立客观地发表意见；开放，就是透明公开、充分沟通、高效运作，既要发挥董事的长处，也要调动经理层的积极性；包容，就是互尊互信、团结合作、共同进步，形成和谐包容的良好氛围，并能引领和带动整个企业的文化建设。这里需要特别提到的是，优秀的董事会秘书是推动董事会文化建设、确保董事会顺畅规范运作的重要条件。董事会秘书的提名权在董事长，这是董事长为数不多的单独权力，应该精心物色好董事会秘书这个重要人选。

国资委的一位局长有一次参加了国药集团的董事会,会后他感慨道:"你这董事长当得不容易,左一勺右一勺的,处处都得平衡好。"的确,怎么把大家的意见统一起来开好董事会,需要董事长的包容和智慧。做好董事长既是一门学问,也是一门艺术。

## 董事长和总经理:一个看路一个拉车[1]

许多关于公司治理的书常会讲到 CEO 和董事会、董事长之间的冲突。怎么处理好这个问题呢?从董事长的角度说,就是按照"规范决策、合理授权"的八字方针,把董事会开好,把决策做好,做到"把好自己的关,掌好自己的权"。从董事长和总经理的关系角度说,就是要守好责、定好位,做到不缺位、不错位、不越位。

第一,董事长要明确自己的定位。我国企业的董事长大多是从总经理转变而来的,因此要努力转变心智模式,从过去亲力亲为的总经理的定位转变到战略决策者的定位上来。董事长应该站得更高,定战略、做决策、管大事、抓资源,执行层面让经理层去做,执行权百分之百交给经理层。同时,还要积极指导和促进经理层创造性地开展工作,维护以总经理为主的企业经营工作核心,不干预公司日常事务,使内部制衡与市场效率相结合,进一步提高决策质量和执行效率。比如在国药集团,我只开董事会、研究重大问题,执行层面的事从不干

---

[1] 节选自 2011 年 8 月 16 日在中国恒天集团的交流发言。

预,大家因此都很尊重我。

很多董事长由于原来当过总经理,做了董事长之后,要么若有所失,要么容易抢执行权,大事小情都要管,一手"包办",从早忙到晚,虽然自己很累,可是该把握的企业战略和发展方向却没有把握好。因为他们做了很多总经理甚至是办公室主任的工作,不但忽视了企业真正的大事,还搞得执行层无所适从,董事长当得很失败。我想这主要是受我国公司治理文化缺失的客观影响,同时自身也缺乏准确定位。

第二,总经理要向职业经理人转变,完成股东会和董事会交付的经营任务和绩效目标。总经理在执行层,不能放着大量管理的事不干,老想着代替董事会做决策。如果董事会认为决策内容太多,可以切一块下来,例如把中小项目投资审查权通过规范授权方式给予经理层,但这是董事会权力的延伸,而不是经理层自身的权力。这一点一定要搞清楚。

第三,作为决策层的董事会和执行层的经理团队要保持密切的沟通。实践表明,董事长要充分发挥、调动董事会和经理层两个层面的工作热情及积极性,与总经理建立良好的沟通和互动,这对于建立规范的董事会架构、推进董事会决策、提高董事会运行质量是十分重要的。

总之,做企业要把决策层和执行层分开。董事长和总经理的角色定位、思维方式、能力要求等完全不同。董事长要看上面、看外面,总经理要看下面、看里面,二者一个"抬头看路",一个"埋头拉车"。只有真正做到各司其职、各负其责、团结协作,才能实现董事会和经理层的和谐运转。

# 做"双料董事长"的那五年[1]

媒体称我为"董事长专业户",这话不假。从 40 岁开始,我就一直在做不同类型企业的董事长,陆续担任了北新集团董事长、北新建材 A 股上市公司董事长、中国建材集团董事长、中国建材集团 H 股上市公司董事长。2009 年 5 月—2014 年 4 月,在担任中国建材集团董事长的同时,我被任命为国药集团董事长,成为当时唯一一身兼两个央企董事长的人。对于这段"双料董事长"的经历,不少人感到很好奇:"两家企业的业务风马牛不相及,一家做建材,一家做医药,一家处在周期性行业,一家处在非周期性行业。你是怎么当这个跨界掌门人的?你如何一心二用?"富士康总裁郭台铭曾开玩笑地说:"你要么是一个奇人,要么是一个精神分裂症患者。"

其实在欧洲,身兼两个企业董事局主席的人不在少数,因为大企业在决策形成、战略制定等方面很相近,而且企业规模越大就越相近。拿水泥行业来讲,瑞士霍尔希姆公司(Holcim)原本是一个家族企业,11 名董事全部是外部董事,董事长同时担任欧洲三家公司的非执行董事长。但在我国的大型企业尤其是央企里,一人出任两个企业的董事长确实是一件新鲜事。

两个企业的董事长,虽说名称相同,但工作内容不一样。在中国建材集团,我是董事长,同时兼党委书记、法定代表人,事情多一些;在国药集团,我是外部董事做董事长,是职业董事长,不坐班,类似于西方企业的非执行董事长,总经理是法人代表。

在两家企业中,我的主要职责都是把握方向,进行重大战略决策,

---

[1] 节选自 2014 年 11 月 25 日在武汉理工大学的演讲内容。

以及布道企业文化和经营思想。我有两个角色：第一个是董事长，任务是开好董事会，借助各位董事及整个企业的治理资源，做出最好的决策；第二个是布道者，不停地把企业文化、观念传递给大家，类似于老师。这两件事，一件是把握方向，告诉大家朝哪儿走，目标是什么；另一件是创造并传递思想，告诉大家信什么、坚守什么。在时间分配上，我在中国建材集团的时间约占2/3，在国药集团的时间约占1/3。同时担任两家企业的董事长确实很忙，5年时间里我基本没有周末，只知道几月几号，不知道是周几。《华夏时报》曾为中国的4位董事长画漫画，我被刻画为"最忙的董事长"，漫画抓住了我的主要特征，画得很传神。

同时担任两家央企的董事长，对我来说是个不小的挑战。一是时间紧。尤其是最开始的两年，为了尽快熟悉国药集团的业务，我对基层单位进行了大量调研。二是任务重。这5年恰逢两家企业快速发展、实现腾飞的重要阶段，两个企业的董事会做了大量决策，工作量很大。三是跨度大。两家企业分属建材和医药行业，做两个董事长，主持两个董事会，我要经常转换思考频道。建材是重资产业务，国药是轻资产业务；建材主要做制造，国药主要做销售……但是，这种大跨度的对比也激发了我的新思考、新想法，这是难得的收获。不同的事物虽有各自特殊的规律，但在很多道理上是相通的，跨界经营有助于触类旁通、经验互补。四是角色难把握。作为国药集团的外部董事长，我很好地处理了与总经理、党委书记的关系。有央企领导者认为："'三驾马车'的模式不是好模式，但宋志平在国药集团处理得很好。"同时，做两个董事长也有好处，可以产生协同效应，共享资源和经验。例如，我出差时可以同时带着两个团队，两家企业通过发挥协同效应扩大了影响力，两个经理班子也相互借鉴学习交流，受益匪浅。做两个董事长虽然很辛苦，但我没有顾此失彼的感觉，而是渐入佳境。两家企业都成为央企快速成长的典范,两个董事会也都在良好的轨道上运行,我感到很欣慰。

2014年4月,我从国药集团届满卸任。一些人不解:干得好好的,为什么要离开呢?但我认为,企业家不长青而企业长青。企业是企业家的孩子,孩子长大了,就该放手了。5年时间,国药集团有了清晰的战略方向和完整的业务平台,营业收入从360亿元增加到超过2000亿元。2013年,国药集团和中国建材集团双双进入《财富》世界500强行列,国资委当初交给我的任务已经顺利完成。

这5年的时光很难忘,也很珍贵,我觉得作为央企董事职业化的一种尝试,同时做两个董事长是对个人跨行业任职能力、个人学习能力、外部董事长承压能力、内外董事角色转换能力的综合考验。有记者问我这种模式能否复制,我的回答是要因时、因事、因人而定,如果条件不具备就不必勉强。

# 从激励到共享
# 让企业成为共享平台

## 何谓企业机制 [1]

企业机制是调动企业各动力要素向企业目标前进的内在过程,指的是企业效益与经营者、员工利益正相关的关系。有关系就是有机制,没关系就没机制。机制属于治理范畴,是企业重要的分配制度。无论企业是什么所有制、规模多大,没有机制,神仙也做不好企业,有了机制,做企业不需要神仙。

"资本+经营者+劳动者"是企业机制的基础,是做企业的"三宝"。资本作为前期劳动的积累,维系着企业运作;经营者对企业成败至关重要,好的经营者会让企业盈利,差的经营者则会因经营不善导致企业亏损甚至破产;员工不仅是劳动者,也是财富的创造者。机制研究的就是在所有者、经营者和员工之间如何分配收益。围绕企业财富有两种不同看法,一种认为企业财富是资本的升值,一种认为企

---

[1] 节选自 2018 年 11 月《财经》杂志采访实录。

业的财富源于劳动者的创造。而今天普遍的看法是，企业财富既离不开资本的投入，也离不开经营者的努力、员工的创造。随着高科技时代的到来，创新正推动企业生产函数的变化，人的知识与智慧、经验与能力对企业的贡献越来越大，企业应予以充分承认和大力激励。机制是企业微观搞活最根本的因素。如果没有机制，无法调动人力资本的积极性和创造性，资产资本就会成为"废铜烂铁"。

任何企业都存在机制问题。机制和所有制之间有联系，比如发展混合所有制为引入市场机制铺平了道路，但所有制并不决定机制。机制不是国企的独有问题，民营企业、家族企业同样存在机制问题。像华为采取"财散人聚"的机制，就是把财富更多地分给干部和员工，从而增加了企业的凝聚力。不少人因华为没上市而误以为华为是任正非的家族公司，事实上，任正非在华为只有1.01%的股权，华为控股工会委员会持有98.99%，华为是近乎全员持股的公司，但它把股权和能力、贡献、年功很好地结合起来，增强了企业的向心力和亲和力，提高了企业的创新力和竞争力。华为的成功启示我们，无论何种企业都得进行机制改革。

机制革命考验所有者的选择。根据《公司法》，我国企业是股东所有的，如果股东不把人力资本当成资本，就不会给经营者、劳动者分红。今天，所有者要学会分享，这已经成为金融、高科技、咨询等诸多行业的共识。晋商很早就明白分享制的好处，200年前他们就设置了银股和身股，银股就是东家，身股就是经营者，包括掌柜、账房先生和伙计。到了年底分红，东家，掌柜、账房先生，伙计各分一份。这种分配机制让一大批优秀的晋商繁荣壮大。改革需要"东家"的支持，让不让"掌柜、账房先生、伙计"参与分红，有赖于"东家"是否精明。

全国国有企业改革座谈会上强调，当前国有企业改革正处于一个行动胜过一打纲领的关键阶段,要以"伤其十指不如断其一指"推进国企改革大胆务实向前走。高效的机制来自所有者的经营思想,来自所有者的开明和精明,来自企业不断探索和实践。归根结底,改革不仅要实现所有权结构的优化,还要有好的机制,这样才能把企业搞活。

## 人力资本与金融资本同等重要[1]

彼得·德鲁克先生认为,在科技时代,工人已经成为知识工人,他们对待遇有了更高的要求,不能把他们当作传统经济时代的普通工人看待。现在越来越多的企业家也改变了原来的观点,因为大家的受教育水平提高,能比以前创造出更多新东西,比如新的思想、新的技术、新的盈利模式,等等,人力资本在企业里发挥的作用越来越重要。尤其是在高科技和新经济时代,人力的资本属性更加突出。

企业既要重视金融资本也要重视人力资本,有时候人力资本比金融资本更重要。相对于金融资本,高素质的人才队伍是企业的重要资源。企业的经营者也是重要的人力资本。企业财富的增加,不只是资本带来的,更是经营者、技术骨干、劳动者创造的。在企业进行利润分配时,他们也应该分到属于自己的那部分。

企业如果不重视人力资本,高素质人才很容易流失,相反,企业越重视人力资本,发展会越好。华为长期重视人力资本,在全球吸引了各领域优秀的专家。华为能取得今天的成就,得益于这些人力资本

---

[1] 节选自 2021 年 12 月 2 日在中金学院的讲座内容。

持续发挥重要作用。任正非先生说华为是"知本主义",意思就是人的知识是企业最重要的资本。

中国建材一直以来非常重视人力资本,形成了一批能征善战的企业家队伍、科研队伍、营销队伍、工匠队伍,这些都是企业无比宝贵的财富。企业只有重视人力资本、尊重人力资本,给予优秀人才更好的待遇,给他们提供施展才华和能力的机会,未来才会有更好的发展。


## 建立中长期激励机制 [1]

真正的职业经理人应该对应市场化的薪酬体系和激励机制。对于处在充分竞争领域的央企,如果不能把优秀的经理人留住,不能给经理人足够的待遇,如何实现长期发展呢?这个问题值得我们深思。

做企业不仅要靠责任心、事业心、政治觉悟,还要靠激励机制。西方很多商业精英之所以愿意到大公司工作,就是因为大公司赋予了职业经理人相应的激励机制。传统国企效率低的一个重要原因,就是缺少激励机制,薪酬制度不合理。在国企里,往往是一流人才的收入比社会上同等水平的人才低,而三流人才的收入却比社会上同等水平的人才高,这就造成了"一流人才留不住,三流人才赶不走"的问题。现在,国企改革顶层设计方案已明确,"对市场化选聘的职业经理人实行市场化薪酬分配机制,采取多种方式探索完善中长期激励机制"。所谓的中长期激励是资本项下的内容,不是奖金项下的内容。企业可实

---

[1] 节选自 2015 年 11 月 20 日在大连高级经理学院的交流内容。

施更加积极、更加开放、更加有效的人才政策,灵活开展股权分红等中长期激励,吸引和留住人才,打造高素质、专业化的优秀人才队伍。

建立激励机制也是中国建材集团深化改革的重要内容。目前,在我们的高管会议上,经常是三类人坐在一起:身家上亿的原民企老板,市场化选聘的职业经理人,传统国企干部。虽然都是企业高管,但这三类人的收入却相差悬殊:民企出身的高管有股权收益,职业经理人拿市场化薪水,传统国企干部拿体制内的薪水。这种状况从长期看不利于企业的稳定发展,激励机制不到位也将成为市场化选聘职业经理人的障碍。在下一步改革中,我们将按照顶层设计的要求,建立和完善以经营业绩考核为依据,以岗位绩效工资为基础,短期薪酬分配与中长期激励有机结合,资本、技术、管理等多种要素参与收入分配的激励制度,充分调动干部员工的工作积极性和创业热情。在推出激励机制的同时,我们还要加强对职业经理人的监督约束,发挥审计功能,实施问责管理,建立责任追究机制。

## 从"激励"到"共享"的升华[1]

党的十八届五中全会提出了"创新、协调、绿色、开放、共享"的发展理念。习近平总书记指出:"共享理念实质就是坚持以人民为中心的发展思想,体现的是逐步实现共同富裕的要求。"[2]实现共同富

---

1 节选自 2023 年 4 月 23 日在第七届中国企业领袖读享盛典的主旨演讲内容。
2 《习近平在省部级主要领导干部学习贯彻党的十八届五中全会精神专题研讨班上的讲话》,《人民日报》,2016 年 05 月 10 日 01 版。——编者注

裕要在分配上下功夫，扩大中等收入群体比重，增加低收入群体收入，合理调节高收入，形成中间大、两头小的橄榄形收入分配结构。

共同富裕中涉及构建初次分配、再分配、第三次分配协调配套的基础性制度安排。初次分配主要是企业里的工资收入等；再分配是转移分配，如税收等；第三次分配是道德分配。要打造橄榄形收入分配结构，就要从初次分配做起。企业的初次分配既关系企业，也关系社会，这是一个大逻辑。然而，在初次分配中，过去出现了什么问题，有没有不合理的地方，这是我们要研究的。过去分配不合理的地方，主要表现在单方面股东利益最大化，这确实带来了效率，也带来了繁荣，但也形成了贫富两极分化和环境的恶化。为此，我们需要新的发展理念来解决这个问题。

在企业里，我们同样面临公平和正义的问题。经过这些年的研究、思考与实践，我写了《共享机制》这本书。最初的书名打算用《激励机制》，为什么后面改成了《共享机制》呢？在这方面，我也有一个认识发展过程。过去，我所讲的主要是激励机制，更多地将机制视为手段，把员工视为企业的雇员，机制是用来激发员工积极性和创造性的。随着我对新发展理念学习的不断深入、对共同富裕理解的不断加深，以及对企业目的认知上的升华，我觉得可以把激励机制升华为共享机制。从初次分配开始，在企业层面，我们就可以通过共享机制打造企业里的橄榄形结构，即在企业这样一个微观结构里扩大中等收入群体，缩小贫富差距。

做企业既要能赚到钱，还要能分好钱。一家企业有机制，就是说这家企业知道如何赚钱、如何分钱；一家企业有好的机制，就是说这家企业知道如何多赚钱、如何分好钱，不断激励大家去奋斗，从而使公司获得更好的效益。

到底应该是什么样的机制，到底利益该怎么分配？这始终是我们企业要面对的一个问题。机制实际上既要讲效率，又要兼顾公平。也就是说，不要简单地把人都当成劳动者，应该把他们当成人力资本。在企业里，我们既有金融资本，也有人力资本；既有我们能看到的厂房、土地、设备等，还有活生生的人，如管理人员、技术人员和广大员工。企业财富既要分配给金融资本，不然没人投资了；也要分配给人力资本，否则在今天的高科技、新经济时代下，优秀的人才都流失了。如果人力资本不能参与分配，不仅将加速贫富两极分化，更可能影响技术创新和经济增长。

所以，我们要引入共享的逻辑。所谓共享，实际上是指金融资本和人力资本共享企业的财富。需要注意的是，不是劳动者分享了所有者就少了甚至没了，而是企业的规模更大了，饼做得更大，所有者在其中得到的也更多。这是一个良性、共享、共赢的逻辑。

社会上也有一些人将"共享"误解为"平均主义大锅饭"，这显然是不对的。深化收入分配制度改革是推进共同富裕的必要手段，但这并不意味着整齐划一的平均主义。公平也非常重要，在高房价下，如果员工只有工资和奖金，买房子都是有困难的。只有把企业财富分给人力资本一部分，才能发展壮大中等收入群体，才能使企业的分配更合理，让企业的财富分配形成橄榄形的结构。

建立共享的机制，这是深层次的，也是这个时代需要的真正能激发大家奋斗的东西。企业必须开明，把企业创造的财富分配给员工一部分，让企业成为一个社会、股东、员工的利益共享平台。我们要给辛勤工作的员工未来生活的保障，让年轻人感到有未来、有希望、有奔头，要让他们觉得，只要在企业里努力奋斗，一切都会有的。我相信，这样的企业更有创新能力和竞争力，更受社会尊重。

## 让企业成为共享平台[1]

改革再出发,"共享"这个话题是绕不开的。改革的动力是让所有者利益和劳动者利益能够共享。在追求高质量发展的今天,让企业成为社会、股东、员工的利益共享平台,实现社会的均富和共富,这符合社会主义共同理想,也是落实新发展理念的必然要求。

一说到分享,有人会问,分享是分谁的红,是不是要分所有者的红?其实,劳动者分的是自己的劳动成果。通过共享机制,员工可以凭诚实劳动多获得一些收益,企业效益好了,所有者就会赚得更多。共享不是简单的分饼,而是把饼烙大,让大家都受益,这就是共享的意义。在国有企业,一提员工分红就将其与国有资产流失联系起来,归根结底是没有确立人力资本的概念,只承认资产资本。肯定人力资本的重要性和贡献,可以打开进一步深化国企改革的心结。只有把机器、厂房等有形资本和人力资本很好地结合起来,才能发挥干部、技术人员、骨干员工的积极性,企业才会有效益,国有资产才能保值增值,才能做强做优做大国有资本。

改革是围绕着利益分配关系进行的。经济学里有个"佃农论",大意是:佃农租了一块地,每亩每年要交几百斤粮食,生产多了就多得,生产少了就少得,这样佃农就有积极性。我国过去实行的承包制和"佃农论"的逻辑是一样的。那时候首钢搞承包,国家大头、企业中头、个人小头,实际上对财富做了分配。即使资产都是国家的,也应该把资产所有权和分配权有效地分开。后来也采取过股票增值权、员工持股、现金奖励等方式,都取得了一定效果,但总体上中长期激

---

[1] 节选自 2018 年 4 月 15 日在莫干山论坛的演讲内容。

励的方式和效果还有限。从长远看，通过机制改革，建立多层次的现代激励体系，保护激发企业家、知识员工和广大干部职工干事创业的热情，是确保企业可持续发展的百年大计。

像中国建材的专利有1万多项。作为一名国企科研技术人员，发明专利和他的收入是否有关系？以前多数企业认为没关系，觉得那是国家投资的成果，科技人员只是普通劳动者。但问题是，有的劳动者一项专利也没获得，有的劳动者却有很多项发明专利，为企业创造了巨大效益，如果一点儿收益都不给他分配，恐怕人才就会慢慢流失，上一轮国企改革的红利就会丧失，企业就会失去竞争力，所有者利益也就无从保证。这是摆在我们面前非常迫切和严峻的问题。

今天，我国已进入高质量发展阶段，人们的生活逐渐富裕，社会主要矛盾发生变化，国企改革的动力是什么？答案就是满足员工对美好生活的向往。干部员工通过在企业辛勤努力地工作，能够共享企业财富，能够负担子女教育、老人赡养、购房购车等生活成本，在企业里安心工作，在社会上体面地、受人尊重地生活。这样，大家才能发自内心地以在国企工作为荣，才能与企业结成荣辱与共的命运共同体，进而造就更多具有全球竞争力的世界一流企业。

## 共同富裕下的共享企业建设[1]

共同富裕是社会主义的本质要求，也是人类的共同理想。改革开

---

[1] 节选自2021年11月20日在第五届《清华管理评论》管理创新高峰论坛暨《清华管理评论》创刊10周年庆典的主题演讲内容。

放以后，我国经过了"让一部分人先富起来"的阶段，形成了今天的经济实力。党的十八大以后，我们加快推进扶贫事业，全面建成了小康社会。现在我们进入一个新的阶段，在这个新的阶段里，我们把共同富裕的实质性进展作为其中的重要内容。

共同富裕的核心是共享。因为只有共享的理念才有助于我们实现共同富裕。过去发展是靠金融资本，现在是靠"人力资本＋金融资本"，这两种资本都非常重要。过去我们将人力资本称为"劳动者"，现在叫"知识工作者"，人力资本成了社会中非常重要的资本。所以我们不光要让金融资本参与分配，也要让人力资本参与分配。

从共同富裕的一个现实要求——打造橄榄形的收入分配结构来看，我们也需要让人力资本参与财富分配。所谓橄榄形，就是中间粗两边细，即扩大中等收入群体比重。这些年，从全球来看，财富的两极分化比较严重。瑞士信贷发布的2021年度《全球财富报告》指出，到2020年底，全球最富有的10%的人拥有全球82%的财富，其中最富有的1%的人拥有45%的财富，而处于全球财富底层的50%的人拥有的财富占比不足1%。这就是今天我们面临的问题。处于全球财富金字塔顶尖的这1%的人，他们的财富主要是怎么创造的？主要是以资本来创造的。而处于全球财富底层的这50%的低收入人群，他们基本上没有资本收入，这就是现状。所以，今天如果要创造一个共享社会，很重要的就是要把人力资本放进来参与分配，否则并不容易做到。

共享企业是实现共同富裕的基石。在整个财富创造过程中，企业发挥着重要作用。2020年我国企业的收入占全社会GDP的比重超过90%，企业研发费用占全社会总研发费用的比重超过75%。要想做大蛋糕，首先企业要快速发展。在这个过程中，企业的积极性应该怎么来激发？这是关键的问题。

企业的目的到底是什么？这么多年来，围绕着企业的目的，我们有过很多讨论，结论也一直在变化。美国有一个大企业 CEO 组成的"商业圆桌会议"，在 20 世纪 70 年代成立，其后在 90 年代提出企业的目的是要让股东利益最大化，并不断重申这一原则。这对全球的企业影响很大，对我们中国企业的影响也很大。但到 2019 年，"商业圆桌会议"修改了这一原则，他们认为企业的目的应该是让社会更美好，企业要注重利益相关者的利益，就是包括企业所有者、员工、客户、供应商、银行、社区等在内的利益相关者的利益，其中员工的利益是非常重要的。也就是说，我们办好企业的目的发生了重大的改变。做企业不仅要照顾股东的利益，也要照顾到管理者、技术人员和员工的利益。

西方人现在讲得比较多的是"觉醒商业""觉醒企业""觉醒企业家"。为什么叫"觉醒"呢？就是说不能只想到股东利益，还要想到利益相关者的利益。"觉醒企业"在我们中国当前的语境下，可以称为共享企业，就是让所有者、员工及其他利益相关者都能够共享企业的财富。

有时候，所有者可能会有一种误会：如果将企业利益分享给员工，会不会把自己的钱分给他们呢？其实不然，因为共享企业有好的社会环境，获得社会支持，有很好的员工积极性，如此企业的创新能力、竞争力和效益就会更好。我们发现，在中国的好企业中，绝大多数都是机制好的企业，像前文提到民企中的华为、地方国企中的万华，包括央企中的海康威视等都是典型案例。

长期来看，企业要做好，靠的是"精神＋机制"，企业里边既得有精神文化，又得有机制、有物质激励，这是根儿上的事。员工到企业来工作，是有一定物质需求的。我们到底怎么"分饼"？怎么把"饼"做大？"分饼"是一个机制问题，有一个好的机制，"饼"就会做大，做大"饼"之后，每一个"分饼"的，包括所有者、员工，分得的份额又会更大，这就是底层逻辑。

以上是我关于共享企业的一些基本想法。希望我们的企业家能够有情怀，在这个时刻要处理好多赢和共赢的问题，不光是考虑自己，也要考虑社会，考虑广大员工。其实，共享对每一个企业家、每一个所有者来讲，都会是更好的选择。这就是我们讲的，企业的目的是让社会更美好。

# 弘扬企业家精神

## 谁是企业家？[1]

"企业家"这个词是舶来品，法国人最早把流通过程中使货物增值的商人称为企业家，后来英国人又将其提升为使资源创造价值的企业主。经济学家马歇尔注意到企业家和组织作为生产要素的作用。经济学家熊彼特进一步提出创新是经济发展的原动力，企业家是创新的组织者。管理学家德鲁克认为，企业家与企业规模、所有制形式无关，富于创新意识、为社会创造价值的企业领导者就是企业家。

马克思主义早期经典著作中几乎没有提到过企业家的概念，我国在新中国成立初期把民族工商业企业领导人称为红色资本家，这应该是早期对企业家作用的一种肯定。改革开放后，企业家概念引入我国，随着国有企业改革家、乡镇企业家、民营企业家的大量涌现，企业家为改革开放和经济发展做出的突出贡献开始为社会大众所认识。但同

---

[1] 节选自2018年11月18日在北大光华管理学院的讲课内容。

时，社会上也存在将民营企业家等同于资本家、将国有企业家简单等同于国家公务员、将企业家视同一般企业管理者等片面认识，这与新时期我国社会主义市场经济发展趋势很不适应。

应该认识到，在经济学意义上，企业家通过创新活动优化资源配置、改变生产函数、塑造市场、承担风险和颠覆竞争模式为社会创造新价值。企业家是以其独特的创新行为和社会贡献来定义的。今天，企业家不限于新企业的发起者，大家也常谈到企业家政府、社会企业家。

企业家既是时代形成的，也有自身极其鲜明的性格特点。中国特色社会主义市场经济坚持公有制为主体，多种所有制经济共同发展，这使得中国的企业家在资源组织、风险承担和创新活动方面呈现出多姿多彩的面貌。中国的企业家队伍主要包括三个来源，一是进入市场的国有企业的有创新意识的领导者，二是由国有企业转制而成的混合所有制或民营企业的领导者，三是由民营企业培育的企业家，以及在以上三种企业中的优秀职业经理人。这些企业家正在引领全球科技创新和企业变革的新浪潮。

企业家是稀缺要素，是企业的领导者，是市场经济中最活跃的因子。企业家不以财富多少而论，企业家是创造财富的人，但如果没有任何创新，没有创造价值，再富有也不能算作企业家。企业家不以成败而论，企业家不是完人，也不是常胜将军，做企业常常会遭受失败，甚至会倒在征途中，所以我们对企业家应倍加珍惜和呵护。

## 充分发挥企业家作用[1]

习近平总书记充分肯定广大企业家在促进经济社会发展中的重要作用和贡献。2014年7月,习近平总书记在给福建企业家的回信中鼓励广大企业家要继续发扬"敢为天下先、爱拼才会赢"的闯劲,极大振奋了广大企业家。[2] 2014年11月,习近平总书记在亚太经合组织工商领导人峰会上有一段关于企业家的非常重要的论述:"市场活力来自于人,特别是来自于企业家,来自于企业家精神。"[3]

企业家和国企干部不同,企业家不是一般的管理者,而是企业的领导者,为企业指明方向、为企业寻求资源、为企业承担责任,企业家应该是终身的。

改革的动力源于企业,源于一线企业家。在上一轮改革中,企业活不下去,最难受的就是企业家。当时人们把这场改革叫作"破三铁"[4],企业家身在其中,而且被套在网中央,想要改变命运,就必须成为当时企业改革的动力。像步鑫生[5]、马胜利[6]等人,都是国有企业

---

1 节选自2014年12月16日在"国企改革:探索与前瞻"论坛的演讲内容。
2 《习近平总书记给福建企业家回信》,《福建日报》,2014年07月21日。——编者注
3 《习近平在亚太经合组织工商领导人峰会开幕式上的演讲》,《人民日报》,2014年11月10日02版。——编者注
4 1992年初,以徐州国有企业改革为发端,国有企业掀起了一股以"破三铁"("铁饭碗""铁工资""铁交椅")为中心的企业劳动、工资和人事制度改革热潮。所谓"三铁",是对我国传统体制下的国有企业劳动、工资和人事制度的形象概括。
5 1980年步鑫生出任浙江省海盐县衬衫总厂厂长,在他的带领下,小厂打破"大锅饭",进行全面改革,企业飞速发展并于一年后成为全省行业领头羊。1983年其事迹成为全国典型,"步鑫生神话"轰动全国。此后由于一系列决策失误,1988年海盐衬衫总厂资不抵债,步鑫生被免职。后来,他在上海、北京、辽宁、福建等地办厂,1993年在秦皇岛创立步鑫生制衣有限公司。
6 马胜利被誉为"国有企业承包第一人"。1984年,马胜利毛遂自荐承包石家庄造纸厂,率先在国有企业打破"铁饭碗""铁工资"制度,并推出改革"三十六计"和"七十二变",带领造纸厂迅速扭亏为盈。在全国近千家企业"求承包"的呼声下,1987年,马胜利承包全国百家亏损造纸厂,组建"中国马胜利纸业集团"。1995年,其因企业效益滑坡被免职;2004年,加盟青岛双星集团。

改革的有力推动者。今天，改革的推动者是谁？仍然是企业和企业家对变革的渴望。好的指战员，他的指挥所离前沿阵地不会太远，拿望远镜就能了解战况。企业家身处改革一线，清楚改革前沿的真实情况，对前方战场有着更切实的感受，而且改革与他们自身的命运息息相关，因而他们的感受和见解应该受到重视，从而在改革中充分发挥企业家作用。改革需要勇敢分子，勇敢分子是谁？是企业家，上一场改革是，这一场改革还是。

企业改革是适应市场的过程，企业家应是能动的推动者，而不是被动的执行者。企业家是领导团队的核心，在改革中要确立企业家在经营决策中的核心位置，而不是在行政干预下走马灯似的换人。比如"上海绿地"，它原来是一家国有企业，上海市国资委旗下的三家国有企业持股合计为48%，绿地的员工持股份额为28%。上海市国资委承诺三家国有企业不做一致行动人，这就相当于将董事长的提名权让渡给了员工持股公司，从而确保了董事长张玉良的企业家地位。弘毅投资总裁赵令欢认为，投资要以选择企业家为核心，一个行业再好，如果没有好的企业家也不能投资。张玉良把自己的董事长地位能由市场决定归功于开明的政府。上海市国资委也非常认可张玉良的能力，认为像他这样的企业家让国有资产实现了增值。

企业家是稀缺资源，可遇不可求。阿里巴巴如果没有马云，联想如果没有柳传志，都不会有今天的成绩。关于充分发挥企业家作用，我认为有三个内涵：一是充分信任和大胆使用企业家；二是稳定企业家的领导者地位；三是给予企业家应有的中长期激励机制。也就是说，对企业家要有政治上的关心和爱护、制度上的稳定和保证、机制上的激励和安排。

## 企业家精神的内涵[1]

企业家精神是企业家在创新活动中表现出来的价值取向和思想境界，反映企业独特的历史文化、市场环境与个体偏好。企业家精神内涵非常丰富，如浓缩一下可以概括为六个字：创新、坚守、责任。

创新精神是企业家的灵魂。做企业是一件复杂又艰苦的事情，需要的是敢于不断创新、不断挑战自我的人。企业家要勇于创新，用创新思维点亮企业。现实中，多数都是按部就班或随大流的人，但企业家应该卓尔不群。企业家要时常另辟蹊径，以独到和敏锐的商业嗅觉发现各种机遇和可能性，在大家都做这件事时，企业家要想怎样做另一件事。熊彼特认为，企业家精神就是创新和冒险精神。而德鲁克认为，企业家最大的特点是创新和把握机遇，冒险不应是企业家的选项。这个观点我很赞同。过去供给不足，机会成本不高，敢吃螃蟹的冒险者有可能成为企业家。而现在，市场竞争异常激烈，企业家应认真思考、评估和把控风险，识别并有效利用各种机会提升经济效率，以创新的思想和方法推动企业发展。创新能力决定了企业的命运。纵观成功企业家，他们有的进行了企业制度的创新，有的进行了商业模式的创新，有的进行了技术和产品的创新，创新是他们成功的重要前提。

坚守精神让企业排除万难。做企业需要工匠精神，需要痴迷者，需要不怕风险、不怕失败、持之以恒地坚守。像德国工业靠众多"隐形冠军"企业称雄于世，这些"隐形冠军"创业至今平均已超过60年。做企业是一个苦差事，有没有坚守的精神，有没有超强的毅力和

---

[1] 节选自2017年10月《经济参考报》文章《企业家是发展创新型经济的中坚》。

耐力，能不能"板凳甘坐十年冷"，往往是能否成功的关键。我的体会是，做好一个企业，没有10~20年的工夫是不行的；想把一个企业做到世界一流，可能要做30~40年。有人问我，宋总，你怎么计算出来的？我说这不是我计算出来的，是实践出来的。中国建材集团的纸面石膏板和玻璃纤维都是靠40年的坚守才发展成质量和规模在全球领先、世界一流的业务。

责任担当为企业指引方向。企业家是国家的战略资源，应该把爱党爱国放在首位，自觉成为党在经济领域的排头兵。市场根植于社会，企业需要回馈国家。因此，企业家应当有家国情怀，有"先天下之忧而忧"的境界，把履行社会责任作为自觉追求，为社会大众创造更多财富，努力增进全社会幸福感。企业家不仅是财富的创造者，更应该是关心社会、给予社会最大回馈的人。企业家不是精致的利己主义者，对国家、对民族、对社会的责任感是对企业家精神最大的升华。尤其是国企领导者，更要埋头苦干，淡泊名利。实现保值增值是国企的必尽之责，同时还要考虑能多缴多少税、多提供多少就业，使多少个家庭幸福安康、使多少个屋檐下有孩子的欢笑，这也是企业家精神。

近代以来，中国企业的发展历程就是不断发掘、培育和弘扬企业家精神的历程。从清末的洋务运动到新时期中国企业走向全球，中国企业家围绕实业报国、振兴中华这个核心虚心学习，刻苦实践，不懈奋斗，创造了一大批优秀企业，也逐渐形成了中国特色的企业家精神。今天要继续弘扬企业家精神，在推动供给侧结构性改革、激发市场活力和推动社会经济持续发展中再立新功。

## 激发和保护企业家精神[1]

党的十九大报告明确提出，要激发和保护企业家精神，鼓励更多社会主体投身创新创业。企业家精神是创新的火种，是推动经济社会发展的重要力量。完善、传承、弘扬企业家精神，对于荡涤社会上的浮躁功利之气，促进中国经济社会稳定可持续发展具有重要意义。激发和保护企业家精神应着力抓好以下几方面。

第一，要尊重企业家的创新活动。从制度和政府层面减少对企业创新活动的干扰，依法保护企业创新成果和知识产权，保护企业家在创新和经营活动中获得的财富，加大对企业创新活动的物质和精神激励，引导更多高质量的创新投入。我们也要建立接纳创新的文化。如果想要大范围推动本土创新就需要人们有活力，需要人们有意愿进行创新，需要有智力能力和接纳广泛创新的大众。诺贝尔经济学奖得主菲尔费斯曾提出担忧，中国人是否有这样的文化去推动大规模本土创新？这个问题需要全社会共同关注。

第二，要加强创新体制机制建设。国家引导创新，要着力建设以企业为主体的创新机制和汇聚关键创新资源的平台，要加快建设风险投资、科技创新联盟、产学研一体化、人才流动、产权市场，要加强政府和企业家的交流，要更加开放和自信，吸引推动创新要素的聚集。在企业内部采用市场化机制如员工持股、科技入股、管理入股等多种形式，确保企业家团队的稳定和动力不竭。

第三，建立"亲""清"政商关系和企业家自律的风气。要建立企业家荣誉制度，提倡企业家发扬工匠精神，鼓励企业家专注坚守，打造众多专业化和国际化的行业"隐形冠军"。企业家要注意对标世

---

[1] 节选自2017年11月13日《企业观察报》文章《激发和保护企业家精神》。

界一流，提高自身政治觉悟、创新能力和综合素质。

第四，要宽容创新的失败。创新是一个试错过程，既要鼓励创新也要宽容失败，不能赢了就戴大红花，输了就打入冷宫。对遇到困难的企业家要雪中送炭，鼓励遭遇失败的企业家东山再起再展雄风。要营造尊重和支持企业家的社会氛围，认真研究和落实"三个区分开来"的原则，建立和完善容错纠错机制，信任和理解企业家，给予企业家正能量正激励，让企业家在创新创业中越挫越勇。

第五，抓好企业家队伍建设。要关注企业家成长，善于发现企业家苗子，扶持和培育成长过程中的企业家，倍加珍惜和爱护成功的企业家，创造更多机会和平台使人尽其才。同时还要关心企业家身心健康，引导企业家带头践行爱国敬业、艰苦奋斗等精神特质，不断完善、大力弘扬、积极传承中国特色企业家精神。对有成绩和做出突出贡献的企业家，要引导他们谦虚谨慎、戒骄戒躁，加强学习和提高自身素质，把时间和精力更多地用于管理的精进和企业的发展上，不刻意去做社会上的"大咖""大腕"。

## 新时代的企业家精神[1]

习近平总书记在 2020 年的企业家座谈会上从五个方面谈到了新时代的企业家精神："企业家要带领企业战胜当前的困难，走向更辉煌的未来，就要在爱国、创新、诚信、社会责任和国际视野等方面不断提升自己，努力成为新时代构建新发展格局、建设现代化经济体系、

---

1　节选自 2024 年 5 月 15 日在大连高级经理学院的交流内容。

推动高质量发展的生力军。"[1]

企业营销没有国界，但企业家有祖国。衡量中国企业家的第一条，就是把爱国放在第一位。我国的企业家，有一大光荣传统就是爱国，就是家国情怀。

近代的一位代表人物张謇，他一生创办了20多家企业、370多所学校，大家都在纪念他。民国时期有位很有名的企业家卢作孚，在抗日战争年代，他组织企业把工厂设备运到大后方。这些都是爱国精神的体现。在社会主义建设时期，尤其是改革开放以来，我们也涌现出许多有家国情怀的企业家。他们为了实现中华民族伟大复兴，前赴后继，付出了大量努力，其中包括很多大家熟知的优秀企业家，比如任正非、曹德旺、董明珠，国企的宁高宁、谭旭光等。

当前，国际风云变幻以及国内外一些超预期的冲击，给我们带来了较大压力。越是在这种情况下，我国的企业家就越要发挥应有的家国情怀，要为国分忧、为国担当。企业面对困境，企业家要能够带领广大干部员工坚定信心、克服困难、勇往直前。

创新是企业家最为核心的精神，企业家要创新，然而创新有一定的风险。创新没有效益，企业也就没有能力投入再创新，烧钱烧到最后，企业都做垮了，创新也就失去了意义。

创新还要集众智、聚合力。创新是协同的故事、融合的故事、平衡的故事。我们要把自力更生和协同合作结合起来，把自强不息和兼容并包结合起来，不仅要吹响"冲锋号"，更要吹响"集结号"，汇集各路精英，吸纳各方资源，组成攻关的突击队、特种兵团，在合作共赢中实现新发展、新突破。

市场经济实际上是诚信经济，诚信对企业来说非常重要。"君子

---

[1] 《习近平在企业家座谈会上的讲话（2020年7月21日）》，《人民日报》，2022年07月22日02版。——编者注

爱财，取之有道。"这里的"道"，不仅是指企业的所作所为要符合市场经济、法律法规要求的基本底线，更高的要求应是坚守道德底线，义利相兼、以义为先，站在道德高地做企业。

做企业要重视的"道"，其中很重要的一点就是诚信，要在阳光下透明地做企业，这样才能取信于市场。阳光，首先意味着公开透明的经营，企业要遵纪守法、规范运营、科学决策、防范风险，从体制、制度、机制上推进人、财、物等重大决策的公开透明。特别是对上市公司来说，更要及时、公开、透明地进行信息披露，自觉接受政府和社会监管部门的监管，虚心接受社会大众和媒体的监督，实现阳光下的经营。

我做中国上市公司协会会长的几年里，一项主要工作是推动提高上市公司的规范治理水平，其中诚信问题也是非常重要的，即大股东如何维护公司的利益、如何维护中小股民的利益等。上市公司发行了股票，募集了资金，还要把企业做好，让投资者有回报，同时要为股东创造价值。从这些方面看，这也是一个诚信问题。因此，无论是做产品经济，还是做资本市场，都应该把诚信放在第一位。

企业不光要照顾到股东的利益，还要照顾到方方面面的利益。尤其是现在，我们要特别重视环境保护、落实"双碳"目标等。股东至上的理念，过去虽然带动了效率的提高，但也引发了急需关注的两个问题，一是贫富两极分化，二是环境的破坏。因此，我们现在主张要照顾到利益相关者，积极妥善处理好这些关系。

对中国企业家来讲，应尽可能多地回馈社会，积极开展公益事业，成为让社会更加认可的企业家，进而赢得社会更多的尊重。

习近平总书记在看望参加全国政协十四届一次会议的民建、工商联界委员时强调："无论是国有企业还是民营企业，都是促进共同富裕的重要力量，都必须担负促进共同富裕的社会责任。"民营企业家"要继承和弘扬中华民族传统美德，积极参与和兴办社会公益慈善事业,做到富而有责、富而有义、富而有爱"。[1]

企业家是创造财富的人,但要先富帮后富。我在不同场合给大家讲过这个道理,社会也需要企业家这么做,支持教育、乡村振兴、关心弱势群体等,企业家的关怀应该成为社会最重要的关怀之一。像曹德旺先生,过去捐赠100多亿元做慈善,2021年又拿出100亿元建福耀科技大学,来培养符合企业要求的技术人员,非常有情怀。

在改革开放这一过程中,我国顺应全球化潮流,积极向世界开放。现在我们开放的大门越来越大,每年在上海举办进博会,各种税率政策也越来越有利于对外开放。我们以国内为主体的循环越来越好,越来越有基础,加之我们有4亿多人的中产阶层消费群体,市场越来越大,同时我们还要有大量中高端产品的出口,以满足外汇的需求,进而保持贸易的平衡。

在当前情况下,重塑国际合作与竞争新优势,必须转向双循环新发展格局的开放发展新道路。我们要做全球的市场,就要由过去的产品"走出去"转变为现在的企业"走出去",在不同的区域建设我们的企业;我们不仅要增加GDP,还要增加GNP,GDP是国内生产总值,GNP是国民生产总值,包含了我们在国外开办的企业的销售收入,这些都是我们下一步要做的事情。

爱国、创新、诚信、社会责任和国际视野,这是最高领导人对新时代企业家提出的五点希望。[2] 为此,我们需要继续深刻地去理解、去实践,尤其是处在今天的变革时代,我们比任何时候都更需要企业家,渴望拥抱企业家精神。我们要为企业家干事创业创造良好环境,让企业家成为引领企业创新发展、推动中国经济腾飞的重要动力。

---

[1] 《正确引导民营经济健康发展高质量发展》,《人民日报》,2023年03月07日01版。——编者注

[2] 《习近平在企业家座谈会上的讲话(2020年7月21日)》,《人民日报》,2022年07月22日02版。——编者注

# 第五章
# 经营与管理

经营与管理不同。管理是正确地做事，主要目的是提高效率；经营是做正确的事，主要目的是提高效益。随着技术进步、竞争加剧，今天企业面临的不确定性越来越高，做好企业既需要卓越的管理能力、高超的治理水平，也需要出色的经营能力、有效的赢利手段。

# 从管理到经营

## 经营是做正确的事[1]

党的二十届三中全会通过的《中共中央关于进一步全面深化改革、推进中国式现代化的决定》提到："完善中国特色现代企业制度，弘扬企业家精神，支持和引导各类企业提高资源要素利用效率和经营管理水平、履行社会责任，加快建设更多世界一流企业。"这里面是把企业的经营管理都提出来了，这很重要。

企业的工作林林总总，但归纳起来主要是两件事：一是经营，二是管理。经营和管理既密不可分，又各有侧重。在西方的管理学里面，经营和管理可以用一个词概括，叫 management。我认为经营和管理有所不同，经营是做正确的事，眼睛向外，目的是提高效益；管理是正确地做事，眼睛向内，目的是提高效率。经营关乎开源，即如何多赚钱，在市场中汲取"三桶水"；而管理主要是节流，即如何少花钱，

---

[1] 节选自 2024 年 5 月 13 日在辽宁省企业大会的演讲内容。

所谓"干毛巾也要拧出三滴水"。我把经营和管理分开来讲，实际上符合中国企业的思考方式和方法，这也是我对总结中国式管理的一个新尝试。

从工业革命开始，在人口和需求增长的持续牵引下，企业面对的最大问题一直都是怎样更多、更好地提供产品，怎样提高劳动者的技能和效率，由此开启了企业的生产管理时代。从最早泰勒的科学管理，到后来福特的流水线，包括丰田的精益生产等，管理实践和理论很多是围绕效率提升而展开的。但是，面对今天快速发展的新技术革命和需求变化，如果只依赖管理，企业很有可能会停滞不前，甚至倒闭。因为在这个时代，大量的技术和经验已经嵌入智能化机器，作业员工数量大大减少，传统管理的效能在减弱。在这样一个时代，企业要赢利，面对的最大问题就是创新、市场和环境不确定性，而解决这些问题需要的是经营能力。

从某种意义上说管理是经营活动的一个子项，重点在于解决成本问题，成本降低会增加利润，但如果经营出现失误，即使管理能做到零成本，企业也不见得会盈利。

管理学家亨利·法约尔将企业的全部活动分为技术活动、商业活动、财务活动、安全活动、会计活动、管理活动六种，并提出计划、组织、指挥、协调、控制是企业行政管理的主要内容。泰勒提出例外原则，指出企业的高级管理人员把一般的日常事务授权给下级管理人员去处理，而自己只保留对例外事项即重要事项的决策和监督权。虽然他们已经意识到超出管理的技术、投资决策等经营问题，但在早期工业阶段，大多是卖方市场，技术相对低下、员工人数众多，在那种情况下，管理就是主要矛盾，只要能提高劳动效率、降低成本、保证质量，企业就可以生存和发展。而随着技术提升、竞争加剧，企业的不确定性越来越高，商业形态也发生了巨大的变化，包括国际化的演变等，企业进入了经营管理时代。今天要做好企业，既需要好的管理，更需要好的经营。

世界上管理杰出的企业因经营失误轰然倒下的例子屡见不鲜。大家熟知的摩托罗拉就是这样，著名的"六西格玛管理法"就是它创造的，但当年投资铱星电话这一个经营失误就使它一蹶不振。诺基亚公司倒闭时，其总裁说了一句引人深思的话："好像我们什么也没做错，但我们倒闭了。"他说的"什么也没做错"是诺基亚一直按照管理原则做事，但它并没有适应平板手机这场变化，没有了解手机用户的新需求，所以面对苹果平板手机只能轰然倒下。

再拿我国水泥行业举例，20年前，我国处于城市化和工业化早期，水泥市场处于紧缺阶段，技术也很落后，所以那时做好管理就几乎是企业活动的全部内容。而现在是过剩市场，生产线也进入智能化时代，现场管理工作大大减少了，而且企业间由于技术同质化，其运营成本十分接近，因此，做企业的主要任务是面向市场，发现需求，选择销售策略，创新技术，细分产品，为顾客创造价值，从而占领市场，取得利润。

由此可见，管理是正确地做事，主要目的是提高效率；而经营是做正确的事，主要目的是提高效益。今天做企业需要在不确定中做出选择，选择技术路线，选择市场策略，选择价格策略，选择商业模式等，经营能力变得极为重要。如果思想还停留在管理上，不在经营上下功夫，就会出大问题。

对企业来说，过度的管理无法弥补经营的失误。今天有些企业遇到困难以后，很多领导者就觉得是因为管理做得不好，所以苦练内功，但是企业出现问题的根源往往并不在这里。当然管理还是要做好，但我们还要站在经营的高度来看待企业里的问题，思考如何在决策上改进。我想强调的是，今天这个时代，不是管理不重要，而是经营更重要。尤其是企业主要领导者应该更重视经营，学会把管理工作下移给部下。

## 企业一把手必须是经营高手[1]

随着管理水平的普遍提高，今天企业内部的主要矛盾已由单纯的管理问题逐步转为如何应对外界环境变化和技术进步的经营问题。既然我们认识到企业的重心正在由管理转向经营，就应该加大对经营工作的研究，重新定义企业的中心工作，但现实中，大多数企业领导层都是从基层管理岗位上来的，他们理解的企业工作就是管理工作，对管理尤其是对管人管事有着极大的热情和偏好；其实当企业做大了之后，企业领导者面对的最大问题是如何给企业把关定向、获取资源。这对许多企业领导者来讲并不容易，但又是一个非转不可的弯子，要顺应企业发展的新趋势和新要求。

回想以前我当厂长那会儿，企业开会大多数是管理内容，大修理、质量控制、现场管理等，而现在开月度经营会主要围绕市场、价格、创新商业模式等经营问题，几乎很少谈到企业管理的内容。强调经营比管理重要，不是说管理不重要，而是在改革开放40年后的今天，我国企业管理水平普遍提高，如果还有哪个工厂跑冒滴漏、脏乱差，就是不具备基本能力，就好比研究生不会四则运算一样。在中国建材，我要求工厂管理必须出色，大量的管理工作要下移，交给主管

---

[1] 节选自2018年10月14日在北大国发院的讲课内容。

生产的企业负责人就可以了,而一把手要把工作重心从繁杂的日常管理工作转向核心经营工作,身份也由管理者转变为经营者。

企业要聚焦经营,企业领导人首先是一个经营者,必须是经营的行家里手。经营能力是企业家的核心能力。做企业的一把手,既不是一个当官的,也不是传统的管理者,应该首先是一个经营者,经营者就是要赚到钱。赚到钱的不见得都是好的经营者,但赚不到钱的一定不是好的经营者。企业是经济组织,是营利组织,不会赚钱的人不能做企业的一把手。作为一把手可以把管理工作全部授权下去,但经营层面要了如指掌,如市场工作,不能只听销售人员汇报,要真正在市场一线,坐镇经营,关心盈利。

经营能力不仅要自我修炼,而且要认真学习经营之道,更重要的是要眼睛向外,紧盯环境变化,勇于创新。这么多年,我在中国建材的会议上,无论是年会,还是月度经营会都是和干部们谈经营之道,也就是赚钱之道,我常给干部们讲,我们的每次会议都是EMBA(高级管理人员工商管理硕士)的高级课程。正是因为这样,经过多年训练打磨,中国建材培养出一大批经营者。中国建材的各个业务板块的一把手,80%的工作是经营内容,20%的工作是管理内容,因为在一个成熟企业,管理是一个基本功,大量管理工作已经由基层员工承担起来了,而经营工作却是别人无法替代的。我不提倡企业一把手一天到晚泡在车间里,一把手要眼睛向外,把企业经营做好,让企业赚到钱。

现在商学院的MBA(工商管理硕士)课程主要是讲管理,因为近百年的企业重点工作就是管理,而且管理工作也容易归纳,便于教学。但EMBA应多上一些经营课,现在是一个创新创业时代,EMBA的学员希望学到创业和赚钱的本领,而目前以管理内容为主的教学教不会经营。现在,商学院开始设置启发和研讨课,增聘成功企业家做实践教授,这是个进步,我也建议 MBA 课程设计上也可以多一些经营课的内容,开放思维,提高学习和应变能力,增强选择判断的能力和整合资源的能力等。

## 做有效的经营者[1]

彼得·德鲁克在 20 世纪 60 年代写过一本书,叫《卓有成效的管理者》,他在书中提出了有效管理者的五个基本能力,即善用时间、聚焦贡献、用人所长、要事优先、有效决策。现在企业的管理水平都有了一定的基础,企业的领导者更应该注重经营工作,从普通的经营者成长为有效的经营者,这主要体现在五个方面:一是正确选择,二是有效创新,三是资源整合,四是创造价值,五是共享机制。

任何一个经营者,首要的任务都是抉择和选择,一定要搞清楚自己是干什么的,不要一天到晚忙于日常事务,而忘记了方向的选择。在战略上、在业务上、在用人上,这些选择正确与否往往决定企业的生死,是那种不可不察的大事。

创新是有目的地寻求机遇的过程。企业家不是一定要去冒风险,而是要尽可能地防范风险,企业家最好的特质是捕捉机遇的能力。今天,对企业经营者来讲,最重要的就是要进行有效的创新,讲究创新的目的、质量和效果,而不是盲目创新。

诺贝尔经济学奖获得者乔治·斯蒂格勒认为,当今美国没有一家

---

1 节选自 2024 年 5 月 30 日在辛庄课堂的分享内容。

大公司不是在某个时刻用某种方式进行兼并重组而发展起来的。中国也是，目前中国的市场足够大，企业足够多，不少行业出现过剩。市场不只是考验企业创造资源的能力，也考验其整合资源的能力。这是今天有效的经营者的一项重要工作。

今天的企业经营，既包括产品经营，也包括资本运营。不上市，企业最重要的是创造利润，上了市，企业既要创造利润，又要重视市值管理，为投资者创造价值。新经济时代有一大特点，就是资本化。企业在发展过程中，不只需要资金，更需要资本，因为资金借了得还，企业得承担利息。1997年我带领北新建材在深交所上市，2006年带领中国建材在香港上市，2009年又推动国药控股在香港上市。中国建材和国药集团这两家公司旗下共有20多家上市公司，上市给了企业极大的推动力，降低了企业的资产负债率，减少了企业的财务费用，更关键的是，引入了股东，改变了企业的内部机制，这些都是非常重要的。所以企业既要重视产品市场的利润，又要重视资本市场的价值。对企业家而言，创造绩效、发现价值和实现价值既是一场"硬仗"，也是衡量其是否优秀的重要标准。

共享机制是我一直以来非常关心的问题。共享机制是让金融资本和人力资本共享企业财富的机制。华为是怎么发展起来的？靠的就是"财散人聚"的机制。任正非个人在华为的股份只有1.01%，剩余的股份由工会全员持有。国企万华化学也是通过科技分红和员工持股发展壮大起来的。这样一种共享机制是管理层与员工都愿意接受的——共同创造财富、共同分享财富。

有效的经营者，归根结底就是要能为企业带来效益，为员工带来幸福。企业的领导者要从卓有成效的管理者转变为有效的经营者，就是把经营和管理工作有机地结合起来，既能提高效率，也能提高效益。

## 变局下的经营之道[1]

全球百年未有之大变局加速演进。从国内来看，我国经济从高速增长时代进入高质量发展时代，从过去追求速度和规模，到现在追求质量和效益、强调做强做优做大。面对世纪变局，我国坚持稳字当头、稳中求进，在全球经济中发挥了"压舱石"作用。2023年，"三重压力"得到缓解，经济发展呈现回升向好态势，但是经济恢复的基础尚不稳固，部分企业仍面临市场、资金、转型、经营等困难。在这种情况下，企业既要保持定力，按照常理去做，也要开拓创新，在发展中解决困难。

企业在竞争中遇到问题，在压力下关键还是要落实"四个紧抓"，做好自己的事。

一是紧抓创新。现在技术发展很快，环境变化很快，前几年讲区块链、元宇宙，最近讲ChatGPT，变化真的太快了。我们说得很多的一个词叫"不确定"，在不确定的情况下，企业只能加快创新的步伐。今天，摩尔定律已经出现在很多行业，行业迭代在加快。像电动汽车、动力电池行业其实没有发展几年，但是与行业里的公司接触时，会发现它们也有压力，为什么？因为创新速度在加快，今年你有一项技术是第一，明年技术迭代，别人可能就超过你了。

查尔斯·汉迪写的《第二曲线》这本书讲，企业在第一曲线（即原有业务）繁荣的时候，就应该开始筹建第二曲线，而不是等着第一曲线衰退的时候再去做第二曲线，这个时候已经晚了。但是当第一曲线处在上升阶段时，企业愿意投入做第二曲线吗？一般的企业不会，

---

[1] 节选自2023年6月10日第七届中国企业家年度峰会的主题讲座内容。

因为正处在舒适区，赚钱多，所以容易忽视时机。企业要重视第二曲线，像中国建材水泥业务做得很好，但是在十几年前水泥业务赚钱的同时，它就开始做新材料业务，2022年新材料业务赚了182亿元，这就是第二曲线起了作用。

二是紧抓管理。管理是做企业永恒的主题。现在很多企业在发展中逐渐技术同质化、设备同质化，竞争时怎么办？那就得靠高效运营来创造优势，也就是说企业还得靠管理。企业如果做不好管理，产品质量提不上去，成本降不下来，就算有再好的技术和商业模式，也会败下阵来。管理要讲究方法论，好企业都有各自的一些管理方法。比如丰田式管理主要靠两个方法：一是零库存，做到汽车配件、产成品零库存；二是看板管理，这是流水线上的一种精准的管理方法。海尔的"日事日毕，日清日高"，格力总结的格力模式，潍柴动力的 WOS 质量管理模式等，都做得很好。

三是紧抓市场。市场是企业的舞台，开拓市场是企业的首要任务。在以国内大循环为主体、国内国际双循环相互促进的新发展格局下，企业要充分利用两个市场、两种资源。一方面，要把国内市场做好。以前，我们往往是把最好的产品卖到国外，这种观念必须改变，要把最好的产品、最好的服务销往我们身边的市场，因为这是我们永久的市场。另一方面，还要继续深耕国际市场。为什么？因为我们做了40年的国际市场，十分不容易，绝对不能放弃，而且要当仁不让，加大对国际市场的开发力度。企业还得"走出去"，进行跨国经营，从产品"走出去"到企业"走出去"。像海信、TCL、美的等企业国际化程度都很高，在海外建厂或收购了不少海外企业和品牌。

四是紧抓品牌。为什么国内一些企业面临的市场压力这么大？因为它们做的都是大路货，没有品牌的溢价，在市场竞争中不得不降价。企业如果有好的质量，又有大量的技术投入，应该更加重视品牌的建设，有了品牌才能有更丰厚的利润。年轻人讲国潮，我非常赞成，尤其是"90后""00后"是很有自信心的一代。今天，不论是航空母舰、大飞机等大国重器，还是日常生活中每一个细小的产品，我们都可以做得很好。所以进入中国品牌的时代，企业一定要做好品牌工作。第一，品牌工作是"一把手"工程。品牌工作不能依赖一个销售员或一个品牌专家，而是企业一把手要特别重视的事情。第二，质量和服务是基础。北新建材坚持"质量上上"和"品牌至上"的方针，打造了"龙牌"等产品品牌，如龙牌石膏板、龙牌漆等，2022年品牌价值高达900多亿元。第三，要加大品牌投入。我们看到中国公司在卡塔尔世界杯的运动场上打广告，这是宣传企业很好的机会。酒香也怕巷子深，过去中国人往往愿意花钱买设备，却不是很愿意花钱打广告，因为不能确定效果如何。但是不通过各种宣传让大家记住品牌，消费者怎么能购买呢？强大的品牌效应对企业来说至关重要，这就是品牌的意义。第四，要增强对国产品牌的自信心。未来我们应该树立品牌意识，积极宣传和维护自主品牌，讲好中国品牌的故事，提高全球市场对中国企业和产品品牌的认知度，建设品牌强国。

# 塑造价值型企业

## 赢利是企业的基本责任[1]

归根结底,企业是一个经济组织,要有效益,要发展。作为经营者,首先要明白办企业是为什么。企业的根本任务就是提高经济效益,创造价值,做价值型企业。

什么是价值型企业?这要从公司制的产生说起。现代公司制是在市场经济中为降低交易成本而产生的。一家一户地交易会带来巨大的交易成本,而合伙成立公司,有组织地开展采购、销售和生产活动,交易成本就会大大降低,企业利润和股东回报也会大大增加。公司制的产生就是为了降低交易成本,提高股东收益,直到今天,这个初衷仍没有改变。做价值型企业,应当围绕增加企业价值来考虑问题。企业的目标就是实现利润最大化,实现企业价值最大化。当然,企业还

---

[1] 节选自2003年6月7日在中国联合水泥鲁南公司的讲话内容。

有更多的目标，如员工满意、为社会做贡献等。但作为市场的经营主体，企业要实现发展，归根结底要获取利润。

其实企业里一个很重要的指标是企业社会贡献总额，主要包括几个方面：一是员工工资和福利支出；二是税金；三是利息支出净额；四是净利润。但是对所有者来讲，最关注的还是利润，资本市场的价值也受到产品市场利润的影响。利润是第一目标，是基础。企业有了利润，所有者才会增加投资，银行才会给企业贷款，企业才能低成本地扩张和发展，员工才能有更好的工作、学习环境与幸福的生活。因此，企业必须把创造利润作为生存与发展的基础。

怎么理解利润？利润是经营出来的，财务只是对利润的真实归纳。每个经营者都要本着"利润、利润、利润"的原则做好日常经营工作，包括销售、采购价格、生产成本、质量等，只有把这些环节全方位做好才能增加企业利润。但如果经营者不到位，不能把绩效观传递到管理末梢，没有恰当的商业模式，整个系统不闭环，就不会产生利润。做价值型企业除了追求利润目标，还要构筑业务专长、核心竞争力以增强发展后劲，这也是企业价值的内容。

在企业价值的衡量标准中，获利能力是重要的量化指标，即我们常讲的投资回报率。通过资产负债表、损益表和现金流量表这三张财务报表，一个企业的价值故事便可一览无余。任何企业都应从根儿上转变观念，把全面提升企业价值作为根本任务，交出漂亮的财务报表，创造更多的经济效益。

# "掌门人"应该是"经济人"[1]

做企业这么多年,我对企业利润的看法也在变化。在过去隶属行政管理的情况下,虽然企业也讲效益,但更重要的是完成任务,让上级满意,那些年我个人总是羞于把"赚钱"两个字挂在嘴边。后来,我逐渐想明白了,如果企业不挣钱,怎么实现健康发展?怎么让职工安身立命?怎么获得投资者的理解和支持?怎么让国有资产保值增值?企业怎么承担社会责任?

尤其是1997年北新建材上市之后,我一下子有了一个新的参照系,价值观发生了脱胎换骨的改变,从过去追求"任务型"转化为追求"效益型",把利润最大化作为做企业的根本目的。过去,我常以"社会人"自居,现在作为上市公司的"掌门人",必须首先成为一个"经济人"。正是由于"经济人"的定位,在北新建材上市的头三年,我找到了从前没有真正搞懂的几个问题的答案,这对我之后的企业经营观念产生了重要影响。

第一,我明白了什么是市场配置资源。实际上,市场配置资源指的是资本以市场的取向和好恶进行选择。在上市公司中,很多传统制造企业不能说它们管理不好,或者努力不够,很多优秀企业不能说它们当期利润低,但是,它们的股价都很低。而一些高科技企业当期利润不一定高,股价却很高,市盈率也很高。这是资本市场的一种属性,主要是看预期,因为投资者投资的不是过去,而是未来,所以资金就向着这些企业流动。同时,资本市场又具有放大功能,常常是多赚1亿元利润,在资本市场就可能转变为几十亿元的价值。相反,利润只比预期差一点儿,股价就有可能大幅下跌。也就是说,利润多一点

---

1 节选自2000年8月29日《中华工商时报》文章《以同心圆模式与新经济对接》。

儿或少一点儿，股价并不是成比例变化的。因为股价代表一种信心，股价本身就是期望值。

第二，我了解了什么样的企业才能追求利润最大化。只有所有者真正到位的企业，追逐的才可能是利润最大化。对有的上市公司而言，尽管国有法人股掌握着决定权，但还有其他投资机构和散户股东，企业要想在资本市场上不停地发展，就必须得到股东的支持，要给股东回报。这个时候，企业才能感到真正的压力，经营者才能接收到真实的市场信号。这样压力就变成了动力，变成了企业在经营过程中不断追逐利润最大化的动力，否则，股东就会远离你。

第三，我理解了什么是董事长。我以前认为董事长就是一把手，所以公司上市后的三年时间里，可能有两年半的时间我做的大多是总经理的事，最后半年我才真正理解了什么是董事长。董事长实际上代表着股东，应该表达股东的最大愿望，是最理解股东的人。他应该思考重大决策，而不是成为日常生产经营工作的"操盘手"。大多数从国企改制的上市公司的董事长都是从经理、厂长中产生的，很多时候会不由自主地去做总经理的事，让总经理无所适从。现在，我再也不会为"谁是一把手""一把手干什么"这样的问题而苦恼了，这是我认识上的一个飞跃。

## 企业靠什么赢利[1]

企业靠什么赢利？怎样赢利？这是每个企业每天都要思考的问题。

---

1　节选自2019年1月20日在中国建材集团2019年工作会议的讲话内容。

中国建材集团在长期实践中,积极应对不确定性市场环境,不断学习实践,探索了几种有效的赢利方式。

一是靠"两头"赢利。一头是资源类材料,就是占据得天独厚的资源优势,让"黄土变成金"。古人讲"天工开物",我们也要利用好大自然赐予的资源,用现代化生产方式,赋予其更高价值。如围绕水泥,我们有"四做":做强水泥、做优商混、做大骨料、做好综合利用(危废处理)。像看似普通的骨料很受市场欢迎,首都机场、港珠澳大桥等建设中使用了许多骨料级配。从世界范围来看,各大成熟水泥公司骨料和水泥的产量比例在2∶1到3∶1之间,骨料将是中国建材一大增长极。另一头是科技类材料,就是制造高科技产品,靠产品、技术、服务的领先性盈利。自然资源有稀缺性,不可再生,必须得到善用并发挥有效价值,而开发高科技新材料是高质量发展的根本途径。我们要用资源材料业的丰厚收益反哺和支持高科技新材料产业发展,即使基础材料行业也要采用高科技手段进行开发生产和应用。

二是靠竞争策略赢利。关于竞争策略,管理学经典理论提出成本领先、差异化、集中化的三大战略。我认为,竞争策略是一个体系,要根据实际情况综合运用三种方式,全面提升竞争力。拿水泥来说,我们通过技术和管理创新不断降低成本,通过产品的高标号化、特种化、商混化、制品化延伸产业链、提高附加值;在市场布局上,既不断开辟新市场,又要夯实核心利润区,开展市场竞合,确保企业在稳定市场中的控制力、影响力和带动力。做企业要有所侧重地主攻某个特定的客户群、某产品系列的一个细分区段或某一个地区市场。我一直主张"三分天下",即在一个区域内精耕细作,这样既能充分发挥自身的资源优势,也能减少正面压力。

三是靠价格策略赢利。合理稳定的价格是绝大多数企业赢利的基础。做企业既要关注销量又要关注价格,两者有一定的矛盾,最理想的状态是量价齐涨，做到价涨份额不丢、量增价格不跌。当价格和销量不可兼得时，我们思考问题的原点应是确保合理利润，找到价格和销量之间的最佳平衡点，一味牺牲价格去增销量是行不通的。尤其在经济下行、产能过剩的情况下，靠降价扩量的经营思路无异于自杀。因此，理智的做法是竞争各方要坚持合理价格的定力和自制力，尽量理智地减产，用减产保价的行业自律渡过难关。

四是靠商业模式赢利。商业模式创新是赢利的秘密武器，企业不是为了创新而创新，而是为了解决客户的问题，为客户创造价值而创新，这是根本理念。我们要在商业模式上动脑筋，学会在价值链或价值网中思考问题，通过改变商业模式的构成要素或组合方式，用不同于以往的方式提供全新的产品和服务，不断提高价值创造能力和赢利水平。中国建材集团的"水泥+"销售模式、"跨境电商+海外仓"外贸模式、"BNBM HOME"连锁模式、"智慧工业"服务模式、"实业+金融"运营模式等都做得很成功。

## 八字定价原则与五优路线[1]

长期以来，我们在企业经营中比较重视两件事情，一是产品的销量，二是产品的成本。对于产品的价格，往往认为是市场客观决定的，企业只能适应却无法左右。赫尔曼·西蒙在《定价制胜》一书中却讲了另一番道理，在他看来，企业在价格制定上不应是被动适应，而是掌握定价的主动权，他不赞成用降价来扩张市场份额的做法。

---

1　节选自2018年第6期《中国企业家》文章《重新思考价格策略》。

很多企业家、厂长和经理有个认识误区，把市场竞争理解为扩大市场份额，把牺牲市场份额当成奇耻大辱，常常为抢占市场份额而不惜大幅降价。但事实是，在丢份额保价格和保份额降价格两种做法之间，保份额降价格、走价格竞争的企业往往都倒闭了。原因很简单，降价竞争会遭到竞争者的反抗，并不能增加实质销量，陡然降低价格，企业也会亏损。西蒙先生算了笔账：一个产品如果减量20%，企业利润会下降15%，而如果降价10%，企业利润则减少50%。所以在金融危机中，西方大企业采取的应对措施都是缩量，比如航空公司会很理智地停掉一些航班，而不是杀价、送票。在《财富》世界500强企业中，日本企业相对利润率是最低的，日本企业竞争文化的形成源于其狭小的国土市场，它们把市场份额看得十分重要。这一点儿要学习德国，德国产品质量一贯好，价格也相对高一些，没有太大折扣，反而让客户放心。

关于可否用低价策略来赢得竞争的成功，西蒙先生在书中列举了宜家家居和阿尔迪超市的例子，他认为企业除非有像宜家家居这种极特殊的产品特色或者像阿尔迪超市这种能从供应商处取得极低价格的经营方式，才能取得低价优势，现实中能做到低价格高盈利的企业少之又少。我非常认同这个观点。产品有成本，过度低价竞争容易诱发"劣币驱逐良币"现象，导致全行业垮掉，这种例子并不少见。从长期来看，低价格和低利润也会严重影响投资人的信心和员工的情绪，影响企业的技术创新投入，影响产品质量和服务质量。

关于价格，还有个常见误区，就是经营者把价格完全放给销售员。但在以销量为指标的考核导向下，销售员很容易压价销售，因此西蒙提出把售价和销量结合起来的考核方式，甚至应将价格作为首要目标。我年轻时在工厂工作，那时生产和销售"两张皮"，管生产的一味追求超产，管销售的则要保证不能压库，当时销售员采用的办法是降价和赊销，往往使企业蒙受了不必要的损失。现在不少水泥、商混等企业仍是把降价和赊账作为销售手段，有的企业甚至因欠款收不回而做不下去，这是很失败的。行规和商业模式是可以改变的。经营者不能凡事都听销售员的，如果经营者自身没有定力，对市场和客户不了解，那最后一定是价格降得一塌糊涂、应收账款高筑，把企业拖垮。因此，经营者应该特别关注价格和应收账款两个指标，树立好行规，确保好价格、不欠款，否则经营无从谈起。

任何企业都应有稳定的价格，赚取合理的利润，从而持续赢利，这是企业健康运营和发展的基础。好的价格和利润从哪里来呢？我主张"质量上上，价格中上"的八字定价原则和"优技、优质、优服、优价、优利"的五优路线。"质量上上，价格中上"是我在北新工作时提出的，一直使用至今，指的是在质量上要有过剩成本，即把产品做得更好些。这样做虽然要多承担一些成本，但能铸就品牌，赢得长远利益；在确保质量的前提下，要保持价格稳定，既不搞价格战，又要适当让利实惠，维护客户长期利益。如何做到价格中上并保持赢利呢？这就有赖于"五优"策略，即用好的技术、质量和服务赢得好的价格和利润。反之亦然，只有好的价格和好的利润才能支撑好的技术、好的质量和好的服务。

## 构造五优飞轮效应[1]

吉姆·柯林斯有本书叫《飞轮效应》，讲的是工作之间的推动促

---

[1] 节选自2024年4月7日在国资委干教中心的交流分享内容。

进会使企业快速运转起来，呈现螺旋式上升的状态。这种飞轮效应，也可以理解为一种增强回路，因增强果，果反过来又增强因，形成闭合回路，一圈一圈循环增强。受柯林斯的启发，我也思考出了企业经营的"五优飞轮效应"。

所谓"五优"，就是优技、优质、优服、优价、优利。

优技就是指企业的核心竞争力靠的是技术。中国建材有26家研究设计院，还有国家工程实验室，有3万多名技术研发人员，水泥、玻璃、新型建材等工程技术和成套装备方面都走在了世界同行前列。

优质就是确保产品的质量和可靠性，在材料选用、设备制造、配套厂家、工程安装等各方面保证质量，宁可少赚一些钱也要把质量做好，也就是我常讲的做到过剩质量。

优服就是做好售前、售中和售后服务。像我们做的各大成套设备都要保投产，并手把手地教会当地企业技术人员和员工操作；我们也从事企业管理外包服务，并提供远程线上监控和各种备件，无论是发展中国家还是发达国家的企业都很喜欢用中国建材的技术装备。

优价就是合理的价格。我不同意用杀价进行恶性竞争，而是要争取一个合理的价格和条件，给客户讲"质量上上、价格中上、服务至上"的道理，用质量、服务、工期来吸引客户。

优利就是用良好的经营挣取合理的利润。因为有了合理的价格企业才能有优厚的利润，有了优厚的利润又可多投入研发产生优秀的技术，从而吸引和留住一流的技术人才，这样就形成了一个良性循环。

这五优结合起来其实就可以构建一个飞轮。优秀的技术会带动产品的质量提升，好的产品质量又会赢得忠诚的客户，良好的客户关系会换来合理的价格，合理的价格又可以带来丰厚的利润，而有利润之后又可以投入研发，能创新出更好的技术，这样，一个完整的飞轮便构造出来了。只要五优飞轮变速转动起来，企业就会良性、快速和持续地成长。

五优飞轮效应其实还挺适合制造业企业的。飞轮于企业而言，就是持续盈利模式，每家企业通过借鉴其他成功企业的飞轮，挖掘出自身的竞争优势，推理出企业竞争要素的正向循环关系，就能建立起自身快速发展的飞轮，并通过长期坚持，产生"飞轮效应"，从而实现持续增长和稳健经营。

## 从量本利到价本利[1]

要提高企业利润，除了降低成本、增加销量外，合理定价也是关键所在。利润=销量×价格–成本。这个公式是常识，但是我们犯的往往就是常识性错误。许多企业觉得价格是由市场决定的，是客观的，企业只能适应，而把降低成本和增加销量作为主要的竞争手段。这也是现在出现行业内卷的深层次原因，一些企业甚至为了抢占市场份额，无限制地降价。实际上，许多产品的价格弹性很小，降价并不一定会增加销量和市场份额。

2024年9月23日我和赫尔曼·西蒙先生进行了一场对话，赫尔曼·西蒙写过一本书叫《隐形冠军》，后来写了一本书叫《定价制胜》，2024年又出了一新书叫《真正的利润》。他是定价方面的专家，为全球一万多家企业提供过价格咨询服务。他提出，定价对利润的影响是十倍数的关系，而成本是六倍数的关系，销量是四倍数的关系。因此

---

[1] 节选自2024年12月24日在中国化学中青班的交流内容。

价格是企业的生命线，企业必须认真对待，合理定价。

稻盛和夫先生在《经营十二条》一书中提出，定价即经营，定价就是定生死。价格不应该由销售人员决定，而应该由企业领导者来决定。销售员定价很简单，一是降价，二是赊账，降价了就没利润了，赊账现金流就断了。

过去中国水泥行业整合后，一个重要的任务是维护水泥价格。价格对我们来说是至关重要的事情，所以在中国建材集团的经营会上，一半的时间在研究价格等经营问题，一半用于内部管理。当时，水泥价格比较稳定，企业也获得了不少的利润。

大家熟知的定价理念是"量本利"，它在短缺经济的时候有效，只要多销就能够降低单位固定成本而取得利润，但是过剩的情况下放不了量，因为你放量，对方也放，互相报复。产销关系没变，但价格降了一轮，最后全行业亏损，这就是现状。举个例子，卖20万辆汽车比卖10万辆汽车单位成本更低，就能获得盈利；但在过剩经济的条件下，生产10万辆汽车能卖出去，生产20万辆汽车有10万辆卖不出，不但没有真正降低每一个产品的固定费用，还会占用大量的流动资金。中国建材主张"价本利"——稳价、保量、降本。保量，适当减点量都可以，维护区域市场供需平衡。在西方现在不少大企业如果遇到了过剩的情况，会公告减产，这往往是利好的。

今天，企业要认识到，成本是刚性的，而且是边际效用递减的，不可能永远降低成本，到了一定程度再降低成本一定是以牺牲质量为代价的。企业有稳定的价格，赚取合理的利润，从而能持续赢利，这是企业健康运营和发展的基础。

# 开展三精管理

**何谓三精管理**[1]

在过去40年的企业生涯中,我有35年都在从事企业的管理工作,做过10年厂长、18年央企的董事长。长期的管理实践让我逐渐认识到,企业管理者既要学习现代管理理论,也要精通管理方法,关键是要结合自己的企业创造出适合的管理思维和管理方式,三精管理就是我在企业里带领大家常年实践和总结的成果。

三精管理可以概括为组织精健化、管理精细化和经营精益化,是一套集管理与经营于一身、效率与效益相结合、内功与外功兼修的企业工法。企业管理有依循、有边界,企业就会稳健地发展。这几年,中国建材集团深度开展三精管理,取得了良好效益,也有越来越多的企业开始学习和引入三精管理,并取得一定成效。三精管理也获得了"2019年全国企业管理现代化创新成果一等奖"。

---

1　节选自2022年第4期《国资报告》。

以下是三精管理的主要内容。

**组织精健化**

在组织精健化中，治理规范化、职能层级化、平台专业化、机构精干化比较重要。

治理规范化。世界一流企业的标准之一是治理现代。由此可以看出，公司治理的作用很关键，是企业规范化运行的基础，而拥有规范的治理结构、高瞻远瞩的董事会和精干高效的经理层是企业经营发展的根基。

职能层级化。企业的层级应该由职能而定，一般来说，我们是按照投资中心、利润中心、成本中心来进行层级划分的。按照相应的职能定位，三个层级分别需要的是"决策高手""市场能手""成本杀手"。企业的乱，通常乱在哪里？一是行权乱，二是投资乱。只要把行权、投资管住，企业一般就不会有大乱。我们要能说清楚到底谁管投资，谁管市场，谁控制成本。

平台专业化。这里的平台主要是指利润平台，而专业化指的是突出主业的专业化发展。比如中国建材旗下的南方水泥、北新建材、中国巨石等，这些平台原则上都要专业化——南方水泥只做水泥，北新建材只做石膏板，中国巨石只做玻璃纤维，而不是成立南方建材，让它同时做水泥、石膏板、玻璃纤维。只有这样，它们才有可能协同构建强大的市场竞争力。

机构精干化。规模是一把双刃剑，企业做得得心应手、规模适度才是最好的。超越规模最大和基业长青，追求活得更好、活出质量，这才是企业存在的真正意义。而企业在经营过程中，往往有种自发的倾向，就是机构不断扩张、人员不断增多，这样就容易得"大企业病"。

## 管理精细化

"精"者质量,"细"者成本,在精细管理中,我们要始终围绕成本和质量这两个基本点,即使是今天,企业不管有多高的技术、多新的商业模式,如果忘记了这两个基本点,仍然会失败。实现管理精细化,一要用好工法,二要长期坚守,两者缺一不可。

管理工法化。加强经营管理靠工法,工法不是系统地讲理论,而是针对一个点位、一个事件,推出一些宜操作、宜复制的实战方法。日本为什么诞生了这么多优秀的企业,就在于它拥有5S、TQC、零库存等科学的管理工法。

成本对标化。我比较喜欢用对标法进行成本控制。因为在成本控制上总有做得最好的,和它对标,就会清楚地看到自己的不足,反复对标就能提高自己的水平,这是一种数量化管理方法,很有效,能使企业的各项指标该升的升上去,该降的降下来,稳定提高企业效益,降低企业发展风险。像在水泥厂,中国建材就开展了"六对标",即对吨煤耗、吨电耗、吨油耗、吨球耗、吨耐火砖耗、吨修理费这六项成本指标持续对标,大大促进了节支降耗。

质量贯标化。做企业、做产品、做服务,从根本上讲,做的就是质量。要保证产品质量,企业需要做长期而细致的工作,不仅要有责任心,还要全员参与。质量管理的核心要义不是要最终检查出多少不合格品,而是要在生产前端和过程中采用先进的管理方法,以尽可能减少最终的不合格品。质量管理是一个系统工程,企业要做好ISO9000和PEM等质量标准的认证、贯标。

财务稳健化。做企业要稳健,企业稳健的基础是财务稳健,而财务稳健的核心是现金流充沛。现金是企业的血液,现金的正常流动确保了企业的稳定持续经营,支撑了企业的健康发展。要维持良性的现金流量，除了产品价格和市场外，控制好"两金"（企业库存资金和应收账款）占用也很重要。

## 经营精益化

做企业充满不确定性，环境在变化，组织很精健，管理很到位，是不是就可以万事大吉？其实不见得。在不确定性中，企业如果做了错误的选择，很可能会失败。今天大家用的手机，多是华为、小米、苹果、三星等品牌，20年前我们的手机是什么牌子？大部分是诺基亚。诺基亚手机后来为什么销声匿迹了？就是因为从按键手机转向智能手机的时候，诺基亚认为手机只是接听的工具，不必把电脑的功能放在手机上，一念之差，导致了诺基亚手机业务的衰落。所以即使管理得非常好，如果不创新，如果没有做出正确的选择，如果经营无方，企业依然可能和成功失之交臂，大企业也可能会迅速衰败。

业务归核化。企业都要有主业，要围绕主业形成核心业务，非核心业务原则上应该舍弃。毕竟任何企业都不是无所不能的，只能有限发展。中小企业应采用"窄而深"的业务模式，打造技术专业、市场占有率高的隐形冠军；大型企业的业务应尽量不超过三个，力争每个业务都能跻身行业前三。

创新有效化。今天是个创新的时代，在一些"卡脖子"的关键核心技术上我们必须通过自主创新攻坚克难。但创新又是有风险的事情，我们总讲"不创新等死，盲目创新找死"。怎么把握创新的度呢？我认为要进行有效的、有目的的、有质量的创新，不能盲目创新。企业家的创新有严格的硬约束，那就是经济效益。如果长期不赚钱，企业现金流断裂，平台没有了，创新也做不下去了。对企业而言，能创造效益的技术是好技术。企业最好是在自己熟悉的业务领域开展创新活动，选择合适的机遇和创新模式，还要量入为出。

市场细分化。在一个竞争激烈的行业，通过在地理区域、品牌定位、产品品种、目标客户等层面进行市场细分，沿着产业链和价值链延伸，不断开发新产品，提高产品附加值，企业也可以找到自己的生存空间，实现效益逆势而升。

价值最优化。价值在产品市场主要表现为企业利润，在资本市场上主要是市值。但是对所有者来讲，最关注的还是利润，资本市场的价值也受到产品市场利润的影响，要提高企业利润。

三精管理是有实践基础的，是企业界人士看得懂、学得会、记得住、好应用的一套企业管理工法。不是每个企业都要按中国建材的具体做法去做，只要在管理过程中秉持三精管理理念，根据企业自身的需要和特点去做，持之以恒、扎实稳妥落实，就能提升自己的经营管理水平和综合竞争优势，实现新的跨越式发展。

## 大而坚、小而美，规模适度才最好[1]

做企业都想做大做强，都想基业长青成为百年老店，但英国物理学家杰弗里·韦斯特写的《规模》一书展示了我们不愿面对的一面：企业和生物一样，都不会一直保持线性增长。从小老鼠到人再到大象，一生心跳数都只有 15 亿次，即人的终极寿命可能只是 123 岁，企业也遵从同样的规律。百年老店的概率只有 0.0045%，全世界有 1 亿家

---

[1] 节选自 2019 年 2 月"国资小新"公众号文章《超越规模　活出质量》。

企业，能生存100年的不过4500家。以美国为例，今天美国上市公司的半衰期只有10.5年，也就是说美国有一半上市公司的存活期只有10年左右。而据麦肯锡研究，1958年在标准普尔500指数中企业最长可保持61年，而到2019年时只有18年；1955年在《财富》世界500强榜单上的企业，到了2014年只剩下了61家。这些数据让我们警觉：企业在成长过程中会伴随着成熟和规模扩张，但就像老人害怕感冒一样，各种风险都可能让这些貌似强大的巨无霸企业轰然倒下。

企业终有生存极限，这既挑战了我们"大到不会倒"的逻辑，也挑战了我们期盼基业长青的愿望，并使我们认识到，企业的衰落看似源自一些过失，但实际上和人一样，经历了美好的少年、青年时代后也会步入老年。十几年前，我们很难预料像诺基亚和摩托罗拉这样的公司会黯然倒下，也很难想象像GE这样的巨头有一天不得不苟延残喘。华为公司享誉全球，令国人为之骄傲，但它的领导者任正非也坚持认为华为有一天可能会倒下。我认为这并不是任正非的谦虚之语，也不是一种未雨绸缪的警觉，而是他对企业有生有死的洞见。

企业和人一样在一天天变老，理性目标是能在有生之时活出质量，健健康康走向百年，这样反倒是能坦然面对死亡，把心放平、快乐生活可能更好。企业不一定真能做到永续发展，也不一定非要做成巨无霸，而是要在生命过程中活好自己。企业的规模是双刃剑，企业做得得心应手、规模适度才是最好。韦斯特对公司规模极限做了计算，认为公司的最大资产额是5000亿美元，也就是3万亿元人民币。他说科幻片里的那些"巨无霸"动物在自然界中不可能存在，因为其腿骨根本无法承担超常的体重。一只蚂蚁可以拖动多只蚂蚁，一个人只能背动一个质量相当的人，而一匹马很难驮动一匹质量相当的马。这就是规模的代价。

从工业革命到现在，我们一直崇拜企业规模，也坚信企业的规模效益。改革开放初期,我们总是对西方大企业的营业额着迷,《财富》世界 500 强也一直是中国企业追求的目标,直到我国的《财富》世界 500 强企业数量直逼美国。但到这个时候,我们才觉得有些茫然,中国本身就是一个巨大无比的市场,再加上中国产品在国际上的成本优势,对今天中国的优秀企业来讲,做大并非难事,但规模越大代价越高,所以做企业要完成从大到优的转变。过去,企业家见面总是问有多少员工、多少销售收入、多少产量,而今天问的更多是赚了多少钱、负债率是多少,这表明了中国企业发展理念的进步。其实,相比大企业,隐形冠军展示的小而美的生存优势也是耐人寻味的。

今后,我们不一定再刻意追求企业规模了,或者说那个追求规模的时代已经过去了。大而不倒和大到不会倒的逻辑可能存在根本性的错误,企业应该追求适当规模,我们也不应继续用规模作为攀比的标准。其实,大企业有三五千亿元营业额,中等企业有三五百亿元营业额就可以了,不见得都要把目标锁定在超万亿元上。企业越大管理成本越高,风险越大,一旦倒下对社会的危害也会更大。超越规模最大和基业长青,去追求活得更好、活出质量,这才是企业存在的真正意义。

## 时时提防大企业病 [1]

以前,我插队时做过农业技术员,在那个时候学会了两项技术,一项是给果树剪枝,另一项是高粱和玉米的杂交。其实,事物原理是

---

1　节选自 2018 年 11 月 19 日在中国建材集团第七期中青班的讲课内容。

相通的，我后来把剪枝的原理应用到组织精健化上，而把杂交优势的原理应用到国企和民企混合所有制的优势互补上。剪掉一些疯长的树枝，可以让果树多结果。企业也一样，自发成长的过程往往存在一定的盲目性，所以要不断地"剪枝"，以确保企业的经济效益和稳健成长。

在企业经营过程中，往往有种倾向，就是机构不断扩张和人员不断增多，这样企业就很容易得"大企业病"。"大企业病"是企业发展中绕不过的坎儿。我把"大企业病"的特征概括为机构臃肿、人浮于事、效率低下、士气低沉、投资混乱、管理失控这六种现象，或兼而有之，或全部有之。企业一旦得了"大企业病"，就会像帕金森定律描述的那样，层级不断增多，人员不断膨胀，运作程序越来越复杂，组织效率越来越低，员工越来越没有进取心。"大企业病"正是许多大企业轰然倒下的内因。

记得在2012中国经济年度人物颁奖会上，嘉里集团董事长郭鹤年老先生给了年轻创业者四个忠告：一是专注；二是有耐心；三是有了成绩后要格外当心，成功也是失败之母；四是有了财富要回馈社会，而且越多越好。对于第三点我的印象尤为深刻，因为过去我们常讲失败是成功之母，却鲜少说成功是失败之母。但确如郭老所言，企业获得成功后容易犯错误，一不小心，就会陷入危险的境地。

围绕预防"大企业病"，中国建材前些年以"机构精简、人员精干、效率优先"为原则，大力推进组织机构整合与优化，运行质量进一步健康化。近年来，国资委要求央企进行瘦身健体、提质增效，把层级压缩到5级以内，企业户数压减20%，并对资产负债率提出压减目标。中国建材按照国资委要求深入推进压减等专项工作，减少层级、减少机构、减少冗员，于2018年提前一年圆满完成三年压减总目标。在金融去杠杆过程中，央企安然无恙并取得良好业绩，和这几年持续瘦身健体是分不开的。而反观一些民营企业却借助影子银行和银行表外业务举债发展，遭遇了资金难题。总结原因，其主要问题就出在发展速度超过了自身可承受能力。这场教训对企业来讲是极其深刻的。

企业的成长是有周期的，总会经历由小到大的过程，长到一定阶段就会成熟。成熟是一件好事，但成熟之后，却很容易衰老和得病。大企业必须始终保持清醒的认识，时时提防"大企业病"，做到事事责任到人，用数字说话，学会有节制地发展。

## "早细精实"抓管理[1]

精细管理是围绕降低成本、提高利润形成的一套管理理念。"精"者质量，"细"者成本，管理要精细到每一个过程和工作岗位，这是精细管理的核心内容。

如何做好精细管理？我认为应牢记四个字：早、细、精、实。"早"即早谋划、早下手，日子要一天天数着过，不能往后拖，每年一季度就开始抓利润，协调产销关系和供需关系。就像鲁迅先生讲的"时时早，事事早"。"细"即认真细致地分析形势，细分目标、细化措施，把工作做细、管理抓细、流程管细，不同的区域、不同的企业、不同的季节都要对应不同的经营策略，具体问题具体分析。"精"即针对管理中的短板和弱项，持续推进开源节流、降本增效，精心组织技术改造、精益生产、集中采购、定岗定编，动员全体员工找问题、想办法、定措施，严格控制成本费用，提升质量效益。"实"即重细

---

1 节选自2011年4月25日在中国建材股份有限公司2011年第四次总裁办公会的讲话内容。

节、重过程、重落实、重实效，扎扎实实埋头苦干，一步一个脚印，夯实企业发展基础。

做好精细管理，要着眼于四个方面：第一，采购规划。采购支出是企业生产过程中最大的开支，要在质高与价优、减少库存与保证供应之间找到最佳平衡点。这里面学问很多，应该把好这个入口。第二，生产过程控制。将 5S 管理、KPI 管理、看板管理等先进生产管理工法运用到生产过程中，进一步优化生产流程，减少生产过程中的物资、物料和工时消耗，降低生产成本，提高品质和产出。第三，销售规划。包括产品价格、品种、销售指导、销售渠道、回款、利润最大化等。第四，财务费用和非经营性开支。降低利息、减少资金占用、控制非经营性费用等，都是管理层应认真思考的问题。

强化精细管理不是应急之策，而是持久之功，因此要常抓不懈。尤其是在企业快速发展的时候，管理上的问题和差距容易被掩盖，萝卜快了不洗泥。这个时候，我们更要增强警惕意识和忧患意识，通过对标比较管理的基本功，细化和倒推 KPI，力争把各项管理做到精益求精。如果因为经营形势好、产品价格回升，管理就不再精细，那么"利"将会变成"害"。

## 质量和信誉是永远的追求 [1]

1993 年，我在北新的企业文化里写下这样一段话："质量和信誉

---

[1] 节选自 1994 年 6 月 10 日新型建材厂厂报文章《我的一些想法》。

是我们永远的追求，也是我们对社会的基本承诺。"这句话作为企业的核心价值观，被每一个北新人熟知。质量和信誉有着丰富的内涵，不但是商业竞争的要求，也是对企业内部的要求；不但是对生产经营的要求，也是对企业每一个环节的要求；不但是对某些人的要求，也是对每个人的要求；不但是一时的要求，也是永远的追求。

质量是生命。现在，人们对生命非常珍惜，稍有不适就做CT（计算机断层扫描）检查，甚至住院检查，可产品质量一旦出了问题，企业就有可能生存不下去，大家能否像对待生命一样对待质量？名优产品得来不易，若平时大家不珍惜，牌子怎能不倒！经营之道说来说去，其实没有什么偏方，就是把整天挂在嘴边的话真正付诸实施。

质量不是狭义的产品质量，而是包含产品质量在内的广义的质量体系。从管理者到员工，从职能部门到生产工厂，从原材料采购到生产工序控制，从产品检验到售后服务等环节的各要素，都要有严格的质量标准与责任，任何人、任何环节都在"质量之车"上，绝不能存有得过且过的侥幸心理。

信誉也是企业生存和发展的基础。信誉是企业整体管理水平和员工整体素质的体现，信誉包含守信用和追求荣誉感，要求员工之间、上下级之间都应该有一个互相尊重的氛围，要求员工追求成就、热情向上、自珍自爱。市场经济是建立在信誉基础上的，企业如果有信誉，就会得到社会的支持；如果不讲信誉，就会受到社会的排挤，路也会越走越窄。

社会为什么愿意尊重我们？客户为什么愿意购买我们的产品？那是出于他们内心深处对我们的质量和信誉的一种信赖。我们应以一种回报社会的良好心理来对待社会大众、客户，这样才可能得到更多的友善、帮助和支持。大家如果能理解这一切，就请向来访者、客户献上热情和真诚的微笑。北新龙骨厂成品库就有这样五位女发货员，她们的工作时间以客户的提货时间为准，加班加点是家常便饭。她们都是妻子和母亲，有幸福也有忧愁，可面对远道而来的客户，她们总是以最快的速度认真负责地把货装好，并回报以最灿烂的微笑。成品库里有一个牌子，上面写着"假如我是用户"，这五位女发货员的笑容恰恰是对这个假设最好的解答。

过硬的质量和优良的信誉是用血汗浇灌出来的，我们要像爱护生命一样爱护它们，呵护它们的成长，守卫它们的健康。我相信，如果我们用一种恭恭敬敬、谦虚谨慎的态度对待上级，我们一定能获得国家的支持；如果我们用热情求助、知恩必报的思想感情对待相关单位，我们一定会获得友邻的慷慨相助；如果我们用虔诚热忱、真诚友善的服务观念对待用户，我们一定会得到众多衣食父母的心。

## 质量管理永远在路上 [1]

1979年，我大学毕业后的第一份工作就是在北新的生产车间做质量管理。那时，我只有20岁出头，为了更好、更快地开展工作，就在北京一家外文书店买了不少专业书，学习了"鱼刺因果图法"等先进的质量控制方法。

之后30多年里，尽管工作岗位不断变化，质量工作始终是我关注的重点。关于质量，我有几个基本观点。

第一，质量是做企业的根本态度。做企业、做产品、做服务，从

---

[1] 节选自2015年11月5日在2015年度华人品质论坛的演讲内容。

根本上讲做的是质量，要把最好的东西提供给客户，分享给社会。企业家应树立重视质量的基本理念，守住质量工作的底线。记得1994年，北新出口一个集装箱的岩棉吸声板到韩国，没想到一张吸声板上有个明显的脚印。接到投诉后，我迅速召开经理办公会议，做出道歉、赔偿、退换产品的决定，并对主管副总经理、部门经理、工厂厂长和有关人员分别罚款，我对自己处以最高罚款500元，并把自罚告示贴到公告栏里。有人认为这有点儿小题大做了，我说："这个脚印其实是踩在我们'龙牌'产品的金字招牌上，如果我们今天认为它只是一笔小买卖就小事化了，那明天就会出现更大的纰漏。"正是本着小题大做抓质量的严谨态度，北新硬是把产品合格率提升到近乎100%。

第二，抓质量需要制度和工法。首先，企业应设置负责质量管理的组织和专人专岗，在企业内部普及先进的质量管理方法。以前，企业都有质量科，现在大部分企业取消了这个部门，将质量科的业务划拨到企管部等部门，作为其中一个版块，这也反映了当前质量工作被弱化的一个趋势。其次，质量管理光靠严格不行，还要有一套方法，要开展全员参与和全过程质量管理，让每个节点的质量都得到准确把关。北新向日本企业学习，很早就开展了"TQC活动"，车间班组都成立了"TQC小组"，后来主动加压率先推进质量体系认证，成为行业里质量管理的标兵。

第三，从做质量到做品牌。品牌和质量有着千丝万缕的联系。质量是品牌的必要条件，也是品牌的核心内容，没有过硬的质量就没有响当当的品牌。但品牌又不全是质量，品牌是在质量的基础之上加上设计、文化、营销理念等形成的价值综合体。这些年，通过不断地提升质量，中国产品逐渐风靡全球，但是这些产品大多只是中国制造，在产品的设计和品牌方面还相对薄弱。21世纪是中国的世纪，中国企业要真正走向国际，从根本上讲还是要重视质量管理，并从质量上升到品牌，逐步征服全球市场。

俗话说，"三十年河东，三十年河西"。改革开放以来，从成立质量管理协会到全面推行TQC，再到后来引入ISO9000、ISO14000、ISO18000等质量认证体系，中国企业的质量管理水平取得了长足进步，但与世界水平相比仍存在不小的差距。中华民族是勤劳智慧的民族，我们一定可以把质量工作做好。质量是做企业的出发点，也是对企业里所有工作成果的综合检验。质量工作是千里之行，我们唯一能做的就是努力、努力、再努力。

## 树立正确的质量观[1]

20世纪80年代我第一次去美国，在美国超市想看中国制造的产品，却怎么也找不到，后来服务员说中国的产品不能上架，都在地上的大筐里。我一看果真是。这件事离今天也只有30多年的光景，可今天中国的产品已经行销全世界。

质量水平是一个国家发展水平的象征，过去德国、日本崛起，也是因为重视了质量。美国20世纪80年代也曾走过一段弯路，他们重视降低成本，而忽视质量，导致了美国工业界的衰退。我国在改革开放初期或计划经济时期，也曾出现只重视成本的情况，也走过这样的弯路，后来开始重视质量，推进全面质量管理。40年前，我们很难想象今天中国制造的产品能行销全世界。那些贸易保护主义者害怕的

---

[1] 2019年8月28日全面质量管理推进暨中国质量协会成立40周年纪念大会演讲内容节选。

就是中国的产品、技术和质量。从改革开放初期发展到今天，我们就坚信质量立国、质量强国，质量是我们国家发展的基础。

质量是企业的生命。企业到底靠什么生存？答案就是靠质量，企业里最核心的就是质量。回想当时北新建材在建一条进口生产线，我在岩棉车间当实验室主任，主要任务就是进行质量控制。1980年5月我到欧洲学习，学习质量控制，内容有测公差、测容重等。在当时，想要买一本关于质量控制的书都很难，只有很少的书店有一些影印版，因果鱼骨图、高斯曲线等这些质量管理方法都是我们从外面学来的。

北新建材很早就走上了质量管理的道路。今天北新建材的产品能做到全球第一，就是从前边讲的"一个脚印"开始的。中国建材一直把质量放在第一位，力求把普通的产品做到最好。做企业没有诀窍，就是质量一贯地好，服务一贯地好。如果能做到，就能立于不败之地。北新建材就是这样，所以它的石膏板能卖到全球第一，而且它的价格能够高过跨国公司。中国产品的价格高过跨国公司的不是很多，但中国建材的石膏板算一个。中国建材参加了由155家企业共同发起的中国工业企业全球质量信誉承诺，我们签署了承诺书。中国建材也是联合国全球契约组织的成员，一直以高标准要求自己。现在中国建材有7项业务规模排全球第一，质量也处在全球领先水平。全世界每10吨水泥中，由中国建材供应的就有1吨，这是个天文数字。现在营业收入已不是中国建材的主要目标，我们主要的目标是竞争力，是质量、品牌、效益等指标，这是一个很大的变化。质量是企业的生命，企业一定要把质量放在第一位。

质量是企业家基本的人生态度。每个企业都有领导者，企业领导者怎么看待质量问题，关系企业的生存和发展。从短期来看，可能一个新产品、新广告、新的促销手段能赢得一时的市场；但长期来看，一个企业的生存和发展靠的是质量。质量一贯地好，服务一贯地好,企业能不能做到?我在北新建材做了4年技术,开始时就是质量控制员。我离开北新建材时,留给他们8个字,就是"质量上上、价格中上"。质量上上就是我们要有"过剩"的质量,一定要比别人的好,不是达到要求就可以,一定要好上加好,愿意在质量上多花一些成本来确保质量。以前石膏板跨国公司打进国内市场,最后北新建材在竞争中赢了它们,就是因为质量上上。质量有成本。企业不能追求那种廉价的、低价的恶性竞争,否则是做不下去的,最后也无法保证质量。低价的恶性竞争是把"双刃剑",既伤害消费者,也会使企业垮台。北新建材能做到今天,能赚那么多钱,能发展得那么快,就是坚持了8个字的基本原则。现在的企业还要占领全球市场,靠什么能做到?还得靠质量第一,把质量做到最好,自然就能赢得市场。

　　做好质量,还需要工匠精神,得几十年如一日地做。今天大家都喜欢讲颠覆性创新,我也喜欢讲,也害怕被颠覆,但持续性的创新、管理、质量控制是我们做好制造业、做好实体经济的根本。我们做企业需要把创新精神、工匠精神、企业家精神结合起来,这样企业就会无往而不胜,少哪一种精神都不可能成功。我国是14亿人口的大国,对企业来讲,我们坐拥14亿人的市场,同时又有国外的大市场,企业需要把东西做好,不要因为市场大,就"萝卜快了不洗泥"。我们要学习工匠精神把产品做到极致。

　　现在我们正在经历中国制造向中国创造发展的阶段,中国要从制造大国向制造强国转变;我们也正在从"有没有"向"好不好"、从高速增长向高质量发展转变。但宏观的转变需要微观的托底,这就需要每个企业都能做好,只有每个企业都做好,宏观的事才能做好。

# 搞管理靠工法

## 八大工法，管理制胜[1]

我是做工厂管理出身的，从北新集团到中国建材集团，一直都把"管理工法"看得非常重要。我认为，企业要想出质量、出效益、出效率，必须在管理上有所作为，其中最重要的就是要有先进的工法。"工法"一词源于日本，指的是把管理方法格式化推广的一种方法。管理靠人，要想把管理真正做好，就得让广大员工对管理产生浓厚的兴趣，把优秀的管理经验提炼成简单易行的工法，让大家对这些活动和工法耳熟能详，从管理方法的复制中取得成效，在管理活动中找到乐趣和成就感，这样的管理才能持之以恒。

中国建材集团是一个以实业为主体的集团，管理着上千家工厂，要想出效益，就必须认真开展管理学习和管理实践活动。借鉴日本企业管理工法的概念，我们在开展联合重组的过程中，一边重组一边整

---

[1] 节选自2014年3月4日与台湾资深经营管理专家黄麟明的对话内容。

合，整理出不少结合企业内部管理与市场营销的行之有效的管理经验，经过认真归纳和总结，形成了五集中、KPI管理、零库存、辅导员制、对标优化、价本利、核心利润区和市场竞合这"八大工法"。这套组合拳相当于中国建材集团管理方法的"武功秘籍"，具有较强的实用性、可操作性与可复制性。这几年集团上下宣传贯彻"八大工法"蔚然成风，形成一些典型案例和鲜活的管理故事，极大地提升了中国建材集团的整体管理水平。

仔细分析可以发现，和传统的企业管理方式不同，"八大工法"是一套既重视内部管理，也注重外部市场建设的管理体系，实现了内控成本与外抓市场的结合。其中，五集中、KPI管理、零库存、对标优化和辅导员制属于内部管理层面；价本利、核心利润区和市场竞合属于外部市场建设层面，侧重的是对行业价值的重构和竞争生态的重塑。

"八大工法"集中反映了中国建材集团的大管理观。在长期应对过剩经济和恶性竞争的具体实践中，我们深刻认识到，企业要发展，归根结底要盈利，如果企业没有市场话语权，就只能靠天吃饭，如同汪洋大海中的一叶小舟，掌握不了自己的命运。因此，企业应树立大管理的理念，把企业内部（工厂）和企业外部（市场）结合起来，共同视为管理提升的对象，既要做工厂也要做市场，既要眼睛向内也要眼睛向外，这样才能解决好企业做强做优、效益提升的问题。

俗话说，"没有不挣钱的行业，只有不挣钱的企业"。"八大工法"是一套独具特色、以简驭繁和朴素实用的管理方法，既有助于赢得区域市场优势，也有助于降低生产成本，提高企业经济效益。这些先进工法已成为中国建材集团赖以生存和制胜的法宝。

## "五集中"必不可少[1]

中国建材集团是靠联合重组发展起来的企业。联合重组不是一件容易的事，其后的管理整合工作更是非常艰巨，我们深知这一点。2006年7月，中国建材集团正式收购徐州海螺，当年10月召开了重要的"徐州会议"，会议的核心就是管理整合。

在那次会议上，我们提出了"三五"管理整合理念。第一个"五"是五化运行模式（5N），即一体化、模式化、制度化、流程化、数字化。第二个"五"是五集中管理模式（5C），即市场营销集中、采购集中、财务集中、投资决策集中、技术集中。第三个"五"是五类关键经营指标（5I），即净利润、售价、成本费用、现金流与资产负债率，要求每个人至少管好与自己相关的5个KPI。"三五"管理整合模式的核心是一体化和数字化，就是各企业要认同集团的战略和文化，充分发挥资源集聚效应，实现效益最大化。后来，这一模式逐渐演变为五集中和KPI两项管理工法。

"八大工法"首先强调的是五集中，这是管理整合的基础。五集中属于集约化管理的具体操作方式，目的是降低成本、提高效率，实现效益。中国建材集团的重组企业过去各自为战，采购、销售、融资成本都很高，技术资源不全面，管理基础参差不齐，还存在市场交叉、内部竞争的隐患。"五集中"对症下药，将重组进入的企业聚合为一个整体，解决组织的负外部性，实现规模效益、协同效应。

市场营销集中是指改变成员企业各自做市场、跑客户的状况，制定统一的营销策略，优化营销资源、组织和渠道，统一开展具体工

---

[1] 节选自《中国建材集团管理手册》之《八大工法》。

作；采购集中是指不再完全由工厂采购原燃材料、备品备件，而是采取地采与直供相结合的方式，统一控制库存量和最高限价；财务集中是指实现资金集中管理，做到统一调度、管理、使用和监控，通过整合资源盘活资金存量，通过集中融资降低财务成本；投资决策集中是指将投资决策权上移集中到中国建材本部，确保全局战略的贯彻执行；技术服务集中是指解决各成员企业自身技术资源不全面、技术投入不集中的问题，加强集团资源共享，互通有无，并通过工厂间的对标优化提高运行质量，降本增效。五集中的内涵就是要求平台性区域公司在规模适度的条件下，通过集中统一配置人、财、物、机，以及技术、管理等各种资源和要素，提高资源使用效率，提升企业经济效益，实现组织高效运转的管理方式。

通过实施五集中，中国建材集团所属企业经济效益和协同效应明显提升。例如，2013年集团所属南方水泥全面推进"7合2"整合，将7家区域公司整合为2家，整合了组织机构和人力资源，理顺了市场边界和产销关系，建立了新型营销管理体系，整合之初即展现出显著成效，成本大幅降低，业绩大幅提升。

## 从原理出发，用数字说话[1]

中国建材集团的管理非常有特点，即"从原理出发，用数字说话"，把事情想清楚，发现并遵循规律，之后把规律变成可以量化的

---

[1] 节选自2012年8月17日在中央电视台国企改革系列讲座的交流发言内容。

逻辑，再把逻辑变成可以讲述的故事。那么，谁来衡量我们故事的精彩程度呢？一个重要的指标就是绩效数字。

中国建材集团在重组过程中，把民营企业家转换为职业经理人。此后，这些人不仅没有丝毫懈怠，甚至比以前更加积极、敬业，经常是"五加二""白加黑"，发的工资卡一年也没刷过一次，开会时坐得整整齐齐，认真记笔记。为什么这些民营企业家会比自己当老板时还投入？在我看来，这是因为人生来就是有进取心的，公司为他们提供了一个更大的事业平台，他们自身的价值变大了。同时，KPI 等量化指标的考核激励，让他们之间产生了一种良性竞争关系。现在，集团内从总部到业务板块到区域公司，开的大多是对标会，年初制定 KPI，月月对标、按季滚动、逐步优化。每次开会，各单位负责人都得先报 KPI，数字硬碰硬，做得好不好大家一目了然。有了这个办法，各个层级的管理者都对自己公司的指标了然于胸，大家你追我赶，唯恐落后。所以，有民企负责人感慨道，在中国建材集团工作，"脸"比"钱"更重要。

这么多年来，我之所以一直特别强调管理的精细化、数字化，其实是有感于前些年我们不少做行政出身的企业干部习惯于宏观、笼统、定性地说管理。对于这一点，有的人不是很理解，认为跟数字打交道是财务人员的工作，企业领导不一定要对企业的经营数字了如指掌。但是，一个企业的经营业绩、成本等都是由数字组成的，如果对数字没有感觉，如何经营企业呢？靠"大概""也许"是做不好企业的。所以，我一直要求管理人员必须看得懂财务报表，对 KPI 要倒背如流，经营数字必须紧盯。

这些年，我们推行精细化管理的最大益处是，干部员工都懂得用数字说话，而不再用模棱两可的话来汇报工作。过去管理得好不好是领导凭印象说了算，现在数字化考核让管理有了标准，也使企业的干部有了外部压力和内在动力。

## 囤积库存要不得[1]

零库存理念源于日本丰田的准时化生产（JIT）方式。早在20世纪六七十年代，丰田就全面实行了零库存管理，开展按需生产、适时生产，杜绝超量生产，消除无效劳动与浪费，有效利用资源，降低成本，改善质量，达到用最少的投入实现最大产出的目的。

在管理整合中，中国建材集团按照零库存理念，通过将原燃材料、备品备件、产成品库存降至最低限，并加快周转速度，来减少资金占用、避免资源浪费、降低生产成本。具体做法有两个：一是发布库存指引，各基层企业严格执行，原燃材料、备品备件按需采购，产成品随行就市、以销定产；二是加大监督检查力度，将库存作为一项重要考核指标，专职人员对库存量实行监管监控。此外，我们的零库存不仅聚焦准时化生产，也聚焦资金层面应收账款的合理控制，力争实现零应收账款。

零库存管理理念的导入带来经营方式的极大改变。以煤炭采购为例，过去，部分水泥企业趁价格低位盲目采购大量原燃材料来节约成本，结果造成大量库存，占用庞大资金。由于原燃料市场价格涨跌难料，给企业带来较大的经营风险。因此，我们确定了煤炭实时采购的做法，要求各企业根据生产经营所需确定最小库存量，即买即用，使采购成本和库存管理成本降低，资金占用量减少，资金周转速度加快。

在中国建材集团零库存管理案例里，北方水泥变"冬储"为"冬销"的做法很有代表性。东北三省冬季气候寒冷，是施工淡季，水泥需求骤降，水泥企业以前普遍"冬储"，即在冬季依然生产，导致产

---

[1] 节选自2014年10月18日在中国建材集团第一期中青年干部培训班的讲课内容。

品大量囤积，从而以低价赊销产品。这样做的后果，一是生产占用大量资金、产品库存费用高，导致成本费用增加；二是供需脱节导致产品价格低、市场环境差；三是储存时间长导致水泥产品质量下降。北方水泥按照"零库存"理念，改变传统经营方式，以"冬销"替代"冬储"，即根据市场需求，以销定产，冬季没有需求时停产进行设备检修维护，旺季到来再开启生产。这样既减少了生产和库存资金占用，降低了财务费用，又维护了市场秩序，保证了产品的合理价格，还减少了产品质量降低带来的浪费和质量隐患。

零库存非常重要，尤其是在经济下行的情况下，企业容易在库存和应收账款方面出问题，最终影响现金流。所以，企业宁可少赚一些钱，也不能库存过多。

## 点石成金的辅导员制[1]

在联合重组的发展模式下，中国建材集团最大的管理难点在于成员企业众多且成长背景、管理基础、企业文化各不相同，要实现规范、高效、统一的管理殊为不易。为此，中国建材集团推行了一种便捷实用的管理工法——辅导员制。所谓辅导员制，就是充分发挥集团的人才优势、技术优势和规模优势，向新进入企业派驻辅导员，将先进的技术工艺、管理理念和企业文化通过直接有效的渠道复制到重组企业中，使重组企业在最短的时间内补齐短板，及早发挥潜力，产出效益。

---

1 节选自2012年8月《财富》杂志中文版《包容中勾勒的版图》采访实录。

这就像学习开车，辅导员相当于坐在副驾驶座上的教练，手把手教你怎么做。

辅导员制的实施有一整套机制。首先是选拔和任用。辅导员都是技能高超的"管理高手、市场能手、成本杀手"，大多选拔自标杆企业。其次是培训。通过培训，辅导员会系统了解自身的工作任务和权责界限，提高解决实际问题的能力。再次是组成辅导员小组派驻企业。辅导员小组一般由五位专家组成，分别负责工艺、控制室（主控室）、采购、市场、现场装备管理等事务。针对不同重组企业，辅导员小组的构成也会相应调整。值得注意的是，这些辅导员被派驻到企业之后，不是要取代原有企业人员开展日常生产经营工作，而是帮助企业分析解决重点难点问题，建立长效机制，在企业实现提升后就会有序撤出。

有人问，这些辅导员每月能额外拿多少钱呢？其实，他们除了日常工资，每月只有两三百元的象征性津贴。辅导员制之所以能够成功，并不是因为辅导员有多高的待遇，而是我们给了辅导员实现自我价值的平台。一些本来可能要在车间干一辈子的普通员工，因为做了辅导员，就可以跨越大半个中国，到另一个工厂传道授业、获得尊重，这本身就是一种自我价值的实现。所以在企业管理中，收入待遇固然重要，但能激发兴趣更重要，要让大家活学管理、乐在其中，而不是成为额外负担。过去，我们总说交流经验，辅导员制比交流经验更高一个层次，这种制度让辅导员更有责任感、荣誉感、成就感，也是管理兴趣化的一种实践。

辅导员制在管理整合中发挥了巨大功效，很多原本落后的重组企业都被点石成金，不仅很好地融入集团大家庭，而且很快显现出较好的经济效益。如在重组泰山水泥的过程中，我们派驻辅导员不到半年，企业就实现了从上半年亏损6000余万元到下半年盈利7000余万元的巨变。内蒙古乌兰察布水泥也是如此，派驻辅导员之后，经过迅速止血、造血，一个连年亏损的企业迅速转变为赢利企业。

实践证明，辅导员制是非常成功的。它首先是一套管理模式，通过派驻辅导员，企业能优化管理方法，传播文化理念，提升经济效益；它也是一套严谨的人才培养体系，为企业员工量身定制培养方案，通过有针对性的辅导，加速员工综合能力或技能的提升，一大批优秀人才脱颖而出，成为企业的管理骨干。

## 对标优化：变"相马"为"赛马"[1]

对标优化是中国建材集团践行绩效文化的重要方式，包括对外对标、对内优化。这一工法的核心内容是以行业和内部优秀企业为标杆，以 KPI 为核心，定期对主要经济技术指标做对比、找差距，学人之长，补己之短，不断提升改进。

对外对标，是指在日常经营中选择海内外一流的相关企业，定期对比同类数据，进行管理方面的学习。如在水泥行业，我们坚持与海螺水泥、拉法基等优秀企业对标。以海螺水泥为例，这家企业是全球最高效的水泥企业，资产负债率低、装备精良、管理水准高。在向海螺水泥学习的过程中，我们确立了吨煤耗、吨电耗、吨修理费、吨油耗、吨球耗、吨砖耗"六个对标"。通过对照这些关键指标，找差距，定措施，抓落实，我们的成本、消耗、管理费用、销售费用等不断下

---

[1] 节选自 2013 年 8 月 9 日在大连高级经理学院的交流内容。

降，各项经营指标持续优化。

对内优化，是指在内部成员企业之间开展对标，逐步优化业务指标。就像袁隆平选种一样，从大量的稻子中选一个好的稻种，集团也会在众多企业中优中选优，不断发现并推广优秀的管理经验与方法，并迅速在同类企业推广复制，从而实现整个系统的不断改善、不断优化。当众多管理方法放在一起的时候，你就会知道谁更优秀，这就是集团的优势。

在对标优化机制的带动下，伯乐相马变成了赛场赛马。在大的参照系下，在集团外部，哪家企业有好的经营管理方法，我们就主动交流学习；在集团内部，哪家企业有节支降耗的好做法，其他成员企业就会快速借鉴并复制，哪家企业做得不好，就会成为"帮扶对象"。互相参照之下，既是一种激励，又是一种鞭策，大家你追我赶，互相学习借鉴，形成比学赶帮超、先进带后进的良好氛围。在对标优化的实施过程中，我们还梳理了流程上的四个关键点，便于大家学习应用：一是要在全集团培育绩效文化；二是要寻找表现突出的内外部标杆企业；三是定期讨论、总结经验、形成模板、迅速推广；四是落实提高，要把经验与实际工作相结合。

做企业不能孤芳自赏，而是要时时自省，知不足而后进。对标就是学习先进，优化就是对自身团队内部动力的激发。其实不只是对标优化，中国建材集团"八大工法"的核心理念也在于团队学习，在于发掘内部动力，在于沟通互动和持续改善。每一项工法都不是单一企业的管理工法，而是众多企业的管理互动或学习提高，解决的是如何发挥集团企业优势、获得效益的问题。

## 好企业应是"六星企业"[1]

什么样的企业才是好企业？就像饭店、宾馆追求星级一样，企业也必须清楚地知道哪些是重要的目标，应该朝什么方向努力。所以，我提出了"六星企业"的标准，即业绩良好、管理精细、环保一流、品牌知名、党建优秀、安全稳定。

业绩是企业的根本。创造良好的绩效是企业生存与发展的前提，也是重要目标。任何企业都要以创造绩效为荣，以创造价值为荣。企业应围绕提升赢利水平和加强资产运营，重点考察主营业务收入、净利润、毛利率、资产负债率和报酬率等指标。

精细管理，也叫精益管理，是从丰田的准时化生产演化而来的，其核心内容包括全员管理、不断完善和零库存等。不论何种企业，不论历经何种技术创新，质量、成本、服务这三个要素都是企业管理的基础，这一点永远不会改变。环保是企业工作的重中之重，既是企业首要的社会责任，也是攸关企业生死的大事。因此，企业在投资选择、规划设计、装备选配、生产工艺、日常管理等各个方面，都要把环保放在第一位。环保不达标，宁可关闭工厂。

品牌的重要性更是大家熟知的。企业在市场中打拼，实际上就是在打造一个品牌。北新建材的"龙牌"纸面石膏板因为品牌过硬，价格比普通品牌高出20%，是国内为数不多的价格高于跨国公司的产品之一。打造知名品牌不容易，企业需要坚持不懈地把质量保证好，把成本控制住，把现场管理好，把服务水平提上去。

党建工作是国有企业的光荣传统和独特优势，也是特有的竞争优

---

[1] 节选自《中国建材集团管理手册》之《六星企业》。

势。党建工作和企业经营水平息息相关。在企业里，党建工作做得好，企业经营发展就会做得好；党建工作做不好，企业经营发展往往也做不好，甚至乱象丛生。党建工作不是空头政治，不能与企业的生产经营工作脱节。要做到党建工作与企业经营、规范治理、企业文化、廉洁从业相结合的"四个结合"，弘扬党建文化、企业文化、安全环保文化、廉洁文化的"四种文化"。党建工业要突出"细"字，要细致了再细致，纪检工作突出"严"字，要严格了再严格，以高质量党建工作推动企业高质量发展。

安全稳定也是企业的大事。安全包括两个方面：生产安全和产品安全。安全没有一劳永逸的办法，只能是从日常管理入手，一点儿一点儿地抓，绝不能"平时不烧香，临时抱佛脚"。生产安全的关键在于不能发生重大责任事故，这一点既反映出企业管理人员的水平，也反映出员工的工作水平和管理制度是否健全。产品安全越来越成为企业必须重视的安全问题，比如，建材要保证质量和无害化，医药要完成各种检测并把副作用降至最低。一个安全事故频发的单位，一把手肯定是不称职的。稳定就是不能发生群体性事件，企业要积极主动化解内部矛盾，避免积累大的矛盾，否则矛盾一旦爆发，就不可收拾了。发生问题时不能激化和扩大矛盾，企业领导要靠前指挥，不推诿，不回避，关键是要关心职工与弱势人群，处事温和，分配公平。

"六星企业"不仅是一套评价标准，更是一套管理方法，每一个标准都有相应的建设内容和自查绩效指标，激励大家通过逐项指标自查，不断提升管理水平。做企业一定要有标准，让大家知道目标，再找到一些方法，持之以恒地实践，管理就不再是件难事了。

## "增节降"工作法：生于危机的撒手锏[1]

中国巨石是全球最大的玻璃纤维企业，也是中国建材集团旗下六星企业的优秀代表。巨石的快速成长，得益于优秀的企业人才，得益于持续的深化改革，也得益于长年坚持不懈地抓精细管理，以及建立了以"增节降"工作法为代表的创新体系。

"增节降"，顾名思义就是增收、节支、降耗，运用目标管理、项目管理、品质管理、持续改进等基本管理方法，通过年初立项、逐月监测、激励推广、环比推进等工作实施闭环管理，向科技创新和管理优化要效益。这套方法始于1998年的亚洲金融危机，经过不断的积累沉淀、提炼优化，形成"由工人提出设想——技术人员转化成可行技术方案——制作成品进行小范围试验——展示成果全面推广"的全员创新模式，企业因此焕发出无穷的创新活力。

过去十几年间，巨石产业规模从几十万吨提高到110万吨。与之形成鲜明对比的是，通过持续不断地推行"增节降"工作法，在500多个工作节点上开展成本控制和技术创新，员工人数从1.2万人降至8000人，生产成本更是降低了1/3。如今，成本管理理念在企业内已是深入人心，上至集团高管下至一线员工，每个人都成为自觉节支降耗的主体。

"增节降"工作法在巨石成为全球一流玻纤企业的过程中起到了重要的支撑作用，在巨石屡次化险为夷的艰难历程中更是功不可没。记得2008年，全球金融危机席卷而来，市场行情风云突变，巨石60%的出口订单突然没了，可是停一个窑就会造成一两亿元的损失。

---

[1] 节选自2014年4月16日在大连高级经理学院的交流内容。

抉择常常是艰难的,看着满满一仓库的积压产品,我与中国建材的几位高管心情非常沉重。最终,我们顶住压力咬牙坚持不停窑。走出困境只能靠自己,巨石下大力气"增节降",强化创新、夯实基础、增加效益,硬是挺过了那场危机,成为少有的持续盈利的玻纤企业,进一步巩固了在全球的行业领军地位。

近年来,尽管能源价格、劳动力成本上升,反倾销影响加剧,但巨石的经营业绩却逆势增长,每年节约成本超过 2 亿元。公司高端产品比重超过 50%,国内市场占有率近 40%、全球市场占有率超过 20%。自主研发的高性能玻璃纤维配方 E6、E7 以及 ViPro 系列产品,均属于全球玻纤领域的重大技术突破。目前,"增节降"工作法已在中国建材集团全面推广。

作为精细管理的特色工具和市场竞争的撒手锏,"增节降"工作法不仅是一种优秀的管理方法,更凝聚了持之以恒、锲而不舍的创新精神,两者结合起来,才是"增节降"工作法的实质。

# 风险可控可承受

## 企业衰落有迹可寻[1]

管理大师柯林斯有三部管理经典：《基业长青》讲的是如何打造百年老店；《从优秀到卓越》讲的是企业如何从平庸发展成卓越；《再造卓越》是一部研究失败的书，讲的是大企业为什么会倒下，为什么有的企业倒下了就销声匿迹，而有的企业却能东山再起、再度辉煌。尽管《再造卓越》讲述的是企业失败的"黑暗史"，但柯林斯告诉我们，失败有规律可寻，及早有效应对问题，仍能扭转乾坤，再造卓越。

企业衰落一般有五个阶段。一是狂妄自大。企业获得成功后变得目空一切，甚至放弃了最初的价值观和管理准则。二是盲目扩张。之前的成功让企业觉得自己无所不能，在资本市场或者个人英雄主义的推动下，开始不停地扩张业务，什么都想试一把。三是漠视危机。由于盲目扩张、摊子铺得过大，潜在危机逐步显现，但企业领导采取鸵

---

1　节选自 2018 年 8 月 26 日在总裁读书会的演讲内容。

鸟政策，把困难和问题归因于客观环境而不是自身，使得事态一步步恶化。四是寻求救命稻草。危机出现后慌乱中抱佛脚，试图通过激进手段快速扭转颓势，比如采取聘请空降兵紧急救场、做重大重组、修正财务报表等不切实际的招数。五是被人遗忘或濒临死亡。

企业衰落的五个阶段不一定依次出现，有可能跳过其中某一阶段，同时衰落周期也不同，有的公司走完五个阶段耗时 30 年，有的仅用 5 年，雷曼兄弟等大企业更是一夜间倒闭倾覆。当然，企业衰落是可以逆转的。如果前三个阶段不自暴自弃就有生还希望，如果深陷第四阶段，就要赶紧中止不停搜寻救命稻草的行动，转而重拾稳健的管理模式和坚定的战略思维。像纽科公司、IBM、诺思通公司都曾陷入低谷，最后都再铸辉煌。企业命运掌握在自己手中，面对失败和困难，企业绝不能丢弃理想和激情，用柯林斯的话说就是，即便受挫，也要再次昂起高贵的头颅，永不低头，这就是成功。

正反两方面的例子告诉我们，公司衰落可以避免，可以翻盘，只要没有深陷第五阶段，仍可能起死回生。企业要想避免衰落、再造卓越，一是规模做大以后要有忧患意识，不能沾沾自喜，妄自尊大，被暂时的胜利冲昏头脑；二是在扩张时要突出主业，有所取舍，不做与企业战略和自身能力不匹配的业务；三是出现危机时不能掉以轻心，要抓早抓小，防止风险点和出血点扩大；四是解决问题时不能有"病急乱投医"的侥幸心理，要对症下药，解决问题，千万不能盲目补救，一个项目做不成再做另一个，一个目标实现不了再定下一个，那样只会拖垮企业。

世界上没有强者恒强的道理，即便是最好的企业也可能倒下，所以做企业要保持清醒认识，尽早察觉问题，找到避免衰落的自救药和工具箱，避免重蹈失败的覆辙。《再造卓越》里有句话：爬一座高山可能需要 10 天，掉下来却只需要 10 秒。这是给所有企业的醒世恒言。

## 正确规避和应对风险 [1]

2008年金融危机发生后,一家投行把欧洲一家水泥巨头的资料翻译成中文放到我的办公桌上,希望我们收购它。当时只要拿出20亿美元,我们就能成为这家企业的控股股东。我将几本厚厚的资料抱回家研究,一开始很兴奋,如果成功收购,中国建材集团就能够一步成为大型跨国公司。但后来有一个问题让我冷静了下来,那就是风险。这家企业在全球有400家子公司,以我们当时的管控能力实在难以驾驭,硬吃下去只会拖垮整个公司。快天亮时我做出决定:放弃收购。

在企业经营的过程中,这样的艰难抉择常会遇到,其艰难之处就在于,能否对项目的风险点以及如何规避和应对风险做出精准的判断。一些企业正是因为对风险判断不足或处理不当而轰然倒塌,所以企业领导者不能只想着"鸡生蛋、蛋生鸡"式的发展,还应想清楚怎样防范风险,以及发生风险后该怎样处置。

风险是客观的。但丁的《神曲》序曲里有一句话:"我们看那犁地的农民,死神一直在跟着他。"企业也是这样,在发展过程中,死神也一直紧随其后。企业的每一个决策、每一场博弈都会有风险,风险会紧跟企业的脚步,零风险的情况从来都不存在。正因为风险无处不在、无时不在,西方经济学里讲的多是如何管理风险,而不是预防风险。西方管理学家认为,企业的风险与利润是一柄"双刃剑",要把利润当作平抑风险的边际效益。因此,海外招股说明书中的很大篇幅是用来披露风险的。如果一个企业连自己的风险都说不清,或者干脆说"我的企业没有风险",那没人敢买你的股票;对风险的认识越

---

[1] 节选自2015年11月7日在北大光华管理学院的讲课内容。

深刻，披露的风险越全面，越可能得到成熟投资者的信任。

任何投资和经营行为都是一场风险管理。最高超的经营艺术，就是把风险降到最小，即使有风险也要可控可承受。"风险是否可控可承受"是我一直坚持的经营原则之一。有风险是正常的，关键是要知道风险可能发生在哪儿、企业的承受力有多大、有没有强大的"防火墙"和"灭火器"。那么，风险到底如何应对呢？这个问题不能一概而论，应该具体情况具体分析。

企业风险可分为三类：一是战略性风险，如投资决策等，这类风险的规避和防范要靠科学化的决策，避免"一言堂"和盲目决策；二是战术性风险，如企业运营过程中的风险，这类风险往往需要规范管理来防范，在这方面，最担心的是某一个环节或某一位管理者的失误造成大的系统性风险；三是偶发式风险，如火灾、地震等突发事故，这类风险往往不可预测，但可以通过购买商业保险来应对。对于风险的理解，西方人和中国人并不相同。西方人讲的风险大多是偶发式风险，指的是不可抗力事件。而我们讲的风险多在经营决策风险层面，泛指经营失误，包括战略、用人、决策、管理等方面的失误，因此我们所讲的防范风险更多是指减少经营决策造成的失误。

风险发生后，我的处理原则是：尽最大可能把损失降到最低。风险发生了，不能逃避，不能掩盖，要正视并投注力量迅速切割风险部位，降低风险造成的损失，绝不能投入更多资源盲目补救，否则风险点和出血点就会越来越大，最终"火烧连营"。

实践证明，全世界任何一个大企业如果在风险控制问题上出了纰漏，一定会险象丛生，甚至是瞬间崩塌。所以，所谓企业家能力，一个重要的方面应是发现和判断风险的能力，防止企业发生系统性风险的能力，以及出现风险后如何减少损失的能力。

## 防范"四种风险"[1]

对企业经营来说，风险是客观存在的。企业在前进过程中会遭遇各种困难、各类风险。这里面有四种风险要特别关注和防范。

第一，周期性风险。经济有周期，不少产业也有周期，所以我们必须防范周期性风险。

近些年，房地产行业开始下行，从黄金时代进入白银时代，有一些房地产公司没有意识到周期的来临，还在高歌猛进，有地就要，有资产就买，后来就出了问题。这就是说我们必须看到周期、周期上行的时候可以走得快点，周期下行的时候就走得稳一点。企业不能只会快跑，也要学会慢跑和长跑。

第二，经营决策风险。其实企业的决策一直是在两难中选择，一边是风险，另一边是发展。如果把风险看得过大，那可能止步不前；如果只顾发展忘了风险，那一定会轰然倒下。所以在目前情况下，企业决策最重要的是什么？是尽量不犯错、少出错。先不败而后求胜是稳健经营的核心思想。

在企业里做决策不是一件容易的事。2021 年，哈佛商学院的副院长问我，让我半夜睡不着觉的是什么事。我说担心决策错了。因为企业里谁都代替不了领导者，如果决策错了，那就会一错百错。做企业真的是这样，爬上一座山峰需要 10 天，掉下来可能只需要 10 秒。柯林斯在《再造卓越》中讲到企业衰落的五个过程：狂妄自大，盲目扩张，漠视危机，寻求救命稻草，被人遗忘或濒临死亡。20 多年过去了，今天的企业，尤其是大企业，怎么能避免这个过程？因为大企

---

[1] 节选自 2023 年 6 月 10 日第七届中国企业家年度峰会的主题讲座内容。

业倒下对社会的影响会更大,所以我们更得当心。

第三,资金链风险。现金是企业的血液,一个企业能否维持下去,不取决于它的账面是否盈利,而是取决于它有没有现金,现金流动状况更能客观地反映企业的真正实力。

任正非当年失落的时候到日本大阪参观,望着大阪城的一个井出神。大阪城曾遭遇过包围,因为有井水才能守城,所以任正非说企业的井水就是现金流,现金流是企业过冬的棉袄。做企业一定要特别重视现金流,不能出现资金链的风险,要做有利润的收入,有现金流的利润。在这方面企业一要重视财务预算,量入为出,有多少钱做多大的事,千万不能"寅吃卯粮",入不敷出;二要合理利用财务杠杆,资产负债率不能过高,一般在50%左右比较合理,如果周期上行、效益良好,资产负债率可以适当高点;如果周期下行、效益欠佳,资产负债率就得降低,过高会占用企业财务费用,提高偿债风险;三要控制好"两金"占用;四要学会归集资金,就是把有限的资金归集起来,不要分散在各个子公司、各个角落。

第四,大企业病风险。很多民营企业、中小企业可能认为大企业病与自己无关,但是不见得必须是大企业才会有,只要企业成长,就可能会得大企业病。企业成长过程中要一边剪枝一边瘦身健体,不要一味重视规模的增长。

我把两家央企带入《财富》世界500强,但我不认为每家企业都要以做大为目标,企业当大则大,当小则小。我也不建议每家企业都把上市当成目标,如果一个家族企业做得很好,也可以选择不上市。所以适合自己最重要,企业不要做那种不适合自己的事,强行努力更容易出问题。

## 决策要见人见物[1]

决策正确是规避企业风险尤其是重大风险的重要基础。在这个方面，多年来我一直遵循一条重要的决策原则——见人见物。这一原则是我 10 多年前受日本企业家的启发而形成的。2002 年，北新建材与日本三菱商事、新日铁和丰田三家日资公司合资设立北新房屋，中方出资 1.5 亿元，日方由集团总部出资 0.5 亿元。虽然日方出资不多，但他们认真负责的工作态度和见人见物的投资理念对我产生了很大的影响。

记得那时为了这个项目，日方专门安排我在东京新日铁总部拜会当时的千速社长。千速先生是日本著名的实业家，当时 70 多岁了，走进他的办公室后，我发现千速先生的办公桌上放着一份我的简历。千速先生说话语速很慢，他对我说："宋先生工作这样忙，听说还在攻读管理博士学位，这很不容易。我的部下都认为宋先生不错，我想当面验证一下，现在见到你本人，我决定投资了。"同样是这个项目，丰田公司的副社长立花先生居然带着十几个人的代表团在北新建材考察了整整一天，还与我进行了长谈。日方其实是小股东，但为何做事这样细致？后来我才知道丰田公司做任何投资决策都要见人见物，出发点正是为了规避风险，避免重大的投资失误。

俗话说，百闻不如一见。在中国建材集团大规模联合重组的过程中，我总是提示下属要见人见物，不能纸上谈兵，集团重组的企业领导者我大都见过。后来，我到国药集团当董事长，也把见人见物的决策原则带了过去，大型项目、重要合资和收购项目，我都要和外部董

---

[1] 2010 年 5 月 20 日国资委第十九期国有重要骨干企业领导人员培训班专题分享内容节选。

事一起深入企业做实地调研和考察，对项目进行充分评估。到国药的第一年，我就到了很多成员企业做调研。通过对文本材料的研读，加上现场的直接观察和感受，以及决策讨论中的头脑风暴，我们才能做出正确的判断。应该说，两家企业的投资失误很少，与这个"三结合"的决策方法关系密切。

## 稳中求进，以进促稳[1]

回顾 2023 年，我国经济顶住外部压力、克服内部困难，持续回升向好。新的一年，虽说可能会遇到困难和不确定性，但还是充满希望和期冀的一年，相信我国经济还是持续恢复和稳中向好。中央经济工作会议提出稳中求进、以进促稳、先立后破，这个方针和总基调既实事求是又充满哲理，不光是指导宏观经济的政策和方针，对我们目前的企业运营也有着很好的指导作用。在当前形势下，做企业也要处理好稳和进的关系，处理好立和破的关系。

### 做企业"稳"是基础

过去在经济高速增长的时代，企业面临的机会很多，遇到问题之后复原也相对容易。但今天，企业很难再挣快钱和热钱了，必须把握好方向，掌握节奏。"稳"就是企业尽量地少犯错、不犯错，要先不

---

[1] 节选自 2024 年 2 月文章《宋志平：谈谈企业的稳与进》。

败而后求胜。这主要体现在企业要务实达观、专业经营、精细管理、防范风险。

务实达观。看形势既不要悲观失望，也不要盲目乐观，而是要看开一点，扎扎实实做事。无论经济形势怎样变化，企业都要做好自己的事，紧盯市场和业务，种好企业自己的一亩三分地，学会创造适合企业自己的小环境和小气候。

专业经营。工业化早期，企业大多是专业化，但随着经济的发展，不少企业走入多元化，而随着市场竞争的加剧，大家又回到专业化。毕竟企业的能力有限，专业化才能集中财力和精力，有些大的投资集团可以搞多元化，对绝大多数中小企业来说，还是要走专业化的道路、走专精特新的道路。大企业对标世界一流，小企业做到专精特新。如果确实专业化发展撞上了天花板，可以做有限相关多元，也就是在技术上、产品上、市场上有相关性，有内部的协同效应，但即使如此，也要限制业务的种类，一般不超过三项业务。转型不一定转行，而是利用创新技术进行差异化经营。我很赞成企业采用专业化、多品种的经营模式，尤其是在专业化领域里做细分业务的头部企业，这往往也是企业在过剩市场中逆势发展的途径，从而脱离恶性竞争的红海，进入细分市场的蓝海。

精细管理。高速增长时代主要靠跑马圈地，高质量发展时代主要靠精耕细作。管理是企业手头上的功夫，企业要抓创新和机遇，但手头上的功夫也得跟上。管理是永恒的主题，因为企业要提高质量、降低成本。无论有多好的技术、多好的商业模式，如果质量做不好，成本下不来，企业照样可能会失败。

防范风险。风险是客观的，企业在经营发展的过程中，风险始终如影随形，要特别重视决策风险和资金链风险，要特别重视企业的现金流，做有利润的收入、有现金的利润。企业不光要有防范风险的意识,关键还要提高管理风险和处置风险的能力。管理风险就是要建好风险的"防火墙",而处置风险就是使风险带来的损失最小化。

做企业,经济上行时可以走得快一点,经济有下行压力时要走得稳一些,遇到困难则得会扛,稳得住才能活下来,活下来才能求发展。

## 做企业"进"是目的

做企业,"稳"不是目的,"进"才是目的,"稳"是为"进"创造条件,但"进"才能有助于企业长期的"稳",这是辩证关系。企业如果只稳不进会止步不前,如果只进不稳会轰然倒下。就像我们骑自行车,只有骑起来才能稳,企业也一样,只有不断进取、不断创新,才能稳健发展。企业的逻辑是成长的逻辑,不成长就会消亡,不存在躺平的企业,躺下就很难再站立起来。人要运动才能健康,企业要发展才能生存。

我曾带着北大光华DBA(工商管理博士)学员去日本访学,在交流时当地企业家提到,失去的30年中该汲取的教训是,过去由于过于谨慎,企业只想着还钱不贷款,不投资不发展,也就是只稳不进了。我们不能重蹈这个覆辙,所以一方面要稳,另一方面还要进。企业要有进取心,积极作为,这里有几件事很重要:战略调整、有效创新、共享机制、两个市场。

企业战略是研究做什么的学问,是企业的头等大事。战略赢是大赢,战略输是大输。因此,要特别重视企业战略制定和调整。制定战略时要特别注重做强主业,战略调整时也要业务归核化,有出血点的非核心业务要坚决剪掉。企业发展中要正确定位,当大则大、当小则小,大企业定位世界一流,小企业定位专精特新。发展企业既要重视企业内生式成长,也要重视联合重组,有时候整合资源的能力比创造资源的能力更重要。

创新是企业生存和发展的关键。做好经济跨周期调节、提升企业竞争力、克服企业困难，都要靠创新。我提倡企业要进行有目的、有质量、有效益的创新，减少盲目的创新。企业不创新等死，但盲目创新是找死。任正非曾讲到，领先半步是先进，领先三步成先烈。创新方向的选择至关重要，但是创新成功与否还取决于什么时候行动、如何行动。企业的竞争归根结底是企业优势的竞争，企业优势源于企业的核心竞争力，而企业核心竞争力又源于企业的创新能力。

企业不是只靠企业家一个人就能做好的，而是要靠全体干部员工共同努力往前走，而要把大家凝聚在一起，共享机制是关键。华为的成功靠什么？有两点很重要，那就是企业家精神和机制，有任正非这样一位优秀的企业家，再加上"财散人聚"的机制，即使承受着巨大压力，华为也能众志成城，发展得很好。

许多优秀企业的实践证明，做企业有机制不需要神仙，没有机制神仙也做不好。机制就是企业效益和员工利益之间正相关的关系。就像晋商200年前就设置了银股和身股，让出资者和管理者、员工共享财富，把生意做得很兴隆。在当今的高科技和新经济时代，更要让人力资本和金融资本共享企业的财富。其实管理的目的就是调动人的积极性，谁能调动企业员工的积极性，谁就掌握了管理的真谛。

两个市场指的是国内市场和国际市场。市场是做企业的根本，客户是企业的江山。企业要积极开拓市场，促进国内和国际双循环。企业要坚持客户主义，为客户创造价值。我常讲做企业的四大核心，即核心业务、核心专长、核心市场、核心客户。其中，占领核心市场和创造核心客户是目的。作为企业来讲，先要定位自己的核心市场在哪里。在产能过剩、行业内卷的压力下，不少企业积极"走出去"布局海外市场，进行国际产能合作，缓解国内市场的竞争压力。有企业家讲，中国企业要从"中国造全球卖"发展为"全球造全球卖"，我挺赞成这种心态的，相信假以时日，世界一定会变成中国的工厂。

## 如何立起"新"业务

经济有周期，其实产业发展也有生命周期，企业的业务会受生命周期的影响。在发展过程中，当一项业务如日中天时，企业应意识到这个业务可能慢慢会进入衰退期。这个时候就要未雨绸缪，适时发展新业务。做业务也要骑着马找马，用老业务的利润培育新业务，当新业务做起来后让其逐渐代替老业务，这就是常讲的穿越企业生命周期、实现持续增长的第二曲线。

记得德鲁克先生说，不少人认为过两年你来看我的公司，里面都是新业务了，但10年过后公司90%的收入仍源于老业务。其实创新也是如此，既要重视持续性创新，也要重视颠覆性创新，不重视持续性创新今天没饭吃，不重视颠覆性创新明天可能被颠覆。像现在一些大的汽车制造商，既要做好燃油车也要开发电动车。因此，做企业也存在一个先立后破的问题，在把手头上业务做好的同时开发新的业务，把现有业务赚的钱投入新业务的创新，要掌握好这个节奏。

总之，新的一年，我们做企业也要循着稳中求进、以进促稳、先立后破的大思路，保持良好的心态，调整好工作状态，创造良好的市场生态，做出更优异的成绩。

# 管控之道

## 提高企业免疫力靠管控[1]

什么叫管控？我的理解是，所谓"管"就是用好制度，所谓"控"就是抓住关键点，不出大纰漏、不失控。管控是一整套体系，降成本、增效益、控风险都包含其中。企业在各个发展阶段都有必要进行管控，管控做得好，不仅不会抑制创新精神，还会提高企业自身的免疫力。

在企业里，大家往往对企业的规模化发展很重视，但对于管控尤其是内控、内审等则本能地排斥，甚至认为管控过严会影响企业的发展速度。我的看法是，做企业要快速发展，要有一定的规模，但管控也是必不可少的，不重视管控的企业是很危险的。

大家知道，自然界中的各种动物和植物都有免疫力，在第一次受到侵害后会产生抗体，形成防御系统以避免或减少今后受到类似的侵

---

1 节选自2014年3月4日与台湾资深经营管理专家黄麟明的对话内容。

害。但企业天生缺乏免疫力，靠一次次失败形成免疫力太难，而且只要人一换，就可能犯重复的错误。形成免疫力归根结底还是要靠建立管控制度，靠完善管控措施和风险应对措施。企业有强大的管控体系，面临大风险时，才有能力转危为安。

企业坍塌不在大和小，关键在管控。纵观中国改革开放的历程，许多企业曾在不同时期辉煌至极，但很快就消失了。研究它们的兴衰史，我们可以发现，除了和旧体制有关的一些客观因素外，问题主要出在管控上。具体来说，根源在于"两乱"：一是行权乱，政出多门，不知道该听谁的；二是投资乱，投资决策不能高度集中，子子孙孙的公司都在乱投资。所以，管控说复杂也复杂，说简单也简单，管住了"两乱"，企业就能实现行权顺畅、步调一致、有序经营。同时，从经营管理的角度讲，日常经营管理活动也需要有管控。除了创新、发展所创造的效益外，通过管控严防跑冒滴漏等方方面面的问题，也能间接地出效益。

从外部环境看，强化管控是企业发展的客观要求。当下市场的诚信文化还存在不足，同时法治环境有待进一步健全，一些企业在经营遇到问题时，经常出现诚信缺失的现象。在当前的新常态下，我国经济发展的条件和环境发生了重大转变，经营形势非常严峻，企业若没有严格的管控，一切都很容易失控，后果不堪设想。"自行车理论"告诉我们，骑快易稳，骑慢易倒。但当不具备骑快车的条件时，就应该做到慢而不倒、稳中求进，这需要管控来发挥作用。在经济下行时，能做到严控风险和远离危机就是一种成功，毕竟经济下行压力这么大，不用好制度、不处理好关键点，企业随时可能出问题。就像每次坐飞机时空乘人员都会事先讲解安全常识。企业也是这样，一定要绷紧风险这根弦，所有人都要自觉接受管控。

## 集权好还是分权好[1]

企业的集权管理和分权管理是两种不同的管控模式，也是集团企业总部与各业务单元责权关系设计的重要内容。有的企业主张搞集权管理，比如神华、宝钢、首钢等，做得非常好；有的企业采取分权管理，比如华润、中信等，做得也很好。那么，企业管理到底应该集权还是分权呢？决定因素是什么？我们从两种模式的特点入手，逐一进行分析。

集权管理指的是，集团母公司集中控制和管理集团内部的所有经营和财务事项，做出财务决策，所有子公司必须严格执行集团母公司的决议。这种管理方式的特点是高度集权、事无巨细，适用于那些业务相对单一、专业化程度较高的资源型企业。比如煤炭和钢铁类企业，采取集权管理便于提高效率，优化资源配置。

分权管理通常适用于规模较大、业务多元化、品种多样化、市场变化快、地区分布较分散的企业。这类企业很难对所有的生产经营事项按照同一个模式逐级逐一地进行管理，所以集团公司把控的往往只是关系全局利益和重大问题的决策权。中国建材集团采取的就是分权管理模式。中国建材的业务涉及水泥、玻璃、新型建材、新型房屋、新能源材料等多个领域，而且市场都是充分竞争的。所以，我认为生产经营应因地制宜、因时制宜，在战略清晰、文化统一、运作合规的前提下，让在前线听得见炮声的人来做具体决定。

企业中的层级到底多少为宜？在大型企业工委管理时期，有人曾提出央企以三级为限，从管控角度来说，企业施行扁平化管理最好，

---

[1] 节选自2015年11月7日在北大光华管理学院的讲课内容。

但扁平化一般在大规模的工厂管理中容易实现,大多数的集团型企业很难做到。我刚到国药集团遇到的第一个问题就是企业层级问题,去河南企业调研时,有人提出如果按照三级为限设置企业层级,就只能设立省级销售公司,但这等于捆住了大家的手脚,民营企业甚至在铺设镇一级的销售网络。后来,我向董事会和管理层提出,建立销售网络可以不受层级限制,要在每个地级市建立销售公司,大的县级市也要布点。国药在之后的快速发展中,一直沿用这个思路。层级的多少直接关系管理的力度,层级越多越难控制、越难集权,因此,层级多的企业要建立一套分权管理的体系。

世界上没有最好的模式,只有最合适的模式。一个企业到底是集权还是分权,受企业历史沿革、领导风格、行业特性、企业特点、发展阶段等多种因素的影响。比如,企业在初始发展阶段、规模较小阶段,更适合采取集权管理;企业盘子大了、业务多了,就要考虑分权管理。当然,任何事情都不是绝对的,企业还应根据具体环境的变化,合理地集权或者分权,找到最适合自己的管控模式和发展道路。

## 母、子公司各司其职[1]

母、子公司的关系是目前困扰许多企业集团的问题,处理好这个问题的关键在于,让母、子公司各司其职,厘清战略目标和管控模式。

母公司主要行使出资人职责,是决策中心,以管资本为核心,通

---

[1] 节选自 2008 年 5 月 15 日在南方水泥联合重组报告会的讲话内容。

过对子公司的战略决策、董监事选聘考核和财务监督进行管理,实现资产的保值增值。母公司不直接插手子公司的产品经营活动,不能像管理车间那样管理子公司。战略管理是母公司重中之重的职责,除了集团整体的战略目标外,还要通盘考虑各子公司的战略规划。母公司应认真考察子公司的资源情况、外部环境、竞争对手情况,以及企业设定的目标是否切合实际,并确保各子公司的战略互相支持。子公司的战略一经批准,母公司就应全力给予支持。当然,战略管理应当是动态的,如遇环境发生重大变化,母公司要引导和督促子公司迅速调整自己的战略规划。

作为经营主体,子公司必须在母公司规定的战略范围内经营,突出专业化,明确主营业务、核心专长、市场占有率、品牌知名度等经营性管理目标,不能盲目多元化,更不能越权乱担保、乱投资。子公司不能向下层层延伸,公司结构要尽量扁平化,以提高市场快速反应能力和便于母公司控制。在涉及投资时,子公司必须明白,超越授权范围的投资决策最终都要由母公司来做。

在中国建材集团,决策项下、资本项下的重大决策权都收归集团公司总部,所属公司只有投资建议权,而没有投资决策权。如果所属公司的管理者认为自己擅长做投资,那我们欢迎他到集团总部工作,但留在子公司就只能扎扎实实做经营。我对这方面的要求向来非常严格,因为一旦投资和行权的点位出问题,企业就会彻底乱套。以前有人给我讲过一件事,说国内一家日资公司买辆二手车还要总部派人来看,感觉很低效。可后来认真想想,他们为什么要这么做?虽然效率低了些,但从整个企业的投资决策来看,这样做是符合规则和章法的,会使公司的运作更稳健。

在大型企业集团里,不同层次的企业所承担的任务和职能是不同的。母、子公司要各负其责、各司其职、各适其位,只有把思路厘清,把规则定好，才能形成一个有机整体，做到分层管理、不打乱仗、有序发展。一个强大的有控制力的集团是子企业发展的重要支撑，而一个集而不团的企业必定危机四伏。

## "格子化"管控：巧克力盒子里的管控哲学[1]

中国建材集团是联合重组而来的企业，独立核算单位有上千家。在很多场合，我经常被问到的一个问题就是："这么多企业怎么管啊？怎样杜绝所属企业乱投资呢？"这个问题不难回答，只要找到一套适应企业经营发展的管控模式就可以了。管控模式多种多样，而我的办法是进行"格子化"管控。

所谓"格子化"管控，指的是把集团里的众多企业划分到不同的格子里，每个企业只能在自己的格子里活动，给多大的空间就干多大的事。就像装巧克力的盒子，只要用塑料格子隔开巧克力，巧克力就不会黏在一起了。"格子化"管控包含治理规范化、职能层级化、业务平台化、管理精细化和文化一体化，这五点解决了企业的治理结构、职能分工、业务模式等问题，平衡了结构关系，还对实施科学管理和集团式企业文化融合提出了要求。

治理规范化，指的是按照《公司法》建立规范的法人治理结构，包括董事会、监事会、管理层在内的一整套规范的治理体系。公司治理的核心是规范的董事会建设，要让董事会在战略规划、重组整合、

---

[1] 节选自2012年12月8日在"中国·实践·管理"论坛的讲话内容。

风险控制等重大事项上发挥重要作用，真正成为公司决胜市场的战略性力量。

职能层级化，指的是实施分层次的目标管理，把决策中心、利润中心、成本中心分开，明晰各层级的重点工作与任务，确保行权顺畅、工作有序。集团公司总部是决策中心，不从事生产经营，只负责战略管理、资源管理和投资决策。集团公司总部下面的板块公司是利润中心，任务是把握市场，及时掌握产品的变化、价格的走向，积极促进市场稳定，提高市场的话语权和控制力，推动产品更新换代，协调公共关系，实现利润最大化。板块公司下面的工厂是成本中心，任务是研究在生产过程中如何把成本降到最低。按照相应的职能定位，三个层级分别需要的是"投资高手"、"市场能手"和"成本杀手"。

平台专业化，指的是集团的业务公司都应该是专业化的平台公司，控制业务幅度；而集团的整体业务可以相关多元化，形成对冲机制。打个比方，集团公司相当于体委，子企业是一个个专业球队，有打乒乓球的、打排球的、打篮球的，但乒乓球队只打乒乓球，排球队只打排球，篮球队只打篮球。像在中国建材集团，所属企业都是水泥公司、玻璃公司、新型建材公司等专业平台，每个平台只做一种业务。今天的市场竞争异常激烈，我们的人才、知识和能力都是有限的，只有专注做专业，才能形成更强的竞争力。

管理数字化，指的是强化精细管理，让管理者习惯用数字思考问题和用数字说话。如果管理者的数字化、定量化不过关，管理就不会尽如人意。像中国建材集团重组的水泥厂、商品混凝土厂大都是民营企业，机制虽灵活，但管理上并不完全到位，重组后集团通过推广一系列先进的管理方法，统一市场、降低成本、改善内控、稳定价格，帮助它们实现效益最大化。所以说，机制不能代替管理，管理还要靠学习、靠实践、靠反复对标、靠数字化训练、靠经验的积累、靠制度的建立等来实现。

文化一体化，指的是一家企业必须有上下一致的文化和统一的价值观。这就需要集团内各企业之间互相包容，既要把大家包在一起，也要互相促进，因为包容不只是一个迁就的过程，更是一个互相融合之后一起前进的过程。优秀的文化是集团提升整体竞争力、推进集团内各企业协调发展的关键。

实践证明，格子化管控是一套行之有效的管控方法，解决了大企业纵向管控的问题，结合横向沟通协作，破除谷仓效应，使企业能行权顺畅、步调一致、有序经营，进而持续强大。如果一家企业有一面指引企业发展方向的战略旗帜、一套严谨规范的管控模式、一个能够凝聚全体员工的企业文化，这样的企业基本上不会出什么大乱子。

## 破除谷仓效应：分工不分家[1]

"格子化"管控解决了大企业集团纵向管控的问题，那么横向沟通协作如何开展呢？怎样杜绝企业部门之间互相掣肘和所属企业恶性竞争的问题呢？美国《金融时报》专栏作家吉莲·邰蒂提出的建议值得重视。她在《边界》一书中将社会组织中的一些各自为政、缺乏协调的小组织叫作谷仓，把这些小组织之间的不合作行为称为谷仓效应。我国正进入大企业时代，如何避免谷仓林立，如何破除谷仓效应，对我国企业提高内部协同能力和外部市场竞争力十分重要。

---

[1] 节选自 2018 年 3 月刊《中国企业家》文章《破除谷仓效应》。

现代社会是一个专业细分的社会，在企业里也是如此，企业中有各个不同的部门，集团企业里又有不同的分公司、子公司和所属工厂。这些分工带来了巨大的效率，但分工是以协调成本的增加为代价的。组织内由此形成了一个个小单元，这些小单元往往自成体系，对外比较封闭，也就是所谓谷仓，而谷仓之间的鸿沟和纷争就是谷仓效应。

谷仓效应有点儿像我们常讲的"山头主义"和"本位主义"，后者更关注传统的行为动机和权力平衡，而谷仓效应则是从现代信息经济学角度对大企业病的诊治提出了新的视角。比如，谷仓只有垂直性管理，而没有水平性协同。即使垂直性管理，也常因看不清谷仓内部情况而忽视问题，一旦打开谷仓发现问题，已悔之晚矣。试想，如果一个大型企业集团的各个组织单元都是在一个个封闭的谷仓里运作，坚固高耸的谷仓隔离了内外联系，大家彼此看不到，也不知道别人在做什么，这样各自为政往往会造成资源的巨大浪费，引发巨大的风险。

谷仓效应影响人们的全局观，削弱企业的整体效益，甚至会引发组织溃散。日本索尼公司曾是一家声名赫赫的卓越企业。但是，前些年因为分工过于精细，部门协调性和技术横向应用性差，在随身听等产品开发上，几个独立的开发部门推出了互不相关的创新产品，引起了市场认知混乱，再加上其他大企业病和外部竞争，它从此走上了下坡路。我国一些集团企业下面也有不少"谷仓企业"，不但在国内市场自相残杀，还跑到国际市场上互相压价、恶性竞争，带来很不好的影响，造成了国家和企业巨大的经济损失。

谷仓效应有其形成的客观性，这就是细致的分工。现代大型企业的规模使我们很难想象，如果不进行深入细致的分工，大企业如何才能运转得稳定和高效。由于制度上缺乏协调性，跨部门问题无人负责，容易存在"人人自扫门前雪，岂管他人瓦上霜"的心理，以致出现分工容易合作难的现象。既然分工无法避免，我们的问题就是如何处理好科学分工与良好合作的关系，做到分工不分家。

破除谷仓效应首先要解决认识问题。要从战略层面认识谷仓存在的客观性和谷仓效应的危害性。在企业工作中既要看到部门的局部利益，又要看到企业的整体利益，树立为全局利益甘愿牺牲局部的大局观。

防范谷仓效应要在企业制度层面精心设计。在战略布局和组织设计中，要取得集团统一管控与所属单元自治活力的最佳平衡。要通过强化垂直纽带和关键部位确保集团必要的战略控制和信息掌握。各单元间要归并联合相关业务，减少部门间过度分工，通过部门业务适度交叉和分工合作体制建设来减少复杂度，增加协同性。此外，还要通过加强横向协同机制和信息共享平台建设，以减少信息壁垒和消极竞争。但总体来说，破除谷仓效应的最佳办法是建立强大的企业合作文化。像脸书公司（Facebook）采用开放式办公和开放式网上沟通，使大家的融合度大大增强。

大型企业集团要重点加强管理层的团队意识。通过团队学习、人员交流、机制建设，强化各单元的文化纽带。在企业协同上，中国建材这些年进行了积极的整合优化。比如中国建材有9家水泥公司，我们内部有一个C9（Cement 9）会议，目的就是打破谷仓、横向协同，各水泥公司内部也有协同会，商讨达成有关价格、采购等方面的协同。这里特别说明一下，在同一个法人体系内协同价格是可以的，这并不是市场上的价格串通。又如，中国建材还有多家国际工程公司，内部也经常开会沟通，以期实现内部协同，不要"出去打架"。再如，工程公司和工厂也要一起开会，解决工程公司对工厂的服务等问题。各业务单元通过这些内部协同或整合优化，实现合作发展。中国建材的管控规范了管理，也规定了非常清晰的界限，对大家不能做的事情明确限制，然后进一步通过内部整合优化，破除谷仓效应。另外，通过人员适当流动，换换谷仓，也有利于大家转换角度，增加企业协同。

# 第六章
## 组织与文化

企业不仅是谋生的手段，更是乐生的平台。只有全体员工齐心协力，企业的巨轮才能乘风破浪、扬帆远航。团队组织与企业文化是我们最宝贵和最值得珍惜的财富。企业要想在竞争中取胜，必须依靠一支有理想、有激情，能打硬仗、善于学习的优秀队伍。

# 以人为中心

## 人是最宝贵的财富[1]

提到企业，人们首先想到的可能是厂房、设备，其次是产品，最后是资本。其实企业中最重要的是人，是那些富有奉献精神和创造力的干部员工。人是企业最重要的因素，是办好企业最可依靠、最牢固的基础，是推动企业前进的根本动力。怎么看待人是企业中最重要的事情。

泰勒先生的"马钟计时法"开启了科学管理时代，把工人当作机器，把人的动作工序化，强调的是怎样最大限度地发挥人的效率，精确安排人的时间以及人机料的搭配。卓别林主演的电影《摩登时代》，就表现了工业革命时期工人像机器一样工作的场景。随着经济的发展和社会的进步，企业进入了以人为本的管理时代：重视改善员工的工作、生活、学习环境，激发员工的工作热情、积极性和创造性，培养

---

[1] 节选自 1996 年 10 月 11 日在江阴东亚企业文化与社会经济发展研讨会的交流发言内容。

员工的团队精神、对企业的热爱和归属感，让员工的成长与企业的发展结合起来。

对于"人"，很多企业起初并没有视之为财富，而是看作包袱，相当一部分领导者一提起"主人翁"就摇头，在面对重重困难走投无路时，忽视的往往也是人。这是一个思想误区。人是变化的，如果你把他当成积极的因素来看，你就能体会到"人多力量大"这一道理，如果你把他当成消极的因素来看，那你看到的可能是一个个累赘。美国学者麦格雷戈提出企业管理的X理论和Y理论，我赞同Y理论，即人是积极的、有创造力的。企业的一切工作应围绕着"人"开展，充分发挥人的能动性、让员工满意。

谈到让员工满意，过去时而强调政治挂帅作用，时而强调物质作用，事实上员工满意应该是精神上的归宿和物质上的满足，应反映在员工对企业目标的认同上。员工是企业的主体，企业依靠员工的努力和创造实现最终目标。企业要关心员工，把员工利益和企业利益融合在一起。只有这样，员工才能更好地推动企业发展。同时，员工也要热爱、关心企业，让自己彻底融入企业，多为企业的发展出谋划策，在任何时候都要先考虑企业的长远利益，而不能把个人利益放在第一位。企业的成长壮大从根本上代表了员工利益，只有企业好了，大家的工作生活才能得到保障和改善。

人是企业最宝贵的财富。企业的"企"字是"人"字下一个"止"字，就是说企业离开了人就停止运转、止步不前了。这可以说是中国象形文字的一个经典诠释。企业的财富、企业的进步都是由人来创造的。在激烈的市场竞争中，企业取胜的根本是什么？归结为一个字，即构成企业主体的"人"。

# 企业是人，企业靠人，企业为人，企业爱人[1]

早在20年前，我在北新当厂长时提出管理要"以人为中心"，这在当时的管理界是比较新颖的。那时候还没有"以人为本"的提法，所以我提的是"以企业为本""以人为中心"。在北新的价值观中，我写下这样一句话："我们贯彻以人为中心的企业管理思想，组建一流的员工团队是企业建设的首要目标。我们的干部要同心同德、任劳任怨，我们每位员工要忠于职守、敬业爱厂。"后来，我把以人为中心的理念应用于中国建材集团和国药集团，并把这一思想进一步分解为四句话：企业是人，企业靠人，企业为人，企业爱人。

企业是人，是指企业是人格化、人性化的，是有思想、有情感的经济组织，被赋予了一定的性格和特征。比如，说起联想，大家会想到柳传志；说起海尔，大家会想到张瑞敏；说起淘宝，大家会想起马云。做企业应像培养孩子一样，悉心栽培、呵护，让他不断茁壮成长；磨炼意志、本领，让他更好地适应竞争；铸造精神品质，让他为社会所接受。

企业靠人，是指企业的一切都是由人来完成的，要靠领导者的带领以及广大干部员工的努力和付出来发展，企业的所有成绩都来自大家的汗水。

企业为人，是指企业的经营目的归根结底是为了人，为了实现人的幸福。我们办企业是为了服务三个群体：一是企业人，即企业的员工和员工家属；二是投资人，即出资人和利益相关方；三是社会人，即我们要为社会提供更好的产品和服务，创造更多的价值。

---

[1] 节选自2015年6月25日在曲阜孔子研究院的演讲实录。

企业爱人，是指企业要以仁爱之心待人。这是我受孔子"仁者爱人"思想的启发提出的一句话，也是对以人为本理念的升华。实现企业爱人，对内，要发挥员工的积极性和创造性，关心和爱护员工；对外，要积极履行社会责任，努力回馈社会，创造阳光财富，推动社会和谐发展。

企业的发展和进步离不开人的支撑，坚持以人为本、促进企业发展，把实现人的幸福、人的价值作为企业发展的重要目标和根本追求，这是我们任何时候都不能偏离的主线。

## 做企业的三个信心[1]

做企业是以员工为中心，还是以客户为中心？稻盛和夫主张以员工为中心，而德鲁克则认为应该以客户为中心。其实今天做企业这两者都很重要，就像胳膊和腿，很难比较哪个更重要。

在北新建材，我做过7年的销售副厂长、10年的厂长，这期间提出了做企业的"三个信心"，把北新建材从一个困难重重、发不出工资的企业，变成了大家心往一处想、劲往一处使的这么一个企业。

我在主管销售工作时就跟销售人员说，你们想清楚一件事就行了，那就是客户凭什么千里迢迢要到北新建材购买我们的产品；如果我们把这个问题想通了，我们的产品就不愁卖了。这是企业在根儿上要思考的问题。因此我提出了"没有比客户对企业有信心更重要的事"这一理念。

---

[1] 节选自2024年7月28日在上海交通大学的分享内容。

我做厂长后又在思考，如何才能让员工发自内心地喜欢这家企业，愿意到这家企业工作，愿意为它的长久发展而去奋斗。于是，我提出了"没有比员工对企业有信心更重要的事"这个理念。其实，在企业的成本中，对员工的投入往往是投入产出比最高的。你怎样对待你的员工，你的员工就会怎样对待你的客户。这句话很有道理。员工对企业有信心，才会在服务客户时充满热情和活力，进而感染客户。对员工好是北新建材的传统，比如购买了6辆金龙大客车，员工坐车上下班非常舒适；建设好公司食堂，让员工的一日三餐吃得舒心，员工也以饱满的工作热情回报企业。

后来北新建材改制上了市，我又提出了"没有比投资者对企业有信心更重要的事"这一理念。企业上市后就成为一个公众公司，进入了一个快车道，公司效益好，股东用手投票，效益差，股东用脚投票。因此上市公司不仅仅着眼于发行股票融资，而且要更重视提高上市公司质量，提升投资价值，进而回报股东，为股东创造价值。

对企业而言，客户、员工、投资者的信心至关重要，有了这"三个信心"，企业就能把握发展的正确方向，否则就会寸步难行。

## 管理的目的不是控制而是发挥[1]

以前，我一直把管理的目标定位于改变人，即树立正确的价值观，培养良好的素质、能力和谦恭的性格等。但我也常常感到苦恼，因为有的部下虽然跟我工作了很长时间，为人处世却仍是当年的水平，正

---

1　节选自2013年5月9日在清华大学经济管理学院的讲课内容。

所谓"江山易改，禀性难移"，为此我常感叹管理的苍白，充满挫败感。

年轻时，我认为改变一个人很容易，可随着年龄的增长，我逐渐明白了，改变一个人的性格与思想确实很难。后来，一位管理学家对我说："管理重要的不是对人的控制，而是让人充分发挥潜能。"这给了我很大的启发，使我豁然开朗。后来我把管理的目标定为"改善和发挥"：发挥大家的长处，包容大家的弱点，让他们慢慢地改善和提高。

拿中国建材集团来说，我们在全国各地有上千家企业。像二级、三级企业的一把手，我非常了解他们的专长和能力，给他们讲清战略思路和文化理念，适时给他们鼓励和提醒，生产经营方面的事从不干涉，让他们甩开膀子放手去干，大家越是做得起劲，能力越是发挥得好，企业就会越做越好。

提到对人的管理，大家常常联想到各种考评制度和考评工具，这些虽然必不可少，却不是管理的目的所在。在北新工作时，我曾去英国进行企业人力资源管理培训，学习过英国企业的360度考评。这种考评方法是上下级之间互提意见，之后充分讨论，达成共识。考评是为了促进工作，通过充分沟通提高每个员工的能力和水平。其实，360度考评是一个管理的过程，主要目的是服务于员工的发展，促进企业的工作开展，而不是对员工进行晋升、奖励或绩效考核等行政管理。然而，我们的企业经常把考评和晋升、涨工资联系起来，把考评变成了奖惩制度。像360度考评这样的管理工具本来是很健康的，却被有些企业功利化了，失去了其管理的初衷。

实际上，管理就是要调动和发挥人的最大潜能。现实中不同的人有不同的性格、不同的经历，再好的管理也只能做到"求同存异"。能做到用人所长，让大家认同企业的方向和文化，鼓励大家把聪明才智发挥出来就可以了，没有必要拘泥于每个人的性格特点，这样才能成为一个有智者和长者风范的企业家。

## 企业应是乐生的平台[1]

企业与员工是什么关系呢？二者就好比船舶与船员。企业是载着员工驶入市场大海的巨轮。在这条船上，陆地习惯必须改变，恩恩怨怨都应抛弃，只有全体船员齐心协力，这艘大船才能乘风破浪、扬帆远航。企业要真正成为船员可以信赖和依靠的家，为其遮风避雨，让他们免受颠沛流离之苦，同时要积极创造条件，让大家通过努力去实现梦想、收获幸福。

我一直认为，做企业最重要的目标就是让员工幸福，如果员工不幸福，企业做得再大也毫无意义。什么是员工的幸福？这些年，我常会站在员工的立场来思考这个问题。我想，正如每个人在人生的不同阶段对幸福的定义不同，员工从企业中获取的幸福感也是随着企业的发展而变化的。

在计划经济体制下，企业是国家的大车间，按上级指令参与社会生产经营活动。职工都是国家的职工，收入、住房、福利均由国家来定。所以，那个时候员工是没有危机感的，"大锅饭"和家家都一样的生活，让大家意识不到自己是否幸福。

后来，社会主义市场经济把企业和员工一同推下"海"。对习惯了

---

[1] 节选自 1994 年 6 月 10 日新型建材厂厂报文章《我的一些想法》。

计划经济的企业和员工来讲，一切都改变了：员工与企业间的关系变成了契约关系，"大锅饭"体制被打破了，分配按多劳多得的原则进行，员工的一切，甚至包括荣誉和耻辱，都和企业更加紧密地联系在一起。员工维持多年的安全感不复存在了，大家慢慢意识到，只有真正转变观念、适应竞争要求，才能保住工作。只保住工作还不行，企业是员工衣食住行之所系，大家还要推动企业取得更好的效益。另外，在满足眼前物质利益的同时，大家还有更多、更高、更长远的追求，即把企业作为实现人生价值的舞台，并在价值创造的过程中找到精神寄托。

所以说，企业对于员工而言，不仅是谋生的场所，更应是乐生的平台——一个能让员工施展个人才华、实现自我价值、创造美好生活的平台。有了这样的平台，员工才能真正获得幸福，并将这种幸福转化为对企业的热爱和忠诚。企业的活力与动力来自员工的凝聚力和创造力。企业只有真心实意地对员工好，员工才能发自内心地为企业创造效益，企业才能获得持续的成功。

企业最终的成功源于广大员工的努力和坚持，以及企业与员工的荣辱与共。那些在茫茫大海中勇敢航行并顺利到达彼岸的企业巨轮，一定是能让广大员工"乐生"的地方。

## 点燃员工心中之火 [1]

1993年初我接手北京新型建材总厂时，企业正面临非常困难的局面，矛盾重重、效益不好、信用不佳、员工对企业失去信心……这

---

1　节选自2010年6月3日在"袁宝华企业管理最佳实践讲坛"的演讲内容。

些都打成了死结。当时我只有36岁，面对几千名"嗷嗷待哺"的员工，感觉压力很大。当厂长没多久春节就到了，回家过年时，原本健谈的我几乎五六天都没说一句话，每天凌晨4点就醒来了，满脑子都是厂里的难事。问题千头万绪，该从哪里入手呢？

想了很多办法后，我发现问题的关键在于怎样才能使员工热爱企业，怎样才能激发员工的信心。这有点儿像宏观经济讲的心理预期。预期好，多支出多消费，经济就会快速增长；预期不好，多储蓄少消费，经济就会发展缓慢。一个企业最怕的就是员工对企业没有信心。如果大家很悲观，对企业很冷漠，企业就毫无希望可言；相反，如果大家认为有希望、有奔头，就会不惜一切代价把工作做好。

春节过后，北新石膏板厂大修完成让我为热烟炉点火。当把熊熊火把投入炉中后，我转身对大家说了一句让我自己都终生难忘的话："其实我最想点燃的是员工心中的火！"这正是我解开困局的钥匙。

为了唤起员工的信心和热情，我挨个车间座谈，针对当时国企的分配机制与管理方式中存在的问题，逐一解答疑问，目的就是让大家知道企业效益和员工利益之间的关系。有的车间没会议室，我就在车间的空地上站着做动员。慢慢地，员工被我的真诚打动了。紧接着要解决的是资金问题。当时，由于企业过往信用差，银行不给我们贷款。我号召职工把家里的存款拿出来，最终集资400万元买来第一批原料，让工厂运转起来。一年后借款到期了，我把本钱和利息如数归还给大家。企业活过来了，接下来还要发展壮大。当时很多员工问我，我们没有房子住，收入很低，怎么办？我告诉大家，涨工资、分房子的钱在哪儿？钱在大家的手里，大家努力工作，有了效益，盖两栋宿舍楼不算什么，涨点工资也不算什么。后来，我就在工厂挂起了两个条幅，一个条幅上写着"工资年年涨"，另一个条幅上写着"房子年年盖"，职工的热情一下子被调动起来了，企业重新焕发出生机。10年中我兑现了承诺，员工人均年收入从1992年的3000多元提高到2000年的20000多元。

员工心中的火是企业发展的圣火。霍桑试验表明，人在特定环境下有不同的表现。北新原来从德国引进的年产2000万平方米石膏板生产线每年最多只能生产800万平方米，但我当厂长第二年时产量就达标了。另外厂里原来总出责任事故，我当厂长10年里，没有出过一起伤亡事故。这些往事常让我想到，工厂里大量问题并不是技术问题，而是管理问题，是文化问题。事情能做好，从根本上得益于员工良好的心情和状态，得益于充分激发了员工的能动性和创造性。回想在北新期间，我的主要工作就是围绕怎么调动大家的积极性，怎么让员工真正以厂为家、爱岗敬业来开展的。后来到了中国建材集团，我提出"让员工与企业共同成长"，既要发挥员工的积极性和创造性，也要提高员工待遇。只有员工热爱企业，企业才能发展，企业发展了，员工待遇才会随之提升。

无论是北新的故事，还是中国建材集团的故事，都说明了一个道理："水能载舟，亦能覆舟"。同样的员工，可能会使企业蒸蒸日上，也可能会使企业江河日下，关键在于企业能不能点燃员工心中之火。

# 优秀的团队
# 必定是一流的乐队

**打造高质量的团队**[1]

21世纪企业的竞争是组织质量的竞争,是人与人、团队与团队的竞争。企业组织质量的提高不仅要依靠领导者、一把手,还要依靠训练有素的、能打硬仗的高质量团队。

什么样的团队才是高质量的团队?讲管理课时,老师常用乐队做例子讲解管理的效能。看过乐队表演的人都知道,好的演出总能给人以美的享受。那么,这个"好"是怎么做到的?我觉得归根结底是人用得好,人的能力发挥得好,人与人之间配合得好。乐队里,如果指挥、号手、鼓手等每个人都能按照乐谱和演奏要求,各司其职,相互协作,最大限度地把自己的专长完美地展现出来,这样的乐队一定是一流的。

企业就像一支乐队,企业里每个人都要清楚自己的责任和目标,

---

1  节选自2011年12月22日在中央党校国资委分校直属班的专题分享内容。

在各自岗位上发挥最大能量，形成配合默契、高效协作的组织。2005年春节联欢晚会上，一个由聋哑人表演的舞蹈《千手观音》给大家留下了深刻印象，在手语老师的指挥下，队员们相互配合，出色地完成了一系列优美动作，这就是团队的力量。反过来看，一个目标模糊混乱、声音参差不齐的团队，一定是失败的。所以，观察一个企业，不用看制度汇编，只要看其团队是不是一个默契的整体，组织成员是不是按照规则行事，是不是尽心尽力做事，就能对这个企业的管理水平有个基本评价了。

在企业里，个人行为受集体支配，局部要服从整体安排。从战略的高度、全局的高度考虑企业发展，用全局的资源促进局部的发展，用局部的进步推进全局的发展，这样才能产生协同效应。如果每个局部都是各自为战、各做各事、自说自话，那么局部的活力越大，对全局的影响就会越严重，甚至会导致全盘皆输。所以，企业必须高度注重团队建设，这是开展各项工作的基础，也是实现战略目标的关键。

中国建材集团原是一家困难企业，很难想象它今天能跻身《财富》世界500强企业之列。过去我常想，我所指挥的是一支怎样的乐队呀，没想到今天它居然奏出了一流的曲子。中宣部曾组织记者到我们的所属企业采访，回来后记者们跟我说："你们这个企业很有意思，上上下下讲的话都一样，无论哪个企业都是一派井井有条、热火朝天的景象。"我说："这就对了，如果大家各吹各的号，各唱各的调，那就不能称之为一个集团了。"有专家评价道："你们是一支世界一流的乐队。"

优秀的团队必定是一流的乐队。这个世界上没有天生一流的团队，关键是领导得当、大家发挥得好、组织协调得好，这样才能干出一流的事业。

# 培养"四支队伍"[1]

要做高质量的企业、高质量的产品,关键是靠高质量的员工团队。要开展国际竞争、解决当前困难,也得靠企业坚强有力的带头人和能打硬仗的团队。这几年,我们一些企业遇到不少困难,但大家都表现出了坚强的韧性,未来在市场竞争过程中,还要靠企业团队顽强拼搏的精神。在企业里我倡导培养四支队伍:干部队伍、技术队伍、营销队伍和职工队伍。

第一,培养一支有企业家精神的干部队伍。习近平总书记指出:"市场活力来自于人,特别是来自于企业家,来自于企业家精神。"[2] 企业家是稀缺资源,可遇而不可求,应该倍加珍惜和爱护,让他们敢闯敢干。好企业都会有好的企业家带头人,而企业家应该有愈挫愈勇的特质,尤其是现在,企业更需要企业家的带领。

第二,培养一支有科学家精神的技术队伍。今天是个高科技时代,技术人才是企业的核心资源。除了 CEO,CTO(首席技术官)对企业来讲也是非常重要的。企业里一定要有一支非常优秀的技术人员队伍。企业要特别重视技术人员的自我培养,也要积极引入技术人才,设立良好的激励机制,激发技术人员的创新热情。

第三,培养一支有"四千"精神的营销队伍。当年江浙等地发展个体私营经济、发展乡镇企业时,创造了"四千"精神——走遍千山万水,想尽千方百计,说尽千言万语,吃尽千辛万苦。这种筚路蓝缕、披荆斩棘的创业精神,是企业永远需要的。企业要把产品销出去,就

---

1 节选自 2023 年 6 月 10 日在第七届中国企业家年度峰会的主题讲座内容。
2 《习近平在亚太经合组织工商领导人峰会开幕式上的演讲》,《人民日报》,2014 年 11 月 10 日 02 版。——编者注

必须有销售员走出去，找市场、找客户。开拓市场是十分艰辛的工作，要创造客户和维护客户也需长期细致的工作，所以企业必须有一支能打硬仗的销售队伍。

第四，培养一支有工匠精神的职工队伍。想要把产品做到极致，就必须有具有硬功夫的工匠。在德国，有些一流技工的待遇比学校教授的还高。企业要加强技术培训，提高工人的作业水平。像潍柴动力研制的柴油发动机的热效率超过52%，企业里的大国工匠功不可没。企业里往往比较推崇智能化和自动化，这些很重要，要把产品做到卓越，确实需要优良的设备，但还需要良好的管理和工匠精神，这三者缺一不可，企业才能够做好。

## 多谈"我们"而不总是"我"[1]

陶铸在《松树的风格》中讲，"要求于人的甚少，给予人的甚多"。企业领导干部也应有这种情怀，心怀事业、心怀集体、心怀全局，这样才能赢得信赖和尊重。

企业领导干部心里要装着事业。一是敬业。领导干部能走到今天的岗位，固然与个人的努力奋斗分不开，但更重要的是组织的培养、群众的信任。因此，要以感恩之心对待工作，不畏艰险、不怕麻烦、勤奋有加，以出色业绩回报组织、回报企业。二是责任。领导干部要有高度的责任感，做企业建设的策划者、参与者，带领广大员工共同努力，把企业建设得生机勃勃。三是忠诚。威信不是从威而来，而是

---

[1] 节选自2011年6月3日在中国建材集团2011年第四次经理办公会的讲话内容。

从信中来。领导干部要讲诚信，对企业、对事业无限忠诚，以人格和能力取信于人。要做到忠诚不容易，不仅要看身处顺境时的表现，更要看遇到挫折时是否仍能忠诚于企业、忠诚于集体，不仅能与企业"同富贵"，也能与企业"共患难"。

企业领导干部心里要装着集体：一要想能为股东做什么，即要努力提高经济效益回报股东；二要想能为社会贡献什么，即兼顾社会效益，积极承担社会责任；三要想能为员工做什么，即充分理解他们的诉求和想法，让员工与企业共同成长。具体而言，要树立正确的业绩观，时刻把员工利益放在第一位，多做打基础、利长远、惠员工的好事实事；要关心员工成长，为员工实现职业规划创造机会、提供平台；要让员工收入与企业效益同步增长，分享企业改革发展红利。此外，领导干部还要多深入基层，多听听职工群众的心里话，及时了解大家最关心和反应最强烈的热点、难点问题，并及时解决。遇事不能推诿，不能见问题就躲，更不能认为反映问题就是无理取闹而把他们放在对立面上，要尽力满足大家的合理要求。

企业领导干部心里要装着大局。一是服从大局。"不谋万世者，不足谋一时；不谋全局者，不足谋一隅。"领导干部要顾大局、识大体，全心全意为企业发展献计献策，自觉维护企业形象和利益，不怨天尤人，不牢骚满腹，不妄自菲薄。我反对在企业里搞小圈子、搞低俗的拉扯、搞无原则的争斗，这些和员工的幸福背道而驰，都是为了个人利益或小集团利益而罔顾大家的感受。二是风清气正。古人云：其身正，不令而行；其身不正，虽令不从。领导干部要修身正己、廉洁自律、厉行节约，时刻保持清醒的头脑和立身做人的尊严，不为名利所缚，不为物欲所诱，一心一意干好事业。三是埋头苦干。咬定青山不放松，牢记"两个务必"，即"务必继续保持谦虚、谨慎、不骄、不躁的作风,务必继续保持艰苦奋斗的作风"[1]。

优秀的团队应多谈"我们"而不是"我",企业要放在个人之先。以前有部下找我汇报工作,常常先说"最近我怎么样""他怎么了",我会轻轻打断他,"那些待会儿再说吧,请先来谈谈'我们'"。

## 企业需要"五有干部"[2]

在企业里,什么样的干部才是素养高的好干部呢?我认为至少要做到"五有"。

第一,有学习能力。人不是生而知之,而是学而知之。企业人要学什么?至少包括四个方面:一是中央政策精神、领导讲话、法律法规;二是国际化知识、市场化知识;三是企业战略、业务知识;四是多读一些优秀书籍,多学一点儿先进人物事迹。在如何学习方面,我主张好学、快学、实学、活学相结合。好学,就是养成良好的学习习惯。快学,就是要抓紧一切时间与机会学习。很多干部常抱怨工作忙,没时间学习,但是知识日新月异、形势瞬息万变,不学习就会落伍,所以必须养成见缝插针学习的好习惯,提高消化吸收知识的能力。实学,就是要学得扎实,真学真懂。活学,就是把理论灵活应用于实践,解决实际问题。

第二,有市场意识,包括竞争意识、创新意识、绩效意识、发展意识。市场经济是竞争经济,企业干部首先要有竞争意识,摒弃"等靠要"思想,带领企业搏击风浪、赢得市场。同时,还要有创新意识,

---

1 《中共中央关于党的百年奋斗重大成就和历史经验的决议》,《人民日报》,2021 年 11 月 17 日 01 版。——编者注
2 节选自 2014 年 2 月 10 日在中国建材集团总部谈心会的讲话内容。

做事不能因循守旧，而是要不断突破思维局限，掌握新知识，分析新情况，提出新思路，解决新问题，创造性地开展工作。此外，还要树立绩效观，努力提高自身的管理水平，降低成本费用，不断增强企业的赢利能力。在发展意识方面，要懂得"逆水行舟，不进则退"的道理，发展是解决所有问题的前提。在国企里，一些干部品质不错，也很忠诚，但思考方式不市场化，因此常打败仗。要督促这些干部转变观念，学习市场化知识，尽快转变为市场化的管理者；确实无法转化的干部，就不能再占据领导岗位，否则只会危害企业与自己。

第三，有敬业精神，也就是要任劳任怨，有担当精神、集体主义精神和建功立业的精神。首先是要任劳任怨。领导干部要任劳，吃苦耐劳、不畏艰辛，同时要任怨，甘于奉献，经受得住委屈和压力。有些干部能任劳却不能任怨，习惯于凡事都要放到天平上称一称，横比竖比心不平。但我觉得，人的一生总会受各种各样的委屈，遭受各种误解仍能带领员工闯关夺隘的干部才是真正称职的干部。其次是有担当精神。领导干部要以身作则、表里如一，对企业和员工高度负责。再次是有集体主义精神，全心全意为企业发展献计献策。最后是要有建功立业的精神。领导干部要有强烈的事业心和责任感，把自己融入企业，谦虚谨慎、艰苦奋斗，在企业发展中实现个人的理想和抱负。

第四，有专业水准。无论企业还是个人，能力和专长都是其安身立命的基础。一个企业如果能有一批具备专业水准的干部，就能组成一个大的事业平台。企业的岗位分工虽然不同，但每一名企业干部都要踏踏实实做好本职工作，成为专业领域里的行家里手。日本管理学家、战略家大前研一在《专业主义》一书中谈到，这个社会需要专家和专业人员。企业也需要有专业水准，对事业充满激情，能认真思考并举一反三的人。做水泥的要对水泥如数家珍，做玻璃的要对玻璃津津乐道，管生产的要对成本数字了如指掌。

第五，有思想境界。境界低者私心重，境界高者公心宽。我归纳境界有五条内涵。一是战胜自我。人最难的是战胜自我，在处理大与小、多与少、得与失、进与退等关系时，要先人后己。二是理解他人。人有趋利避害的本能，但要能站在别人的立场上替别人着想，照顾他人。三是胸怀大局。领导干部要有大局观，全力维护集团的整体形象和利益，堂堂正正做人，规规矩矩做事，清清白白经营。四是目标长远。想问题不能只看眼前、局部和个人利益，而是要对企业的未来有清晰的认识，做到近期目标和长远目标相结合。五是凝聚正能量。包括有积极健康的心态，心胸开阔，知人善任，时刻把员工利益放在第一位，能以出色的业绩回报企业。

毛主席说："政治路线确定之后，干部就是决定的因素。"[1] 如果企业能多一些"五有"干部，我们的事业何愁不会蒸蒸日上呢？


## 做企业要精心[2]


在大企业做领导工作，"精心"二字很重要，企业领导干部要做到"四个精心"，即精心做人、精心做事、精心用权、精心交友。

精心做人，是指做事要先做人，做人不是一件易事。做人首先要修身正己，不断提高个人能力和素养。企业领导干部要有好的思想品格和道德操守，不断提升个人修养，提高思想境界，争取做一个高尚的人、纯粹的人。对于一个人来讲，最大的诱惑是自己，最难战胜的

---

1 《中国共产党在民族战争中的地位》，《毛泽东选集（第二卷）》，人民出版社，1991。——编者注
2 节选自2016年3月3日在中国建材集团党风建设和反腐败工作会议的讲话内容。

也是自己。中国建材集团干部素养的第一条就是"敬畏",要求企业领导干部要如临深渊、如履薄冰、战战兢兢地做人,在一定的原则下讲话,在一定的规则内行事。

精心做事,是指做事要脚踏实地,真抓实干,为企业建功立业。铁人王进喜讲过:"干,才是马列主义;不干,半点马列主义也没有。"企业领导干部要心怀强烈的事业心和责任感,树立发展意识、改革意识,勇于实践、大胆创新,想干事、能干事、干成事。同时,企业领导干部还要有风险意识,不要粗心大意,决策时要深思熟虑,工作中要稳扎稳打,工作完成后要复盘总结。尤其在工作出现问题和失误后,要举一反三,不能一错再错。企业也要为改革发展营造环境、为干事创业提供保障,结合实际探索制定相关制度,建立容错纠错机制,既要对领导干部严格管理,又要对领导干部政治上关心、工作上支持、生活上关怀,让大家心情舒畅、充满信心,积极作为、敢于担当,为大家创造安心、安身、安业的环境。

精心用权,是指要客观看待手中的权力。企业领导干部都拥有一定的权力,但这些权力只能用来工作,并在工作中谨慎使用,切忌滥用。企业领导干部做任何一项决定都要调查研究、集思广益,不能简单地拍脑袋,不搞一言堂,不做个人英雄。企业领导干部要严以用权,不碰"高压线",不踩"红线",真正做到慎独慎微,勤于自省自律。此外,还要正确对待监督,主动接受监督,积极欢迎监督。

精心交友,是指交友要慎重。企业领导干部要交益友,不交损友,见贤思齐,见不贤而内自省,哪些人该交、哪些不该交,与什么朋友相处到什么份儿上,心里应该有本"明细账"。这些年,不少企业领导干部出问题正是出在了交友不慎上。古人言,"君子先择而后交,小人先交而后择","益者三友,损者三友。友直,友谅,友多闻,益矣。友便辟,友善柔,友便佞,损矣"。这些交友观今天仍值得我们深思。

# 领导力是一种特质

**领导力可以复制吗？**[1]

每个国家在经济发展的过程中都会产生一批杰出的企业家。这些企业家的成功固然得益于客观的机遇和条件，但其本人往往都是杰出的领导者，有卓越的领导力，有独到的见解、很强的影响力，这些又构成了企业特殊的竞争力，也是企业软实力的重要部分。

现在讲领导力的书很多，关于什么样的人可以做领导以及怎样做领导，各种各样的说法不少，以下几点是大家的共识。

第一，领导是具有特质的负责人，并不是所有负责人都是领导。企业领导特有的思维模式和灵感，以及开拓思想、创新精神和对资源的整合能力，是企业获得成功的原动力，这恰恰是竞争者最难以超越的。

第二，领导靠天分，但后天的学习可以提高领导力。在英美比较

---

1　节选自2011年2月9日在中国建材集团2011年第二次经理办公会的讲话内容。

流行的观点是，领导是天生的。英国一所学校MBA的第一堂课是做一个搭积木的游戏，屋子里放着一大堆积木，老师让学员用积木盖一栋房子，同学们大都会先拿起一块积木，只有个别同学会想应该搭个什么样的房子，这时游戏结束了。老师说，这个游戏说明什么呢？说明领导是天生的，不是后天的。在学生中，有的人一上来就拿积木，有的则在想该怎么搭房子，其根本差异在于想问题的方法不一样，出发点不一样。老师说，读MBA不能保证你将来能做经理，但假如你是当经理的料，MBA课程可为你增加些管理技能。相较之下，欧洲的管理界认为当领导虽与天分有关，但可以通过学习和实践提升领导力。我比较认同这种观点。今天的社会错综复杂，信息量庞大、环境不断变化，企业领导必须不断拓宽知识面、更新知识结构，学会辩证地思考问题、妥善解决问题。

第三，即使有一定的领导天分，做个称职的领导仍是个人不断努力的结果。做个好领导要精心做，马虎大意不得。领导要有正确的人生观和价值观，带领团队做正确的事情。领导要意识到自己的言行和决策将影响整个组织的利益和未来，所以领导也常战战兢兢，并不总是豪情万丈、意气风发。

领导力作为特质而存在，很难模仿，更不可复制。我常想，企业家成功的道路有许多条，像松下幸之助、艾柯卡等企业家的传记很多，但是读过他们传记的千百万人之中却少有人能超越他们，也就是说我们要走一条适合自己的道路，构筑自己独一无二的领导力。当然，虽然领导力具有独特性，但在角色定位、基本素养、性格特征等方面，优秀领导者也是有共性的，其成功是可以被学习借鉴的，这就是大家热衷于研究领导力的重要原因。

## 企业领导力建设[1]

什么是领导力？列宁说，保持领导力不是靠权力，而是靠威信、毅力、丰富的经验、多方面的工作以及卓越的能力。他指出，领导要有领导力，而不是只靠权力，从而把领导力和权力做了一个区分。根据多年的企业实践，我把领导力归纳为领导通过自身的影响力带领组织达成目标的能力。领导力的核心实际上是影响力，领导力的目的是带领一个组织达成目标。

领导是不是一定有领导力？领导力其实和职务不同，领导力不见得依赖职务存在，但是需要有做领导的平台，才能锤炼和发挥领导力，所以这两者之间是辩证的。在过去的实践中，我们会发现权力会向着有责任感的干部集中。

职位授予了你权力，下属必须听从命令，但这只是最初级的领导力，要成为被人们追随的"领导"，你必须掌握让他人认同、激励他人的能力，下属因为你为组织做的事情，取得的业绩，提供的学习、教育、成长机会等，而在思想上、感情上、能力上、价值观上认同你并追随你。

实际上，领导力也是一系列领导行为的体现，我把这些行为分类归纳为六大领导力。

一是学习力。做企业是一个复杂且有难度的工作，这些年的企业实践告诉我，要想做好企业，只靠经验不行，但只靠读书学习也不行，要理论联系实际，要知行合一，只有既学习又实践的人才能做好企业。企业领导者要学会深度学习，深度思考，深度工作。什么叫深度学

---

[1] 节选自 2023 年 7 月 31 日在中国宝武集团的分享交流内容。

习？就是在不受打扰的情况下认真、持续性地学习。我每天晚上都要读两小时的书，读书变成了一种习惯。深度思考能够唤起潜意识的一些东西。所谓思想的火花从哪里来？来自潜意识，只有通过深度思考才能获得深层次的东西。工作时也要深度工作，没有打扰的情况下认认真真地工作才出成绩。深度学习、深度思考、深度工作是出成绩和出成效的；相反，肤浅地学习、肤浅地思考、肤浅地工作是不可能出成绩的。

二是创新力。企业是创新的主体，如果没有创新力，企业就没有生命力。企业只有不断创新才能掌握主动。创新要着重打造新的增长点，包括新业务、新产品等。企业家是创新的组织者。企业家创新应该是理性专业的、有定力的。在创新上不能做冲动派，不能做盲从者，而是要有方向、有风险意识，有的放矢、谋定而动。企业家创新通常需要对一个行业有着深刻的了解。企业家对创新是要有选择的，得掌握火候。

三是决策力。制定战略是领导者的首要责任。虽然有战略决策部门、规划部门，也有董事会，但是最后的决策是在领导者的方寸之间完成的，领导者要为之负责。尤其是战略上的决策关乎企业的命运。战术错了调整后还来得及，战略错了就是一生一世的错误，所以做企业一定要做好战略决策。

四是影响力。第一，企业领导者应高度重视企业文化。企业领导者应是企业文化的创造者、传播者和践行者。领导者的一言一行都必须符合企业文化。否则，说一套做一套，没有人会信服，而且还会对企业的理念制度造成破坏。第二，领导者要讲好企业的故事。我在北新建材出了一本书《北新的故事》，专门收录了干部员工们的故事，指导大家的思想。几千多人的工厂里有不识字的工人，也有博士，这么多的人要把他们团结起来其实不容易。所以讲好故事很重要。上市公司更得会讲故事。中国建材上市之后经常需要去路演。路演实际上就是要把企业故事"讲好、讲通、讲准确"。第三，做企业要创造思想。做企业不仅是做产品，还要创造一流的思想，有思想才有影响力。我们看到国外企业家做到一定的程度后会出书，实际上是在总结思想，用思想去影响大家。像 GE 的杰克·韦尔奇、京瓷的稻盛和夫都出书讲故事，感召大家。过去中国人讲"立功、立德、立言"，讲的也是思想的重要性。企业、企业家有思想才会被尊重。

五是组织力。怎样提高组织的质量，发挥其最大的效能，这是做领导重要的一项工作。第一，知人善任。再好的战略也得靠人执行，所以选人和用对人非常重要。我选人用人的核心标准是德才兼备，以德为先，以才为主。第二，加强干部的素养。我对干部有一套"四精五有"的要求，希望大家在职业素养方面逐步提高自己。"四精"，即精心做人、精心做事、精心用权、精心交友。"五有"，即有学习能力、有市场意识、有敬业精神、有专业水准、有思想境界。第三，要发挥企业经营机制作用。国有企业改革始终围绕着如何能够有一个让员工有积极性、创造性的机制而展开。机制活了，人的潜能释放出来了，企业会更有竞争力，才有利于实现高质量发展。

六是担当力。领导作为企业的负责人，要有担当精神，要以身作则。其实做企业是苦差事，做领导也是苦差事，要有责任感。我做企业这么多年一切源于责任。当年我看到北新建材的产品卖不出去，决定去做推销员是责任；全厂发不出工资时，我当厂长也是责任；债主临门时，我去中国建材当董事长把企业从资不抵债做到行业领军也是责任；后来同时做中国建材和国药集团的董事长，把两家企业带入《财富》世界500强，也是责任。总之责任和担当很重要，是干事创业的驱动力。

# 企业领导的四个角色[1]

领导意味着带领、引导和影响。在企业里，领导要扮演以下几个角色。一是远望者。企业领导是一个眺望未来的人，要能明辨航向，善于思考长远问题、全局问题、系统问题，带领整个舰队躲避暗礁、对抗风浪、驶向未来。2014年初参加《对话》节目录制时，主持人问我："如果10年或20年之后人们再来书写今天，你希望大家如何刻画此刻的你？"我的回答是："就像过去一直做的那样，此刻，一位58岁的'船长，还在时刻眺望着远方。'"

二是思想者。一流的企业需要一流的思想，有一流的思想才能引领一流的企业。所以，企业领导不应是一个就事论事的人，而应是一个视野开阔、能综合思考、具有先进思想的人。人无远虑必有近忧，今天不去深层次地想问题，明天问题就会越来越多。现在，中国已进入大企业时代，尤其需要一大批有思想、有建树的大企业家，带领中国企业征战国际市场，成为中国走向经济强国的重要推动力。

三是组织者，包括对人才、资金、技术等各种资源的组织。如何把各种不相关的资源有效组织在一起，发挥组织优势，达到优化配置的目的，这是对企业领导的巨大考验。有记者曾问我最大的长处是什么，我想应该是兼容并蓄，能够把不同的资源进行很好的整合，或者说能够很好地学习别人的长处。兼容并蓄，能够更多地包容他人，这一直是我做企业的风格。

四是布道者。企业领导应是一个爱做梦、会做梦的理想主义者，是一个爱讲故事并能讲好故事的布道者。在企业内部，要把企业的发

---

[1] 节选自2014年9月30日在西南交通大学的演讲内容。

展目标变成激励员工共同奋斗的美好愿景，反复宣讲企业的战略和文化，使全体员工凝聚在共同的价值观之下，带领员工努力实现目标。在企业外部，与社会做好沟通交流，赢得更多理解和支持。很多世界级企业的领导人都是演讲高手，一上台就能侃侃而谈而且富有感染力，这是他们的专长，也是必备本领。好的故事需要好的讲述者，企业领导应该是一个讲故事的高手。关于讲好企业故事，有两点值得注意：第一，故事是真实的，引人入胜；第二，故事要能持续讲下去，善始善终。企业如同一本故事书，能否讲好企业故事与企业的经营状况息息相关，如果企业经营不善或者没有长远规划，故事就讲不下去了。

## 当领导需要哪些特质[1]

企业领导的特质有很多，我认为有四项是必备的。

第一，方向感。制定战略是领导力的基础，也是领导者的首要责任。作为团队的远望者，企业领导必须为大家指出前进的方向，要站得高，掌控全局，具备一定的战略眼光。这需要超高的悟性和超强的耐力，还要勤奋学习。

第二，亲和力。企业是一个组织，是一个集体。作为集体的核心，企业领导必须有亲和力。明代思想家吕新吾在论著《呻吟语》中讲："深沉厚重是第一等资质，磊落豪雄是第二等资质，聪明才辩是第三等资质。"深沉厚重，指的是企业领导要有稳重的性格和高尚的

---

[1] 节选自 2013 年 5 月 11 日在清华大学领导力中心的演讲内容。

人格，其中亲和力是很关键的一点。企业领导要宽容温和，让部下感觉温暖亲切，有安全感、幸福感，让大家心甘情愿地追随。在处理利益时，能先人后己，把集体放在个人之前，能一碗水端平、一视同仁。一个没有亲和力的领导很难形成感召力，更不可能让来自五湖四海的部下长期跟随。

第三，责任心。做领导要以身作则，对待事业勤勉尽职、认真执着、追求完美，遇到问题能挺身而出，千万不要文过饰非、推诿责任。美国总统艾森豪威尔讲过"有功劳给部下，有责任自己扛"。有一次我在党校讲课，一个学员问我：宋总，没见你时猜想你肯定很严厉，可是见了你之后觉得你特别温和，那做领导到底要温和还是严厉呢？我说，我给你举一个不一定很恰当但能说明问题的例子。企业领导就像家庭里的父亲，严父会训斥人甚至打人；慈父态度非常温和，从来不打孩子，就像朱自清《背影》里描写的父亲一样。但是，不管严父也好、慈父也好，都必须承担起做父亲的责任。如果负责任，严一点儿宽一点儿都没关系，都是好父亲；如果不负责，不论严和宽，都不是好父亲。勇于负责、敢于担当的人才能做一个好领导。常看到一些企业领导，有了成绩就喜笑颜开，把"金"都贴在自己脸上；而有了失误或碰到困难就躲到一边，把责任全推给部下，关键时刻"丢卒保车"。这样的领导成不了大气候，部下跟着他也没有安全感和归属感。

第四，决断力。企业领导要善于做决断，关键时刻要能拿大主意，甚至进行必要的取舍。俗话说"当断不断必受其乱""家有千口主事一人"，讲的都是领导和决断方面的道理。对于一件事，做与不做往往都有道理，开会时也常有正反两方面的意见，如果不做决断，很多好的决定就会在反复的讨论中不了了之。所以，好领导既要审慎也要讲究效率，面对问题尤其是重大机遇要当机立断，绝不能犹豫不决、拖拖拉拉、贻误战机。

## 看问题的三个方法[1]

企业在成长过程中总会遇到各种各样的问题,企业领导应该如何解决问题?这与我们看问题的方法有关。

一是要积极正面地看问题。问题是客观的,在遇到问题时,如果消极负面地应对,不仅会影响自己和员工的情绪,企业的发展也会受阻。我主张以积极正面的心态面对问题和困难。关于困难,我有三点体会:第一,你困难时,大家都困难,可能别人比你还困难;第二,往往在最困难的时刻转机就来了,正所谓否极泰来;第三,所有困难都要靠积极工作来解决。虽然前进很艰难,可一旦后退就会永远失去机会。而且如果大家共同把问题解决了,就正好抓住了机遇也获得了发展。企业领导要有敢打敢拼的必胜信心,要有勇往直前的精神,领导没有自信,怎能感染部下?

二是要用发展的眼光看问题。问题往往要通过企业的发展才能解决,很多时候一些问题中又潜藏着新的机会。若用发展的眼光看问题,就能捕捉到机会;若用怀疑、停滞的眼光看问题,机遇来了也不会垂青你。遇到问题时,大家往往只盯着眼前找解决办法,其实有的问题放到明天、后天很可能会迎刃而解。拿我自己来说,我性格温和,却是一个愿意接受挑战的人,遇到困难很少抱怨,而是先研究分类,看看哪些能立刻解决,哪些是能通过努力解决的,哪些则要等待合适的时机再解决,然后采取行动。在其位就要谋其政,看问题不能总纠缠于过去,而是要面对现实,找出解决问题的办法。也许未来回头看这可能不是最优的解决方案,但只有让这些长期困扰企业发展的问题画

---

[1] 节选自 2011 年 1 月 27 日在中国建材股份有限公司 2011 年第一次总裁办公会的讲话内容。

上句号,我们才能甩掉包袱轻装前进,不然就会永远陷在问题堆里。

三是要用辩证的方法看问题。任何事物都有两面性,我们要一分为二地看问题。当问题摆在面前时,有的人只看到了问题的一个方面,却忽视了其他方面,没看到事物之间的关联性,就像盲人摸象一样,这样做出的判断必定失之偏颇。哲学在古希腊语中和智慧是同一个词,指的是能辩证地看问题,能为对方着想,这就是智慧。一个人只想自己,什么都从自己的角度出发,而不站在别人的立场考虑问题,无法理解别人,就很难获得大家的信任和支持,事业也很难取得成功。

总之,我们要积极正面、发展、辩证地看问题,保持健康的心态,未来就会充满希望。

## 关键时刻做好"四个选择"[1]

企业领导者是企业发展的领军者、原动力,在企业创新或者转型的过程中,其作用尤为关键。企业领导者不是专业的技术人员,任务不是去钻研某项高精尖技术或如何提高产品质量等具体操作层面的问题,而是定战略、管大事、把方向,营造有利于企业发展的氛围和文化。具体来说,要做好"四个选择"。

一是选择合适的业务。俗话说,"家有千金,不如一技在身"。今天的市场细分程度很高,找到一个对路的产品和适合自己的市场很不容易,一旦选错了业务,就有可能犯致命的错误,所以选择业务

---

[1] 节选自2015年9月10日在新华社国企改革调研座谈会的发言内容。

必须慎之又慎。像中国建材集团的石膏板和玻璃纤维业务做了30多年,水泥做了近10年,都经过了长期摸索。新业务也要有一定的基础:太阳能薄膜电池是玻璃的衍生品,我们有优势、有条件做;新型房屋是轻钢龙骨和石膏板的组合,是我们主营产品的延伸;BNBM HOME 是轻资产业务,本身很赚钱,还可以缓解国内建材的过剩问题;在"互联网+"业务领域,我们有易单网、大宗网和优备网三张网。今后,我们还会不断强化创新和服务,寻找新的经济增长点。

二是选择合适的人。《三国演义》中有诸葛亮挥泪斩马谡的故事:诸葛亮派马谡去守街亭,马谡却因刚愎自用、不听别人意见,导致街亭失守,蜀军损兵折将。诸葛亮下令斩马谡后痛哭,他悔恨自己忘了刘备生前的提醒:马谡言过其实,不可大用,君其察之(即关键时候不可重用)。这则故事告诉我们,关键时刻用人失误会造成全军覆没的结局。做企业也是一样,成功的关键在于用对人。

三是选择合适的机制。市场化机制是激发企业活力和创造力的关键所在,是企业成长和发展的源头活水。曾经有领导问,在互联网领域,为什么前5家企业都是阿里巴巴、腾讯等民营企业,却没有一家国企?因为当时机制有一定局限。所以,我们要积极投身改革的洪流,把顶层设计和企业的改革原动力、首创精神结合,建立更加市场化的经营机制。

四是选择合适的管理模式。不同的管理模式适用不同的企业,选择适合自己企业的管理模式非常重要。比如,互联网企业适合搞弹性工作制,但制造型企业却要有严格的纪律。我本人是做工厂管理出身的,我主张企业进行集约化管理,靠管理出效率、出效益。

# 做企业要先人后事

## 知人善用是企业成功的关键[1]

做企业，成功的根本在于知人善用。企业要用好人，先要选对人。那么，真正的人才需要具备哪些素质？2000多年前，孔子关于"人"的很多观点对于今天企业的识人、选人、用人仍有深刻的启发意义。

孔子说，"先行其言而后从之"，"举直错诸枉，能使枉者直"。企业选人用人的一个核心是重业绩，让能者上、庸者下，树立用人的导向和典范。企业经营不善，往往和选人用人失误有关：一是用了不该用的人；二是用的人不能挑大梁，承担不起应有的责任，关键时刻掉链子。

孔子把人分为君子和小人，认为君子和小人不是从出身、职务上区分，而是以品德区分。对于人的品德，我一直格外看重，我的选人标准是八个字：德才兼备，德要优先。小胜靠智，大胜靠德，如果一

---

[1] 节选自2015年6月25日在曲阜孔子研究院的演讲内容。

个干部的品德不过关甚至存在大问题，那么他的能耐越大，对企业的损害越大，不仅会把整个团队的风气带坏，而且会破坏企业的基础。所以，正确的选人方法是在品德好的前提下选择有才干的人，有才无德的人即使能力再强也不能用。当然，有德无才也不行，没有真才实学，只是一个"好好先生"，做企业就不会有大起色。

孔子还把优秀的人定义为"士"，他认为"士"有三种表现，分别是"行己有耻，使于四方，不辱君命"；"宗族称孝焉，乡党称弟焉"；"言必信，行必果，硁硁然小人哉"。也就是说，领导干部至少要做到"言必信，行必果"，即要守信用，说到做到。

孔子主张重用爱学习的人。《论语》中讲，"学而不思则罔，思而不学则殆"，"君子食无求饱，居无求安，敏于事而慎于言，就有道而正焉，可谓好学也已"。这些话强调的都是要不断学习，学思并重、学行并重。勤于学习、善于思考是选拔任用干部的重要标准。大量实践证明，选人用人是企业成败的关键。孔子的人本观无疑为我们今天做企业提供了重要参考，值得我们认真思考。

## 寻找企业痴迷者[1]

我做央企领导的这些年来，一项很重要的工作就是寻找企业家。企业里应是先人后事，而不是先事后人，即一定要找到合适的企业家才去做事，如果没有合适的人，再好的业务也大可不做，做了也难有

---

1  节选自 2019 年 1 月 10 日在《国资报告》年会的演讲内容。

建树，甚至以失败告终。企业家的选择标准是什么呢？有人说是"三高"，即高学历、高智商、高职称，但我认为，创新型企业可能更需要这类人，更多企业需要的是"痴迷者"。所谓痴迷者，就是能一心一意做企业，干一行爱一行、精一行的人，就是每天早上眼睛一睁就想这件事，睡觉半夜醒了还在想这件事，一门心思做好一件事的人。从我的职业经历来看也是如此，往往是那些学历不是很高但对做企业无比痴迷的人更容易创造奇迹。

做企业是一门硬功夫，也是一份苦差事。能笑到最后的人，一定不是那些过分活络、这山看着那山高的人，而是脚踏实地、有激情、能持之以恒甚至有些"一根筋"的人。稻盛和夫说，当年他做企业时聪明的人都跑了，留下的那些看似木讷的笨人却做成了《财富》世界500强企业。我对此深有同感。做企业宁要笨人不要不专注的聪明人。笨人不是说他真的笨，而是他们不善钻营，做事踏踏实实，就像龟兔赛跑里的乌龟，能沉得住气，稳得住性子，不到终点誓不罢休。而聪明人脑子灵光，想干的事很多，但干什么都不精，就像小猫钓鱼一样，蜻蜓来了抓蜻蜓，蝴蝶来了抓蝴蝶，最终一事无成。

我不喜欢"百事通""万金油"式的干部，说起来天花乱坠好像什么都懂，但说到自己的专业、自己的企业却支支吾吾、说不清楚。我喜欢干部能把自己的工作讲清楚、把事情做好，因为其他的事情能知道更好，不知道也不为过，关键是要把自己的一亩三分地种好、把自己的工作掌握好。

多年来，我把大量精力都用于寻找痴迷者和企业家，在建材集团和国药集团都是如此，这可能是我做大、做强企业的诀窍之一。在重组企业之前，我一般会先跟这家公司的老板谈谈，谈话过程中，我就在想他是痴迷者吗？是愿意把身家性命拴在企业上的人吗？如果是，那我就把"宝"押在他身上。如果这个人左顾右盼，知识面很广，信息量很大，概念讲的天花乱坠，恰恰说明他不专注，这样的人我不会选。中国建材集团所属平台公司都非常专业，在联合重组过程中，我们选择了一大批能征善战的痴迷者。正是在他们的带领下，中国建材集团在玻璃纤维、碳纤维、石膏板、风电叶片、新能源等新业务领域闯过一个又一个难关，接连打破西方国家的技术壁垒，让"中国创造"的光芒绽放在世界舞台上。他们是当之无愧的企业英雄。

## 优秀的人才从哪里来[1]

如今的人才概念和过去有很大不同。改革开放以前，企业虽然也讲人才，但人才的渠道往往比较窄，而且论资排辈严重，还过分看重出身成分等政治因素。那时候的人才观，要求人循规蹈矩，造成创新精神不足，企业发展也难有大的起色。而在市场经济时代，尤其是在高度竞争行业中，一个企业的经营、发展主要依赖有没有人才和有没有强大的人才队伍，人才成为企业发展的重中之重。

优秀的人才从哪里来？我的主张是，坚持以人为本，以制度创新为核心，把自我培养和外部引进结合起来，立足于自我培养，同时逐渐加大市场选聘的力度，真正做到"广纳贤才、人尽其才"。在这方面，最忌讳的是把社会上的不良风气引入选人、用人的工作，否则企业必然会失败。

在自我培养人才方面，企业要从战略出发，通过企业实践和专业

---

1  节选自 2015 年 1 月 4 日在中国建材总院的讲话内容。

培训的结合，培养一批技术带头人、管理带头人、市场销售带头人、资本运作带头人，为他们创造更多的锻炼机会，为他们建功立业提供广阔的舞台。企业领导要熟悉企业的人员情况，善于发现德才兼备的人，千万不能有"武大郎开店——高我者不用"的思想，排挤比自己优秀的人。

团队培训是人才培养的重要方式。美国学者英格尔斯在《人的现代化》一书中认为，人的现代化之所以如此迅速，一是得益于电视信息的传播，二是得益于现代大规模工厂对人的组织训练和素质提升。在团队培训方面，要把综合培训与定向培训、日常培训与定期培训结合起来，尤其要根据企业发展需要培养急需人才。例如，中国建材集团是一家制造企业，不缺产业制造人才，根据发展需求，下一步我们会侧重培养引进互联网技术、资本运作、共建"一带一路"等方面的优秀人才。

在引进人才方面，我坚持两个原则。一是实用。并不是学历越高越好、见过的场面越大越好，而是要与公司实际相吻合，符合企业文化要求，双方都觉得合适。二是客观。了解一个人，既要知道他的优点，也要了解他以前有过的失误。人做事总会有失误，关键是有没有认识到自己错在哪儿、犯过错之后有些什么体会。如果一个人说自己从未跌过跤，那说明他可能从来没有真正做过事，这样的人应慎重引进。

总之，对企业来说，"人才强企"战略必不可少。所谓人才强企，就是建立健全各层次人才培养、选拔、考核、使用、激励相统一的长效机制，千方百计、不拘一格地吸引人才、留住人才、培养人才，真正做到"感情留人、事业留人、待遇留人"。一个留不住人、不会选拔人、不能培养人的企业，注定会失败。

# 人才创造企业，企业造就人才[1]

北新建材是一家创新型企业，创新是企业的生命线，在众多创新中，最根本的还是人才创新。在北新建材做董事长时，我提出"人才创造企业，企业造就人才"的理念，在人才培训等方面做了一些积极探索。

首先，以市场需求为导向，自主培养创新人才。一是领导重视，二是加大投入，三是制订培训规划，四是培养人才重实效，五是培训有方向、有重点。从前，有文章将人才形象地分为四类："一"字形人才，知识面比较宽，但缺乏深入的研究和创新；"1"字形人才，专业知识过硬，但知识面太窄，很难将各种知识融会贯通；"T"字形人才，不仅知识面宽，而且在某一点上有深入研究，但弱点是不能冒尖，难以创新；"十"字形人才，既有知识面，又有深入研究，更重要的是敢于出头冒尖，有所创新。企业需要的正是"十"字形人才。

其次，用现代管理学方式培养人才。一是做好人力资源管理工作，建好人才档案库，将合格人选放在所缺岗位上。充分了解、掌握人才的个人发展意愿，做到有的放矢地重点培养。二是设置职务标准、职责范围，实行公开、公正、公平的岗位竞争。三是实行内部岗位流动制。流水不腐，户枢不蠹，为了保持人的活力和激发人的创新力，人才应该在不同的岗位上流动。四是建立有效机制，实行动态管理，干部做到能上能下。此外，在培养创新人才的途径上，主要把继续教育与产业结构、企业结构、产品结构升级换代结合起来，与高新技术创新进步普及和成果推广运用结合起来，与技术攻关、技术更新结合起

---

[1] 节选自 2000 年 10 月《建材高教理论与实践》期刊之《人才创新是企业发展的根本保证》。

来。人才来源除招收大中专以上学历的毕业生和自己培养外，还可以依据实际需求，分专业、分层次进行社会招聘。

再次，制定优惠政策留人留心。一是建设学习型企业，让企业充满文化氛围。二是为人才成长创造良好环境。制定鼓励创新创业的人才政策；创造尖子人才成长的良好环境；大力提倡创新精神和竞争精神，激励创新人才；设置科技成果奖励基金，重奖成绩突出的科技人员。三是练好内功，人才管理注重能力和实绩，形成尊重知识、重视人才的企业风尚。四是改变封闭式的人才管理模式，消除论资排辈等不良习气，坚持来去自由方针，面向全社会招揽人才。一个企业在发展过程中，人力资源开发和人才培养几乎是解决所有关键问题的前提。企业形成专用技术、市场营销能力、管理特色等核心专长，在资本市场上获取稳定收益，组织结构由金字塔形向扁平化发展，人员构成由橄榄形过渡到哑铃形……这一切都离不开一点，即培养和提高"人"的综合素质。在北新建材创新发展的过程中，我们牢牢抓住了"人"这个关键要素，企业由此形成了独特的竞争力。

# 像办学校一样办企业

**管理是教育** [1]

我十七八岁在农村插队时，做过生产队队长。对一个刚下地还不会种田的知青来说，一开始时根本无从下手。后来，我找了5个有经验的老农组成"诸葛亮小组"，天天帮我到180亩大田里去看哪块地需要浇水、哪块地需要锄草，我再根据情况做好计划，安排农活。通过这样的方法，我把生产队队长当得好好的。现在想想，这段经历算是我对提高生产效率的最初实践。

后来，我到北新做了一把手，面临的已不再是像安排农活那样简单的事情了，也不能再用那么"笨"的方法进行管理了。1995年我提出一个口号"像办学校一样办企业"，就是说管理是教育，企业不仅要出产品，还要出人才。为什么？因为管理不是无师自通的，管理水平的提高源于坚持不断地学习。抓管理就要有管理的制度，学习用

---

1　节选自1998年10月《北京成功企业领导人访谈录》。

管理的语言来对话。只有具备了持续学习的能力，拥有足够的专业知识、管理知识，才能进行高质量的沟通，团队才能进步。

为此，我把人力资源开发放在头等重要的位置，并把工作分为两个层次。第一个层次是充分发挥人的专长和潜能。先对整个企业的人员分工进行彻底了解，再将企业的工作分类，通过整合劳动组织，解决人力资源浪费的问题。企业要实现人尽其才，一是领导干部要心中有数，熟悉整体人员情况，真正做到知人善任；二要破除旧的观念，真正发挥员工的聪明才智。第二个层次是对现有人员的培养，包括在职培养和技能培训。在职培养主要是对管理干部和技术干部而言，技能培训主要是对岗位工人而言。我为北新确立了一个基本定位，就是要建立学习型组织，开展"岗位读书、技能培训"，鼓励员工在职学习。

企业改建培训中心，建立语音室、计算机房、图书馆，举办企业文化与现代化管理、市场营销、财务管理等专题培训……通过一系列努力，北新人普遍接受了市场经济与管理知识的熏陶。1997年北新建材上市时，市场这样描述我们：北新是一所大学校，公司董事长是在读博士，管理团队是一个硕士群，这是一家管理良好的公司。后来，我把"管理是教育"的理念带到中国建材集团，集团多年来结合实际，分级、分类、弹性办培训，为企业快速成长奠定了坚实的人才基础。

管理是再造过程，实现再造需要一个团队不停地接受再教育。如果管理者总抱怨部下这个不行那个不行，说明管理者管理意识不到位。管理者的责任不在于挑选优秀的员工，而是在于要把普通的员工培养成训练有素的优秀员工，在每一个员工的内心植入实现自我价值之"芯"。

# 构建学习型组织[1]

好企业必定是学习型组织。学习型组织是彼得·圣吉提出来的很重要的一个理论。他的著作《第五项修炼》有很多版本，2018年由中信出版社出版的《第五项修炼》是我写的序。这本书里讲到学习型组织要进行五项修炼：建立共同愿景、加强团队学习、实现自我超越、改变心智模式、进行系统思考。其中很重要的就是加强团队学习，进行深入互动。

团队学习不是团队成员学习成果的简单相加，而是团队成员互相配合实现目标的过程。有配合和互动才能称之为团队。团队学习的主要方法是深度交谈，台湾学者将其翻译成"深度汇谈"。然而不论是汇谈还是交谈，都意在沟通。在互动沟通方面，现在大多数企业做得并不够。大家工作都很忙，节奏很快，干部员工间交流得太少，这样怎能形成团队呢？有一年，我到英国的一家公司参观，看到每个员工胸前都戴着一张卡，上面的第一句话是"人是最重要的"，最后一句话是"我们需要沟通"。

学习型组织是推动管理再造的重要手段，在快速变化的市场环境中，在充分竞争的领域，仅仅依靠一两位优秀领导的经验是不够的，仅仅靠少数人学习也不够，而是整个团队都要学习。通过团队的自我学习、修正和更新，企业会更具活力、动力和竞争力。真正的学习型组织并非一劳永逸，而是永远在路上。

我是1993年初开始做北新建材厂长的，在这之前是主管销售的副厂长。大学时我学的是化学专业，所以做厂长对我来说，是面对一

---

[1] 节选自2023年12月19日在中核大讲堂的分享交流内容。

个全新的企业管理问题。那个时代，中国企业已经开始学习管理了，1992年我在北京参加了一个日本产业教育培训班，记得当时学习了6本书，主要讲日本企业的现场管理和质量管理。通过那场培训，我不仅学习了从事市场工作的管理要点，还学到了不少其他方面的管理知识。也是在那一年，我参加了武汉工业大学北京研究生部开办的工商管理硕士课程，导师是尹毅夫先生。

其实不光企业的领导要学管理、懂管理，企业的各级干部也应该学管理和懂管理。记得刚当厂长时，给干部们开会，无论是从大家的思想还是用语中，我都找不到企业管理的感觉，这种管理现状怎么能行呢？我果断提拔了些年轻人，但是他们大部分是工科院校毕业的，并没有系统的企业管理知识。那时我已经在清华大学、北京大学等高校讲实践课，就把满足条件的干部推荐到清华大学、北京大学、北京交通大学等学校的经管学院学习，好在那时学费还很低，要学的人也不是那么多，那时候清华大学经管学院就有不少来自北新建材的学生。正是因为这样，北新建材的干部一下子提升了管理水平，再开干部会时，大家都能用管理术语进行交流。

后来我又参加了华中科技大学工程管理博士课程的学习，可以说，我在北新建材当厂长的10年是边工作边学习的10年，正是学习使北新建材成为一个管理现代化的工厂，我本人也荣获全国优秀企业家"金球奖"。

2002年初，大型企业工作委员会任命我做中国建材的"一把手"。上任以后我查看干部们的人事档案，发现干部们普遍没有参加过培训，这让我很是吃惊。当时我已经在国家行政学院做兼职教授，就让学院给中国建材开了两个培训班，一个是CEO班，另一个是CFO（首席财务官）班，我叫"管理扫盲班"。

之后，我让集团的班子成员都参加厦门大学在北京开设的EMBA

班学习。果然这些培训对中国建材后来的崛起和发展起到了至关重要的作用。随着中国建材的海外上市和联合重组，培训工作在集团变得更加重要。中国建材的培训是分层面的，除了集团的培训外，二、三级企业也进行各自的培训。中国建材在中国大连高级经理学院开办了EMT（高级经营管理培训）班，这些培训内容以工商管理为主，大家不光学习了企业经营管理知识，干部之间还展开了互动交流，这对一个大的集团公司是非常重要的。

当然重视培训更要重视培养，培训不能代替培养。培训是培养里面的一部分，并不是全部，关键是还要通过实践历练等提高企业干部员工的综合素养和能力，从而应对市场的挑战。我是主张年轻人一定要早用，把他们放在重要岗位上，像我在30多岁的时候，已经是大型企业的厂长，这样就会比较早地想领导的问题。

## 企业需要"西点军校"式的商学院[1]

西点军校是美国著名的"将军摇篮"，但其毕业生在商界的成就同样引人注目。在美国商界，出自这所学校的《财富》世界500强企业领导者的比例十分高，甚至超过了哈佛大学。究其原因，强调规则、创造、责任的独特管理机制与育人模式是关键所在。企业也需要这样的"西点军校"，为企业发展不断锻造将帅之才。这个"西点军校"就是商学院，它应该具有三个特点。

---

[1] 节选自2017年9月30日在中国政法大学MBA开学典礼的演讲内容。

第一,人才培养要"知行合一"。从课程设置来看,商学院不应教授简单的书本知识,或是纯理论化的东西,而是要教授从企业实践中提炼出来的、与实践紧密结合并且能够指导实践的"教案"。这要求商学院的老师必须通过多种途径了解企业的管理实践,比如在企业兼职、做独董或顾问等,这样才能接"地气",教学才会更有针对性。医学院有两个制度很值得商学院学习:临床制度和会诊制度。做医生要有临床经验,不仅能教学生,还能自己做手术,另外遇到疑难杂症可以进行会诊,不同科室专家从各自领域发表意见,最后做出综合判断,对此,商学院的老师也可以加以借鉴,既要深入企业一线积累"临床经验",又能对具体案例进行管理会诊。

从生源来看,商学院招收的不应是纸上谈兵的应试型学员,而是要多倾听企业的声音,多给企业一些发言权,多招收企业推荐的具有一线管理经验的实践性人才。这些人再回到工作中,就会发挥更大的创造力。从管理来看,商学院培养的不是普通"士兵"而是高级"军官",是专业素养高、自律意识强、实战本领突出的优秀管理人才,这些人与企业里的其他干部应有明显的区别。我看过一些商学院的学生宿舍和教室,卫生和管理都做得很不到位。"一屋不扫,何以扫天下",这样的毕业生进入企业,企业还要花很多时间对他们进行再管理。管理者要有系统的理论知识和丰富的实践经验,但首先要做好自我管理。

第二,管理理论要"中西合璧"。商学院要将中西方先进的管理思想与经验结合起来研究,取长补短,相互借鉴,形成有中国特色的管理理论体系。改革开放以来,我们基本是向西方人学习管理知识,随着中国经济飞速发展和中国企业日渐崛起,我们在虚心学习国外经验的同时,也应树立中国人自己的文化自信,从中国传统文化和本土实践中汲取精华,建立中国企业的"新商道"。新商道,"新"从何来呢?我觉得来源有三个:一是中国五千年古老而灿烂的文化,我们要从老子、孔子等先贤那里继承智慧，用于今天的企业经营；二是结合实际，向发达国家的企业家学习；三是从中国鲜活的市场经济、企业实践中高度概括成功经验。商学院应充分挖掘本土优秀企业的先进管理经验，在理论研究、课程设计等方面不断推陈出新。在这一点上，一定要主动拓宽视野，否则外国学者都跑来研究中国经验，而我们却还在学习西方过时的管理方法。

第三，问题研究要"聚焦当下"。商学院应围绕新常态下企业如何转型升级、如何化解过剩行业矛盾、如何深化国企改革、"中国制造"如何成为"中国创造"等企业面临的突出问题，在管理思想、运行机制、商业模式等方面提供智力支持和人才培训。

企业的发展是衡量商学院成功与否的重要标准。商学院应与企业一道开拓创新，相互协作，着力破解难题，为中国培育出更多世界一流的企业和企业家。

## 培养深度工作技能 [1]

麻省理工学院计算机科学博士卡尔·纽波特在他的著作《深度工作》中指出，深度工作是在无干扰的状态下专注进行的职业活动，能使人的认知能力达到极限，让人有所建树、获得成功。深度工作的成果难以复制，心无旁骛和专心致志是其精神状态。与深度工作相反的是肤浅工作，这类工作是对认知要求不高的事务性工作，往往在受干

---

[1] 节选自2017年8月"国资小新"公众号文章《怎样进行深度工作》。

扰的情况下开展，通常不会创造太多价值，而且容易复制。现代人专注力普遍不够，肤浅化和平庸化的倾向越来越明显。这是什么原因呢？客观上是受现代知识大爆炸、生活节奏加快、人才复合化取向、互联网社交等影响；主观上则是缺乏对深度工作的认识和行动安排，甚至习惯于肤浅工作，把缺乏效率、毫无效果的忙和累当成日理万机的成功工作状态。

深度工作往往取决于深度学习和深度思考，这三者互相联系，没有深度学习就没有深度思考，没有深度思考就不会有深度工作。在现代社会，不管我们从事什么工作，都需要静下心来，深度学习、深度思考、深度工作。围绕深度工作，纽波特介绍了不少方法，我想结合实际谈几点简单做法。

关于合理使用手机。互联网社交尤其是智能手机的使用、微信的应用虽然促进了信息交流和人际沟通，却占用了大量时间，使人的大脑和习惯"手机化"，"低头族"随处可见，一些肤浅和重复信息也常常使人不胜烦扰。实现深度工作必须像戒烟、戒酒一样，戒掉手机控的"瘾"，合理规划使用时间。比如，每天早餐前后处理一下手机信息，浏览新闻，上班前、午餐后、下午下班前、晚上睡觉前再对信息进行处理，每次控制在15分钟以内，这样做的好处是把手机使用时间集中化。大脑有延迟记忆的功能，如果总有新的信息进入，大脑就会被这些纷乱的信息干扰。现在人们常把及时回复信息作为美德，对延迟回信颇有微词，其实大家可以理智地想一下，如果每个人都在秒回信息、都像过去的话务员一样终日盯着手机，他们还能工作吗？

关于规划深度学习、深度思考和深度工作。我觉得深度学习应保证每天有1~2个小时的阅读，而且最好在晚上九、十点钟，还包括定期参加培训和研讨会、沙龙。深度思考应在每天清晨醒后，进行1~2个小时的思考，每个月也应选周末的一天作为"思考日"进行深入思考，每年选一整周的时间作为"思考周"进行深度思考。许多知名企业家都有进行深度思考的习惯，像美国的比尔·盖茨每年有思考周，像日本的稻盛和夫会定期面壁思考。深度工作要在非常安静无打扰的环境中进行，J.K.罗琳写《哈利·波特》时就把自己关在一间安静的酒店套房里，由此产生了很多创作灵感。

关于深度工作的时间把握。正常情况下，每天上下午至少保证有两个小时处于深度工作状态，如果要完成一项特定任务，深度工作的时间可能会更长。不过，也不必一次工作过长时间，更不要经常通宵熬夜，过长时间和过度劳累的工作是不可持续的。人无压力轻飘飘，因此要保持深度工作状态，要给自己定具有挑战性的工作目标。对于重要工作要把心态放平，"心急吃不了热豆腐"，做好细致规划，把工作任务量化和按时完成。对于长时间的大目标，要分解成若干个阶段任务按时完成；对于需协作完成的目标，应分解到每个人保质保量按时完成。你也可以把每天的工作时间和进展做成记分板，量化记录会让人更专注。但深度工作不能定不可能完成的目标，自我压力不能太大，否则人就会失去信心，反而无法进行深度工作。

关于深度工作和快乐生活。IBM前总裁讲过，人是为了生活而工作，而不是为了工作而生活。深度工作绝不是为了让人成为苦行僧和工作狂，而是通过创造价值使生活变得更加幸福和快乐，幸福快乐的生活又可以给深度工作提供精神支持。要用快乐的生活让大脑定期从深度学习、深度思考和深度工作中解脱出来，彻底放松。大脑放松的方式包括：和家人一起做家务，和朋友一起爬山、郊游、看演出、健身和娱乐，甚至是一人独处放空。当然，应该保证一年一度的休假，休假期间要从社会人过渡到自然人，全身心融入大自然。只有好好放松大脑，我们才能进行深度工作。

## 把时间用在学习上，把心思用在工作上[1]

现在，企业领导者大多琐事缠身，再学习的动力不够。但在这个知识大爆炸的时代，知识过于陈旧、知识面过窄，又怎能领导好企业，怎能在瞬息万变的市场经济海洋中指引航向呢？获取有用信息，进行辩证思考，在经济环境好时抓住机遇使企业快速成长，在大形势不利时使企业化险为夷，一个领导者要想具备这些能力，就必须不断学习，否则思想会落后于时代，能力落后于他人，只能"以其昏昏，使人昭昭"，导致企业陷入泥潭。

做企业是一门"功夫"，必须持续学习、反复操练，仅凭经验和聪明才智是做不好企业的。企业领导者要积极面对新形势带来的新任务、新挑战和新考验，树立终身学习理念，增强学习的敏锐性和紧迫感，把学习作为一种工作方式、一种生活态度，在学习中提高和完善，努力成为面向世界、面向未来的学习型领导者。

我个人一直把学习作为人生的追求和爱好。记得早年去国外开会，看到国外企业家很多都是博士，我无限感叹。中国企业要走上国际舞台，不能像过去那样只靠一招一式，要靠有知识、有头脑、懂国际语言、有较高学历的领导者。为了满足国家的需要，为了企业的发展，我们必须吃一些常人不能吃的苦，中国才能出现一些优秀的管理人才。后来，我边工作边学习，读完了 MBA 和管理工程博士。这些年来，无论工作再忙，我每天都要挤时间读书学习，从未间断。

除了坚持学习，我还喜欢思考，对做过的每件事都认真进行归纳总结。有人评价我是一个"师者"，但我不这样认为，我认为自己是

---

[1] 节选自 2012 年 4 月《中国建材》杂志《我的心是一片海洋》采访实录。

一个非常好的"学者"和"总结者"。归纳、总结、思考是一个避免犯同样错误的好办法。另外，我比较信奉学习和实践相统一。做企业是一门实践性很强的工作。一个高深的理论，又建模型又做推理，但如果在实践中无法得到验证，或和常识相违背，那一定是错误的。

学习永无止境，我们既要善学善思，又要善谋善为。古人讲，"学而不思则罔，思而不学则殆"，"纸上得来终觉浅，绝知此事要躬行"。可见，学习、思考、实践三者缺一不可。在企业里，我常对大家说的一句话就是"把时间用在学习上，把心思用在工作上"。

# 文化定江山

## 让文化成为一种信念[1]

一个企业从表面看，看到的是厂房、设备、产品；再往里看，看到的是技术、管理、人才；而最深层次的，则是涌动在干部员工内心的文化与愿景。文化是一种信仰，对企业来说，最有力量的武器就是凝聚人心的思想文化。

企业文化应具有正义性。所谓正义性，是指文化要成为推动企业发展的正向力量。一个能为国家、社会、行业持续贡献正能量的企业，注定能被大家广泛接受。一些自由市场的观点认为，如果每个人都是自利的，追求个人利益最大化，社会自然会前进。这就是西方经济学家提出的"经济人"假设。但是，一个社会的发展是依靠无数人默默奉献、奋斗牺牲实现的。如果每个人都能前进一小步、多做一点儿贡献，我们的民族和社会就会取得更大的进步。企业作为社会的一分子，

---

[1] 节选自2011年7月9日在中国建材集团中高层领导人员培训班的讲话内容。

肩负着振兴经济的历史重任，我们要有理想、有志气、百折不挠、甘于奉献，对社会表现出强烈的包容性、扶老携幼地去发展。这就需要我们以优秀的企业文化或者企业精神做支撑。

企业文化是企业价值观的具体体现，也可以称为企业的道，表明企业的初心是什么、信奉什么、反对什么，包括做企业的终极目的是什么，也就是我们这样一群人从哪儿来，到哪儿去，在一起干什么。没有共同的文化维系，企业就如同建在沙漠上的大厦，建得越高，越有可能随时倒塌。尤其在当今的多元化社会，各种价值观相互碰撞，同时市场经济的发展也带来过度追求利益化的倾向。在这种情况下，多进行精神层面引导，多进行思想文化教育，强化集体主义、利他主义精神尤为重要。有了优秀的企业文化，有了强大的精神力量，我们就无须惧怕任何困难。

美国记者埃德加·斯诺在《红星照耀中国》一书中讲，当年他只身来到延安，既没看到新式武器，也没看到丰裕的物质条件，但被那里热火朝天的革命热情深深打动了。在那样困苦的条件下，毛泽东等年轻的红军领袖，胸怀远大理想和一往无前的革命精神，指点江山，激扬文字，得到人民的拥戴。正如斯诺认为的那样，这种精神不仅照耀了中国的大西北，而且照耀了全中国。做企业也需要这种信念和精神的力量。中国建材集团是一家有文化底蕴的企业，这些年能实现快速成长，战略起了先导作用；但能顽强地从困难中走出来，凭的是优秀的文化和强大的凝聚力，也就是精神不倒。在复杂严峻的市场环境下，我们培育了一批能征善战的指挥员、一批品质坚毅的管理者、一批身怀绝技的骨干员工。这支具备坚强的意志力、超强的战斗力和牢固的凝聚力的优秀团队，是集团屡屡绝地反击、化险为夷的力量之源。

俗话说，"江山易打不易守"。打江山靠的是战略和执行力，守江山靠的则是一流的管理和优秀的企业文化。企业文化是企业战略实施的保证，是组织建设的核心，是顺畅经营的基础，在一定程度上决定着企业的发展和未来，我总结为"文化定江山"。

## 不接纳企业文化的人，再有才也不能用[1]

杰斯珀·昆德在《公司精神》一书中指出，"将来，建立稳固市场地位的过程将成为塑造公司个性化特征及公司精神与灵魂的事业，最终会成就一个强大的公司。在此过程中，要建立共同的愿景目标以及对公司精神的忠实信仰。在未来的公司内，只有信奉者生存的空间，却没有彷徨犹豫者立足的余地。"大家因为共同的愿景、共同的事业走到一起，不信奉企业价值观的人不在此列。这段话用排他法讲了企业文化的纯粹性。

企业文化的一致性非常重要，文化不是谁都能随意编造、谁都能随意更改的。像百安居、肯德基、麦当劳这些企业，它们在全世界的标识、员工的服装甚至货架上产品的摆放方式都是一样的，中国的一些职业经理人往往好意做些改动和创新，结果大多数被炒掉了，就是因为大公司要捍卫其文化的一致性。文化朝令夕改、上下不统一，是企业最忌讳的东西。中国建材集团的人才队伍基本上70%来自自我培养，30%靠引进，这就保证了队伍的稳定性和文化的共同性。我们有个不成文的规定，就是不接纳中国建材集团文化和思想的干部，即使再有才干也不会任用。

所以在联合重组的过程中，对于集团的重组企业，我一直都是比

---

[1] 节选自2011年12月12日在中国建材股份有限公司2011年第十二次总裁办公会的讲话内容。

较宽容的，只要有利于集团发展，只要提出的要求合情合理，都可以协商解决。但是，有一个底线，就是绝不可以动摇集团的企业文化。事实上，重组企业能否融入集团文化一直是我最担心的问题。国际知名管理咨询机构统计显示，在众多并购失败的案例中，"并购后整合不力"在失败原因中占86%，整合不力又突出表现为文化冲突。

如果重组企业在文化上不能统一，各唱各的调、各吹各的号，那么随着企业的盘子越来越大，加盟的公司越来越多，企业就会越发危险。正因如此，我们在重组的过程中，专门把对文化的认同写进每一个联合重组的协议里，并通过各种方式加以宣传贯彻。用集团的大文化统一所属单位的小文化，这是我们发展壮大的一条重要经验。在中国建材集团，各家工厂的感觉基本一样，大家都说着同样的话，有着同样的认识和观念，这就是一致性的体现。

文化是企业之魂，广大干部员工如能真正把企业文化镌刻于内心，就会始终充满幸福感和使命感，进而转化为对企业的热爱和忠诚。反之，没有了文化的支撑，大家就会像一盘散沙，不知为何而做、不知如何相处，只知道干活、吃饭、拿奖金。没有共同的价值观，企业打不了硬仗，也不会持久。

## 建立共同愿景[1]

一个国家、一个民族、一个企业都应该有愿景，有理想，有目标。

---

1　节选自2013年5月14日《中华英才》杂志采访实录。

愿景不是远景，远景强调规划和目标，愿景是指共同愿望，回答我们想创造什么、想做成什么的问题，包括目标、价值观和使命感三个要素。

具有明确的共同愿景，这是杰出团队的显著特征。共同愿景是组织发展的强大推动力，是组织全体成员个人愿景的整合，是大家都真心追求的愿望。一个企业有愿景，有远大的目标和崇高的理想，才会有凝聚力，才会有人跟随。愿景要符合现实，看得见、摸得着，能激励大家为了共同目标而团结奋斗，并且经过努力就可以实现。有这样一个小实验，一个鱼缸里左边是 A 鱼，右边是 B 鱼，中间隔了一块玻璃。A 鱼想吃 B 鱼，于是不停地撞玻璃，但总吃不到。后来玻璃移开了，A 鱼还是习惯性地认为吃不到 B 鱼，所以就不再努力了。一个组织也是如此，如果愿望屡次不能实现，描述和结果总是不一样，组织成员就会失去热情、变得冷漠。企业在制定愿景时需充分考虑这些问题，愿景不能像镜中花、水中月，看着美却虚无缥缈，也不能像空中楼阁，高高在上却永远遥不可及。企业应该充分调动员工的热情，让他们充满希望，不仅清楚公司的愿景，还要执着追求愿景。大家都坚信愿景能实现，事情就比较好办了。

企业的愿景与国家及民族的愿景紧密相连。实现中华民族伟大复兴的中国梦是激励中华儿女不懈奋斗的伟大目标，在当前改革发展的重要时刻，为整个民族、整个社会注入了新的憧憬和新的动力。我们要把自身发展自觉融入国家战略，在中国梦里找寻动力，以企业梦的实现推动中国梦的实现。中国建材集团的企业梦，从大的方面说，是为推进我国经济发展和社会进步做出更大贡献；从小的方面说，是建设又强又优、具有国际竞争力的世界一流企业。这是我们的战略目标，也是共同愿景。这一愿景极具感召力，已成为鼓舞广大干部奋斗和奉献的动力源泉。

梦想是旗帜，是动力，是今天通往明天的道路。实现企业梦任重道远，我们还是要脚踏实地，扎实苦干，全力以赴。毛主席当年在黄洋界上反"会剿"时，写下了"山下旌旗在望，山头鼓角相闻。敌军围困万千重，我自岿然不动"的诗句。我们要有这种豪气和信念，不断拼搏努力、闯关夺隘，不断攀登一个又一个高峰。有梦想就不怕路远！

## 建设独具特色的企业文化[1]

企业文化是一国政治、经济、文化在企业里的投影。就如同每个民族的文化千姿百态一样，不同国家的企业文化也必然会被打上历史、民族、地域的深刻烙印，从而形成浓厚而鲜明的个性。

以日美两国企业为例，日本企业崇尚集体主义，美国企业崇尚自由创新，这其实反映出两国文化传统的巨大差异。日本这个国家是有农耕文明的，在两千多年种植水稻的漫长历史中，为了共同使用水利资源，家庭之间必须进行协作，从而构成了企业集体主义思想的历史根源。美国的企业文化具有浓重的"美国味儿"，充分强调个人主义，鼓励个性和创新。例如，谷歌公司的员工可以在办公室里自由装饰和涂鸦，甚至还能把宠物带到公司。另外，由于美国地域辽阔，在长期发展的进程中，人与人之间的地理距离和心理距离都催生了自力更生和独立的价值观。

---

1 节选自 2015 年 11 月 8 日在北大光华管理学院的讲课内容。

虽然企业文化具有鲜明的民族特征，但即便同属一个国家，受创业历史、发展目标、经营理念、地域环境、企业领导、员工素质等因素影响，不同企业的文化也不尽相同。如沃尔玛、微软、可口可乐等美国企业，以及三菱、丰田、松下等日本公司，企业文化各有特色。事实上，市场经济中的每一个企业都是特别的存在，都有自己独特的发展历史、战略目标和资源基础，因而都应建设独具特色的企业文化。不同性质的企业，企业文化应有明显区别。对制造型企业来说，生产制造是一项严谨科学的工作，生产线上一丝一毫的小问题都会酿成大错，因此过分强调个性化是不行的；而对创新型企业来说，过于刻板教条的管理会桎梏科技人员的想象力和创造力。

所以说，不同企业的文化各有特色，不同的文化塑造不同的企业，这是一种客观存在。企业文化可以借鉴，但不可照搬照抄，不可复制和移植，离开了特定的民族特征和适应环境，往往会水土不服。因此，我们不能简单地说哪种文化好或者哪种文化不好，关键看它植根的土壤以及它是否适用。

## 提防坏文化的侵蚀[1]

任何企业都有自己的文化，区别只在于是先进还是落后。先进文化是那些凝聚着正能量的好文化，像"学习文化""绩效文化""和谐文化""责任文化""拼搏文化"等都在其列，而坏文化则是我们要克

---

1  节选自 2011 年 12 月 22 日在中央党校国资委分校直属班的交流内容。

服的"惰性文化""折腾文化""安逸文化""消极文化"等。

企业文化建设、形成、固化的过程，其实就是好文化和坏文化相互博弈、此消彼长的过程，是一个吸收精华、摒弃糟粕、批判发扬、融合再造的过程。具体表现为：不同形态文化相互渗透和结合，不同文化群体相互借鉴、相互尊重、相互理解、相互认同，最终融为一体，形成新的彼此都能接受和遵守的价值取向，建立起共同的经营理念和融合各方之长的新型企业文化，成为推动企业发展的凝聚力和聚拢不同文化群体的黏合剂。在文化建设的过程中，尤其要防止坏文化带来的负面影响和渗透力。如果好文化不去同化坏文化，就会被坏文化同化和侵蚀，一旦坏文化站稳脚跟，就会逐渐危及企业生命。美国有一家非常有名的连锁集团，它并购了另一家有坏文化的连锁企业，三年之后两家企业都倒闭了，就是因为坏文化把好文化腐蚀了。

在中国建材集团重组的企业中，不少曾打过败仗。它们败在什么地方？败在落后的文化，非市场的文化，不竞争的文化，政企不分的文化。比如，在我们接收的一些传统国企中，开会时还像过去一样前呼后拥，讲究排场，看重主席台位置的安排。旧有的体制培养的这些落后文化如果不及时摒弃，就会逐渐生根蔓延。因为落后文化容易满足人的劣根性，让人感觉很舒服，像上班不打卡、半路出去买菜等行为很容易使人产生惰性，久而久之就会固化为一种习气和作风。所以，我在企业中反复强调，每一次新成员的加入，在带来积极、健康的好文化的同时，也可能会带来消极、落后的坏文化。"近朱者赤，近墨者黑。"好文化和坏文化不能并存，我们要强化底线思维，不断巩固、完善和捍卫好文化，用好文化同化坏文化，彻底消除企业里的"文化孤岛"。

企业文化是先进还是落后，与企业领导者有着密不可分的关系。企业领导者是企业的文化领袖，是文化的塑造者、传播者、实践者。

在企业里，大家信奉什么、反对什么，弘扬什么、摒弃什么，公司的文化导向是什么，企业领导者必须清晰地告诉大家并反复强调，让干部员工凝聚在共同的价值观之下。"言传"之外，还要"身教"。行为专家认为，语言对人的影响只有25%，其余75%的影响源于行为。

所以，领导者的一言一行都必须符合企业文化。如果说一套做一套，没有人会信服你，还会对企业的理念和制度造成破坏。

## 以先进的文化指引心灵[1]

不丹国首相吉格梅·廷莱在《幸福是什么》一书中提到国民幸福指数（GNH），相对于以物质为本的GDP，GNH强调的是以人为本。这一概念最早是不丹前国王吉格梅·辛格·旺楚克于1970年提出的，其中"文化传承"与政治和谐、经济增长、环境保护并称为幸福指数的四大支柱。不丹虽不是发达国家，人均GDP只有700美元，但其社会安定，国民幸福指数很高。对企业来说，文化传承亦非常重要，应该成为推动企业发展、实现员工幸福的重要支柱。

以前考研究生时，英语试卷中有篇文章提到，小企业的成长靠管理者的行为影响和言传身教，大企业则是靠文化和制度。一个有优秀企业文化与制度的企业，也会拥有一支素质良好的员工队伍。我常想，我们的员工为什么愿意风雨无阻地上班，为什么愿意遵守各种规章制度，为什么愿意勤勤恳恳地奉献付出，为什么愿意为企业创造效

---

[1] 节选自2015年11月8日在北大光华管理学院的讲课内容。

益。这些问题的答案就是文化。因为企业在大家心里播下了文化的种子，这粒种子就像一簇火苗，无论身处顺境还是逆境，都能让人的内心温暖而坚定。中国建材集团自成立以来，一路风雨兼程，已走过了30多个年头。今天，当年的开拓者大都白发苍苍，当年的年轻人也已年近花甲，更多的后来者朝气蓬勃、血气方刚，大家承前启后，默默付出，对企业始终不离不弃。每次开会看到大家齐聚一堂，我总是深有感触。

文化是立企之本。在企业里，土地、厂房、机器、收入等都很重要，但比这些更重要的是活生生的人，是人的思想。精心打造的健康、优秀、统一的文化是一种激励人心的无形力量，可以让广大干部员工义无反顾地向着高远的理想迈进。如果文化导向、员工思想出现偏差，都是企业的大事。企业要有一套先进的文化体系，要让员工清楚地知道企业的发展思路，明确企业成长跟自己的关系，要让大家在企业中得到自豪感和幸福感。我始终坚信，企业要用先进的文化指引心灵，用规范的制度约束行为。

# 做企业需要包容

## 包容是必需的经营哲学[1]

"包容"顾名思义,"包"是指包罗,"容"是指容纳,"包容"意味着兼容并蓄,融合各方所长。包容既是一种智慧,也是一种胸怀,更是一种境界。我主张做企业要有包容的经营哲学。

第一,企业发展的社会化阶段要求企业具有包容的特征。中国30多年改革开放的历程,是不同价值观相互协调的过程,也是社会整体包容性逐渐增强的过程。做企业也要包容。从做企业的目标和目的性来看,企业的发展迄今为止经历了三个阶段,企业的包容性也越来越强。第一阶段是只考虑投资者利益的阶段,即一切都围绕企业利润最大化的目标。第二阶段是企业公众化阶段,把投资者、客户和员工的利益都放在企业的目标中一起考虑。我在北新时提出的"没有比员工对企业有信心更重要的事,没有比客户对企业有信心更重要的事,没有比投资者对企业有信心更重要的事",就是这个发展阶段的理念。现在我们进入了企业发展的第三个阶段——社会化阶段,不仅要注重

---

[1] 节选自2012年第11期《企业管理》杂志文章《做企业为什么需要包容》。

投资者、客户和员工利益，还要关注整个社会、自然和资源的可持续性，注重所有利益相关者的诉求。

第二，企业的创新发展需要包容。在当今世界上，没有任何一种技术和产品是靠独门技术完成的，虽然我们保护知识产权，但过分垄断和封锁技术的时代已经完结。现在，不同国家、不同企业几乎在每项技术上都相互追赶，最终的成果也往往会互相借鉴。中国建材集团这些年通过并购海内外高科技企业，通过引入高层次人才，通过各种方式的集成创新，在建材和新材料的许多领域成为行业的领先者，都源于这种包容性创新的思想。

第三，企业内部是一个包容的系统。企业是人，企业靠人，企业为人，企业爱人。人是企业最大的财富，企业管理的根本目的在于使企业员工进步和升华。在企业里，我们最终要实现企业与员工的共同成长，只有员工热爱企业，相互之间彼此关照、团结协作，企业才能发展，因此企业应是一个包容的经济组织。

第四，市场竞争需要包容的心态。做企业"小胜靠智，大胜靠德"。企业在做强做优做大的路上，必须把良好的价值观、兼容并蓄的包容文化和共生多赢的思想坚持下去，着眼于系统生态格局的健康化，将自我发展纳入社会进步、集体成就。同行之间要坚持理性竞合，摒弃恶性杀价竞争，共同维护行业的健康；国企与民企应像一杯融合的茶水，你中有我，我中有你；大企业与中小企业在产业链上相互支撑，共同发展，谁也离不开谁。

海纳百川，有容乃大。在社会日趋多元化、企业日益社会化的今天，包容成为企业必需的经营哲学。这些年来，中国建材集团从资本运营到联合重组、从管理整合到集成创新、从"央企市营"到发展混合所有制，都贯穿着包容的思想。这种包容的经营哲学，概括为一句话就是：企业要与自然和谐，与社会和谐，与竞争者和谐，与员工和谐。

## 企业领导要能吃亏[1]

做企业领导得学会照顾员工，自己能够吃亏。在北新当厂长的第一年，组织上给了我27万元奖金，我用这笔钱设了一个奖励基金，用于奖励优秀员工。后来，海淀高新技术开发区奖励给我10万元，我全部用来给工厂的托儿所买书和玩具。再后来，北京市表彰有贡献的企业家，先后以优惠价格奖励给我两套大户型住房，我把其中一套奖给了北新的常务副总经理，另一套奖给了两名对技术创新有功的干部。我为什么要这么做？因为国企是从平均主义的年代走过来的，工作是大家一起做的，只有大家有积极性，我才会心安。做领导不能一心只想着自己，有利益就上、有责任就推，那样的领导得不到大家的拥护。

中国有句俗语"吃亏是福"，现在社会上不少人对各种机会你争我抢，却往往忽略了这个简单的道理。孔融4岁能让梨，那么小的孩子尚且知道谦让，更何况我们呢。所以，我常对部下讲，我们要知足常乐，比上不足、比下有余，也常用"是你的失去了还会再回来，不是你的得到了也会失去"来宽慰大家，让大家互相谦让，不争不抢。所谓"塞翁失马，焉知非福"，说的就是什么事情都不是绝对的，有时候吃亏和得福是相关联的。与其把心思花在衡量得失上，还不如踏踏实实把工作做好。作为企业的领导干部，心里不要总想着自己，而是要装着大家，要想想自己能为股东、员工做些什么，能为社会贡献什么。

就我个人来说，我从来不喜欢计较和争执，在大与小、多与少、进与退等关乎个人利益的问题上，我也从来没有争过什么。大家都在努力，为什么好处一定要是自己的呢？这些年我也遇到不少风浪，但我始终保持平常心，积极正面地看问题，凡事先人后己。我的人生座右铭是"忙

---

[1] 节选自2012年第11期《企业管理》杂志文章《做企业为什么需要包容》。

碌的蜜蜂没有悲哀的时间",这些作风也影响了中国建材的年青一代。

现在,社会上不少人对国企领导提出种种责难,而企业内部的干部员工也有不少不切实际的要求,国企领导还常面临来自各方的检查,应该说压力是巨大的,也会因此心生委屈。以我这些年的体会和观察,我国绝大多数国企领导人员是兢兢业业、甘于奉献的。我们希望整个国家和社会也要理解和善待这些国有企业家,同时,作为国有企业领导者的企业家也要用平常心面对各种压力。陶铸在《松树的风格》里有一句话:"要求于人的甚少,给予人的甚多。"企业家也要有松树的风格,无论在生活中还是在工作中都要多奉献,不计较私利,"但行好事,莫问前程"。

## 做企业的三重境界:利己——互利——利他[1]

2013年夏天,在参加中国企业"未来之星"年会时,主办方让我给年轻的创业者们提些建议。我想来想去,认为有四点非常重要:清晰的战略,与人分利的思想,良好的心态,终身做企业的精神。在这四点之中,很多人认为"分利"二字很新奇。企业的利润是自己辛辛苦苦挣来的,谁不愿意去"获利""守利",为什么要让他人来分一杯羹呢?其实,"分利"是我多年来做企业的由衷感受。

做企业有三重境界:利己,互利,利他。企业的发展以盈利为前提,要求企业完全利他似乎不太容易。市场是大家共处的环境,它不属于哪一家企业,大家想要在这个统一的市场中共事,就要互利,考

---

1  节选自2015年2月16日《中国建材报》之《新常态下水泥行业的抉择》采访实录。

虑自己的同时兼顾他人，尊重他人的核心利益，而不是单纯的利己，更不能损人利己。

孔子说："己欲立而立人，己欲达而达人。"任何成功的事业一定是双赢、多赢和共赢的结果。做企业也是一件利己利他的事情，常常利他才能利己。2007年，我写了一篇短文《"和"与"合"》，讲的就是这个道理。古人讲，礼之用，和为贵。"和"是人心底的理念，包括和谐的思想、和睦的环境、平和的心态；"合"是这种理念的外部效应，是合作共赢、利他主义的经营思路。"和"与"合"是相通的，没有"和"的理念和胸怀，就不可能有"合"的稳定和成功。"和"与"合"是目标，是境界，也是艺术。

拿企业竞争来说，很多人想问题往往是直线型的：讲到竞争，好像就是你死我活；讲到包容，好像就是一团和气。事实上，包容中有竞争，竞争中也要有包容。我们要尊重竞争对手，讲究诚信友好，公平公开地竞争，追求效益最大化，同时要与对手竞合，实现共赢多赢。中国建材集团的竞合主张和做法就好比撑起了一把大伞，提高了整个行业的价值，伞下的其他企业也因此受益。有人说，宋总，你打了一把伞，但伞下避雨的人可能比你们赚得还多。我说这就是我们的情怀，"只有解放全人类，才能解放我们自己"。不同利益主体的诉求是客观存在的，如果只看对立不看统一，认为竞争就是比勇斗狠，冲冲杀杀，往死里打，结果只能是杀敌一千自损八百，损人不利己。

相比西方，大陆地区迈入市场经济的时间还不长，市场文化还不尽成熟，诚信意识还有待进一步加强，这是我们要努力克服的短板。我曾询问台湾地区的朋友，你们也根植于中华文化的土壤，市场文化从何而来？他们说，从儒家思想里来，比如遵从"君子爱财，取之有道"，一切要合乎道义，从道义出发。在西方宗教里，也有很多思想是支撑市场文化的。市场经济的发展建立在每一个个体自制自律、平等互爱和诚信的基础之上，以正确的思想文化为指引。我们应逐渐培养坚持合理价格的定力，把包容思想和竞合文化，把孔融让梨的谦恭和境界真正引入竞争。

赢利是所有企业共同的目标。"利"从何而来？说到底，要从一个健康有序、共生多赢的生态系统中获得。财富不是固有的，而是创造出来的增量，大家要在增量的基础上分享财富。如果从利己主义出发，必定引发恶性竞争；从互利主义出发，就能实现良性竞争；从利他主义出发，则能让更多人通过企业的平台实现共富和小康，这将成为经济社会发展的巨大内在动力，这也是我的终极理想。当然，做到利他很难，但如果我们能从懂得分利做起呢？

## 学会接受拒绝，学会坦诚待人[1]

我在北新工作了 23 年，其中有 10 年是做销售工作。记得做推销员时，有一次去广州一家公司推销"龙牌"石膏板，当我敲开门向材料处处长说明来意后，人家说"我现在很忙，回头再说吧"。遭到拒绝了怎么办？我就往走廊的小板凳上一坐，边等边想愉快的事情。时至中午，他开门一看说："小伙子还没走？"我说："我的话你还没听呢。""那咱们说说吧。"就这样，我慢慢用真诚和努力打动了很多客户，从最初的被拒绝到后来被大家接受和喜欢，甚至有很多客户说"小宋这段时间没来，我们还有点儿想他"。

正是在做销售、在与人打交道的过程中，我学会了怎样对待他

---

[1] 节选自 2010 年 6 月 3 日在"袁宝华企业管理最佳实践讲坛"的演讲内容。

人，知道要尊重人、理解人、关心人。同时，从无数次被拒绝的经历中，我也体验到做企业的艰辛，懂得吃企业这碗饭不容易，知道企业的每一分钱都来之不易。尽管做推销很艰辛，但恰恰是这段经历影响了我的一生。现在很多年轻人刚踏入社会，就希望能被接纳，能前途似锦、一片掌声，这很难。我们要做的首先就是准备和学会接受拒绝，再通过努力让自己逐渐被认同、被接受。现在常有销售员打我的电话，我一般都会耐心地和他们说几句话，给他们些鼓励。因为做过销售员，我知道他们在打电话之前很忐忑，当年我也打过推销电话，所以很理解他们的心情。有一位监事会主席曾对我说，我挺赞成你这种工作风格，很温和，还能把人管好。我说，那是我做销售员时磨炼的心态。直到现在，我也不会大声跟人说话，从来都是看着对方的眼睛慢慢说话，不会闪烁其词，也不会顾左右而言他。

　　后来，我被提拔到北新一把手的岗位上。刚担任厂长时，有人提出，宋厂长太年轻了，管得了这么大的企业吗？还有人说，宋厂长以前主抓销售，不懂设备和生产，怎么管企业？我坦诚地做了回答："大家提的问题都非常对。第一，我很年轻，没有管理经验，这也是我担心的事情；第二，我之前一直抓市场，当厂长确实是一个很大的挑战。但是，我懂人的心，这是我的长处，也是现在企业最需要的。"当厂长的10年里，我一直和干部员工相处。那时，我住在职工宿舍里，每天中午都在职工食堂吃饭，北新有2000多名员工，既有博士，也有工人，还有6000多名家属。大家像一个大家庭，能这样相处，我自己也觉得有些奇怪。后来，我想明白了，就是做事凭心而做，不刻意，不虚夸，不要威风，认真坦诚地对待大家，对员工至诚至爱，大家就会很好地对待你。那10年给我留下了人生中最难忘的回忆，即便今天，我仍然很怀念那段美好时光。

# 做有品格的企业

## 企业的四种品格[1]

　　企业是一个营利组织，但同时又是一个社会组织，所以企业既有经济性又有社会性。作为一个社会组织，企业要承担社会责任，处理好方方面面的关系，也只有社会接受和社会支持的企业才能获得长远发展。和人一样，企业在成长过程中会形成自己的品格，而恰恰是这些品格决定了企业在社会中的认同度。企业的品格是企业在经营活动和社会交往中体现的品质、格局和作风，反映了企业的世界观、价值观和组织态度。企业的品格，也是集企业理念、文化和行为于一体的企业形象，企业在成长过程中要重视企业品格的养成。

　　在企业品格中，坚持那些和企业眼前利益无关，甚至会影响眼前利益的品格至关重要。其中有四项品格又是最主要的，那就是保护环境、热心公益、关心员工和世界公民。

---

1　节选自 2017 年 12 月《中国发展观察》杂志文章《企业的品格》。

一是保护环境。在企业品格中，保护环境应放在首位，大多数企业在运行中都会耗费能源和资源，都会对环境产生一定的负荷，但随着企业的增多，能源、资源和环境都会不堪重负。另一方面，随着绿色发展成为共识，绿色低碳经济正在不断壮大，只有积极行动、参与环保的企业才会有长久的未来。建设美丽中国是我们的当务之急。如今，我国不少地区土壤、地表浅层水遭到污染，空气污染等等，这些污染严重影响了人们的健康，过去我们常讲职业病，但今天由于环境带来的疾病已经覆盖了所有人群，怎样保护和恢复我们的绿水青山就成为企业的重要责任。

二是热心公益。我国是世界上最大的发展中国家。一方面，人民生活水平得到了极大的提高；另一面，还有一些贫困地区和贫困人口，帮助这些地区的人民脱贫致富，也是企业的一项责任。例如，中国建材集团帮扶安徽、云南、宁夏等省份的5个贫困县，派驻"村官"帮助贫困山村脱贫致富，不仅为贫困县架桥修路方便大家出行，还利用互联网技术成立电商平台"禾苞蛋"，把贫困山区的蔬菜和土产销往全国。另外，企业还要在自然灾害救助，关心和帮助弱势群体方面竭尽全力。通过这些爱心活动，企业员工也可以提升人生观和价值观，更加珍视工作和热爱企业。

三是关心员工。在企业中最宝贵的是员工，而不是机器和厂房。有品格的企业善待员工，不只是因为竞争力的需要。企业应当成为员工自我实现的有效工具，注重员工的全面发展，加强员工的学习培训，开展员工的拓展训练，丰富员工的文化生活，关心员工的身心健康，使员工德、智、体全面发展。重视员工发展可以凝心聚力。中国建材集团在短短数年间成为全球规模最大的建材企业，在2008年金融海啸和新常态下持续稳步发展，不断发现、吸引、培养人才是关键。

四是世界公民。对于"世界公民"一词有诸多不同解读，企业作为世界公民是套用联合国全球契约组织里的解释，即企业在全球化过程中，应遵守可持续发展等共同的原则。在中国企业通过共建"一带一路"走出去的过程中，我们的世界公民意识可进一步引申为遵守国际规则、遵守所在国的法律法规，尊重当地的文化习俗，重视企业的环保、安全，重视对当地员工的培训，热心对当地的公益事业，弘扬厚德载物、自强不息的民族精神等。伴随着中国进入新时代，中国企业在世界舞台的机会越来越多。中国企业对自身的品格也应该有更高的要求。中国建材集团和许多中国企业一道瞄准全球一流企业目标，努力将自身打造成为全球领先的跨国公司和名副其实的世界公民企业。

## 站在道德高地做企业[1]

中国有句古语"君子爱财，取之有道"。这句话用在做企业上就是企业要赢利，但前提是取之有道。这里的"道"，不仅是指企业的所作所为要符合法律法规要求的基本底线，更高的要求应是：坚守道德底线，义利兼顾，以义为先，站在道德高地上做企业。什么叫道德高地？就是在发展观方面，把人类的福祉、国家的命运、行业的利益、员工的幸福结合起来；在利益分配方面，遵循共享、共富的原则；在管理方面，把环境保护、安全、责任放在速度、规模和效益之前。

"小胜靠智，大胜靠德"。一个企业要想快速发展，得到社会的广泛支持，应该把德行和责任摆在首位，把对经济价值的追求和对社会价值的追求有机结合起来，达到持续发展的目的。在谋划战略时，在

---

[1] 节选自 2016 年 11 月 13 日在北大光华管理学院的讲课内容。

管理创新时，在推进改革时，在团队建设时，要时时想到"道德高地"四个字。

一是以人为本的仁德。从人的需求和愿望出发，提升人的价值和幸福，这是做企业的根本出发点。企业要追求利润，但追求利润的根本还是为了人。企业应敬天爱人，成为利益相关方共同创造价值和快乐的平台，让各利益相关方共享企业改革发展的成果，让人在企业的平台上有安全感、温暖感、归属感，满足人内心的幸福追求，这才是永续经营的根基。

二是胸怀全局的品德。以大局为重，走互利共赢的道路，这是企业健康发展的必然选择。现在，我国正处在经济结构调整的阵痛期，大多数行业出现产能过剩。在这个阶段，我们必须加快转变发展方式，探讨一种新的活法——不是探讨哪个企业，而是探讨整个群体怎么活得更好。这个新的活法就是摒弃传统的扩产能继而恶性竞争的老路，从大局出发，进行供给侧结构性改革，实现行业长治久安。

三是节能减排的公德。推动绿色发展，维护全球生态安全，这是每个企业公民应尽的义务。早在1962年，环保先驱蕾切尔·卡森就在著作《寂静的春天》中描绘了由农药毒杀生物引发的生态悲剧。10年后，罗马俱乐部发表研究报告，提出"增长的极限"，讨论了可持续发展问题，认为资源能源的不可持续是人类的最大麻烦。但很快人们发现，比"增长的极限"更严重的是"生存的极限"，即全球气候问题。据科学家测算，从工业革命到2100年，全球平均气温升高的上限是2摄氏度，超过这个限度，地球和人类的生存将受到威胁。

目前地球升温已超过1摄氏度。如果不加节制，到2100年全球平均气温将升高5~6摄氏度。中国是碳排放大国，碳排放量约占全球碳排总量的1/4。中国政府庄严承诺，2030年左右达到二氧化碳排放峰值，并努力使峰值出现的时间提前。要兑现这一承诺，我们需要付出巨大的努力。2015年12月，全球气候变化大会在法国巴黎举行。我作为企业代表做了三场演讲，分享了中国企业在应对全球气候变化方面的做法，得到了很多西方朋友的理解。今天绿色发展已成为共识，为了人类的永续发展而非眼前的利益，为了惠及子孙后代而非满足一时的贪欲，我们必须树立自律意识，为全球生态安全做出应有努力。

四是推己及人的美德。秉持包容和谐理念，把兼收并蓄的儒商文化带到世界，这是中国企业独有的商业智慧。《论语》中讲"德不孤，必有邻"，企业有高尚的品格、有厚重的道德，就能凝聚力量，得到社会的尊重和支持。以走出去为例，中国是大国，作为大国国民，企业的一言一行、一举一动都代表着中国。无数实践告诉我们，中国企业要想真正融入全球市场，就应有和谐共赢的思想，为所在国提供优质服务、就业岗位、税收贡献、公益支持，保护当地环境和市场秩序，努力成为和谐发展的践行者、倡导者和推动者。

企业成就的大小源自目标追求的高低。做企业不仅要赢利，更要有高尚的道德追求，把责任担当的意识、悲天悯人的情怀融于自身价值追求。企业应有仁者的素质、修养和胸怀，有感恩的心态和爱人的思想，有包容理念和利他精神，只有达到了这样的境界，企业才能有更强的竞争力和生命力。这正应了那句古训：厚德载物。

## 打造阳光企业 [1]

打造阳光企业是企业发展到社会化阶段的必然要求。作为社会的

---

1　节选自2013年8月31日在中国企业500强发布暨中国大企业高峰会的演讲内容。

主体，企业要以推动社会进步和促进民生幸福为己任，重视和维护社会大众利益，接受社会各界的监督，努力创造阳光财富。

阳光，意味着公开透明的经营。企业要遵纪守法、规范运营、科学决策、防范风险，从体制、机制、制度上推进人、财、物等重大决策的公开透明。同时，还要及时、公开、透明地进行信息披露，自觉接受政府和社会监管部门的监管，虚心接受社会大众和媒体的监督，实现阳光下的经营。比如，中国建材集团每年定期上报年度全面风险管理报告，并召开专题会议进行宣传贯彻和发布；设立新闻发言人，完善新闻发布工作制度，建立与社会公众、媒体沟通的有效机制；所属股份公司每年发布中期及年度报告，据实披露经营业绩和风险，并进行路演，接受社会大众和投资者的监督。

阳光，意味着包容共享的发展。企业要把实现自身价值融入社会利益最大化的目标，推动合作共享、互利共赢，让社会共享企业发展成果，实现包容性增长。包括创造良好效益、开展诚信经营，确保安全生产、提高生产效率，开展公平竞争、维护市场秩序，关爱员工健康、提高员工待遇，发展低碳技术、促进循环经济等。2010年达沃斯夏季论坛提出的"正义增长"理念说的正是这个道理，即企业要考虑长远增长的可持续性和当前增长的正义性，成为社会和谐健康发展的重要推动力。

阳光，意味着回馈社会的使命。企业要开展诚信经营，恪守商业道德，创造优良的产品、服务和效益，为社会谋福利，为人民谋幸福，实现"人"的福祉。企业应牢固树立"安全第一、以质取胜"的理念，始终把提供高品质的产品、服务作为永恒的使命和责任，把产品质量放在生产经营的首位。近年来，国内接连发生食品药品安全事件，究其原因，一方面是系统出了问题，标准制定和市场监管不力，行业恶性竞争导致压价低价；另一方面就是个别商家的良心出了问题，比如在"毒胶囊"事件中,劣质胶囊和好胶囊的价钱每万粒仅差20元,但为了蝇头小利,有的商家宁可铤而走险,这令人非常痛心。良心、良知是做企业的底线,任何时候都不得击穿。企业要赚钱,但要赚阳光下的钱,赚干净的钱,赚让大家都满意的钱,不能赚昧心的钱,不能把自己的幸福建立在别人的痛苦之上。如果每个企业都懂得"滴水之恩当涌泉相报"的道理,回到为人民服务的出发点上来,又怎会发生这类恶性事件呢?

一个企业要想持续发展,就必须端正做企业的思想。企业的发展依靠的是内在动力和市场竞争力,这些都取决于企业是否有正确的方向,其成长方式能否为社会所接受。做阳光企业,应是我们不变的承诺和追求。

## 企业应遵循的价值排序[1]

党的十八大报告提出了建设生态文明、建设美丽中国,将生态文明纳入"五位一体"的总体布局,开启了追求绿色发展的新时代。我理解的是,美丽中国应该包含自然环境的美丽、人与自然的和谐相处,也包含建筑、公共设施等我们人为创造的美丽,但最重要的是健康舒适的生态环境。

在通往美丽中国的道路上,我们还面临着一些问题,归纳起来主要有四大矛盾。一是发展和资源之间的矛盾。目前,我国大多数基础

---

[1] 节选自2013年4月11日在"美丽中国——可持续发展中国企业家论坛"的演讲内容。

原材料消耗量都超过全球的一半，石油、铁矿砂、有色矿产大量进口，从长期来看，这种方式难以持续和得到保证。二是发展和环境之间的矛盾。我国是全球最大的二氧化碳排放国，如何让经济发展和青山绿水结合起来，是可持续发展过程中必须解决的问题。三是发展和大多数产业产能过剩之间的矛盾。当前，我国大多数行业出现产能产量双过剩的现象，严重制约行业和企业的健康成长。四是发展和市场健康化的矛盾。恶性无序竞争和资源、能源的浪费，对产业造成极大的冲击。

建设美丽中国，关系经济的永续发展和子孙后代的福祉，关系我们每一个人。从政府到企业，从社会精英到社会大众都要形成共识，树立科学发展理念，自觉融入国家发展战略和经济社会发展潮流，下大决心推进发展方式的转变，大力开展技术创新、结构调整、产业升级和去产能化，推动绿色发展、循环发展和低碳发展。

企业是建设美丽中国的重要力量。今天，我们的资源与环境都遭遇了瓶颈，如何实现可持续发展是所有做企业、做实业的人都要深入思考的问题。我常想，企业生产的本质究竟是什么？经历了多年来"大干快上"的粗放式增长，这些问题的答案变得越来越清晰：经济重要，环境重要，但环境比经济更重要。如果我们连生存都不能保证，资源枯竭了，生态恶化了，再生产多少产品、建多少工厂、创造多少GDP、获得多少利润，都没有意义。

人类在创造财富、分配财富和享用财富的过程中，绝不能罔顾环境及后人的利益，否则必将自食恶果。我非常赞同韩国浦项钢铁集团的做法，即按照环境、安全、质量、技术、成本的价值排序来做企业，把生态文明、环境保护的事情放在前，把盈利的事情放在后。

# 节能环保要抓"3+1"[1]

中国建材集团是全球最大的建材工业制造商，全世界每销售 10 吨水泥就有我们 1 吨，每销售 3 张石膏板就有我们 1 张。大家从产业规模容易联想到碳排放量，进而联想到环境问题。然而，社会要发展，国家要建设，人们要安居，建筑材料不可或缺。如何生产这些材料才能最大限度地节约能源和保护环境，这是我们要解决的问题。20 年前，我在北新提出节能环保要从三个维度展开，后来中国建材集团把这些内容纳入公司宣传片并在实践中不断丰富完善。

在原材料的使用方面，倡导循环经济，在保证质量、环境和消费者健康的前提下，让城市和工业废弃物物尽其用。中国建材集团每年消纳工业废弃物 1 亿吨，自主研发 100% 使用电厂工业废弃物——脱硫石膏生产石膏板的技术，每年可消纳脱硫石膏近 1800 万吨，折合减排二氧化硫 650 万吨。

在生产方面，实现无害化处置城市垃圾，追求废水、废气和污染物的零排放。我们在水泥、玻璃等传统建材领域，积极淘汰落后产能，开发和应用节能环保技术。生产线全部配套余热发电系统，安装脱硫脱硝和静电与袋式双重收尘装备，减少二氧化硫、氮氧化物、PM2.5 等的排放，仅余热发电一项就减少二氧化碳排放量 955 万吨。我们与法国施耐德公司紧密合作，未来旗下逾 300 条生产线将推广施耐德能效管理系统，仅此一项每年就可节能创收 10 亿元人民币。

在产品方面，注重节能环保、舒适健康，致力于为社会提供质量可靠、绿色环保的建材产品，为新能源产业提供产品和服务支持。例

---

[1] 节选自 2015 年 7 月 22 日在全球契约组织 2015 "生态文明·美丽家园"关注气候中国峰会的演讲内容。

如，我们生产的新型工业化房屋是轻钢结构的节能房屋，虽是轻钢，但用钢量只有普通砖混用钢量的一半，工业化生产的成本也接近砖混结构。此外，我们还大力发展太阳能和风能产业，逐渐取代传统能源。到2100年人类将告别化石能源，到2050年人类可用的化石能源量要比现在少50%~70%，所以发展新能源材料不仅有必要而且很急迫。

除了上述三个维度，在工厂建设方面，我提出建设"花园中的工厂""森林中的工厂"，而不是"工厂中的花园""工厂中的森林"。美化生态环境，绿化整个工厂而且以种树为主，因为种树比种草要少耗费水。在厂房上布置分布式太阳能板，自发自用，节约电力，同时持续改善厂区周边的人居环境，深入开展复垦，打造国家级绿色矿山。2007年，中国建材集团在山东枣庄重组水泥厂时，集中爆破拆除9条机立窑生产线，被誉为"中国水泥第一爆"。爆破之前，枣庄市领导曾跟我说，当地小水泥厂污染严重，百姓"出门闭眼，睡觉捂脸"，窗户不能开，衣服不能晒，玉米叶上全是灰。爆破之后，我们在原址建设了日产5000吨熟料水泥生产线节能环保综合工程，构建起集生态工业、观光农业、新农村建设、休闲旅游于一体的循环经济链。在中国建材的带动下，当地小立窑相继被淘汰，水清了，天蓝了，老百姓非常满意。

节能环保要抓"3+1"，这是中国建材集团建设资源节约型、环境友好型企业的重要经验。三个维度，覆盖从源头消减到生产制造再到产品应用的全生命周期；一个原则，让工厂告别黑烟滚滚、尘土飞扬的旧貌，代之以青山碧水、鸟语花香的生态美景。说到底，"3+1"是一场实现工业与自然和谐共处的绿色革命。

# 做一流的企业
# 需要一流的思想

## 东西方管理思想应兼容并蓄[1]

改革开放之后,西方管理思想和管理学说大量涌入中国,中国企业界基本是以学习西方管理理论和管理案例为主。可以说,中国企业这30多年的快速成长,西方优秀的经营管理思想功不可没。但是,在学习彼得·德鲁克、杰克·韦尔奇、彼得·圣吉等西方管理大师的思想的同时,我们也发现了一个"墙内开花墙外香"的现象。中国的传统文化在中国企业界应用较少,在国外却备受推崇,尤其是日本、韩国、新加坡等国家的企业从中国的儒家思想中寻找动力和精神支柱,创造了飞速发展的奇迹。这让我们不得不对东西方的企业文化进行再思考。

现代企业管理涵盖几个大的方面:一是战略和文化,二是组织行为,三是量化分析,四是科技创新,五是市场运作。相比之下,西方

---

[1] 节选自2015年11月在北大光华管理学院的讲课内容。

管理文化的兴起源自经济社会和科学技术的快速发展，更重视定量分析和科技创新，擅长运用统计知识与模型分析等工具解决复杂的管理问题，以提高组织效率。所以，从管理的理性化、操作化和规范化等方面看，西方的管理思想似乎更胜一筹。而我们东方管理思想多注重企业哲学、行为规范、集体主义精神等。稻盛和夫带领两个企业进入《财富》世界500强，运用的就是东方的哲学思想。

中国优秀的传统文化有时能解决现代市场竞争理论所不能解决的问题，因为企业里不仅有定量的问题，还有大量定性的问题，像人的心灵归属、企业的价值追求等，这些很难用计算机量化。人毕竟不是机器，培养好的心态、好的素质、好的人格，让大家拥有共同的文化理念，解决人内心深处的问题，往往比建设新工厂、安装新机器难得多。

在博大精深的中华文明里，很多国学典籍中都蕴藏着深刻的管理智慧。比如，《韩非子·喻老》中的"千丈之堤，以蝼蚁之穴而溃；百尺之室，以突隙之烟焚"讲的是系统论；《周易·系辞传》中的"君子知微知彰，知柔知刚"讲的分别是管理幅度和管理力度；《孟子》中的"以德服人者，中心悦而诚服也"，对以人为本的管理大有启发。所以说，东西方管理思想各有侧重，各有优势，我们绝不能非此即彼或者厚此薄彼，关键是要利用它们各自的优势。

对待古今中外一切文化成果要坚持"古为今用，洋为中用，去粗取精，去伪存真"的方针。作为企业管理者，对东西方文化和管理思想也应当兼容并蓄，以中国文化为根本，以西方管理为手段，中体西用，在企业内实现和谐统一。在融合的过程中，渐渐形成适合中国企业或者东方企业的相对完整的管理思想体系。

# 半部《论语》做企业[1]

在众多国学经典中,《论语》是对我影响最深的一部。这些年来我反复诵读原文,也看过不少白话文译本,它不仅影响了我做企业的思路,也由此构筑了我的企业观。回想自己多年做企业的经历,可以说就是"半部《论语》做企业"。这里的"半部",与宋朝宰相赵普"半部《论语》治天下"中"半部"的含义不同,我指的是虽然学《论语》多年,但仍感觉学得不深不透,一知半解。即便如此,学习、应用书中的一些基本原理和核心理念,对我做企业的帮助非常大。

企业到底应该怎么发展?孔子的两个重要观点可以用来考量企业对发展"度"的把握,即"过犹不及"和"己所不欲,勿施于人"。"过犹不及"的"中庸"思想与我们今天讲的新常态下的平常心一脉相承。在做企业方面,我主张把握"度"和平衡:一是不要什么都做,有舍才有得;二是考虑可持续,既要看眼前更要计长远;三是考虑承受度和风险,有底线思维;四是制定"三分天下"的市场战略,不要包打天下。在做事方面,我主张中庸之道,力求达到最佳状态,最好处于 0.618 的黄金分割点,凡事不做激进派,不做落后派,做个促进派。"己所不欲,勿施于人"的观点告诫我们,要处理好自己和他人之间的关系,做人做事要推己及人,将心比心,把握分寸。做企业也是一样,要学会换位思考,从他人的角度考虑问题,处理好企业与自然、社会、员工、竞争者的关系,实现和谐发展。

做企业是为了什么?孔子讲"仁者爱人""仁者安仁,知者利仁",真正的仁者要有爱的真诚,真正的智者必须做事利仁。企业经营以盈

---

[1] 节选自 2015 年 9 月刊《国企》杂志文章《半部〈论语〉做企业》。

利为核心，但企业不是单纯的经济组织，做企业的根本目的还是要为社会大众服务。我们应有仁者的素质、修养和胸怀，有感恩的心态和爱人的思想，以包容理念和利他精神努力造福社会。很多企业不明白这个道理，虽然赚了钱，但并不受社会欢迎，企业内部也矛盾重重。

孔子的思想对于企业管理也有重要启示。孔子的理想是："大道之行也，天下为公，选贤与能，讲信修睦。"这里的"天下为公"指的是民主管理，选贤与能参与管理。人不是个体的存在，而是社会性的存在，所以不能一意孤行，只考虑一己之私。像现代公司制之所以被称为公司，也是指要有民主、规范、透明的管理。此外，孔子要求做事应尽善尽美，这是企业管理者的最高境界；"先有司，赦小过，举贤才"的用人观，告诫管理者要知人善用；"见贤思齐"的思想，可以作为对标管理的思想基础；"道千乘之国，敬事而信，节用而爱人，使民以时"的思想，告诉企业要做到先进简约。孔子主张终身学习、建立互动式组织学习，《论语》其实就是孔子和学生在深度会谈中碰撞出的思想火花。

在核心价值观方面，孔子主张"君君，臣臣，父父，子子"，以及"仁、义、礼、智、信"，西汉时期董仲舒将其提升为"三纲五常"。"三纲五常"虽在后世的实践中失之偏颇，带有封建性的糟粕，但作为中国人的核心价值观，曾维系中国社会上千年，对社会稳定起到了重要的作用。核心价值观是价值取向和文化纲领，企业归根结底是人的组织，树立良好的核心价值观是企业基业长青的基础。

《论语》是做企业的重要指南，其中蕴含的丰富哲理、人文精神、道德理念，对于制定企业战略、提高管理水平、加强团队建设，乃至铸造企业家精神都有着积极的指导意义。《论语》可以指引企业走上正确的发展道路，也可以成为管理者内心的一面镜子，时时调整思考的方向。

# 中国式管理的内核与现实意义[1]

今天我们常讲中国式管理,那到底有没有中国式管理,其实学界是有不少争论的,有的人觉得管理就是一个现代管理,不存在中国和外国之分。事实上,随着中国经济的成长,目前中国的经济规模很大,企业规模也很大,中国悠久而灿烂的传统文化自然地会渗透到现在的企业管理里,成为管理的一种底层逻辑,于是就会形成有中国文化特色的现代企业管理,我们也叫中国式管理。在我看来,中国式管理有三大内核。

第一大内核就是以国学为代表的中国文化。

这里面既包含国学,也包含现代的中国文化,这是我们的基础。中国文化是中国式管理的人文历史背景,一般注重企业哲学、行为规范、集体主义精神等。其中,儒家思想强调"仁爱""礼治""中庸",倡导以人为本的管理,注重员工的道德修养和人际关系的和谐。道家思想提倡"无为而治""顺其自然",在管理中体现为放手让员工自主工作,不过多干预,以激发员工的创造力。《易经》思想讲究辩证、变通和适应,强调根据环境变化灵活调整管理策略。

日本、韩国、新加坡等国家的很多企业,一般都是从中国的儒家思想中寻找动力和精神支柱,也由此创造了飞速发展的奇迹。稻盛和夫做了两个《财富》世界500强企业,他说自己的成功之道就是八个字"敬天爱人、利他之心"。这八个字其实就源于他对儒家思想的深刻理解与运用。

第二大内核就是现代企业管理理论。

现代企业管理理论的发展也是历经了几个重要的阶段。20世纪

---

[1] 节选自2024年9月29日在全球华人国学大会闭幕式的演讲内容。

被称为"管理百年",在19世纪末20世纪初期有两位非常重要的管理界的人物,一位是泰勒,另一位是法约尔。泰勒被誉为"科学管理之父",他提出的"科学管理理论"强调通过科学的方法来提高劳动生产率。法约尔则被誉为"管理理论之父",他提出了管理的五大要素,即计划、组织、指挥、协调和控制,还提出了著名的14条"管理的一般原则"。

随后,大规模生产方法、流水线生产方式出现,造就了大企业,企业大了之后,人们又开始发现组织结构和人对企业的重要性越来越高。"组织理论之父"马克斯·韦伯提出了科层制组织理论,主要讨论的是大型组织的结构设计。道格拉斯·麦格雷戈的X理论、Y理论,以及威廉·大内的Z理论,讨论的都是人的中心地位,人本管理思想开始在企业中受到重视。

德鲁克被誉为"现代管理学之父",他把管理上升到了学科的重要位置,提出管理是可以被学习的,企业里需要卓有成效的管理者,并大力推动了管理教育与管理培训,他也带动了MBA教育在全球的普及。在20世纪的后半叶,日本在管理方面的成就逐渐占了上风,丰田的精益生产、戴明在日本推行的质量管理、大前研一的战略理论等,都曾盛极一时。

改革开放之后,西方管理思想和管理学说大量涌入中国,中国企业界那个时期以学习西方管理理论和管理案例为主。德鲁克、杰克·韦尔奇、彼得·圣吉等西方管理大师的思想,影响了很多人。西方的管理比较重视定量分析,擅长运用统计知识与模型分析等工具解决复杂的管理问题。日本则是比较注重工法,中国企业后来也是学习了日本的5S、看板管理、适时生产等工法。在这第二大内核层面,中国企业的管理主要是学习者的心态与姿态。

第三大内核就是中国企业的管理实践。

改革开放以后，经过长年的实践，中国产生了一大批企业、一大批企业家，他们在成长过程中创造出了大量的管理经验，我们越来越多的经济学家、管理学者写了不少的著作，企业家也开始把自己的经验都整理出来发表，也出了不少专著，其实这些就逐渐形成了中国式管理。

中国企业在管理实践中不断探索和创新，出现了华为的基本法、海尔的"人单合一"模式、宁高宁的"五步组合论"等重要经验和思想。我也给大家提出了"三精管理"模式，即组织精健化、管理精细化、经营精益化，并进一步拓展成三精十二化四十八法，这是一套非常系统的管理工具。

我们一方面是肯定中国式管理，后续还需要不断地去完善它，另一方面，对我们中国企业来讲，中国企业的管理是非常有意义的。过去这么多年，我们主要是学习西方的管理，现在我们当然也会继续学习西方的管理，但主要是要认真总结我们自己的管理思想，更多地学习中国式的管理，因为这是我们自己形成的成功经验，这很重要。关于中国式管理的现实意义，主要体现在三点。

第一，中国式管理是中国式现代化的一个重要组成部分。

中国式现代化强调的是一条符合中国实际情况的发展道路，不仅仅是讲经济的发展，还包括政治、文化、社会和生态文明的全面进步。而我们的中国式管理，是中国式现代化在管理领域的一种具体体现，它是通过影响中国企业的发展来影响中国的经济，也影响中国的管理学科的发展，这其实也是一种文化进步与文化自信。我们要想实现中国式现代化，对企业而言，首先是要做好中国式管理。

第二，中国式管理是我们中国企业在管理发展上的一个必然，同时也是指导我们中国企业不断向前发展的一种重要方法和理念。

早些年，在英美比较发达的时候，产生了大量的管理理论。日本在经济蓬勃发展的时候，也曾经产生过日式管理，那现在中国的经济、中国的企业越来越走向世界舞台，中国的一些大企业做强做优做大，创造出了很多中国式管理的实践和经验。所以，出现中国式管理是一种必然现象。中国式管理不仅能够为企业提供一种适应我们中国本土市场和本土环境的管理方式，还能够帮助企业在全球化竞争中保持独特优势，实现高质量发展。

第三，中国式管理既是中国的，也是世界的。

现在中国学界、企业界的这些管理思想与管理工法，其实对全世界来讲也是非常重要的。随着中国企业进一步走向海外，无论是在海外开拓市场建工厂，还是在海外进行一系列的并购重组，或者是与国外合作者联合开发第三方市场，在这个过程中，中国式管理也会被带到国际上去。事实上，随着中国企业在国际上的影响力不断提升，中国式管理越来越多地得到国外的重视。中国式管理中的一些理念，如重视和谐、追求长期稳定发展等，也为解决全球化背景下的管理问题提供了一些新的思路和方法。

习近平总书记曾经说过："必须继续推进马克思主义中国化，坚持把马克思主义基本原理同中国具体实际相结合、同中华优秀传统文化相结合。"[1] 就管理而言，其实也是同样的，我们既要把现代管理与中国的实践相结合，也要把现代管理和中国优秀灿烂的文化相结合，这样才会产生更多中国式的管理思想。

有思想才会被尊重，固然我们企业的产品好、赚了钱，会被人尊重；但如果我们中国的学者、企业家能在管理界创造更多一流的、优秀的管理思想，将更会为全世界所尊重。让我们在继承和发扬国学的同时，不断创新和发展，让中国式管理在世界舞台上绽放光彩。

---

[1] 《庆祝中国共产党成立100周年大会在天安门广场隆重举行》，《人民日报》，2021年07月02日01版。——编者注

# 企业需要什么样的管理研究[1]

管理研究要解决企业的问题。管理研究从何而来？管理研究应是从应对企业问题中来，是为了发现企业的问题、解决企业的问题而产生的。从工业革命开始，如何提高企业的效率这个问题就出现了，它是管理研究的起因。随着企业的发展，战略研究、投资研究、组织研究、创新研究等应运而生，所以管理研究始终是为了解决企业的问题。

我国的企业管理是随着我国改革开放发展起来的。改革开放初期，我国企业管理总体上比较粗放，生产水平也很落后。在整个20世纪80年代，我们的企业处于管理的学习阶段，我们开始学习西方的管理理论和日本的管理方法；到20世纪90年代，我们开始引入MBA教育，我国企业管理研究有了一定发展；伴随着国有企业的改革、民营企业的发展、上市公司的壮大，这一段的管理研究更多转向对企业制度的探讨。自2000年以来，我国企业面对的主要是互联网、新技术革新、企业"走出去"、气候环境变化等问题，因此，这一段的管理研究紧紧围绕企业创新、国际化、应对气候变化等问题展开。随着企业面对的环境的不确定性带来的变化，需要研究的问题越来越多。我从实践中得出结论，管理研究是帮助企业解决问题的，确实能帮助企业提高竞争力，促进企业的发展。

管理研究服务于企业管理者。管理研究着眼于解决企业的问题，指导企业经营发展，它的成果应该应用于企业，它的服务对象应是企业家和企业管理者。因而，无论是写论文还是著书立说，为什么、为了谁这个目标不能缺失。如果我们写的东西让做企业的人看不懂，

---

1　节选自关于2020年3月25日《管理世界》"3·25倡议"的看法。

"丈二和尚摸不着头脑",这肯定是管理研究的失败。过去这些年,一些知名企业家批评现在的管理教育不解决问题,甚至学了还不如不学。我认为这些批评并不是对管理研究和教育本身的批评,而是对脱离企业实际和对象、束之高阁的管理研究和教育方式的批评。

随着企业的发展,我国企业界的管理水平越来越高,企业的创新能力也越来越强。在这种情况下,企业家需要高水平、有针对性的管理指导,应该说这对做管理研究的学者来讲既是机遇也是挑战,因为研究企业这些新问题、新变化所需要的知识和方法越来越难。管理研究要有一定的理论性,我想这是研究的特征。但这些理论要让有学习能力的企业家看得懂,也就是说研究成果要达到能让大家茅塞顿开和喜闻乐见的效果。企业管理研究要借助数学进行逻辑验证和概括,但又要直白地把原理和绪论讲清楚,这样会更方便企业人士看明白。

知行合一的管理研究。管理大师德鲁克主张企业管理应知行合一,并且认为首先是行不是知,他的这个观点表明了企业管理研究的实践性特点。虽然我讲了很多管理实践的意义,但我还是十分赞成加强管理理论的研究,因为在从事管理的过程中,我十分受益于对管理理论的学习。同时我也主张更多的企业家学习管理理论,我认为不学习管理、只凭经验做不好企业,反之亦然。

关于讲好中国故事,我觉得这是我们目前要特别重视的问题。企业管理毕竟是以研究企业为对象的,工业革命后管理热潮产生于英国,20世纪上半叶美国独领风骚,而后日本跟上,现在应是讲中国企业故事的时代了。

事实证明,企业管理理论是与经济发展和企业成长分不开的。现在我国经济整体规模达到世界第二位,而《财富》世界500强企业的数量已经位列全球第一。尤其随着互联网、5G、AI等一批新经济企业的快速崛起,我们应该建立有中国特色的企业管理理论。以前袁宝华老先生提出我国企业管理理论要"以我为主，博采众长，融合提炼，自成一家"，今天我们具备实现这一主张的条件了。

## 企业家首先应是思想家[1]

近年来，中国大企业数量越来越多，但与世界一流的跨国公司相比仍然存在差距，尤其是在企业思想方面。中国现在不乏大企业，也不乏大企业家，真正缺乏的是大企业思想家。中国企业家能不能站在全球的高度来思考问题，能不能产生引领世界企业的管理思想，是未来中国企业家面临的挑战。

企业是中国的经济基础，也是中国的社会基础，企业家又是企业的领头人，所以企业家有没有正确的思想、有没有独立的人格关系重大。企业家首先应是思想家，因为思想决定一切。真正的企业家要站得更高，有全局观和强烈的责任感，关心国家和民族的命运，关心社会的和谐、稳定，关心年青一代的成长，关心文化的传承和现代思想的传播。把企业发展与国家战略、社会利益紧密联系在一起，精通经营哲学、文化理念、企业责任等深层次问题，能创造先进的思想并以先进的思想引领企业健康发展，这是企业家最重要的使命。

现在各种论坛很多，在博鳌亚洲论坛、全球财富论坛、达沃斯论坛等大型活动上，西方大企业家往往能结合会议主题侃侃而谈，他们站位很高，关心的大都是社会和经济层面的问题，比如全球化问题、

---

[1] 节选自 2013 年 5 月《国企》杂志《崇尚理想和思想的企业家》采访实录。

气候变暖问题，也会谈及哲学和文化。而中国企业家相对存在局限性，大多停留在具体操作层面，一般讲做了多少产品，企业在世界排行多少，很难和国外企业家站在一起讨论深层次的问题，思考的面较窄。前些年，印度IT之父尼勒卡尼有本著作叫《与世界同步》，讨论的是印度的国家经济和整个民族的走向，书中对印度和中国发展模式的分析也很有见地。正是受他的启发，弗里德曼才写出《世界是平的》这本书。法国圣戈班集团名誉主席白峰所著《法国的抉择》一书，探讨的是欧债危机后法国及法国企业的发展模式问题。中国企业家要达到这样的思想高度和理论深度，还有一段路要走。

做一流的企业需要一流的思想，有一流的思想才能引领一流的企业。企业家并不是因为企业做大而受人尊重，而是因为有思想才受到尊重。成功的商业模式可以复制，优秀的管理经验可以模仿，但领导者的卓越思想无可替代。中国企业和中国企业家的下一个目标，不只是让更多的中国企业跻身《财富》世界500强企业之列，更要创造代表时代精神和灵魂的企业思想。

# 保持定力
# 永远面向正前方

## 按照常理做企业[1]

做企业应该掌握一些原则立场，不论环境如何变化，技术如何创新，总有一些不变的东西，这些东西是做企业的底层逻辑。我总结了做企业要秉持的三大主义，就是务实主义、专业主义和长期主义。

务实主义，从细微之处做起。

务实主义是中国文化的传统，中华民族是非常务实的民族，中国的企业家也是非常务实的一群人。改革开放后，中国经济能够快速崛起，中国的企业能够快速发展，与中国人的务实精神是分不开的。做企业光靠高谈阔论没用，最根本的还是要做出好的产品、提供好的服务，最后有良好的经济效益，这是企业家要时刻牢记的。

北新建材原来的厂区环境并不好，我做了厂长后，下定决心要把这事儿解决好。治理环境的契机是主管部门通知我们美国的黑格将军

---

1　节选自2020年12月31日正和岛2021企业家新年大课暨新年家宴的主题演讲内容。

要来工厂参观，于是我们动员全厂员工打扫了一个星期的卫生。可后来黑格先生因故没来，员工们很有意见，认为厂长是在糊弄大家。于是，我召集干部们开会，反问道："干净的作业环境是为了给黑格将军看，还是为了满足我们自身工作的需要呢？"

后来我倡议建设花园式工厂和花园式家属区，还修建了一个"爱心湖"，也组织大家花了三个月的时间清理完办公楼后面的那座垃圾山，在那块空地上修建起小花园和龙苑食堂，还有足球场、篮球场和排球场。这些措施改善了员工的生产和生活环境，提升了员工的幸福感。经过一番整理改善，工厂模样大变，一平方公里的厂区湖光水色、树影婆娑、绿草如茵，每条马路、每个厂房、每块玻璃，甚至每个厕所都干干净净。日式管理理念曾对全球企业产生一定影响，而我们的厂区环境让从日本来的客人都赞叹不已。

如果企业连打扫卫生都做不好，又怎么能做好产品呢？那时我带领大家打扫卫生，有年轻干部跟我说："宋总，我们为什么总去打扫卫生呢？我们要不要做点大的事情呢？"我说："一屋不扫，何以扫天下。"这不仅是打扫卫生的事情，还是做事情要从点滴、细微处做起的一种务实精神。

我们不是经济学家，不是科学家，也不是外交家，而是企业家，我们不能代替别人，别人也不能代替我们。我们做企业还是要种好自己的一亩三分地，要成为有执行力的务实主义者。

专业主义，在细分市场做到极致。

习近平总书记曾讲过这样一段话："做企业、做事业，不是仅仅赚几个钱的问题。只为了赚钱，见异思迁这种事情就会发生。做实体经济，要实实在在、心无旁骛地做一个主业，这是本分。"[1] 做企业一

---

[1] 《上下同心再出发——习近平总书记同出席2019年全国两会人大代表、政协委员共商国是纪实》，《人民日报》，2019年03月15日01版。——编者注

定要围绕主业进行。我本人是专业主义者,在管理中国建材集团和国药集团的时候,中国建材集团只做建材,国药集团只做医药,不越雷池一步。因为我知道,离开专业我们对其他行业了解得有限,做企业不能总听人讲故事,还是要集中精力把自己的主业做好。

做大企业对标世界一流,这样是专业化的;做中等企业对标隐形冠军,这也是专业化的;做中小企业就做"专精特新",这还是专业化的。无论是大、中、小企业,都应该有专业化思维,努力深耕细作,这是长久稳健发展的前提。

再就是要细分市场。法国人面包做得好,法国面粉有 100 多种,日本人水泥做得好,日本特种水泥有 100 多种。在细分市场做到极致,也能够取得很好的效益。

长期主义,坚守下去,久久为功。

做企业不可能马到成功,马到了也不一定会成功。做企业需要一个漫长的过程,是一件苦差事,必须坚守。做好一个企业需要 10~15 年的时间,如果想做到极致,可能需要 30~40 年。大家有时候问我,宋总,这是怎么算出来的?我说,这不是算出来的,而是做出来的。中国建材集团旗下的好企业,像北新建材、中国巨石都用了 40 多年的时间,才做成了一家不错的企业。

北京大学刘俏教授在《从大到伟大》一书中指出,一家被称为伟大的企业,必须有 50 年以上的历练,短时间的成功不能被称为伟大,因为不知道后面有多少风险等着。只有经受住历史的考验、经过长期的磨砺,才有可能成为伟大的企业,从这一点来说,大部分企业距离伟大还有很长的路要走。做企业都要有这样的心理准备,我们选择的是充满坎坷的奋斗道路,坚守下去才会终成正果。

我到中国建材的时候,公司只有 20 亿元的营业收入,我 2019 年退休时,公司有将近 4000 亿元的营业收入,但是这个过程花了 18 年。

最初，我并没有要做《财富》世界500强企业的目标，只知道扎扎实实地做企业，这些事情都是一步一步做下来的。千里之行，始于足下，干一行爱一行，而且坚持去做。

中国要有一流的经济学家、一流的科学家、一流的军事家，也需要一流的企业家。如果没有企业家创造财富，没有企业家制造精良的产品，可能其他都不容易。企业要靠企业家带领才能做好。一路走来，尽管有这样那样的困难，但下定决心要做的事业，我们就要秉持长期主义的原则，始终相信自己、相信直觉、相信常理、相信未来。

## 企业家心力的五项修炼[1]

企业家不光要炼人，也要炼心。企业家的心力到底是什么东西？细想来，我觉得可以概括成五商：胆商、情商、智商、逆商、哲商。

第一点胆商。什么叫胆商？实际上就是勇抓机遇和勇于担当的能力。一说到胆商，大家首先想到冒险，其实企业家的特点不见得一定是要冒险，而是要抓住机遇的同时平抑风险。再一点，虽然不冒险，但是企业家应该勇于承担责任和承担风险，这是我们做企业家对心力的首要练习。

我刚到中国建材任一把手时，它的收入只有20亿元，在央企中排名很靠后。当时我认为，如果公司没有一项大的业务，那么这个企业无论如何是做不大、做不强、做不优的，所以我决定去推动整合水

---

[1] 节选自2024年12月31日在正和岛案例共学新年大课上的演讲内容。

泥行业。之前我没有做水泥这个行业的经验，因此当时要整合起来挑战很大，但经过几年的努力，我带领公司推动整合了 5.3 亿吨的水泥，中国建材也成为全球的"水泥大王"。中国建材不光推动了水泥行业的结构调整，也取得了不少利润。

水泥整合过程中，要说做对了什么，我认为抓住的两个机遇很关键：第一，当时水泥行业打乱仗，也就是今天讲的"内卷"，价钱从 400 元 / 吨打到了 180 元 / 吨，行业需要重组；第二，当时全球的热钱涌向中国，我们在香港上市募集了资金，才有能力回来做成后面的整合。这就是抓住机遇。

然后还有勇于担当。2007 年我们开始投资碳纤维，碳纤维作为材料界的明珠，做起来难度很大，在长达 10 年的时间里，我们每一年都给予碳纤维业务大力支持。直到 2018 年，中复神鹰碳纤维项目获得"国家科技进步奖一等奖"，再后来到 2022 年，公司在上交所上市，终于获得了市场的认可，也得到了上级领导的肯定和表扬。

我一直认为，想要做成点事情，就要有个人担当，不担当是做不成事的。

第二点，情商。情商就是理解他人的能力，只理解自己不叫情商，理解大家才叫情商。1993 年我在北新建材做厂长，那个工厂非常困难，大家干多干少一个样，干和不干一个样，企业在传统的机制下，工厂发不出工资来。当时职工们抱怨企业多年没涨过工资、没分过房子。后来我在工厂前区放了两个气球，每个气球上带着一个条幅，一个写着"工资年年涨"，一个写着"房子年年盖"。于是我当厂长的第二年，这个工厂逐渐步入正轨了，后来在深交所上市，也就是今天的北新建材。

我当这个厂的厂长时 36 岁，工厂已经建立 13 年，前面有过 7 任厂长，我是第 8 任。他们的资历学历都比我高，我和他们的工作有什么不同呢？我当时问工人："怎么就能好好干活儿了呢？"他们回答我："宋厂长，我们好多年没有涨过工资，好多年没有分过房子了。"这可能就是我与其他厂长稍有不同的地方，我更加洞察人心，理解人性，员工需要涨工资、分房子，大家心中的火就被点燃了。

vivo 的文化是四个 happy（快乐），让客户 happy，让员工 happy，让投资者 happy，让合作方 happy。这让我想起做北新建材的时候我提出了三个信心。"没有比客户对企业有信心更重要的事""没有比员工对企业有信心更重要的事""没有比投资者对企业有信心更重要的事"。三个信心，比 vivo 的四个 happy 少了一个 happy，但逻辑是一样的，一定要让大家满意，企业才能做好。

后来我整合水泥的时候也是这样，整合了上千家水泥公司，我当时就端出"三盘牛肉"：第一，公平合理定价，不欺负民营企业；第二，民营企业可保留一定股权；第三，民营企业合适的管理者可留下来，继续做职业经理人。那时候我们重组一个企业，我会把公司的司徽摘下来，别到合作伙伴的西服上。虽说看起来是个小小的动作，却是很有意义的。收企业实际是收人，收人最重要的是收心。

第三点，智商。智商实际上指的是学习和运用知识的能力，有先天智商，也有后天智商，我主要讲后天的智商。后天的智商是通过学习和实践获得的，做企业只学习不实践不行，但是只实践不学习也不行。

我做企业这么多年，大家有时候问我：宋总，你怎么做成这么多的事呢？我说主要靠两个字，学习。向书本学习，向他人学习，向实践学习。

我是一个喜欢读书的人，也是一个喜欢到企业里去学习的人，做中国上市公司协会会长这五年半，我去了 400 多家上市公司，100 多家非上市公司。我喜欢这种知行合一的学习。

当初上级安排让我同时做建材和国药的董事长，我也是靠学习才实现了转变。过去我一直是在建材领域工作，建材和药材大家都觉得风马牛不相及。那段时期，我经常是上午在建材，下午在国药。这该怎么做呢？主要靠学习。我在国药任职之后，遇到的第一个七天假期，基本没外出，买了一套投行研究医药方面的书，一共八本，七天读完。后来又深入每个研究院所和工厂参观，请了三位院士，向他们学习。我做国药集团董事长的五年时间里，企业里基本没有人把我当外行看待，这主要是靠学习。

今天是一个知识大爆炸的时代，包括 AI 在内各种各样的新事物涌现，考验我们企业家心智的实际上就是学习能力。

第四点，逆商，也就是克服困难的能力。常常有人问我：宋总，你遇没遇到过大的困难？其实我每年都会有几个小困难，几年遇到一个大困难，可以说，做企业是个不停地解决困难的过程。

我当北新建材厂长的时候，全厂发不出工资来，我是靠职工集资启动的工厂。好不容易把企业做好上市了，价格也调整好了，结果跨国公司跟我们"打仗"，把产品拉到工厂门口叫板，石膏板的价格一下子就降了一半，紧跟着利润降了，股价降了，股民也很有意见，那是我的至暗时刻。北新建材在那场竞争中，还是靠质量、靠服务取得了优势，把那些跨国公司打败了。

后来我到中国建材也是这样，当时债主临门，公司虽有 20 亿元收入，但实际上是负债累累。甚至在任命我的时候，主席台下递给我的一张纸竟然是法院冻结所有资产的通知书。就是在这种情况下，带着企业改革、重组、发展，中国建材好不容易在香港上市了，2008 年又遇到金融危机，股票在香港被卖空，从 30 多港元/股被打到 1.4 港元/股。这又是我的一个至暗时刻，又面临一次极大的压力。后来随着中国基建的恢复和中国建材稳定的业绩，公司股价得到很好的恢复。

我在中国建材做了18年董事长，中国建材最后做到4000亿元的收入。我做的几家企业，当时都是传统的央企，处于充分竞争领域，在很多人眼里算不上高大上的企业，都是从小做到大的。

一路上我真的遇到过不少困难，这些困难是客观的，而企业家的使命和责任其实就是不停地解决困难。其实，解决困难的时候往往是企业家学习进步最快的时候，如果日子过得太顺，反而可能没有什么进步。

今天我们仍然处在一个不断遇到困难的过程中，希望大家能攻坚克难，在这个过程中不断成就我们的人生和事业。

第五点，哲商，这个也很重要。哲商就是系统和辩证的分析能力，以及对度的平衡和把握能力。

哲学是辩证法，辩证法的核心是对立统一，也就是说，我们既要看到一面，还要看到另一面。一个魔方不是只有一面，而是有六个面。也不能非黑即白，像太极图就是把白鱼和黑鱼画在一起，你中有我，我中有你。国外有些人认为我们没有哲学意义上的哲学，其实大错而特错，我们朴素的自然辩证法就是底层逻辑，中国人懂得辩证地看问题，比如福祸相依、否极泰来。西方人会问，怎么证明否极泰来？可能不太好证明，但是我们在很多年的实践中理解到了这样一个规律，这是中国的哲学。

在指导日常工作的时候，中国哲学也是非常重要的，比如像《论语》里讲的"过犹不及""欲速则不达"，都体现了对度的把握。为什么我们今天要强调度的把握很重要？竞争是个好东西，也是市场经济的灵魂，但是过分竞争可能会引发内卷，这也是现在大家在市场竞争中都很难受的原因之一。

2009年水泥行业"打仗"也很凶，我在海螺水泥大会上提出来：行业利益高于企业利益，覆巢之下无完卵！大家要合作才行。有人跟我说：宋总，没法合作，必须打场"血仗"，最后有胜者出来才行。但其实我们研究西方水泥行业，如果通过市场竞争出清的方法来结束过度竞争，大概要经历40年，这是无法面对的。我跟大家讲，"战争"该结束了，我们得换一种活法，从竞争走向合作。同行之间是冤家，但也是利益相关者。所谓一个生态，难道只有一棵树就真的能生存吗？也得有别的树，还得有草，还得有花。这就是逻辑，良性竞争创造价值，恶性竞争毁灭价值。

我们衡量一个企业家有没有哲商，是不是真的够睿智，有一点可以判断——头脑里面是不是同时有两种相反的观点、相反的认知。我们既要想到黑，还能想到白，既能想到自己，还能想到他人，不是一根筋，但是它并不影响我们的行动，这就厉害了。

今天我们的企业家，要懂一点哲学，懂得把握好做事的度，明白这样的道理，能够有度地把握，非常之重要。

## 克服焦虑，务实达观[1]

我们的企业是一路克服困难才走到今天的。因此，困难并不可怕，关键是我们的态度，我们既要正视困难，又要坚定信心，信心比黄金还重要。

解决困难得靠我们自身努力。这也是企业家的本能和企业家的精神所在。谁都不愿意有困难，但又要珍惜困难，既然困难来了，我们

---

[1] 节选自2022年9月27日与长江商学院副院长张晓萌的"构建韧性：个人和企业如何持续小赢"主题对话内容。

就不能当"鸵鸟"回避,而是要积极面对、思考。这样一来,企业解决困难的过程也可能变成一段很有意义的经历。

有句俗话说,"弯的扁担不容易断",我也建议企业家成为这种"弯的扁担",增强自身韧性,提高对社会和经济发展的适应性。企业家肩上承载的担子很重,要始终为企业负责,所以无论遇到多大的挫折和困难,都要挺过去。这种意念上的坚持,也是我韧性的出发点。我们常说"疾风知劲草",我想这个"劲草"是有韧性的草:一是它根基牢;二是它不脆弱,风刮几下也没关系,但有的草,风一刮它就倒了、断了。我们要做经得住刮的"劲草",要做有韧性的企业,实际上就是去强化我们包容、容纳以及抗风险的能力。

克服焦虑,务实达观。什么叫务实?务实就是把心放平,扎实工作,一步一个脚印,不好高骛远,没有侥幸心理,一分汗水,一分收获。做企业其实就是要扎实地做事,一步一步地探索,逐渐找到规律。达观意味着我们要在直面困难的同时,以积极的心态去解决问题。今天对企业家来讲,如果过度悲观,就可能失去很多机会。困难是客观存在的,如果别人在做你不做,机会就很容易失去了。

目前看来,像一些高科技行业、新能源行业发展得不错,大企业、上市公司的情况好一些,中小微企业遇到的困难可能相对多一些。在这种情况下,企业过度悲观也无济于事,还是要振作起来,越艰难的时候,我们越要看到光明,鼓起勇气。弘扬这种不认输、不轻易言败的企业家精神非常重要,这是我们做企业家应有的本能。那些总是能够东山再起的企业、企业家,他们最明显的特质是什么呢?就是虽然眼前失败了,但是他们心理上没有放弃,始终坚定信念。虽然眼前遇到了困难,但还想着再赢回来一局,愈挫愈勇,这就是心理上的韧性。

主动调整心理预期对企业和个人都非常重要。以前我读过一篇文章,里面提到戴蓝眼镜者一切皆蓝,戴绿眼镜者一切皆绿,一切皆蓝乎，一切皆绿乎？实际上不是的，是因为人们戴上了有色眼镜，这个眼镜就是我们的心境。由此可以看出，人的心境是非常重要的。即使现状再难，我们也要秉持积极乐观的心态，通过持续的努力，带领企业克服焦虑，增强韧性。

克里斯坦森在《你要如何衡量你的人生》中讲到，人的一生有三件事很重要：一是有一份好的工作，二是有一个好的生活，三是有善始善终的一生。什么叫好工作呢？如果觉得自己不是在工作，那就是你喜欢的工作；如果觉得工作很累，那就不是你喜欢的工作。我们要锻炼自己，从被动适应工作变成热爱工作，对待困难不再惧怕、不再躲避，客观地面对它、接纳它，最后解决困难，成为困难的朋友，这样心态就会完全不同。

## 拥有好心态、好状态[1]

发展经济与做企业的心态很重要，心态既源于对形势的判断，也源于企业家思考问题的方式和方法。我们要拥有三种心态。

第一，我们应有一颗平常心。

10年前，我国进入新常态，当时提出要适应新常态，保持战略上的平常心态。因为新常态首先表现为经济发展增速由高速变为中高速，大家要适应这场变化。但坦率来讲，不少企业家这么多年并没有做好这种心理调适，还是留恋过去两位数的增长，对增速的下降十分焦虑。经

---

[1] 节选自2024年1月1日"中国企业家杂志"微信公众号文章。

济是有周期的，有时候会发展得快一些，有时则要调整一下，这也是常识。经济增速的曲线不可能一直向上，因而拥有一颗平常心很重要。

第二，我们应有一颗进取心。

进取，就是做事要有积极正面且不断上进的心态，尤其是当我们遇到一些困难时，更要多看光明，多看成绩，鼓舞士气。那些总是唱衰经济的人喜欢把正着的事情倒着讲，他们的一场演讲结束，往往把大家吓得不轻。其实应该中道看经济讲道理，我既不赞成悲观失望，也不赞成盲目乐观，我喜欢务实达观。悲观经济学家讲今年是最困难的一年，但会是今后最好的一年，这么讲其实也并没有什么根据。盲目乐观的经济学家讲未来多少年我国经济还会高速增长，但其实我国的经济增速在5%左右是比较合理的，是高基数上的中高速增长，体现了质和量的有机统一。对于企业的增长，大家要定个切实可行的目标，无论是从配置资源的可行性，还是从稳定预期方面来讲，进取心都至关重要。

第三，我们应有一颗同理心。

在社会越来越多元的情况下，要不断加深社会各个层面之间的理解。我们应该进行系统辩证的思考，珍惜我们的市场，多提有意义的、有建设性的建议和意见，也要注重发声的整体效果，以维护大局的稳定，以发展为重。我是个中庸的人，喜欢考虑各方面的情况。我希望自媒体能更加理性和成熟，也希望大家把自媒体当作一个学习和交流的平台，不去宣泄情绪，恶意诋毁，应该己所不欲，勿施于人，互相尊重，达己达人。我把这叫作同理心，就是能站在对方角度上思考，做事不宜过于偏激。

记得国资委刚成立时，要求中央企业领导者要"在状态"。状态，就是人对工作投入的表现，在状态就是全身心投入工作。企业家还是要聚焦企业的一亩三分地，精耕细作，心无旁骛地做好主业。在目前充满挑战和困难的时刻，只有企业干部在状态才能渡过难关。

在状态，首先绝不能躺平。躺平就是人悲观失望、不再进取的一种状态。现在一些人在困难面前选择了躺平，也有人为躺平找了不少理由。但我并不赞成躺平，当一个社会遇到困难时正是需要精英们带领大家冲锋陷阵的时候，尤其是企业家，就更不能躺平，企业家的使命就是解决困难，如果没有困难要企业家干什么？企业家从躺平那一刻起就不再是企业家了。其实，做企业遇到困难时也是企业家进步最快的时候。企业家应该越挫越勇，从来不抱怨和躺平。做企业，好年头多赚点，差年头少赚点，碰到极差的年头少赔点，不能动不动就甩手不干，不能动不动就躺平，实际上，你若躺平，很快就会有人跨过你走过去。

希望我国企业家能发扬企业家精神，敢于逆势而上，把高质量发展放在第一位，高质量发展才是硬道理。其实，企业永远是处于风险和发展的两难之间，不重视风险只重视发展可能轰然倒下，但只重视风险而忽视发展会止步不前。以前大家搞跨越式、高歌猛进式的发展时，我们提示大家注意风险，而今天大家过于谨慎小心时，我们却要给大家鼓劲儿，胆子可以大一点。

## 一生做好一件事[1]

做企业最重要的是对企业经营有浓厚的兴趣，而不只是把它当成一项任务，要把任务与志趣结合起来，全身心地致力于做企业。企业

---

1　节选自 2014 年 9 月 30 日在西南交通大学的交流内容。

家应该有比较明确的、坚定的人生方向，把自己的人生目标与企业的发展紧紧联系在一起。企业人格化，人格企业化，这才叫"在状态"。人的精力和能力都是有限的，一生能真正做成一两件像样儿的事就不错了。我信奉一生做好一件事，企业家要认认真真地把做企业作为终生的事业，而不是升官发财的跳板，否则是做不好企业的。

说到做企业，于我个人而言，其实有些机缘巧合。年轻时，我从没想过做企业，更没想过做企业家。那时候，我的理想是做一名老师或诗人。没想到，大学毕业后，我被分配到企业，一干就是一辈子。回想起来，尽管最初进企业是命运使然，但能一路坚守至今却是我的性格使然。乍一接触我的人，都认为我有高远的人生目标，其实我是一个随遇而安的人，从不好高骛远、左顾右盼。我也是进入企业之后才慢慢培养起做企业的浓厚兴趣的。这些年来，曾有很多离开企业的机会摆在我面前，但我从未动摇。因为我早就"企业化"了，就像布料被做成了西服，就很难改成中山装了。

常有人问我："宋总，你每天哪来那么大的工作劲头？"理由很简单，就是既然在企业里工作，我唯一能做的事就是把企业做好。正是本着一生做好一件事的信念，这些年我一直心无旁骛，深深扎根企业，倾注了自己全部的心血和浓厚的感情。2014年4月15日，在卸任国药集团的告别演讲中，我说："回想过去五年的付出和担当，往事历历在目。国药集团交汇着我的人生机缘和情感上的留恋，今后我将以身为国药的一名老将为荣，为企业的发展壮大站台助威。"

国有企业的领导者中也有不少人出任政府官员，其实，无论是国有企业领导者从政，还是政府领导做企业，这当中有个人抱负的原因，也有体制的原因或者工作的需要。从政府出来的企业家，因为从事过政府管理，管过工业或者经济，所以做企业有其所长。进入政界的企业家，有一定的战略管理经验，具备处理复杂问题的能力，经过角色置换，也可以成为优秀的政府官员。俗话说，人各有志，社会也应该尊重和接受个人的多元化选择。在国外，一些官员也曾是大企业家，比如美国前财政部长保尔森曾是高盛集团的首席执行官。当然，对绝大多数企业家来讲，还是应该把做企业当成自己的终生事业。

做企业是一个长期过程，需要的是独立不迁、能耐得住寂寞的人。企业家要把培育优秀企业作为自己的神圣使命、崇高荣誉和毕生追求。一分耕耘一分收获，不懈怠，不自我原谅，不轻言放弃，这就是企业家成功的原则。做企业贵在坚守，做企业的过程会面临很多诱惑和选择，经历很多坎坷和磨难，专心致志、满怀热情地做事应是企业家的人生态度。我有时候想，那些迁徙的候鸟如何在飞行的过程中知道前方有一个湖泊？企业家也要像候鸟一样，始终秉持着炽热的信念，朝着对的方向努力飞翔，既淡定又坚定。

## 忙碌的蜜蜂没有悲哀的时间[1]

幼年时，我家里有一个青花瓷的笔筒，笔筒上画的是一群蜜蜂围着花丛采蜜，旁边有一句小诗："花香蜂采蜜，辛苦为谁忙。"父亲问我"知道诗的含义吗"，我摇头。父亲告诉我，那是旧社会劳动人民的心声。若干年后，我偶然从《人民日报》上读到一篇介绍冰心老人的文章，其中有冰心老人的座右铭，是一位西方哲人的名言，"忙碌的蜜蜂没有悲哀的时间"。

---

1 节选自 2013 年 5 月 14 日《中华英才》杂志采访实录。

相较之下，两者讲的都是蜜蜂的忙碌，但对"忙"的理解和感受有天壤之别。笔筒上的小诗是在探索蜜蜂劳动的目的，慨叹劳动果实和蜜蜂之间的关系。蜜蜂辛辛苦苦去采蜜，可采来的蜜最后却被人拿走了。"忙碌的蜜蜂没有悲哀的时间"则是强调劳动过程中的快乐，不去想采的蜜会给谁，只是勤勤恳恳地去做。忙碌是蜜蜂的特质，也是生命的本质，或许忙碌的蜜蜂从未在乎过过程和目的。这句话让我非常感动，后来我就把它当作我的座右铭。

前些年，我看过美国的一部科教片，故事的寓意和"忙碌的蜜蜂没有悲哀的时间"大抵相同。片中介绍，有一种叫蜉蝣的昆虫，其成虫只有两三天甚至5分钟的生命，但它们却一直朝着目标——"繁衍后代"——不断努力，直到死亡。人生对大多数人来讲都是忙忙碌碌的，就像蜉蝣一直朝着目标前进。人这一生能做什么、做成什么，很多时候未必由自己决定，可能有各种主客观因素在发挥影响。但那些都不重要，重要的是，我们要珍惜生命，珍惜时光，干一行爱一行，怀着一种笃定的信念和坚守的力量，为自己挚爱的事业全力以赴，奋斗一生。这就是生命的价值。

常有人问："宋总，你喜欢'忙碌的蜜蜂没有悲哀的时间'这句话，是不是有什么悲哀的事呀？"我认为，不能像这样消极地去理解，蜜蜂的忙碌是在创造，是在酿蜜，这就是价值和快乐之所在。我们不能做什么事情都把它放到天平上称称得失，如果一天到晚横比竖比心不平，我们得到的一定是一个消极的人生。与其这样，还不如凡事都快乐一点儿，坦然面对。这些年来，无论遇到什么情况，我始终保持面向正前方的积极心态。我认为，企业家要有智慧，更要有职业化的态度，把企业的创业、管理和发展作为职业和人生的一种选择、约定与承诺，不懈怠、不停留、不空论、不恋功，始终保持"淡泊明志，宁静致远"的心境。企业成功之时，虚怀若谷；企业困难之际，不妄自菲薄。既有进取心，也有平常心；既有拼劲，也有耐力；既能平静淡定地迎接成功，也能淡定从容地面对失败。

"忙碌的蜜蜂没有悲哀的时间"，代表了一种豁达乐观、不断进取的人生态度。就像居里夫人讲的那样："人的一生是短暂的，但那又有什么关系呢，每个人都想知道自己一生能做些什么，那就一直努力直到成功。"这段话很精彩。